Dr. Karlheinz Neumann

Die Nordseeküste
Teil I - Elbe bis Sylt

Ein Führer für Sportschiffer
mit 114 Plänen, 54 Skizzen und 15 Tabellen

2. Auflage 1974

Verlag Delius, Klasing & Co, Bielefeld

„Der Autor wie der Verlag übernehmen für Irrtümer, Fehler oder Weglassungen ausdrücklich keinerlei Gewährleistung oder Haftung.

Die Pläne dienen zur Orientierung und nicht zur Navigation.

Auf jeder Seekarte steht: ,Die Fahrwasser sind häufigen Änderungen unterworfen. Die Wassertiefen und die Lage und Zahl der Seezeichen können daher von den Angaben in dieser Karte abweichen.' — Was für die Seekarten gilt, gilt für dieses Buch und die Pläne darin noch sehr viel mehr."

Beschreibung und Pläne entsprechen dem Stand vom Sommer 1973. Das Manuskript wurde Herbst 1973 abgeschlossen.

ISBN 3-7688-0121-7

Einband: Siegfried Berning
© by Delius, Klasing & Co Bielefeld
Printed in Germany 1974
Druck: Kunst- und Werbedruck, Bad Oeynhausen-Eidinghausen

Vorwort zur ersten Auflage

Von einmaliger Eigenart ist ja die amphibische Welt des Wattenreviers. Jetzt noch endlos erscheinende, bewegte See. Wenige Stunden danach eine Landfläche aus Sand oder Schlick. Von Prielen durchzogen, mit Robben, Krebsen, Muscheln und Tausenden von Vögeln bevölkert, aber leer von Menschen. — Einige Stunden später schiebt sich das Wasser wieder heran, nagt an der eben noch riesigen Insel, auf welcher der Schiffer König war, streicht als dünner Wasserfilm über das Watt, steigt, platscht gegen die Bordwand, hebt das Boot und ist unversehens wieder die vom Winde bewegte, weite Wasserfläche, durch die einsame Tonnen und Pricken zu den Häfen des Festlandes und der Inseln leiten.

Dann sind da die warmen, windstillen Nächte, die man an geschützter Stelle auf dem Watt vor Anker verbringt. Seevögel schreien, Muscheln und Wattwürmer schmatzen, Wasser glukst an dem Schiff, und tausend fremde Geräusche sind ringsum. Und wer dann das Meeresleuchten erlebt oder das Spiel der Seehunde auf den Robbenbänken, der wird diese einsame Welt, in der die Natur herrscht und der Mensch nur zu Gaste ist, nie in seinem Leben vergessen.

Tatsächlich ist das Fahrtrevier Nordseeküste recht einzigartig in der Welt. Nicht Ebbe und Flut sind das Besondere, sondern, daß hinter einer Kette von Inseln und Sänden ein 5 bis 25 Kilometer breiter Streifen geschützten, amphibischen Revieres 500 Kilometer lang von Sylt bis zum Ijsselmeer reicht. So gibt es das gemäßigt friedliche Wattenrevier mit seinen vorgelagerten Inseln, Halligen und Sänden. Das kann auch von vielen nicht voll seefesten Booten befahren werden. Und es gibt das Seerevier der Küste, das nur für voll seefeste Boote taugt. Beide Regionen, also die Gesamtheit der Küste, werden in diesem Buch beschrieben. Ferner die großen Flüsse, die Kanäle, die Zufahrt aus dem Binnenland, die Inseln, die Halligen, die Häfen am Festland, etwa 2000 Seemeilen an Fahrwassern, 200 Häfen und Liegeplätze: ein unerschöpfliches Revier. — Band I reicht von Oberelbe und Ostsee bis zur Insel Sylt, Band II von der Elbe bis zum Ijsselmeer.

Auch eine Einführung in die besonderen Bedingungen des Führens eines Bootes an der Nordseeküste gebe ich. Das Fahren in Tidengewässern und Wattenrevier ist schwieriger als anderswo, und oft muß der Neuling auf diesem Revier Lehrgeld zahlen. So habe ich mich bemüht, d a s Buch zu schreiben, das ich gern vorgefunden hätte, als nach Ostsee und Rhein meine Nordseezeit begann.

In erster Linie bringt das Buch sachliche Information. Fast überall beruht sie auf eigenem „Erfahren" in einem reichlichen Dutzend Jahren. Es ist aber auch ein persönliches Buch: neben den Tatsachen steht meine eigene Meinung, z. B. über seemännische Maßnahmen, über die Eignung eines Bootstypes, über die Befahrbarkeit eines Gewässers, wo es mir gefiel, wie ich diese oder jene Strecke fahren würde. Dabei hat meine besondere Liebe den Routen gehört, die ich auch den nicht voll seefesten Booten zutraue. — Nicht zuletzt aber möchte ich den Lesenden die Nordseeküste auch erleben lassen. Ist sie auf den ersten Blick eher spröde als einschmeichelnd, so steckt sie doch so voller spukhafter Romantik und blutwarmen Abenteuers, daß sie für mich noch immer das erlebnisreichste und unvergeßlichste Revier der Erde ist.

Dieses Buch hat mir mehr Mühe gemacht als meine wissenschaftlichen Bücher. Nicht die Menge der Tatsachen, über die Bericht gegeben werden muß, aber das Bemühen, sie für den Leser e i n f a c h darzustellen, das Abwägen, wo ermutigt werden kann und wo zu warnen ist. Auch die Küste selbst, die ja veränderliches Revier ist: Sände wandern, Fahrrinnen verändern sich nach Stürmen; die Seezeichen werden dann an die veränderten Verhältnisse angepaßt. Für solche veränderlichen Regionen habe ich Richtungsangaben nur selten auf Kompaßgrade genau mitgeteilt, sondern beispielsweise geschrieben „die Tonnenreihe führt 2½ Seemeilen nach Südsüdwest". Da man im Küstenrevier sowieso nach Sicht von Seezeichen fährt, reicht das aus und hat den Vorteil, daß diese Angabe auch in vielen Jahren noch zutreffen wird. Neue Seekarten sollen weder der Text noch die Pläne in diesem Buch überflüssig machen.

Material ist gesammelt worden, wo immer es zu erlangen war: im Klönschnack mit Fischern, mit Seglerkollegen, in Schiffahrtsämtern, bei Sielwärtern, besonders natürlich auch aus den Seekarten und Handbüchern des Deutschen Hydrographischen Institutes. Allen sei gedankt!

Auch meine beiden Boote schließt die Danksagung ein. Sie sind die stillen Hauptakteure in diesem Buch. Der tapfere, kleine Kielschwertkreuzer „Aegir III" und die womöglich noch bravere Bojer-Yacht „Alte Liebe". — Auch, und nicht zuletzt, meine vielen Mitsegler aus dem Binnenland. Von ihnen habe ich gelernt, was sich der Neuling auf der Nordsee anders vorstellt und wo er am ehesten Fehler macht. So haben sie viel zu diesem Buch beigetragen. — Besonders Herr J. Volk, der sich auf Suche nach Druck- und sonstigen Fehlern in den Korrekturfahnen begab.

Trotz aller Mühe wird dieses Buch Unvollkommenheiten und Fehler enthalten. Ich danke im voraus für jeden Hinweis, für jede Ergänzung und für alle konstruktive Kritik. So trete nun dieses Buch seine Reise an! Ich, der Autor, werfe hiermit seine Leinen los. Etwas Wehmut ist dabei im Spiel, denn wie alles, was mühsam zu schaffen war, ist es ans Herz gewachsen. — Allen Schiffern wünsche ich guten Wind und eine Handbreit Wasser unter dem Kiel. Vor allem aber, daß ihnen das eindrucksreiche Revier der Nordseeküste ebenso lieb werden möge, wie mir selbst.

An Bord der Bojer-Yacht „Alte Liebe"
Auf dem Tejo bei Lissabon, Juni 1971

Dr. Karlheinz Neumann

Vorwort zur zweiten Auflage

Nur die großen Sturmfluten des Mittelalters haben die Nordseeküste so tiefgreifend verändert, wie im letzten Jahrfünft der Mensch. Deiche wurden erhöht oder verlegt, Torsiele durch Schöpfwerke ersetzt, Häfen verschwanden, andere entstanden neu, fast keiner blieb unberührt. Inseln wurden zum Festland geschlagen, Flüsse durch Sturmflutsperrwerke abgesperrt, Naturufer durch Steinschüttung ersetzt, Leitdämme gebaut.

Auch die Küstenschiffahrt ist technisiert und gehetzt geworden. War früher der Sportschiffer der „kleine Bruder", belächelt, doch unterstützt, so ist er heut oft störende Belästigung. — Freilich auch nicht ganz ohne eigenes Zutun. Denn die „Entdeckung" der Nordseeküste hat die Zahl der Sportboote vervielfacht und die Mentalität vieler Wasserfahrer gewandelt. Wer wollte leugnen, daß uns älteren Nordseefahrern oft das Herz etwas traurig wird.

Doch das Wichtigste an unserer Nordseeküste ist gottlob unverändert geblieben: die See, die Winde, die Wolken; Gezeiten, Brandung und Sturm; Weite und Gewalt des Meeres und die Einsamkeit und Vielfalt der Watten; das Sausen des Windes im Rigg — und auch die windstillen Nächte; die Vogelschreie und das Meeresleuchten. Wer sucht, der findet noch Weite, Freiheit und blutwarmes Abenteuer genug — zumal in den Revieren nordwärts der Elbe.

Die dreimonatige Bereisung, die dieser zweiten Auflage vorausging, hat wohl oder übel zu einem weitgehend neuen Buch geführt: fast jeder Plan wurde neu gezeichnet, viele neu hinzugefügt, fast jeder Absatz Text neu verfaßt, viele hundert Stunden Mitternachtsöl verbrannt. Möge allen, die unsere Nordseeküste befahren, auch dieses neue Buch ein guter Begleiter sein!

Goden Wind, lütt Schipp!

An Bord der Bojer-Yacht „Alte Liebe"
Tanger (Marokko), November 1973

Dr. Karlheinz Neumann

Inhaltsverzeichnis*

Die wichtigsten Übersichtspläne

---

*) Das Inhaltsverzeichnis ist stark gekürzt. Es wird auf das ausführliche Sachregister am Schluß des Buches verwiesen.

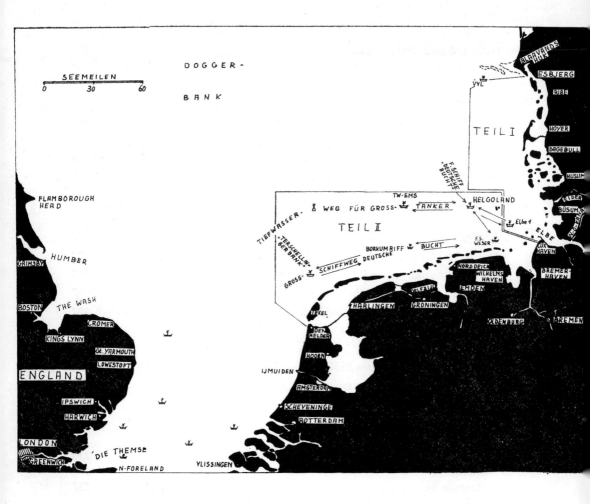

I. Einführung in das Fahrtrevier Nordseeküste

A. Die Nordseeküste

Die deutsche Nordseeküste ist eine überaus eigenartige und streckenweise auf der Welt einmalige Küste. Nichts paßt recht hierher, was ein Binnenländer, ein Ostseefahrer oder ein Schiffer an anderen Küsten Europas gelernt hat. Von Grund auf muß man sich in diese Küste neu einarbeiten. Sie lohnt es durch das Erleben einer der einsamsten und seltsamsten Landschaften der Erde.

Das Fahren an der Nordseeküste ist schwierig, — rundweg und mit jederlei Maßstab gemessen. Nur noch die Bretagne mag dem Schiffer ähnlich viel an gedanklicher Arbeit abverlangen. Dafür kann der Nordseefahrer wissen: wenn er sein Boot an der Nordseeküste sicher zu führen vermag, dann kann er es auch in jedem anderen Revier Europas führen.

Einteilung in Seerevier und Wattenrevier

Die Einteilung der Nordseeküste in Seerevier und Wattenrevier wird in diesem Buch ausschließlich nach den Seegangsverhältnissen getroffen.

Seerevier ist, wo Brecher vorkommen können, wo Grundsee zu erwarten ist oder wo der Seegang der offenen Nordsee zu donnernder Brandung auflaufen kann. Und natürlich auch die offene See.

Wattenrevier nenne ich Gebiete, wo der Seegang der offenen Nordsee durch Inseln oder durch hohe Sände abgeschirmt wird oder wo er durch das Ausbranden auf vorgelagerten Sänden vernichtet ist.

Die Grenze zwischen Seerevier und Wattenrevier, so wie ich sie hier ziehe, ist grob gesprochen eine Linie, welche die Kette der Inseln und der hochwasserfreien Sände miteinander verbindet. Die Seegaten sind Seerevier! Die Außenelbe ist es auch.

Mit Hoheitsgebieten, Zollgrenzen und der Gültigkeit von Seefahrtsregeln hat diese Einteilung nicht das Geringste zu tun.

Das Wattenrevier der Nordseeküste und das Seerevier der Nordseeküste, so wie sie oben definiert sind, unterscheiden sich in ihrer Befahrbarkeit wie Tag und Nacht. Das Seerevier darf nur von voll seegängigen Booten befahren werden. Das Wattenrevier ist auch Booten zugänglich, die nicht voll seefest sind.

Das Seerevier der Nordsee

Schon etwa 70 Seemeilen von der Küste entfernt beginnt flaches Wasser, auf dem bei Sturm der Seegang steil und brechend wird. Es sind zuerst 30 bis 40 m Wassertiefe. Landwärts von Helgoland sind dann nur noch 10 bis 20 m.

Etwa 20 Seemeilen (in Worten: zwanzig) von der Deichlinie entfernt steigen dann dicht hinter der 10-Meter-Linie steil Bänke und Sände auf. Scharhörn-Riff, Tusch-Gründe, wie immer sie alle heißen. Hier steht, wenn auch nur irgend nennenswerter Seegang ist, Grundsee oder Brandung. Das ist, ehe man selbst bei guter Sichtigkeit festes Land auch nur zu sehen bekommt!

Hinter den Bänken liegen teils Inseln, teils hochwasserfreie Sände. Z w i s c h e n den Bänken aber ziehen breite, rasch strömende Rinnen hindurch, die Seegaten. Fast jede dieser Rinnen hat an ihrer Mündung eine flache Zone, die Barre. Spätestens bei auflandigem Starkwind steht Grundsee auf der Barre.

Wäre es meine Aufgabe, den Alptraum eines Hochseeseglers zu ersinnen, dann würde ich mir genau diese Küste ausdenken. Die Strömungen würde ich nicht vergessen. Und die vorherrschenden Sturmwinde würde ich auflandig wehen lassen, am Beginn mit sehr schlechter Sichtigkeit, zum Schluß mit sehr hohem Seegang.

Eine unglaublich günstige Einrichtung im „nassen Dreieck" der Deutschen Bucht ist Helgoland, diese leicht anzusteuernde Insel 17 Seemeilen v o r den ersten Bänken. Ferner die Feuerschiffe als schwimmende Leuchttürme. — Und vor allem das Wattenrevier hinter der Kette der Inseln.

Begriffe aus dem küstennahen Seerevier

Die offene See: Das meint hier: die See außerhalb der 10-Meter-Linie. Hier liegen die Ansteuerungstonnen für Seegaten. Die Strömungen sind noch schwach (1 bis 1,5 Knoten). Etwa ab Windstärke 6 auflandig wird der Seegang durch den flachen Grund ungünstig verändert.

Innerhalb der 6-Meter-Linie: Das ist nur eine schmale Zone (1/4 bis 4 sm). Dann steigen oft steil die Bänke auf. Innerhalb der 10-Meter-Linie wird ein Sportboot oft fahren. Doch innerhalb der 6-Meter-Linie nur, wo betonnte Fahrwasser sind.

Die Zone der Bänke: Das ist flacher Grund. Meist etwa 2 bis 4 Meter. Starke Stromversetzung. Bei Seegang Grundsee oder Brandung. Es ist die gefährlichste Zone der Nordsee. Auf den Bänken darf man unter keinen Umständen fahren, außer bei ruhigem Wetter in den durch Tonnen bezeichneten Fahrwassern.

Riffe und Sände: Auch im Seerevier gibt es Gebiete, die bei Niedrigwasser trockenfallen. Dort steht Brandung. Es ist das gefährlichste Gebiet.

Treibsand: siehe Seite 178 f.

Grundsee und Brandung: siehe Seite 37.

Seegaten: Das sind Durchbrüche, welche der Gezeitenstrom durch die Zone der Bänke spült. Seegaten sind meist 1/2 bis 1 sm breit. Sie sind im Wattenrevier tief. An ihrer Seeseite liegt eine flache Zone, d i e B a r r e . Die Strömung ist kräftig. Der Seegang kann gefährlich sein (Grundsee auf der Barre). Viele Seegaten sind bei starkem auflandigem Wind nicht mehr passierbar. Sehr wenige Seegaten können bei auflandigem Sturm befahren werden. Da Seegaten die Verbindung zwischen der offenen See und dem Wattenrevier sind, werden sie uns noch erheblich beschäftigen.

Flußmündungen: Sie sind zu beurteilen wie die Seegaten. Nur ihr größerer Schiffsverkehr und ihre oft dichtere Betonnung machen einen Unterschied.

Die Barre: Das ist eine flache Zone an der Mündung des Seegates oder Flusses in die offene See. Die Brandung will die Barre ständig zu einer Bank aufwerfen, die Strömung will dort ständig eine tiefe Rinne schaffen. Dieses Gegeneinanderwirken hat zur Folge, daß Barren sich ständig verändern. Meist nur nach ihrer Lage. Dann wird die Betonnung angepaßt und verlegt. Manchmal, aber seltener, ändert sich auch ihre Höhe. Auf Barren „bekommt man oft erheblich eins auf den Hut" (um es in Küstenjargon zu sagen).

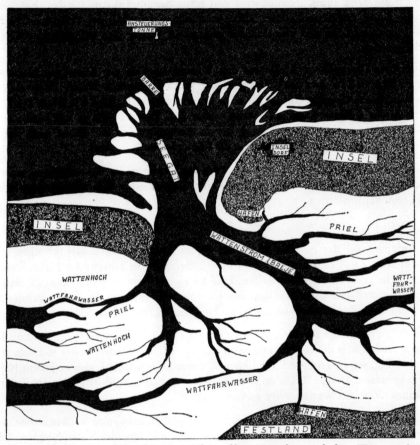

„Röntgenaufnahme" des Grenzgebietes zwischen offener Nordsee und dem Wattenrevier. Das Wasser ist schwarz gezeichnet. Die Inseln grau. Watten und alle Bänke mit weniger als 1 m Tiefe bei Niedrigwasser sind weiß. — Es handelt sich um eines der kurzen Seegaten zwischen den Ostfriesischen Inseln.
Von See her kommend: Man stößt zuerst auf die Zone der Bänke. Das Seegat durchbricht sie. An seiner Mündung liegt die Barre. Zwischen den Bänken hindurch führt das Seegat in den Durchlaß zwischen zwei benachbarten Inseln herein. — Landwärts von den Inseln beginnt das Wattenrevier: breite Wattenströme, große und kleine Priele, Inselhäfen, Wattfahrwasser. Dazwischen die großen, trockenfallenden Flächen der Wattenhochs. — Die Festlandküste liegt am unteren Rand der Zeichnung.

Zusammenfassung: Diese Einführung zeigt, daß das S e e r e v i e r der Nordsee bei schlechtem Wetter sehr bösartig sein kann. Es taugt nur für voll seefeste Boote. Im küstennahen Seerevier kann man sich nicht aufhalten, kann nicht ankern (außer in Notfällen), hat keinen Hafen (außer Helgoland). Es taugt nur zum reinen Fahren. Jede Fahrt ins küstennahe Seerevier der Nordsee beginnt und endet im Wattenrevier (allenfalls noch in Helgoland oder in einem fremden Land).

Stichworte zum Fahren im Seerevier

Hochseefahrt: Fahrten weit auf die Nordsee heraus, z. B. straks nach England, nach Schottland oder nach Norwegen, sind nicht Sache dieses Buches. Ein paar Gedanken dazu lesen wir auf Seite 165 f. Kommt man von ferne her über die offene Nordsee auf die deutsche Küste zugefahren, dann sollte man seinen Landfall bei Helgoland machen, sollte dort ausschlafen und von dort bei passendem Wetter und bei günstiger Tide zur Küste einlaufen.

Küstenfahrt: Die typische Route für den Wasserfahrer an der Küste der Nordsee ist „die Fahrt außen herum". Das geht so: Mit ablaufendem Wasser fährt man beispielsweise die Außenelbe heraus bis nahe zum Feuerschiff „Elbe 1". Dann fährt man außerhalb der 6-Meter-Linie eine Strecke über See. Danach geht es mit einlaufendem Wasser wieder in eine Flußmündung herein (beispielsweise die Weser nach Bremerhaven) oder in ein Seegat (beispielsweise die Süderpiep nach Büsum).

Diese „Fahrt außen herum" ist sozusagen das tägliche Brot des Wasserfahrers, wenn er ein seegehendes Boot hat und wenn das Wetter es erlaubt. Wir werden diese Routen noch genau kennenlernen.

Der Anfänger auf der Nordsee kann vor diesen Routen „außen herum" nicht genug gewarnt sein. An 7 Tagen von 10 sind sie wunderschön zu fahren. An 2 Tagen von 10 sind sie sehr grob an manchen Stellen. Und an einem Tage von 10 bekommt man eins ausgewischt, daß man diese Lektion dann für immer gelernt hat. Ist dieser „zehnte Tag" gleich zu Beginn der Reise, so ist einem die Nordsee oft für immer verleidet.

Um richtig verstanden zu werden: man kann und soll mit einem seefesten Boot auch die Routen „außen herum" fahren, doch als Neuling auf der Nordsee besser nicht an jenem 8. und 9. Tag, wo sie grob sind. Und nie und unter keinen Umständen an jenem 10. Tag, wo sie unbefahrbar sind. Gäbe es keine Seewetterberichte, so dürfte man einem Fremden kaum raten, das Wattenrevier zu verlassen.

Weiß man, wie man die Routen „außen herum" planen muß, und weiß man vor allem, wann man sie nicht fahren darf, so wird man sehr viel Freude an der Nordsee haben, vor allem auch an ihrem Seerevier. Denn die Strömungen schenken einem dort schnelle und schöne Reisen, wie man sie in Meeren mit stehendem Wasser niemals auch nur träumen kann.

Das Wattenrevier

Das Wattenmeer ist ein meist etwa 10 bis 20 Kilometer breiter Streifen amphibischen Gewässers zwischen der vorgelagerten Reihe von Inseln und Sänden und der Deichlinie des Festlandes. Der Seegang der Nordsee, zumal seine gefährlichen Abwandlungen zu Grundsee und Brechern, sind ausgesperrt.

Weit über 500 Kilometer ist dieser Streifen des Wattenrevieres lang. Er reicht von Esbjerg nördlich der dänischen Grenze bis nach Texel in den Niederlanden. Längelang und oft kreuz und quer wird das Wattenrevier von Fahrwassern durchzogen. Sämtliche Häfen und alle Inseln (außer Helgoland) sind vom Wattenrevier aus zu erreichen.

Das Wattenrevier ist sehr eigenartig zu befahren. Aber es taugt — im Gegensatz zum Seerevier — auch für Sportboote, die nicht voll seefest sind.

Einführung

Von einmaliger Eigenart ist die amphibische Welt des Wattenreviers. Jetzt eine fast endlose Wasserfläche — Hochwasserzeit. Fern liegen die Inseln am Horizont. Schwach ist vielleicht auch die Deichlinie zu erkennen. Sonst nichts als weites Wasser mit ein paar Tonnen und Pricken. Aber nach einigen Stunden tauchen die ersten Wattrücken aus dem Wasser. Und noch ein paar Stunden danach ist ringsum überwiegend trocken-

Im Wattenrevier zur Hochwasserzeit. Der Blick ist zur See gerichtet. Da liegen die Inseln, meist durch Dünen erhöht. Der Schutzwall zwischen dem Seerevier und dem Wattenrevier. Wie weit und wie flach ist alles! Man kann es nicht photographieren. Auch die Zeichnung muß die Dinge etwas näher rücken. — Ins Ferne verlieren sich die Reihen der Pricken und Tonnen. Ein Fracht-schiff für die Wattenfahrt nimmt seinen Weg in den Fahrwassern.

Die gleiche Stelle bei Niedrigwasser. Im Vordergrund und Mittelgrund ist ein Wattrücken zutage-getreten. Flach und fast völlig eben, aber von kleinen Wasserrinnen durchzogen, die sich zu Prielen vereinen. Eine Spur läuft durchs Watt. Da hat ein Schiff „Schlickrutschen" gemacht, um bei fallendem Wasser noch die Fahrrinne zu gewinnen. — Im Hintergrund ziehen die großen Priele und Wattenströme. Dort ist auch zur Ebbezeit genug Wassertiefe. So zieht der Fracht-fahrer auch bei Niedrigwasser dort seinen Weg.

gefallenes Wattengebiet. Von großen Wattenströmen durchzogen. Von tausenden Vögeln, Krebsen, Muscheln, Wattwürmern, wohl auch von Robben bevölkert, aber leer von Menschen. — So bleibt es einige Stunden.

Dann schiebt sich, anfangs fast unmerklich, das Wasser wieder heran. Füllt die Priele, tritt langsam auch auf die große Wattfläche, auf der der Schiffer sein Boot hat trockenfallen lassen und die für 4 oder 5 Stunden sein Königreich war. Ein dünner Wasserfilm läuft über das Watt, erreicht das Boot, spielt an der Bordwand, steigt, plätschert am Boot, richtet es langsam wieder auf, hebt es kaum merklich vom Grund und ist unversehens wieder die weite, vom Winde bewegte Wasserfläche, durch welche einsame Pricken und Tonnen zu den Häfen am Land und auf den Inseln leiten.

Da sind die windarmen Nächte, die man auf dem Wattenhoch trockengefallen oder in einem Priel vor Anker verbringt. Seevögel schreien, Muscheln und Wattwürmer schmatzen. Tausend fremde Laute gibt es auf dem Watt. Und wer dann, wenn das Wasser steigt, das Meeresleuchten erlebt oder das Spiel der Seehunde auf den Robbenbänken, der wird diese einsame Welt, in der die Natur herrscht und der Mensch nur zu Gast ist, niemals in seinem Leben vergessen.

Dann sind die Tage mit Wind. „Sturm" sagt der Binnenländer. Da ist der Himmel voll niedriger, grauer Wolken. Der Wind saust durch das Rigg. Und das Boot, das vielleicht auf einem Watthoch vor Anker liegt, zerrt an seiner Kette, ehe es sich während der 6 oder 8 Stunden der Niedrigwasserzeit still auf den trockenfallenden Wattgrund legt. Da bleibt man gern in seinem kleinen, schwimmenden Heim, schiebt das Luk fest zu, läßt die böse Natur draußen und liest all die Bücher, die man schon längst hatte lesen wollen. Wer dies nicht mag, verholt sich in einen der Häfen der Inseln oder des Festlandes. Vielleicht auch in einen jener ganz stillen, tief im grünen Deichvorland liegenden Sielhäfen, wo man oft während des ganzen Tags keine zehn Menschen sieht.

Doch fällt alles dies dem Schiffer im Wattenrevier nicht in den Schoß. Das Fahren in Wattengewässern erfordert Aufmerksamkeit und stetes Vorausdenken. Auch der Erfahrene lernt nie aus auf diesem großen Revier mit seinen ständig wechselnden Bedingungen. Und dies ist wohl der zweite Grund, warum, wenn man einmal das Wattenrevier lieben gelernt hat, man aus den einfacheren und langweiligeren Gewässern so gern hierher zurückkehrt. Wenn irgendwo, dann kann man hier zeigen, aus welchem Holz man geschnitzt ist. Das mag manchem widerstreben. Der sollte vielleicht nicht zur Nordsee fahren.

Für das Wattenrevier muß ein Boot nicht hochseetüchtig sein. Gerade die bescheidenen Boote, vernünftig gebaut und für Wattfahrt geeignet, können dieses Revier besser auskosten, als eine tiefgehende Hochseeyacht. Wichtiger als die Größe des Bootes sind seine überlegte Führung und das Wissen darum, was man im Wattenrevier tun darf und wovor man sich hüten muß.

Landschaftsformen im Wattenrevier

Die Inseln: Da liegen sie also, meist durch Dünen oder Geestboden 10 bis 50 Meter aus dem Wasser ragend, oft aber auch flach bis auf den Deichring. Da liegen sie und bilden eine Barriere gegen den Seegang der Nordsee. Eine ununterbrochene Kette von Inseln nach Holland hin. Eine lockere Reihe von der Elbe nach Norden.

Vier Arten von Inseln gibt es: D i e S a n d i n s e l n , von Brandung aufgeworfen; die M a r s c h e n i n s e l n , flaches, fruchtbares Delta-Land, vom Meere verschont. D i e G e e s t i n s e l n , eiszeitliches Geröll, unfruchtbar, doch landschaftlich schön und mit uralter Besiedlung. Und schließlich auch eine F e l s i n s e l , Helgoland, bei uns eine

Kuriosität, was an anderen Küsten normal ist. — Langweilig wird es bei dieser Vielfalt auf den Inseln gewiß nicht werden. Jede hat ihren eigenen, ganz unverwechselbaren Charakter. Jede ist eine kleine Welt für sich. Sie zu zählen ist mißlich. Alles einbegriffen, sind es fast 50. Meist haben die Inseln den Haupthafen an ihrer Südostseite; abgekehrt vom westlichen Wind und nahe einem tiefen Wattenstrom. Leuchttürme gibt es meist, doch selten besonders auffällige Landmarken. Schön sind die Inseln alle, jede in ihrer Art. Müßig, sie hier aufzuzählen. Im Text lernen wir jede noch kennen. Auch über d i e H a l l i g e n , die ganz kleinen Inseln, wird ausführlich berichtet.

Halligwarften auf Hallig Langeneß. Im Vordergrund Rixwarft. Dahinter die durch das Buch von Gustav Frenssen bekannte Warft Hilligenley.

Die hochwasserfreien Sände: Wie Inseln liegen sie da. Doch unbewohnt, aus flachem Sand, den Brandung und Strömung herangetragen haben. Über 5 Kilometer sind die größeren Sände lang und mehrere Kilometer breit. Selten sind sie höher als etwa 1½ Meter über mittlerem Hochwasserstand. Eine Sturmflut setzt sie also unter Wasser. Aber den Seegang halten die Sände vom Wattenrevier genauso fern, wie die Inseln es tun. Auf den meisten steht eine Bake, die oft auch eine Rettungshütte trägt.

Die meisten Sände sind ganz und gar einsam. Sahara-Landschaft, ohne Baum und Strauch. Ein Fahrtenziel für Wasserwanderer mit flachgehendem Boot, die sich eine einsame Insel wünschen?? Vielleicht ja, vielleicht auch nicht. Ich war nie anders als nur über Tag darauf und nachts auf dem Boot, das hinter dem Sand trockengefallen lag. Will man außerhalb des Bootes zelten, so muß s e h r v i e l e s vorbedacht sein. Denn es ist wirklich „die absolute Landschaft". Viele Sände sind Naturschutzgebiet.

Die Wattenströme: Das sind die tiefen und breiten Stromrinnen, welche das Wasser, das durch das Seegat eingeströmt ist, hinter den Inseln und Sänden in das Wattenrevier hineinführen. Wattenströme sind etwa ½ bis 2 Kilometer breit, wenn Niedrigwasser ist. Meist sind sie sehr tief. Unglaublich große Wassermengen strömen dort mit jeder Tide hin und her. Sie führen mehr Wasser als die größten deutschen Ströme!

Die Wattenströme sind die wichtigen Verkehrswege im Wattenrevier. Sie sind betonnt. Manche sind auch für die Nachtfahrt befeuert. Nahezu alle können auch bei Niedrigwasser befahren werden. — Gewöhnlich sind die Wattenströme freundliche Gewässer. Ist aber starker Wind u n d läuft die Strömung gegen die Windrichtung, so können kurze, hohe und steile Wellen entstehen, denen ein nicht voll seefestes Boot aus dem Wege gehen muß.

Priele: Das sind die Nebenarme der Wattenströme. Sie führen das Wasser auf die Wattflächen und lassen es daraus wieder abfließen. Größere Priele teilen sich in kleinere auf.

17

Die verzweigen sich zu kleinsten Ausläufern. — Große Priele haben auch bei Ebbe tiefes Wasser. Wo einer in den andern mündet, ist oft eine flachere B a r r e. M i t t e l - g r ü n d e sind häufig. Und wo die Priele sich aufgezweigt haben, werden sie flach oder fallen trocken (vgl. Skizze auf Seite 13 und 32).

Große und wichtige Priele sind mit Pricken, manchmal auch mit Tonnen bezeichnet. Den Verlauf von kleineren, unbezeichneten Prielen kann man oft an den kleinen Wind-wellen erkennen, die sich auf dem gegen Wind strömenden Wasser bilden und die auf dem hohen Watt oft fehlen. Priele laufen meist in Windungen. An der Außenseite der Krümmung ist manchmal eine steilere Kante. Hat man Erfahrung, kann man sie benut-zen, ein Kielboot beim Trockenfallen senkrechter stehen zu lassen.

Priele sind geschütztes Gebiet. Bei Niedrigwasser wie ein schmaler Fluß. Es gibt nichts Schöneres, als in einem Priel eine Nacht oder zwei — oder drei (wer zählt dann noch die Tage?) vor Anker oder besser trockenfallend, aufschwimmend und wieder trocken-fallend zuzubringen. Vollkommene Einsamkeit in unberührter Natur. Unglaublich warm kann das Wasser sein, das — auf dem Watt von der Sonne aufgeheizt — am Ende der Niedrigwasserzeit in einem kleinen Priel zusammenläuft. (Schollentreten: siehe Seite 173).

Die Watten: Das sind Sand- oder Schlickrücken, die zur Niedrigwasserzeit trocken liegen. Dann kann man auf ihnen laufen; auf Sandwatt herrlich, auf Schlickwatt oft mühsam. — Je nach dem, wie hoch ein Watt ist, kommt es beim Ablaufen des Wassers früher heraus oder später. — Zur Hochwasserzeit sind auf dem Hohen des Wattes, wo es nicht durch Priele oder Rinnen vertieft ist, etwa 1 bis 2 Meter Wassertiefe.

Das Hohe des Wattes (ich nenne es hinfort das W a t t e n h o c h) ist für Boote ein recht sicherer Ankerplatz und ein gutes Zufluchtsgebiet. Da der Grund flach und

Eine Kielyacht ist auf dem Watt trockengefallen. Natürlich liegt sie schräg, und unter Deck wird es recht ungemütlich sein. Doch was tut's? In wenigen Stunden läuft das Wasser wieder auf, und die Fahrt geht weiter. In der Zwischenzeit gehört dem Schiffer „seine Insel". Er hat den Anker ausgebracht und ist mit seiner Crew unterwegs auf dem Watt.

gleichmäßig tief ist, wird Seegang nicht hoch. Da meist kaum Strömung ist, liegt ein Boot mit dem Bug gegen Wellen und Wind. Je mehr das Wasser abläuft, desto niedriger werden die Wellen, auch bei Starkwind oder Sturm. Kurz vor dem Zutagetreten des Wattes hören sie ganz auf.

Nach der Grundbeschaffenheit gibt es S c h l i c k w a t t und S a n d w a t t (Felswatt nur bei Helgoland). Wo es stärker strömt, ist Sandwatt. Also nahe den Wattenströmen und den größeren Prielen und nahe zur See. Wo es langsam strömt, ist Schlickwatt. Also nahe am Festland, hinter den Inseln und zuweilen auf dem Wattenhoch. Zuweilen sind M u s c h e l f e l d e r auf dem Wattenhoch. Sie bieten keine Gefahr, außer, wenn man darauf barfuß läuft. S t e i n e kommen auf dem Watt nicht vor. A u s n a h m e : bei einigen Geest-Inseln, die später genannt werden, und bei Steinschüttungen, die zur Uferbefestigung dienen. Auch bei versunkenen Leitwerken können manchmal noch Steine sein.

Das Festlandufer: Abgesehen von den Häfen und den Sielplätzen (s. u.) ist die Küste des Festlandes in unserm Revier für den Wasserfahrer oft wenig ergiebig. (Es gibt Ausnahmen. z. B. Cuxhaven-Duhnen, Büsum, Teile der Eidermündung.) — Meist beginnt schon weit vor den Abbruchkanten des Grünlandes hohes, sehr weiches Schlickwatt. Dort ist das Erreichen des Grünlandes auch zu Fuß schwierig und oft fast unmöglich. Hat man es schließlich geschafft, schlickbekleckert auf dem Grünland anzukom-

Das Festlandsufer der deutschen Nordseeküste ist nur an wenigen Stellen einladend. Hohes Schlickwatt überwiegt. Das Grünland hat zuweilen eine steile Abbruchkante zum Watt, wie es die Abbildung zeigt. Oft ist es auch durch eine Steinschüttung gesichert. Häufig sind zur Landgewinnung Lahnungen in das Watt vorgebaut.

men, dann erwartet einen dort z. B. ein junger Stier, der auf Kampf lüstern ist. — Was den jungen Stier angeht, ist tatsächlich das „Bei-den-Hörnern-Packen" die beste Methode. Was die Nautik betrifft, so muß man auch mit flachgehenden Boot eine der vielen kleinen Rinnen benutzen, die ins Deichvorland führen.

Große Vorsicht ist nötig vor Stacks oder Buhnen, die zur Landgewinnung vorgebaut sind.

Oft ist ihre Spitze bezeichnet, oft nicht. An der Form der Wellenribbel an der Wasseroberfläche kann man sie oft erkennen. Doch Abstand von Ufern mit Stacks und Buhnen zu halten, ist meist das Beste.

Wattfahrwasser: Fahrrinnen führen teils in Prielen, teils in mit Pricken bezeichneten Rinnen der Länge nach und kreuz und quer durch das ganze Wattenrevier von Sylt bis zu den Niederlanden. Der Teil des Wattfahrwassers, der über das Wattenhoch führt, fällt zur Niedrigwasserzeit trocken. Auf dem Wattenhoch ist die Rinne des Wattfahrwassers im groben Durchschnitt 1/2 Meter tiefer als das Wattenhoch. Diese tiefere Rinne ist oft schmal und gewunden. Die tiefste Stelle durch Loten herauszufinden, wenn das Wasser noch nicht genug gestiegen ist oder wenn es schon wieder stärker fällt, ist eine der spannendsten Aufgaben der Wattfahrt.

Die Häfen: Meist denkt der Binnenländer zuerst an die großen Handelshäfen, wie Hamburg, Bremen, Emden. Doch viel netter sind die kleinen Frachthäfen, wie beispielsweise Leer, Oldenburg oder Stade. Sehr typisch sind die Fischerhäfen. Da fischt man nicht, wie der Binnenländer meint, Fisch, sondern Krabben. Das sind sozusagen Mini-Hummern. Die laufen unter dem Namen Garnelen, Krabben, Granat und Porren. Unter Seite 32 sowie in Band II darüber mehr.—
Ferner gibt es Fährhäfen und Ölhäfen, Bauhäfen und Tonnenhäfen, von Sportboothäfen nicht zu reden.

Rund 3/4 der Häfen der Nordseeküste fallen bei Niedrigwasser ganz oder großenteils trocken. Man kann also während Niedrigwasserzeit nicht herein und hinaus. So ist also die Nordsee ein wirkliches Weltmeer, kein Binnensee und kein Nebenmeer.

Die Sielhäfen: Dies sind nach ihrem Wesen recht einheitliche und für die Nordseeküste typische kleine Häfen. Viele sind ganz still und versponnen, manche mit dem Trend zum kleinen, ruhigen Ferienort, einige auch wichtige Fischerplätze. Ein wenig Mühe muß man aufwenden, bis man sich mit ihnen befreundet hat. Dann sind sie mit das Schönste an der Nordseeküste.

Sielhäfen haben alle den gleichen Ursprung: Als der Mensch begann, Deiche zu bauen, sperrte er der See den Weg ins Land. Er sperrte aber auch dem Regenwasser den Abfluß zur See. Da mußte er sich etwas einfallen lassen. Er ließ sich die Sielschleuse einfallen.

Die Sielschleuse ist eine Öffnung im Deich, ausgemauert wie ein großer Torbogen. In diesem Torbogen hängen zwei schwere, stark gebaute Tore aus Holz. Die können sich nach außen öffnen, aber nicht nach innen. Ist Niedrigwasser, so öffnen sie sich und lassen das in einem kleinen Fluß hinter dem Deich, dem Binnentief, angesammelte Süßwasser zur See abfließen. Steigt bei Flut buten das Wasser, dann drückt es

*Altensiel bei Norden,
erbaut anno 1537.*

von allein die beiden Sieltore zu. Die schließen sich dann mit dumpfen Donnerschlag. Doch leider, leider, sind im letzten Jahrfünft die meisten der alten Sielschleusen verschwunden.

Das Sieltief: Stets führt durch das Watt eine tiefere Rinne auf das Sieltor zu, das S i e l t i e f. Die meisten Siele, auch die, die nicht offiziell Häfen sind, haben vor der Sielschleuse ein paar kleine Fischerboote liegen. Etwas Bollwerk ist da. Und sehr oft steht dicht vor der Sielschleuse selbst bei Niedrigwasser ½ bis 1½ Meter Wasser!

S i e l h a f e n wird der Teil des Sieltiefs dicht vor der Sielschleuse genannt, wenn dort Kaje oder Bollwerk ist. Die Skizze zeigt einen Sielhafen mit seiner Fischerbootsflotte und Sportbooten darin vom Deich bei der Sielschleuse nach See hin gesehen (Wer kennt ihn wieder, ihr Weserschiffer?). Bei Hochwasserzeit, wie auf der Skizze, stehen 2 bis 2½ Meter Wasser in ihm. Bei Niedrigwasserzeit fällt er trocken bis auf eine Rinne in der Mitte. Dann sinken die Schiffe langsam in den weichen Schlick ein und ruhen darin, als ob es Wasser wäre.

Die Skizze zeigt einen der kleinen und stillen Sielhäfen. Andere haben sich zu kleinen rührigen Häfen mit Fährbetrieb zu den Inseln entwickelt. Zur Segelschiffszeit hatten viele Sielhäfen Handelsflotten von 20 bis über 100 Schiffen.

Das Binnentief: Binnen vom Deich setzt sich von der Sielschleuse aus ein 20 bis 50 Meter breiter kleiner „Fluß" in das Binnenland fort. An seinen Seiten liegt, wenn das Siel ein Dorf hat, die Siedlung (Skizze). Oft gibt es aber auch nur das Sielwärterhaus und meist ein Stück Kaje. Wo noch passierbare Sielschleusen sind, liegen da oft richtige kleine

Flotten von Sportbooten; denn durch die richtige (alte) Sielschleuse kann man nahe Niedrigwasserzeit durch das dann offene Tor herein und heraus, freilich nur ohne hohen

Sielplatz der Nordseeküste binnen vom Deich. Sein wichtigster Teil ist die Sielschleuse im Deich. Die Sieltore sind in dem gemauerten Bogen.

Mast. Es ist nicht zu beschreiben, wie schön das stille Liegen in einem Binnentief sein kann, wenn einen draußen Schlechtwetter und Wind tüchtig durchgebeutelt haben. Das Binnentief war der natürliche und vollkommen sichere Liegeplatz ungezählter Sport- und Kleinfischerboote. Es ist ein Jammer, daß die Sielschleuse, „Nabelschnur" zwischen binnen und buten, mehr und mehr durch Schöpfwerke ersetzt worden ist.

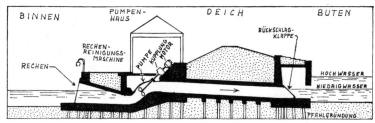

Querschnitt durch ein modernes Pumpsiel. Rechts in der Skizze liegt die salzige See, also z. B. ein Sielhafen. In der Mitte ist der Deich quer geschnitten. Links ist das Binnenland hinter dem Deich. Direkt hinter dem Deich steht das Pumpenhaus. Das beherbergt den Motor (elektrisch, bis 800 PS!). Der treibt über eine Kupplung eine verstellbare Schraube ganz wie eine Schiffsschraube. Die schafft das Regenwasser aus dem Binnensiel durch die 2 oder 3 Meter dicken Rohre über einen Höhenunterschied von 2 bis 3 Meter in die See vor dem Deich.
An der Binnenseite ist ein Rechen, der Treibgut, Holz, Matratzen und was weiß ich, vom Pumpwerk fernhält. An der Seeseite ist eine selbsttätig schließende Klappe, beim Pumpwerk ein nicht eingezeichneter Sperrschieber. Meist sind mehrere solcher Einheiten nebeneinander. — Für 200.000,— DM elektrischen Strom (und mehr) kann ein Schöpfwerk pro Jahr verbrauchen.

Das Schöpfwerk: Den Bauern binnen liegt an der Einhaltung gleichmäßigen Wasserstandes in den vielen Rinnen des flachen Marschlandes. Diese Aufgabe kann die Sielschleuse nicht gut erfüllen, wenn im Winterhalbjahr starke Regenfälle mit starken westlichen Winden einhergehen. Dann sinkt buten der Niedrigwasserstand nicht tief genug. Seit einigen Jahren sind deshalb die meisten Sielschleusen durch Pumpwerke ersetzt worden. Manche Siele wurden gänzlich geschlossen. Zweifellos ist unsere Nordseeküste ärmer an Individualität geworden. — Für den Wasserfahrer hat es die Folge, daß er fast nirgendwo mehr durch die Sielschleuse ins Binnentief einlaufen kann.

B. Die Umweltbedingungen

Wind, Wetter und die Jahreszeit

Man kann getrost sagen, daß die Wetterverhältnisse an der Nordseeküste für den Wassersportler herzlich ungünstig sind. Kein Monat des Jahres ist frei von Starkwind oder von Sturmgefahr. Kein Monat ist regenfrei. Und die Hochsommermonate sind die regenreichsten. Auch im Hochsommer gibt es einzelne Tage, wo man den Propankocher zum Heizen und nicht zum Kochen benutzt. So ist die F a h r t s a i s o n nicht sehr lang. Normalerweise von Mitte Mai bis Ende September. Und für die Wassernarren vielleicht von Ende April bis Mitte Oktober.

April: Nur ganz verdrehte Kerle sind im April und in der Osterwoche schon auf dem Wasser. Es waren auch stets recht harte Fahrten. Etwa 10% der Winde sind Beaufort 6 und mehr. Etwa 1% Beaufort 8 und darüber. Aber die Windrichtungen sind gleichmäßig verteilt. Vor allem sind Winde mit Ostanteil (Südost, Ost und Nordost) mit fast 35% häufiger als später im Sommer. Nebel kommt an etwa 4 Tagen vor. Das Wasser und meist auch die Luft sind kalt. Oft haben wir Schnee gehabt. Das sieht dann ganz überraschend aus, wenn die Deiche weiß verschneit sind. Bei Schneesturm ist die Sicht extrem schlecht. Ohne ein gutes Schiff, einen fähigen Ofen und die rechten Leute an Bord soll man im April nicht auf größere Fahrt gehen.

Mai: Das ist einer der schönsten Monate des Jahres! Die Tage sind lang. Es ist sehr regenarm. Die Starkwinde sind seltener als in jedem anderen Monat (nur 5 % Beaufort 6 oder 7). Sturm kommt praktisch nicht vor, Winde mit Ostanteil sind häufig (1/3 der Windrichtungen). So kommt man meist rasch in die niederländischen Gewässer. Ostwindperioden von 2 oder 3 Wochen Dauer kommen vor. Zwar sind Luft (11° C) und Wasser (10° C) kalt. Doch es ist ein so sonnenreicher Monat, daß man tags die Kälte kaum empfindet. Leicht holt man sich einen gewaltigen Sonnenbrand! Doch Vorsicht. Der Mai ist sehr nebelreich. Zwar sind es nur 4 Nebeltage im Monat wie im April und Juni. Doch der Mai-Nebel ist langlebig. 7 Stunden hält er im Durchschnitt an.

Juni: Das ist ein schöner Monat. Der Monat der langen Tage. Wenn der Himmel wolkenlos ist, bleibt während der ganzen Nacht ein Schimmer Helligkeit am nördlichen Horizont. Eine „Ahnung" der Mitternachtssonne Norwegens und Schwedens. — Die Wetterlage aber wird besonders im zweiten Teil des Juni unruhiger. Tiefs wirken sich häufiger aus. Etwa 7 % der Winde sind Beaufort 6 und mehr. Fast 1 % der Beobachtungen sind Beaufort 8 oder 9. Winde mit Westkomponente (West, Südwest, Nordwest) machen mehr als 50 % aus. Das bedeutet diesige Tage mit Südwestwind und viele sehr kalte Starkwindtage mit Nordwestwind. Eine Heizvorrichtung ist dann noch nötig. Winde mit Ostkomponente machen im Juni nur noch 20 % aus. Nach Westen zu segeln ist dann hartes Brot. Durchschnittlich 4 Nebeltage gibt es auch im Juni noch. Aber die Dauer der Nebelperioden ist kürzer. Sie liegt bei 3 Stunden. Wasser und Luft werden wärmer. Gewitter sind möglich.

Juli: Der sommerlichste Monat. Doch auch der unbeständigste. Warm genug ist es meist. 16° C mißt man im Wasser. 16° C ist auch die durchschnittliche Lufttemperatur auf See. In Häfen, Buchten, Flußmündungen ist es meist wärmer. Dennoch kann man bei Nordwestwindlagen nach Durchzug eines Tiefs bitterlich frieren. Es ist die Zeit der Badegäste in den Seebädern. Es ist auch die Zeit der schönen Wattwanderungen. Doch der Wind geht nicht auf Urlaub. Die Häufigkeit von Starkwind über Beaufort 6 macht etwa 9 % aus und ist höher als in den Vormonaten. Rund 1 % der Winde sind Sturm Beaufort 8 und darüber! Die Nordfriesischen Inseln sind im Juli besser dran. Nur 5 % der Windmessungen zeigen hier Beaufort 6 und mehr. Für eine Fahrt in die Welt der Halligen ist der Juli gerade recht.

Westliche Winde herrschen im Juli vor. Fast 60% haben Westkomponente. Nur 20 % enthalten Ost! Segelboote haben es schwer, niederländische Gewässer zu erreichen. Wichtig zu wissen, daß der oft starke und stets böige Nordwestwind im Juli am häufigsten ist. Fast 25 % der Winde im Bereich der Westfriesischen Inseln sind Nordwest! Er bringt hohen Seegang aus dem Nordmeer auf die Küste zu. Gewitter und damit Gewitterböen sind im Juli häufig. Doch Nebel wird selten; nur ein Tag im Monat, sagt die Statistik.

August: Das Wetter des August ist dem des Juli sehr ähnlich. Ich meine, daß der August etwas ausgeglichener ist und weniger Überraschungen bringt. Ich erinnere mich an viele windstille Tage, aber auch an häufige Gewitter. Die Dauer des lichten Tages wird im August spürbar kürzer. Manchmal zieht gegen Ende des Monats schon eines der Herbsttiefs über die Nordsee und bringt s t a r k e n Sturm.

September: Ich liebe den September sehr. Es gibt sehr lange Perioden überaus schönen, friedlichen Spätsommerwetters. Die Spinnweben des Altweibersommers fangen sich dann

Amrum, der große Leuchtturm auf den Dünen (vgl. Text Seite 239)

in den Wanten. Luft und Wasser sind noch unverändert warm (knapp 16° C). Doch es dunkelt früh, und man muß gut planen, um rechtzeitig in den meist unbefeuerten Häfen zu sein. Es gibt lange Perioden mit friedlichem, ablandigem Ostwind. Auf 30 % steigt der Anteil der Winde mit Ostkomponente. Und der Anteil der Winde mit West geht auf weniger als 50% zurück. Oft ist die Sichtigkeit schlecht in den Hochdrucklagen.

Aber es ist die Zeit der Tag- und Nachtgleiche. Und die Ä q u i n o c t i e n bringen nicht nur stärkere Gezeiten, sondern unfehlbar auch einen oder zwei s t a r k e Stürme. Ich fürchte sie weniger als das unbeständige Hochsommerwetter. Barometer, Seewetterbericht und Bewölkung künden sie an. Man sucht sich rechtzeitig einen passenden, geschützten Hafenplatz. Dann weht es zwei oder drei Tage sehr stark mit Windstärken bis 9 oder 11. Der nachfolgende Nordwestwind bringt eine kleine Sturmflut. Dann folgt wieder ruhiges Wetter bis zum nächsten Sturm. — So ist es kein Wunder, daß im September 15% der Windbeobachtungen Beaufort und mehr ergeben und 2% Beaufort 8 und darüber sind. Dann ist eine Bücherkiste für die Hafentage wichtig.

Oktober: Die meisten Nordseeleute takeln ihr Boot Anfang Oktober ab. Ein paar „Unvernünftige" bleiben noch in Fahrt. Und es gibt auch wirklich noch viele schöne Tage. Doch die Sonne wärmt nicht mehr. Oft reicht sie nicht aus, den Tau der Nacht aufzutrocknen. Die Luft ist meist noch nicht kalt, aber die kurzen Tage machen es schwer, Tageslicht und Tiden in Einklang zu bringen. Es ist die Jahreszeit, in der ich am liebsten in die großen Flüsse hineinsegle. Die vielen alten Häfen der Elbe, eine Fahrt nach Bremen. — Aber etwa Mitte Oktober bringt ein Nordweststurm nach dem Durchzug eines kräftigen Tiefs dann den ersten starken Kälteeinbruch. Und schweren Herzens sieht man ein, daß nun das Segeljahr wirklich zu Ende ist.

Nebel und schlechte Sichtigkeit

Es muß gar nicht Nebel sein (Sicht unter 500 Meter). Schon schlechte Sicht ist für das Navigieren an der Nordseeküste ein ernsthaftes Hindernis. Eigentlich das ernsthafteste und häufigste Hindernis für das Fahren im Wattenrevier und erst recht im Seerevier. Denn bei einer Sichtigkeit von 1/2 bis 2 Seemeilen sieht man von See aus nichts vom Land, ehe man auf Bänke stößt. Das erschwert die Ansteuerung sehr. Außerdem sieht man von einer Tonne oft nicht die nächste. Dann muß man, bis die nächste Tonne in Sicht kommt, nach Kompaß fahren. Das geht natürlich, ist aber in Strömungsgewässern und bei der Unsicherheit, ob nicht eine Tonne verlegt worden ist, oft eine etwas spannende Sache. Die Angabe im Seewetterbericht über die zu erwartende Sichtigkeit wird deshalb oft die Entscheidung über die Route mehr beeinflussen als der Wind.

Die Definition der im Seewetterbericht verwendeten Begriffe ist:

Gute Sicht	Sicht bis 5 Seemeilen
mäßige Sicht	Sicht bis 2 Seemeilen
schwach diesig	Sicht bis 1 Seemeile
diesig	Sicht bis 1/2 Seemeile
Nebel	Sicht 500 Meter und weniger

Wenn ich in diesem Buch von schlechter Sicht spreche, meine ich Sichtigkeit unter 2 Seemeilen.

Regional und jahreszeitlich ist schlechte Sichtigkeit sehr unterschiedlich verteilt. Deshalb folgende Tabelle:

	Feuerschiff „Elbe 1"	Cuxhaven	Borkum	Amrumbank
April	16 %	28 %	23 %	11 %
Mai	10 %	21 %	14 %	5 %
Juni	7 %	14 %	7 %	4 %
Juli	7 %	15 %	11 %	2 %
August	4 %	22 %	10 %	3 %
September	7 %	31 %	18 %	3 %
Oktober	8 %	31 %	20 %	4 %

Häufigkeit von schlechter Sicht (Sichtweite mehr als 1000 m, aber weniger als 2 sm) an vier verschiedenen Beobachtungsorten

Nebel: Im Sommer überwiegt bei weitem der Nebel der Nacht und der Morgenstunden. Fast stets löst er sich während des Vormittags auf. — Es gibt aber auch tagsüber Nebelfronten! Hat man Erfahrung, so sieht man sie oft kommen und nimmt noch schnell einen letzten genauen Schiffsort, ehe „Waschküche" alles verschluckt. Als Neuling wird man von solchen Nebelfronten meist vollkommen überrascht. So ist nichts wichtiger, als s t e t s den genauen Schiffsort zu kennen.

Man sagt, daß Nebel und Wind nicht gemeinsam vorkommen. Das ist richtig unter dem Gesichtspunkt des Frachtschiffahrers. Doch für ein kleines Boot fängt der Begriff „Wind" früher an. Für ein kleines Boot können Beaufort 4 und 5 schon recht viel Wind sein. 5 % der Nebelbeobachtungen sind aber bei Windstärke 4 oder 5! Nur Starkwind oder Sturm kommen nicht gleichzeitig mit Nebel vor.

Pferdefuhrwerke bei Niedrigwasser auf der Fahrt über das Watt. Einige Inseln und Halligen haben auf diese Weise Landverbindung.

Die Gezeit

Tidengewässer: Alles und Jedes an der Küste der Nordsee wird von dem zweimal am Tage erfolgenden Steigen und Fallen des Wassers bestimmt. Das Ablegen und Einlaufen, das Aufstehen und das Mittagessen und die Fahrtroute auch. Nichts fällt nach meiner Erfahrung einem Binnenländer und einem Ostseefahrer schwerer als zu verstehen, daß hier die Tide regiert und nicht der Mensch. Am schwersten von allen versteht das die Bordfrau.

Mit der Tide muß man gut Freund werden. Sie durch eine besonders trickreich ersonnene Fahrtroute zu überlisten, das erscheint mir recht und fair. Mit Gewalt gegen sie anzuboxen (außer, es muß wirklich mal sein) halte ich für — sagen wir — ungenial. Als Belohnung dafür, daß man sich den Regeln dieses feinen und hohen Spieles der Gezeitenfahrt unterwirft, bekommt man unglaublich schöne und rasche Reisen geschenkt — und das gute Gefühl, diese Belohnung verdient zu haben. Wie beim Schachspiel kommt auch hier fast nie die gleiche Situation zweimal vor. Und ähnlich wie dort lernt man nie völlig aus.

Grundbegriffe:

Hochwasser (H.W.): das ist der höchste Wasserstand während einer etwa 12stündigen Gezeit. Hochwasser ist meist zweimal am Tag.

Niedrigwasser (N.W.): das ist der niedrigste Wasserstand bei einer Gezeit. Niedrigwasser ist etwa 6 Stunden nach H.W.

Steigendes oder auflaufendes Wasser: das ist in den etwa 6 Stunden zwischen Niedrigwasser und Hochwasser.

Fallendes oder ablaufendes Wasser: das ist nach H.W. bis zur N.W.-Zeit.

Tidenhub: das ist der Unterschied zwischen der Wasserhöhe bei N.W. und bei H.W. In dem hier besprochenen Gebiet ist der Tidenhub zwischen 4,0 und 2 Meter.

Ursachen der Gezeit: Die Tide oder Gezeit entsteht vorwiegend durch die Anziehungskraft des Mondes*). Sie folgt deshalb dem Mondmonat und dem Mondrhythmus: Nicht genau alle 12 Stunden ist Hochwasser, sondern durchschnittlich alle 12 Stunden und 25 Minuten. Anders ausgedrückt: täglich etwa ³/₄ Stunden später als am Vortag (mit Abweichungen, siehe unten). Bei jedem Mondmonat beginnt das Spiel von neuem.

Faustregel:

Zur Zeit des Vollmondes und des Neumondes ist in der Deutschen Bucht Hochwasser um die Mittagszeit und gegen Mitternacht.

Springtide — Nipptide: Nicht nur der Mond, auch die Sonne spielt mit. Da die aber von der Erde weiter entfernt ist, ist ihr Anteil an der Höhe der Flutwelle kleiner. Immerhin ist er wichtig genug: Zur Vollmondzeit und zur Neumondzeit stehen Sonne und Mond etwa auf der gleichen Linie und wirken zusammen. Dagegen steht zur Halbmondzeit die Sonne rechtwinklig zur Linie Erde—Mond. Das vermindert die Höhe der Flutwelle.

Regel:

Bei Vollmond und bei Neumond beginnt eine etwa 6 Tage während Phase großer Tidenhübe. Sie heißt Springzeit. Bei Halbmond beginnt eine etwa 6tägige Phase kleiner Tidenhübe, die Nippzeit.

Was zwischen Springzeit und Nippzeit liegt, nennt man die Mittzeit.

---

*) Für die, die genauer darüber nachdenken wollen: Machte allein die Anziehungskraft des Mondes die Gezeit, so wäre nicht einzusehen, warum sie zweimal am Tag ist. — Tatsächlich sind Mond und Erde ein durch ihre Anziehungskraft zusammenhängendes, gemeinsames System. Der Drehpunkt dieses Systems Erde plus Mond liegt etwas exzentrisch. So entsteht der eine „Wasserberg" durch die Anziehungskraft des Mondes, der andere, gegenüberliegende, durch die größere Fliehkraft dort. Deshalb also zweimal am Tag.

Zur Springzeit findet man bei Hochwasser höhere Wasserstände und bei Niedrigwasser tiefer ablaufendes Wasser. Auf den durchschnittlichen Wasserstand bei Spring-Niedrigwasser ist das Kartennull der deutschen Seekarten bezogen. Zur Springzeit laufen die Strömungen wesentlich stärker. Umgekehrt sind bei N i p p z e i t der Hochwasserstand niedriger, der Niedrigwasserstand höher und die Strömungen schwächer. Mit einem Wort: Bei Springzeit ist die Flutwelle hoch, bei Nippzeit ist sie flach.

Praktische Anwendung: Bei den höheren Hochwasserständen der Springzeit sind die Wattrücken längere Zeit und höher überflutet. Man kann länger fahren. Durchschnittlich ist der Wasserstand bei Springzeit 30 cm höher als zur Nippzeit.

Weitere praktische Anwendung: Man soll sein Boot nicht bei Ende der Springzeit-Phase genau zur Hochwasserzeit trockenfallen lassen. Da die folgenden Nipptiden weniger hoch auflaufen, kann es theoretisch sein, daß man 10 oder 12 Tage festsitzt. Praktisch spielt aber der Einfluß des Windes auf den Wasserstand eine größere Rolle (zum Guten oder zum Schlechten), Klüger ist's stets, sich erst 1 bis 1¹/2 Stunden nach Hochwasser trockenfallen zu lassen.

Warum die Springtide nicht genau bei Vollmond am höchsten ist: Tatsächlich ist die höchste Tide bei uns etwa 3 Tage n a c h Vollmond und 3 Tage n a c h Neumond. „S p r i n g v e r s p ä t u n g" nennt man diesen Sachverhalt. Auch die flachste Nippflut ist etwa 3 Tage n a c h Halbmond. Das hat folgenden Grund: Unsere Gezeit entsteht nicht in der Nordsee. Überwiegend hat sie ihren Ursprung im Indischen Ozean. Dessen Gezeitenwelle wird an der Küste Südamerikas reflektiert, läuft durch den Atlantik und dann überwiegend nördlich um England in die Nordsee. Ein kleiner Schub kommt auch durch den Englischen Kanal. Für den Weg vom Indischen Ozean bis zur Deutschen Bucht braucht die Flutwelle ungefähr drei Tage.

So kommt es, daß die höchste Springflut bei uns nicht genau bei Neumond und nicht genau bei Vollmond ist, sondern etwa 3 Tage danach. Die Formulierung: b e i V o l l - m o n d   u n d   b e i   N e u m o n d   b e g i n n t   e i n e   e t w a   6   T a g e   w ä h r e n d e P h a s e   g r ö ß e r e r   T i d e n h ü b e (mit ihrem Maximum am 3. Tag) ist also ganz richtig. Und da sie leichter zu merken ist, wollen wir es auch bei ihr belassen.

Der Zeitabstand von Hochwasser zu Hochwasser: Im Durchschnitt ist er 12 Stunden 25 Minuten. Aber er wechselt. Er wird größer, wenn es auf Nippzeit zugeht. Wie kommt das? Im Durchschnitt ist die Flutwelle vom Indischen Ozean bis zur Deutschen Bucht etwa 3 Tage unterwegs. Aber eine höhere Welle läuft rascher als eine niedrige. So treffen die niedrigeren Nippzeit-Fultwellen jedesmal ein wenig später ein. Dann sind größere Abstände von Hochwasser zu Hochwasser. Bis 13 Stunden kann der Zeitabstand dann sein. — Geht's auf Springzeit zu, ist's genau umgekehrt. Dann sind nur etwa 12 Stunden zwischen den Hochwassern.

Der Tidenkalender: Wie wir sehen, ist also alles ganz hübsch kompliziert. Natürlich kann sich's auch jeder selber ausrechnen, doch kein Mensch tut das. Die Hochwasserzeiten und Niedrigwasserzeiten sind jeweils für ein Jahr vom Deutschen Hydrographischen Institut vorausberechnet. Sie sind in einem Büchlein, dem „Tidenkalender für die Deutsche Bucht" zusammengestellt. Den m u ß man an Bord haben. Im Binnenland bekommt man ihn meist nicht. An der Küste ist er in jedem Buchladen.

Örtliches Hochwasser: Die Faustregel: „Bei Vollmond und Neumond ist Hochwasser in der Deutschen Bucht mittags" reicht natürlich nicht aus, danach Fahrten zu machen. Man muß die genaue Hochwasserzeit wissen, und zwar für den Ort, wo man ist und für den Ort, wo man hin will (und oft noch für Orte dazwischen). Hochwasser ist ja nicht überall gleichzeitig. Auch in der Deutschen Bucht braucht die Welle des Hochwassers ihre Zeit, um sich fortzupflanzen. Sie ist in Borkum 2 Stunden früher als in Cuxhaven. Und in Cuxhaven 5 Stunden früher als in Hamburg. So ist der Tidenkalender ein kleines Buch, denn er muß die Hochwasserzeit für sehr zahlreiche Orte (und Wattrinnen und Ansteuerungstonnen) enthalten.

Bezugsorte: Für alle w i c h t i g e n Orte ist im Tidenkalender die Hochwasserzeit (H.W.) und die Niedrigwasserzeit (N.W.) für jeden Tag des Jahres einzeln aufgeführt. Auf der Elbe z. B. sind diese wichtigen Orte Cuxhaven, Brunsbüttel und Hamburg. Diese wichtigen Orte heißen B e z u g s o r t e.

Anschlußorte: Für die weniger wichtigen Orte ist nicht für jeden Tage jede H.W.- und N.W.-Zeit angegeben, sondern es ist nur mitgeteilt, um wieviele Stunden und Minuten das Hochwasser dort früher (Minuszeichen) oder später (Pluszeichen) ist, als am Bezugsort. Die Anschlußorte sind im Tidenkalender am Ende der Tabelle für den Bezugsort zu finden. (Für Elbe und für das Halligmeer habe ich sie bei der Beschreibung mitgeteilt. Das erleichtert, denke ich, dort die Planung der Fahrt.)

Lange Tiden, kurze Tiden: Wir haben gesehen, daß die „Flutwelle", auf deren Gipfel ja Hochwasser herrscht, eine bestimmte „Reisedauer" hat. Von Cuxhaven nach Hamburg beispielsweise etwa 5 Stunden. Wenn man selber nun mit seinem Boot unterwegs ist, wird man entweder m i t der Flutwelle fahren, dann hat man lange Tiden. Fährt man aber dem Berg der Hochwasserwelle e n t g e g e n, so hat man kurze Tiden. Auf der Elbe ist das am auffälligsten. F ä h r t m a n s e e w ä r t s, s o i s t d i e T i d e k u r z, z. B. nur 4 Stunden. Fährt man flußaufwärts, so ist sie lang: über 10 Stunden liegen zwischen Niedrigwasser bei Cuxhaven und Hochwasser beim Yachthafen Hamburg. Wie bei der Elbe ist es bei anderen Gewässern auch. Seewärts fahrend ist die Tide kürzer. Enorm wichtig ist dies, um die Tagesroute zu planen. (Für die Elbe gibt's auf Seite 110 und 161 eine Tabelle. Für die anderen Gewässer folgt es im Text.)

Der Tidenhub: Der Höhenunterschied zwischen Niedrigwasser und Hochwasser wird im Text bei den einzelnen Orten genannt. Der „mittlere Tidenhub" ist der bei Mittzeit, also zwischen Springzeit und Nippzeit. Oft wird auch getrennt der Tidenhub bei Springzeit und bei Nippzeit angegeben. Auch im Tidenkalender steht er drin. Zwischen 3,6 Meter und 2 Meter ist der Tidenhub in dem hier besprochenen Revier. — D e n T i d e n - h u b wollen wir wissen, um in Häfen die Länge unserer Festmacheleinen danach bemessen zu können. Doch für das Fahren auf dem Watt fragen wir weniger nach dem Tidenhub als nach der W a s s e r t i e f e auf dem Watt.

Die Wassertiefe auf dem Watt

Sie hängt ab

a) von der Höhe des Wattrückens über Kartennull
b) von der Höhe des Wasserstandes über Kartennull bei Hochwasser
c) von dem Zeitpunkt vor oder nach Hochwasser, zu dem ich unterwegs bin.

Höhe eines Wattrückens über Kartennull: Die ist auf den Seekarten mit einer unterstrichenen Ziffer angegeben. <u>1,6</u> auf eine Wattfläche gezeichnet bedeutet, daß dieser Wattrücken 1,6 Meter über Kartennull (KN) liegt.

Was ist Kartennull? Bei Seekarten ist das (anders als bei Landkarten) ein nach dem Wasserstand festgelegtes Höhenniveau.

An der deutschen Küste ist

Kartennull = mittleres Springniedrigwasser (mittl. Spr.-N.W.)

Das heißt: ein Wattrücken, der genau in Höhe des Kartennull liegt, wird bei durchschnittlichen Wetterverhältnissen zur Springzeit bei Niedrigwasser gerade eben trocken liegen. Ein Wattrücken 1,6 Meter über Kartennull wird bei mittlerem Niedrigwasser zur Springzeit 1,6 Meter über dem Wasserspiegel sein. (Außerhalb Deutschlands ist das Kartennull anders festgesetzt.)

Wie groß ist die Wassertiefe bei Spring-Hochwasser? Es hängt zuerst davon ab, wie hoch das Springhochwasser an dieser Stelle der Küste aufläuft. Nahe Sylt stehen bei Springhochwasser z. B. 2,0 Meter Wasser über Kartennull, nahe Büsum 3,6 Meter. Die Hochwasserhöhe bei durchschnittlichem Springhochwasser teile ich im Text mit.

Wie groß ist die Wassertiefe bei Springhochwasser auf einem Wattrücken? Das ist sehr einfach. Büsum als Beispiel: Der Wattrücken soll 1,6 Meter über Kartennull hoch sein. Der durchschnittliche Hochwasserstand (Spring) ist 3,6 Meter. 3,6 minus 1,6 (Höhe des Wattrückens) ergibt 2,0 Meter. Also ist die Wassertiefe über dem Wattrücken bei durchschnittlichem Springhochwasser 2 Meter. Ist das schwierig?

Wie groß ist die Wassertiefe bei Nipp-Hochwasser? Im Durchschnitt 30 Zentimeter niedriger. Doch habe ich für die wichtigeren Orte den Hochwasserstand bei Nipphochwasser mit angegeben (und zwar in Klammern). — Gerechnet wird genauso, nämlich: Wassertiefe bei H.W. gleich Wasserhöhe bei H.W. über Kartennull minus Höhe des Wattrückens über Kartennull.

Für Hochwasserzeit ist das schon alles (Ich habe es hier einfacher gemacht als in der ersten Auflage).

Wie rasch läuft das Wasser nach Hochwasserzeit wieder ab? Das ist örtlich etwas verschieden. Es gibt da Gezeitenkurven für einige wichtige Häfen. Doch die liegen meist an großen Seegaten oder der Elbe und nicht auf dem Watt.

Ich selber arbeite mit einer ganz einfachen Regel. Die stimmt nicht haarscharf, doch für die Praxis reicht sie vollkommen.

Die Zwölfteler Regel:

In der ersten Stunde nach Hochwasser senkt sich der Wasserstand um etwa $1/12$ des Tidenhubes, in der zweiten Stunde um $2/12$, in der dritten etwa um $3/12$.

Bei Steigen des Wassers geht es genauso: in der dritten Stunde vor Hochwasser steigt das Wasser um $3/12$, in der zweiten um $2/12$, in der letzten um $1/12$ des Tidenhubes.

Ich bin mit dieser Regel stets gut zurechtgekommen. Ein alter Wattenfahrer hat sie mir gesagt. — Heute steht in manchen Watthäfen ein Tidenschreiber. Da kann man nachprüfen, wie gut sie stimmt. — Nur auf Flüssen läßt sie sich nicht brauchen.

Praktisches Beispiel: Der Springtidenhub bei Büsum ist 3,6 Meter. Wir wollen dort über ein 1,6 Meter hohes Watt. Genau zur Hochwasserzeit stehen dort 2 Meter Wasser.

Nach der Zwölfteler-Regel fließen in der ersten Stunde nach H.W. $1/12$ weg. $1/12$ von 3,6 Meter sind 30 Zentimeter. Eine Stunde nach Hochwasser sind also statt 2 Meter nur noch 1,7 zu erwarten. — In der zweiten Stunde fließen $2/12$ weg, also 60 Zentimeter. Am Ende der zweiten Stunde nach H.W. sind also insgesamt 90 Zentimeter abgelaufen. Von den stolzen 2 Meter Wassertiefe bei H.W. sind dann nur noch 1,1 Meter da. — In der dritten Stunde fließen $3/12$, also 90 Zentimeter davon weg. Drei Stunden nach Hochwasser sind also rechnerisch auf unserm Wattrücken noch 20 Zentimeter Wasser. Auch das flachste Boot muß sich dann also von diesem Wattrücken weg in eine der Rinnen oder Priele verholt haben, sonst fällt es trocken.

Wenn das Wasser steigt, geht es genauso; nur umgekehrt herum: 2 Stunden vor H.W. fehlen noch $2/12$ plus $1/12$ an der vollen Wasserhöhe, also 90 Zentimeter bei unserm Beispiel. 1,1 Meter Wassertiefe sollten zwei Stunden vor H.W. auf unserem Wattrücken sein. Eine Stunde vor H.W. fehlt nur noch $1/12$, also 30 Zentimeter, an der größten Tiefe.

Die Kunst des Schiffers: Sowieso hängt viel vom Wind ab. Und noch mehr von der Kunst des Schiffers, das Boot lotend in der tiefsten Rinne zu fahren, wenn die Wasserhöhe knapp ist. So soll man es nicht übertreiben mit dem Rechnen auf dem Watt. Die Praxis ist da mindestens ebenso wichtig. Da lassen sich bei sorgfältigem Loten rechts und links mit List und Herzklopfen noch viele Fahrrinnen auf Wattenhochs passieren, die nach der in der Seekarte verzeichneten Höhe längst unpassierbar niedriges Wasser haben sollten.

Dies sind dann die großen und spannenden Stunden der Wattfahrt. Ähnlich, wie eine Regatta sie bietet, aber — so meine ich — doch viel wirklichkeitsnäher. Ganz unabhängig vom Preis des Bootes zählt hier wirklich nur das Können des Schiffers und die gute Mitarbeit seiner Crew. Und mißlingt die Passage und man kommt fest — nun, dann ist die Buße nicht zu hoch. Im Gegenteil: Eine auf dem Watt verbrachte Nacht. Noch spannender und eindrucksvoller als eine gekonnt gelungene Fahrt.

Der Einfluß des Windes

Nun haben wir alles so brav und exakt ausgerechnet. Bis auf 10 Zentimeter genau. Dann bläst ein Wind. Der braucht gar nicht besonders stark zu sein. Und wirft alles durcheinander. Es ist leider wirklich so.

Faustregel:

> Östliche Winde von 5 Windstärken können den Wasserstand um etwa $1/2$ Meter senken. Wind aus Südwest Stärke 5 erhöht den Wasserstand um etwa $1/4$ Meter. West- oder Nordwestwind Stärke 5 erhöht ihn um etwa $1/2$ Meter oder sogar ein wenig mehr.

S t a r k e r westlicher und nordwestlicher Wind erhöht den Wasserstand erheblich. Beaufort 6 bis 7 mag 1 Meter, Sturm Stärke 8 bis 9 um 1¹/₂ Meter höheres Wasser bringen. Bei Erhöhungen von 2 Metern und mehr spricht man von einer „schweren Sturmflut". Die ist im Sommer äußerst selten. — Die S e n k u n g bei anhaltendem und s t a r - k e m O s t w i n d ist fast ebenso groß wie die Erhöhung bei West und Nordwest.

Da noch mehrere andere Umstände eine Rolle spielen, ist das nur ein ungefährer Anhalt.

Trockengefallen bei Niedrigwasser am Rande des Wattenprieles. Das ist noch schöner, als zu ankern. Für einige Stunden gehört einem der Sandrücken alleine — amphibische Welt. Die Bordfrau wirkt in der Kombüse. Oder hat sie sich gerade eine halbe Stunde auf's Ohr gelegt? Die Kinder sind dabei, ein kleines Rinnsal aufzustauen, um in dessen warmem Wasser zu baden. Und der Schiffer? Der will, ehe das Wasser wiederkommt, die Schramme von gestern noch unter Farbe bringen.

Das gängige Fischerboot der Nordseeküste, das Krabbenfischerboot (Granat, Krabben, Garnelen, Porren: es ist alles das gleiche, nämlich ein Minihummer). Meist fischen die Boote im Wattenrevier. Typisch an ihnen ist das an zwei langen Bäumen gefahrene Fanggeschirr. Es sind zwei breite Netze, die auf Holzrollen über den Wattboden gezogen werden. Das hier abgebildete Boot hat seine Netze halb aus dem Wasser gehievt. — Der Fang wird an Bord gesiebt. Die zu kleinen Krabben und allerhand kleines Fischzeug heißen „der Beifang". Der wird, wenn die Bordfrau sich nicht vorher eine Mahlzeit heraussucht, an Land zu Hühnerfutter verarbeitet. Die Esskrabben werden an Bord auf einem Ofen auf dem Heck gekocht. Frisch und heiß (und die größten herausgesucht) schmecken sie am allerbesten.

Tägliche Ungleichheit: Da gibt es noch einen geringen Unterschied in der Höhe des Wasserstandes zwischen dem Vormittagshochwasser und dem Abendhochwasser. Er kann 0,2 bis 0,3 Meter ausmachen. Aus dem kleinen Gezeitenkalender kann man ihn n i c h t entnehmen.

Faustregel:

> Im Frühjahr bis etwa zum Juni ist das Abendhochwasser höher. Im Spätsommer und Herbst ist das Morgenhochwasser höher.

Wasserstandsvorhersage: Den Einfluß dieser Faktoren auf den tatsächlichen Wasserstand bei Hochwasser und Niedrigwasser gegenüber dem Kartennull kann man selber abschätzen. Was man dazu braucht, ist oben mitgeteilt. — Man kann aber auch morgens etwa um 8.55 Uhr die „Wasserstandsvorhersage für die Deutsche Bucht" im Norddeutschen Rundfunk abhören.

Die Praxis: Dem Anfänger auf der Nordsee mag all dies furchtbar kompliziert erscheinen. In der Praxis ist es halb so schlimm. Die Hochwasserzeit und den Tidenhub nimmt man aus dem Tidenkalender. Ein Blick auf den Wind sagt einem, was man etwa zulegen oder abziehen muß. Das ist normalerweise eigentlich schon alles. Und bei den Beschreibungen der Fahrtrouten habe ich für den Anfänger mitgeteilt, bei welchem Stand der Tide ich ablege und wie ich die Route fahren würde.

Die Gezeitenströmung

Nichts beeindruckt, meine ich, den Neuling auf der Nordsee mehr als die Geschwindigkeit der Gezeitenströmung. Den Ostseefahrer oft mehr als die Binnenländer. Denn Binnenländer kennen Strömung oft von den Flüssen. Wer auf dem Rhein zu fahren gewohnt ist, dem wird die Strömung als solche an der Nordseeküste keine Schwierigkeiten machen.

Gezeitenströmung ist der Schiffahrt freundlich, denn sie setzt hin und her. Etwa 6 Stunden in dieser, 6 Stunden in der anderen Richtung. Durch richtiges „Umsteigen", wenn die Strömung kentert, kann man 12 Stunden oder gar 18 Stunden mitlaufenden Tidenstrom haben. Es ist begeisternd schön, wenn man sie richtig in seinen Dienst stellt. Es kann aber auch abgrundhäßlich werden, wenn man durch irgendeinen Umstand (oft ist es zu spätes Ablegen) den Zeitplan verpaßt.

Wie schnell läuft der Gezeitenstrom? Das ist örtlich sehr verschieden. Die folgende Aufstellung soll nur eine Vorstellung geben, mit welcher ungefähren Größenordnung man zu rechnen hat. Alles Genauere sagt die Revierbeschreibung. Stets läuft der Gezeitenstrom bei Springzeit schneller als zur Nippzeit. — Die Geschwindigkeit wird in Seemeilen pro Stunde, also Knoten (kn) angegeben.

Ungefähre Strömungsgeschwindigkeit des voll laufenden Stromes (kn)

Gebiet	Springzeit	Nippzeit
Offene See (10-Meter-Linie)	1,5	1,0
Große Flüsse, Seegaten	3—5	3—4
Wattenströme	2—4	2—3
Priele	1—3	1—2
Wattenhoch	meist 0	meist 0

Richtung des Gezeitenstromes: Im großen Ganzen stetzt der Gezeitenstrom bei steigendem Wasser auf die Küste zu, bei fallendem Wasser von der Küste weg. Das ist im hier beschriebenen Gebiet ganz grob gesprochen nach Südost und zurück nach Nordwest. Im Einzelnen aber gibt es so viele Umgestaltungen und örtliche Besonderheiten, daß es keinen Sinn hat, im allgemeinen Teil des Buches mehr darüber zu sagen.

Wann ändert sich die Strömungsrichtung? Meist nicht genau zur Hochwasserzeit und N.W.-Zeit, sondern ein wenig später. Die Verspätung des Kenterns der Strömung kann Null sein auf dem Wattenhoch. Sie kann 1 bis 2 Stunden ausmachen in Mündungen großer Flüsse oder Seegaten. Alles Genauere bei der Revierbeschreibung.

Stillwasser: So nennt man die Zeitspanne, in welcher vor dem Wechsel der Strömungsrichtung das Wasser nahezu stille steht. Im Seerevier kann anstelle von Stillwasser eine Drehbewegung der Strömung treten. Für die Sportboot-Navigation kann die in unserem Gebiet wohl vernachlässigt werden.

Wann läuft die Strömung am schnellsten? Es ist örtlich verschieden. Aber oft strömt das e i n l a u f e n d e Wasser in der ersten Hälfte der Zeit steigenden Wassers rascher (solange, bis die Watten überflutet sind). Dagegen strömt das a u s l a u f e n d e Wasser fast immer in den letzten 2 Stunden am härtesten (da sind die Watten leer und das Wasser ist auf die engen Rinnen zusammengedrängt).

Das Wattenhoch: Meist (aber nicht immer) wird ein Wattrücken, der hinter einer Insel liegt, von beiden Seiten her mit Wasser überflutet. Normalerweise läuft das Wasser auch nach beiden Seiten wieder ab. Das erklärt, warum auf dem Wattenhoch selbst keine oder nur geringere Strömung ist. — W i n d hat hier Einfluß auf die Strömungs r i c h t u n g (in tiefen Rinnen dagegen nur auf die Dauer der Strömung, selten auf ihre Richtung). — Eine Ausnahme bilden die Wattrücken nördlich der Elbmündung. Da ist bei steigendem wie bei fallendem Wasser eine leichte Strömung südwärts.

Zeitplanung: Wo immer irgend möglich, wird man den Gezeitenstrom in seinen Dienst stellen. B e i s p i e l einer solchen Zeitplanung: Ablegen in Cuxhaven, sobald die Strömung seewärts zu setzen beginnt. Mit schiebender Strömung bis Feuerschiff „Elbe 1". Von dort mit schwach mitlaufendem Strom bis zur Ansteuerungstonne Süderhever. Von dort mit nunmehr steigendem Wasser und wiederum schiebender Strömung nach Büsum. — Eine Fahrt, die über längere Strecken g e g e n den Gezeitenstrom führt, ist für ein kleineres Fahrzeug fast stets zum Mißlingen verurteilt.

Warnung vor Tonnen: Fahrwassertonnen in Strömungsgewässern sind für ein Sportboot unglaublich gefährlich, zumal für Segelboote bei wenig Wind. Wie von einem starken Motor angetrieben, kommen sie mit rauschender Bugwelle auf das Boot zu. Bei Kollisionen ist die Tonne der Stärkere! — Auf s e h r stark strömenden Gewässern kann eine kleinere Tonne auch durch die Strömung zeitweise unter Wasser gedrückt werden. Da macht sie einen Schwall, aus dem sie von Zeit zu Zeit hochkommt. Derlei habe ich auf der Weser öfter, in dem hier beschriebenen Gebiet noch nie gesehen. Gut ist's dennoch, daran zu denken.

Einfluß der Strömungsrichtung auf den Seegang: Es gibt ein über jedes Maß hinaus wichtiges Gesetz für strömende Gewässer. Es gilt für das Seerevier und für das Wattenrevier in gleicher Weise.

> „L ä u f t   d i e   S t r ö m u n g   e n t g e g e n   d e r   W i n d r i c h t u n g, s o
> e n t s t e h t   g a n z   u n v e r h ä l t n i s m ä ß i g   h o h e r, s t e i l e r   u n d
> o f t   b r e c h e n d e r   S e e g a n g.   L ä u f t   d i e   S t r ö m u n g   i n   d e r
> g l e i c h e n   R i c h t u n g   w i e   d e r   W i n d, s o   i s t   d a s   W a s s e r
> v i e l   g l a t t e r, a l s   d i e   W i n d s t ä r k e   e r w a r t e n   l ä ß t."

Dies muß man sich einprägen. Es gibt wenige Gesetze, die für das praktische Fahren in j e d e m Tidengewässer so wichtig sind. Es gilt für den englischen Kanal ebenso wie für die Irische See.

Man muß sich also darauf einrichten, daß schon dann, wenn nur frischer Segelwind weht, ein eben noch friedliches, glattes Gewässer nach Kentern der Strömung im Wattenrevier ein garstiges und im Seerevier ein gefährliches Gewässer wird. Beispiel: die Außenelbe, Seite 164 f.

Vorsicht, wenn Strom gegen Wind läuft!

Die Windstärke

Wir in Deutschland bezeichnen die Windstärke nach der Windstärkenskala, die vor etwa 120 Jahren von dem englischen Admiral Beaufort aufgestellt wurde (das ist nicht überall so. Die Franzosen z. B. rechnen und denken in „Knoten" Windgeschwindigkeit.) Ich lasse die internationale Definition der Windstärken folgen. Sie gibt auch den Seegang an, wie er sich abhängig vom Wind auf o f f e n e m Meer u n b e e i n f l u ß t durch flachen Grund oder Strömung entwickelt, w e n n der Seegang lange Anlaufstrecke hat. K e i n e dieser Bedingungen trifft für das küstennahe Seegebiet der Nordsee zu! Und für das Wattenrevier erst recht nicht. So habe ich ab Windstärke 7 die Beschreibung der Wellen enden lassen. Es folgt ein besonderes Kapitel über Seegang.

Windstärke Beaufortgrad		Auswirkung des Windes auf Seegang auf Meeren mit tiefem Wasser	Geschwindigkeit des Windes (km/std.)
0	Stille	Spiegelglatte See	< 1
1	leiser Zug	Kleine, schuppenförmig aussehende Kräusel- wellen ohne Schaumköpfe	1 — 5
2	leichte Brise	Kleine Wellen, noch kurz, aber ausgeprägter. Kämme sehen glasig aus und brechen sich nicht	6 — 11
3	schwache Brise	Kämme beginnen sich zu brechen. Schaum überwiegend glasig, ganz vereinzelt können kleine weiße Schaumköpfe auftreten	12 — 19
4	mäßige Brise	Wellen noch klein, werden aber länger, weiße Schaumköpfe treten aber schon ziemlich verbreitet auf	20 — 28
5	frische Brise	Mäßige Wellen, die eine ausgeprägte, lange Form annehmen. Überall weiße Schaumkämme. Ganz vereinzelt kann schon Gischt vorkommen	29 — 38
6	starker Wind	Bildung großer Wellen beginnt. Kämme brechen sich und hinterlassen größere weiße Schaumflächen. Etwas Gischt	39 — 49
7	steifer Wind	See türmt sich. Der beim Brechen entstehende weiße Schaum beginnt, sich in Streifen in die Windrichtung zu legen	50 — 61
8	stürmischer Wind	—	62 — 74
9	Sturm	—	75 — 88
10	schwerer Sturm	—	89 —102
12	Orkan	—	118 und darüber

Bis Windstärke 4: Das ist herrlicher Segelwind.

Windstärke 5: Da dreht man die ersten Reffs herein. Beim Manövrieren im Hafen oder in Wattrinnen muß man den Wind sehr in Rechnung stellen.

Windstärke 6 (S t a r k w i n d): Hier täuscht sich der Fremdling auf der Nordsee oft sehr. Kommt er mit seinem Boot her, dann heißt es: „Ha, schönen, starken Wind, den wünschen wir uns ja gerade." Hat Windstärke 6 geweht, dann meinen sie, es wäre Sturm gewesen. — Wenn Starkwind zu erwarten steht, werden an den Signalstellen die runden, schwarzen Bälle „S t a r k w i n d g e f a h r" gezeigt. „Schietbälle" sagt man an der Küste. — Bei auflandigem Starkwind soll man im Seerevier nur noch fahren, wenn man ein starkes Schwerwetterboot hat und sehr genau weiß, was man tut. Im Wattenrevier sollte ein nicht voll seefestes Boot besser drinnenbleiben. Und der Schiffer eines seefesten Bootes muß sein Handwerk verstehen, wenn gefahren werden soll.

Windstärke 7 (s t e i f e r W i n d): Ein Beispiel mag anschaulicher sein als eine Ziffer. Mit einer Damencrew (oft die ausgezeichnet-einsatzfreudigsten Mitsegler!) lag ich zur Niedrigwasserzeit bei Windstärke 7 hinter Oldeooge im Priel in ganz stillem Wasser vor Anker. Makkaroni waren gekocht, das kochende Wasser mit Deckel auf dem Topf über den Bordrand abgegossen. Alles war gut. — Dann geschah der Mißgriff: einen Moment lang nahm die junge Dame den Deckel vom Topf. Da machte es „pfft" und sämtliche Makkaroni waren aus dem Topf geweht. Einfach weg „in alle Winde". Soviel über steifen Wind und seine Kraft.

Windstärke 8 (s t ü r m i s c h e r W i n d): Von hier ab gilt es „amtlich" als Sturm. S t u r m w a r n u n g e n werden gezeigt. Im küstennahen S e e r e v i e r ist längst kein Fahren mehr. Und auch im W a t t e n r e v i e r wird jeder, der nicht entweder ein Narr ist oder sehr genau weiß, was er tut, auch mit einem seegehenden Boot nicht mehr fahren. — Wer mit geeignetem Fahrzeug, geeigneter Crew u n d guter Kenntnis des Reviers dennoch im Wattenrevier fährt, muß vor allem wissen, wo er dann n i c h t mehr hin darf.

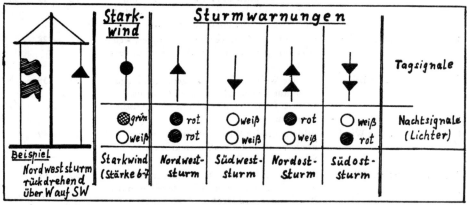

Das System der Sturm- und Windwarnungen an der deutschen Küste. An Signalmasten wird bei Starkwindgefahr (Beaufort 6 und 7) ein schwarzer Ball geheißt (nachts Licht grün über weiß). Bei Sturmgefahr ein schwarzer Kegel oder zwei. Zahl und Richtung der Kegel geben die Richtung des Sturmes an. Nachts werden Lichter gemäß der Zeichnung gesetzt. Wird eine Drehung der Sturm-richtung in der „normalen" Weise, also von Südwest nach Nordwest, erwartet, kann eine rote Flagge gesetzt werden. Wird ein Rückdrehen des Sturmes (also von Nordwest über West nach Südwest) erwartet, wehen zwei rote Flaggen.

Für den Leser im Binnenland: Bäume, Häuser, Berge, das alles schwächt im Binnenland den Wind erheblich ab. Kommt man aus einem Binnenrevier zur Küste, so soll man seinem „Weltbild von Windstärken" mindestens eine, als Süddeutscher besser zwei Stufen der Windstärkenskala zulegen. Daß dies nötig ist, sehe ich immer wieder an den Mitseglern, die aus dem Binnenland zu mir an Bord kommen.

Statistik der Windstärke: Rund 90% der Windbeobachtungen ergeben während der Fahrtsaison gottlob weniger als Windstärke 6 (Seite 23 f). Dennoch sehe ich aus meinen Logbüchern, daß zuweilen bis zu einer Woche lang ständig mit Reff und kleiner Fock gefahren wurde. Rauh ist sie schon, unsere Nordsee! Ohne ihr Wattenrevier würde mit ihr wenig zu beginnen sein.

Seegang im Seerevier der Nordsee

Nicht der normale Tiefwasser-Seegang ist es, der bei Starkwind das Seerevier der Nordseeküste gefährlich und bei Sturm praktisch unbefahrbar macht. Sondern es ist der durch flacheren Grund und durch Strömung v e r ä n d e r t e Seegang. Für den Führer einer seegehenden Yacht, die im Seerevier fährt (z. B. auf den Routen „außen herum"), ist das so überaus wichtig, daß es unbedingt gründlich durchdacht werden muß. Fast alle schweren Sportbootunfälle auf der Nordsee durch Wettereinfluß geschehen in sehr küstennahen Seerevieren.

Arten des Seeganges

Windsee: Die entsteht unter direktem Einfluß des herrschenden Windes. Sie braucht eine längere Anlaufstrecke, um sich voll zu entwickeln. Ein seegehendes Boot sollte, richtig geführt, jeder Windsee auf Tiefwassermeeren gewachsen sein.

Dünung: Das ist „alte" Windsee. Der Wind weht woanders oder hat sich ausgeweht. Der Seegang pflanzt sich als f l a c h e Wellenschwingung noch weiter fort.

Brechende See: Das ist Windsee, aber sehr steil und häufig mit sich überschlagenden, überbrechenden Wellenkämmen. Brechende See entsteht, wenn Strömung gegen Windsee läuft oder wenn hohe Windsee auf flacher werdenden Grund kommt. — In brechender See ist sehr häßliches Fahren. Sie kann auch Schaden machen, wenn ein Wellenkamm über das Schiff hinwegbricht. Aber ein seegehendes Fahrzeug muß ihr gewachsen sein, sonst ist es keins. — Läuft ein Segelfahrzeug gegen brechende See, so kommt viel Fahrt aus dem Schiff. Gern brechen ungenügend verstagte Masten. Mit einer Motoryacht darf man gegen brechende See nur langsame Fahrt laufen.

Grundsee: Das ist überaus steile, hohle See. Sie bricht sehr häufig und stürzt dann mit unglaublicher Gewalt Massen von grünem Wasser über das Boot. Im Wellental zieht starke Strömung gegen den Seegang, so daß sich ein Boot sehr schwer steuern läßt. Grundsee entsteht, wenn höhere Windsee oder Dünung auf flacheren Grund treffen. Sie bildet sich vor allem, wenn zusätzlich Strömung gegen den Seegang läuft. Das Aufstoßen des Bootes im Wellental auf den Grund ist möglich. — Eine äußerst gefährliche See! Die Seefähigkeit auch eines Schwerwetterbootes reicht gegen Grundsee nicht immer aus.

Brandung: Das ist Windsee oder auch Dünung, die auf flachen Grund trifft. Der Wellenkamm bricht donnernd über und läuft brandend aus. Kein tiefgehendes Fahrzeug übersteht das Festkommen in Brandung lange Zeit. Flachgehende Fahrzeuge haben größere Aussicht, durch die gefährliche Zone der Brandung hindurchzugelangen, als tiefgehende.

Durch Brechen der Wellen, Grundsee-Bildung und
Branden wird die Höhe der Wellen zwar erheblich
vermindert. Aber der so veränderte Seegang ist gefährlicher als die hohen und langen Wellen eines
Tiefwassermeeres.

Ohne Kommentar können deshalb Angaben über die Höhe des Seeganges in der
Nordsee leicht zu gefährlichen Trugschlüssen führen. Dies mag einer der Gründe sein,
warum viele „Weltumsegelungen" bereits in der Gegend von Feuerschiff „Elbe 2"
enden.

Seegangshöhe in der Deutschen Bucht

Messungen der Seegangshöhe wurden von ROLL auf dem früheren Feuerschiff „P 12"
durchgeführt. „P 12" lag auf halbem Wege zwischen Wangerooge und Helgoland, 10
Seemeilen westlich von Feuerschiff „Elbe 1". Die Wassertiefe war 33 Meter. Die Position etwa 12 Meilen seewärts der ersten Bänke ist ganz repräsentativ für das, was man
mit einer Yacht in der Deutschen Bucht und im weniger als 40 Meter tiefen Teil der
Nordsee, z. B. auf der Fahrt nach Helgoland, antreffen wird. Zum Vergleich habe ich
Seegangshöhen aus dem westlichen Mittelmeer hinzugefügt. Die Wassertiefe ist dort
über 1000 Meter. Die Anlaufbahn für Nordwestwind ist im Mittelmeer eher kleiner
als auf der Nordsee. Ich finde diese Tabelle recht instruktiv.

	Seegangshöhe (Mittelwerte) in Metern				
Windstärke	Deutsche Bucht bei Wind aus				Mittelmeer
	NW	NO	SO	SW	
4—5	1,5	1,1	1,1	1,3	1,5
6—7	2,4	2,0	1,6	2,2	4
8—9	3,6	4,0	2,0	3,3	7

Wir sehen, daß bis Windstärke 5 die Seegangshöhe im tiefen Mittelmeer und in der
flachen Nordsee übereinstimmen. Da beeinflußt die Wassertiefe den Seegang noch nicht.
Aber schon bei Starkwind 6 und 7 und erst recht bei Sturm ist der Seegang im Mittelmeer auf tiefem Wasser wesentlich höher. Warum? Im Mittelmeer ist es hoher, doch
langer, durch den Meeresgrund nicht beeinflußter Seegang. In der Nordsee aber wird
der Seegang durch den flacheren Grund und die Strömung zum Brechen gebracht. Das
vermindert zwar die Wellenhöhe, aber das macht den Nordsee-Seegang zu einem un-
vergleichlich gefährlicheren Seegang.

Sieht man nur die Wellenhöhe an, so nimmt man die Deutsche Bucht nicht sehr ernst
(und gewiß erklärt diese Unterschätzung manche Havarie und manchen Unfall). Macht
man sich klar, warum der auflandige Seegang in der Deutschen Bucht so viel niedriger ist, als in anderen Meeren (nämlich dadurch, daß er sich durch ständiges Brechen
fortwährend abbaut), so wird man mit sehr viel Respekt an ihn herangehen. (Daß auch
Mittelmeer-Aspiranten Stoff zum Nachdenken finden, ist eine Sache für sich).

Seegang bei Sturm

Hier soll nur von Starkwind und Sturm gesprochen werden.

Nordwest: Als Starkwind häufig, langlebig und gefährlich. Als Sturm das Gefährlichste, was die Deutsche Bucht bietet. Der Seegang ist manchmal schneller, oft aber gleichschnell wie die Wetterfront. So ist der steile, voll ausgebildete, brechende Seegang oft g l e i c h z e i t i g mit der Böenfront da!

Südwest: Bemerkenswert, wie hoch der Seegang auch bei Starkwind und Sturm aus Südwest ist, einer Richtung, die man zumindest nahe Wangerooge für halbwegs ablandig ansieht. Man soll also nicht damit rechnen, bei starkem oder stürmischem Südwest in der deutschen Bucht viel besser dran zu sein als bei West oder Nordwest. Aus „Ablandigkeit" ist da kein Profit zu ziehen. Zum hohen Seegang gesellt sich schlechte Sicht.

Nordost: Friedliches Wasser bei mäßigem Wind. Unglaublich tückisch und grob bei Sturm. Anfangs habe ich mich stets gewundert, warum Gorch Fock die „Laertes" ihre verzweifelte Fahrt über die Tegeler Plate bei Nordoststurm machen läßt, solange, bis ich selbst einen erlebt habe. Von Ablandigkeit und „Küstenschutz" ist da vor der Elbmündung nichts zu spüren. Vor der Nordfriesischen Küste mag es etwas besser sein. Ursache: ein Tief südlich vom Schiffsort. Manchmal folgt Nordost-Sturm unmittelbar auf starken Nordwest.

Südost und Ost: Ablandig in unserem Revier. Die See ist wenig hoch und ist auch nicht gefährlich. Vor der Hafeneinfahrt von Helgoland und bei einlaufendem Wasser auch in der Außenelbe ist's dennoch gröber als man meint.

Seegang und Strömungsrichtung: Immer gilt (auf der Nordsee, der Biskaja wie vor Kap Hoorn): Der Seegang ist relativ lang und gefahrlos, wenn die Strömung in Richtung der Wellen läuft. Der Seegang wird steil, brechend und gefährlich, wenn die Strömung g e g e n die Richtung der Wellen zieht.

Gutes Wetter: Die Beschreibung des Seegangs bei Sturm und Starkwind darf uns die vielen schönen Tage mit handigem Wetter und herrlichem Segelwind nicht vergessen lassen. Meist hat der Segler guten Fahrtwind. Selten plagen ihn F l a u t e n. Auf Seerevier von 20 oder 30 Meter Wassertiefe wird ein seegehendes Boot im Sommer wohl nur etwa an einem Tage von 20 in ernsthaft schwierigen Seegang kommen. Heikler wird es aber sogleich, sobald man in den flacheren Gebieten der Einlaufe-Fahrwasser fährt.

Die Bänke und Sände

Die liegen an den Seiten der Seegaten und Flußmündungen. Schon bei leichtem, auflandigem Wind ist auf den Sänden Brandung und auf flachen Bänken Grundsee. Oft auch bei Flaute, wenn Dünung ist. Bei auflandigem Starkwind oder Sturm ist auf den Sänden und Bänken der Teufel los.
Man hat wenig Aussicht, dann Brandung und Grundsee auf den Sänden zu erleben und danach noch darüber berichten zu können. Zur Zeit der Segelboot-Fischerei auf der Nordsee durch Finkenwerder und Blankeneser Fischerewer, da kam es wohl häufiger

vor, daß Sturm Boote auf die Bänke trieb. Und mit sehr viel Glück kam mancher auch durch. Da ich nichts Eigenes darüber berichten kann, verweise ich auf Gorch Fock „Seefahrt ist Not".

Daß man sich keinen Navigationsfehler erlauben darf, um nicht im Seerevier auf die Sände zu geraten, ergibt sich hieraus von selbst. Da dies aber leichter gesagt als getan ist, zumal bei schlechter Sichtigkeit, bei Stromversetzung und wenn bei Starkwind sowieso alles drunter und drüber geht, scheitert in jedem Jahr eine nennenswerte Zahl von Yachten und auch von Berufsfahrzeugen auf den Sänden. Siehe auch Seite 74 (Stranden) und Seite 178 (Treibsand).

Seegaten und Flußmündungen

Seegaten und Flußmündungen sind in ihrer Mündung zur offenen See nicht voneinander verschieden. So spreche ich hier nur noch vom Seegat. Je nach Umständen trifft man:

> Ganz stilles Wasser (das liegt an der Strömung. Es kann in Seegaten unheimlich stilles, glattes Wasser sein.).
> Brechende See (schon bei mäßigem Wind, zumal wenn Strom gegen den Wind setzt).
> Grundsee oder
> Brandung.

Bei Grundsee soll man ein Seegat nicht passieren, wenn man es irgend vermeiden kann. Bei Brandung ist es unbefahrbar. — Nur, leider, muß man ja, wenn man auf der offenen See fährt, irgendwo wieder einlaufen, um zu einem Hafen zu kommen.

Verallgemeinernd: Jedes Seegat ist anders. Wenn ich es dennoch zusammenfasse, dann nur, um vorab eine Vorstellung zu geben:

Bei mäßigem, auflandigem Wind von 3 bis 4 (bis 5) Windstärken ist wohl jedes mit Tonnen bezeichnete Seegat befahrbar (außer bei hoher Dünung oder zu niedrigem Wasserstand). Bei auflandigem Starkwind sind nicht mehr alle Seegaten befahrbar. Bei auflandigem Sturm ist Einlaufen nur noch durch sehr wenige Seegaten möglich und ist eine Sache hohen Risikos. Es geht nur bei günstiger Tide. Ist man drinnen, soll man Ägir, dem zuständigen Wettergott, einen jungen Widder opfern.

Im Sommer sind die Seegaten an 6 von 10 Tagen ruhig und friedlich. An 3 von 10 Tagen trifft man es mindest stellenweise sehr grob und ruppig. An einem oder zwei von 10 Tagen ist's unpassierbar.

Das ist nun aber so stark verallgemeinert, daß es dabei nicht bleiben kann. Denn die Art des Seegangs hängt nicht allein vom Wind ab.

Was beeinflußt den Seegang in einem Seegat?
> a) der Seegang buten auf See
> b) die Höhe der Barre
> c) der Wasserstand abhängig von der Tide
> d) die Richtung der Strömung im Seegat.

P u n k t a): Den Seegang buten kann der Schiffer nicht ändern. Wenn aber der Seewetterbericht stärkeren, auflandigen Seegang erwarten läßt, muß er entweder im Seerevier eine günstige Route auswählen oder im Wattenrevier bleiben und ein Wattfahrwasser befahren.

P u n k t b) Im hier beschriebenen Revier sind die Barren der verschiedenen Seegaten bei Niedrigwasser etwa zwischen 2 und 6 Meter tief. Der Schiffer kann beim Auslaufen, wenn das Wasser es nötig macht Seegaten mit flachen Barren durch Wahl der Route vermeiden. Beim Einlaufen m u ß er das tun, wenn draußen grobes Wetter aufgekommen ist. Aber:

> E i n e V e r b i n d u n g z w i s c h e n d e r N o r d s e e u n d d e n H ä
> f e n d e r N o r d s e e k ü s t e, d i e b e i j e d e m W e t t e r u n d z u
> j e d e r T i d e s i c h e r z u b e f a h r e n i s t, g i b t e s a n d e r
> d e u t s c h e n N o r d s e e k ü s t e n i c h t.

P u n k t c) Es ist einzusehen, daß auf einer Barre, die bei Niedrigwasser z. B. 2 Meter Wassertiefe hat, schon sehr viel niedriger Seegang Grundsee oder Brandung macht als zur Hochwasserzeit, wo auf der Barre dann mindestens 5 Meter Wasser sind. Das macht sehr viel aus. Durch manche Seegaten, die bei Niedrigwasser unpassierbar sind, kann man nahe Hochwasser sehr gut ein- und auslaufen. — Den Stand der Tide, bei dem das Schiff die Barre quert, hat der Schiffer in seiner Hand. Leider ist bei günstiger Tide auf der Barre oft ungünstige Strömung bei der weiteren Fahrt.

P u n k t d) Die Richtung der Strömung, die über die Barre läuft, beeinflußt den Seegang so stark, wie man es nicht für möglich hält. Läuft Strömung g e g e n den Seegang, dann kann schon bei mäßigem Wind ruppiger Seegang und bei frischem Wind Grundsee sein. Läuft die Strömung m i t dem Seegang, ist also bei auflandigem Wind einlaufendes Wasser, dann glättet dies hohen und brechenden Seegang erheblich.

Wichtige Fahrregel für schlechtes Wetter:

> S i n d i n e i n e m S e e g a t b e i a u f l a n d i g e m W i n d h a r t e S e e
> g a n g s b e d i n g u n g e n z u e r w a r t e n, d a n n s o l l m a n, w e n n
> i r g e n d m ö g l i c h, d o r t b e i h o h e m W a s s e r s t a n d u n d b e i
> e i n l a u f e n d e r S t r ö m u n g f a h r e n.

Das bedeutet für ein Boot auf See, daß es oft besser ist, bei auflandigem Starkwind oder Sturm auf möglichst tiefem Wasser auf See abzuwarten, bis im Einlaufe-Fahrwasser die volle landwärts setzende Strömung herrscht, ehe man sich an's Einlaufen macht. Bei Sturm kann davon das Leben abhängen.

An der nordfriesischen Küste mit ihren sehr langen Seegaten und auf der Außenelbe läßt sich diese Regel für das Einlaufen meist gut, für das Auslaufen oft schlecht anwenden (da hätte man die Strömung auf der ganzen Strecke gegenan). Ist es aber draußen so rauh, daß man beim A u s l a u f e n auf diese Regel zurückgreifen muß, dann ist es sowieso oft besser, im Wattenrevier zu bleiben und ein Wattfahrwasser zu befahren. Aus allem wird aber klar, warum jedes Seegat bei der Revierbeschreibung einzeln besprochen werden muß. Es ist nun leider mal so, daß die Wasser s t r a ß e n zwischen Seerevier und Wattenrevier voller „Schlaglöcher" sind.

Verhalten auf der offenen Nordsee bei Sturm

Auf tiefen Meeren ist eine seegehende Yacht bei sturmgerechtem Verhalten Sturm und Sturmsee vollauf gewachsen. Im Seerevier der Nordsee fehlen dafür zwei Voraussetzungen, solange man nicht etwa 70 Meilen von der Küste entfernt ist:

> a) Es fehlt der Seeraum zum sturmgerechten Verhalten (Beiliegen, Ablaufen vor Sturmfock, Treiben vor Topp und Takel oder vor Seeanker). — Die Stürme von Belang sind auflandige Stürme.

> b) Es herrscht nicht der normale Tiefwasser-Seegang, sondern ein gefährlich veränderter Seegang.

Das sonst auf Hochseefahrt übliche Abwettern auf See scheidet daher für den Küstenfahrer fast immer aus. Wie heikel die Seegangsverhältnisse in den Einlauffahrwassern sein können, haben wir gesehen.

So muß man für jede Fahrt auf dem Seerevier der Nordsee bedenken:

> Dichter als etwa 70 Seemeilen von der Küste der Deutschen Bucht und Jütlands darf man sich von einem auflandigen Sturm nicht erwischen lassen. (Deshalb ist das Abhören des Seewetterberichtes auch für den kürzesten Törn „außen herum" absolut wichtig.)

Einlaufen wo? Wurde man dennoch draußen von Sturm (oder steifem Wind) überrascht, wo soll man einlaufen? Zuerst würde ich immer an Helgoland denken. Danach an die Jade, die Elbe, die Süderhever und die Weser. Die Jade halte ich dann für das günstigste Fahrwasser, die Süderhever und die Weser für die ungünstigeren. Im Zweifelsfalle würde ich lieber in ein ungünstigeres Fahrwasser sogleich als in ein günstiges erst später einlaufen. Meiden soll man dann die 7 Meter flachen Bänke, die weit auf See etwa 8 Seemeilen ostwärts von Helgoland liegen (vgl. Teil II).

Flautenwetter

An stillen Tagen sind die Flußmündungen und die Seegaten freundliche, ruhige und verführerisch-liebenswürdige Gewässer. Viele Unglücksfälle entstehen dadurch, daß Revierfremde sie an zwei oder drei stillen Tagen erleben und nun glauben, so sei es stets. — Die Seegaten sowie das Hauptfahrwasser der Außenelbe sind Seerevier. Nur seefeste Boote sollen hier fahren.

Ist windstilles Wetter und Dünung, so ist die Dünung bei auslaufendem Wasser vor den Mündungen steiler. Auf Segelbooten gibt es dann eine ganz ungewohnte, fürchterliche Dümpelei. Die Bouletten rollen aus der Pfanne, und die ganze Crew wird seekrank. Das gibt sich aber, sobald man weiter auf See ist, wenn die Strömung kentert oder etwas Wind aufkommt.

Seegang im Wattenrevier

Das gibt kein langes Kapitel, denn Seegang spielt im Wattenrevier keine so große Rolle. Natürlich müssen uns auch hier wieder die extremen Verhältnisse beschäftigen und nicht die sehr vielen Tage mit stillem Wasser.

D e r S e e g a n g d e r o f f e n e n N o r d s e e wird entweder von den Inseln und hochwasserfreien Sänden überhaupt abgehalten. Oder er ist auf den vorgelagerten Bänken und Sänden durch Ausbranden vernichtet worden. Nur in der Nähe der Seegaten ist er noch zu spüren, wenn „draußen" grobes Wetter ist. Dann steht er, zumal bei Hochwasserzeit, dünungsähnlich noch ein Stück in das Wattenrevier herein. An den Wattkanten, die dem Seegat zugewandt sind, steht „Wattenbrandung". Sie ist nicht im entferntesten mit der Brandung des Seereviers vergleichbar. Dennoch muß man sie meiden.

Bläst Starkwind oder Sturm in Richtung der großen Wattenströme, dann kann er die Seegangsreste der offenen See erneut zu Windsee anfachen. Bei auflandigem Starkwind oder Sturm sind dann in den großen Wattenströmen, zumal bei Flutzeit, Wellen von Belang (s. u.). Das ist an der nordfriesischen Küste und im niederländischen Wattenbereich ausgeprägter als in den ostfriesischen Watten zwischen Jade und Ems.

Der Eigenseegang im Wattenrevier

Fast ausschließlich haben wir es im Wattenrevier mit der an Ort und Stelle entstehenden Windsee zu tun. Folgende Faktoren bestimmen ihre Höhe.

    a) die Anlaufstrecke der Wellen,
    b) die Wassertiefe,
    c) die Strömungsrichtung,
    d) und natürlich die Windstärke.

Nur auf den großen Wattenströmen der nordfriesischen und der niederländischen Watten sind die Bedingungen so, daß unter ungünstigen Umständen Seegang von größerer Kraft entsteht. Im übrigen macht einem im Wattenrevier dann der Winddruck im Segel und an den Aufbauten meist mehr zu schaffen als die Wellen. — Vier Gebiete des Wattenreviers sollen als typisch beschrieben werden:

Die zur See zeigen Wattkanten: Hier kann, zumal wenn auf See grobes Wetter ist, ein Rest des Meeresseeganges zur Auswirkung kommen. Auf tieferem Wasser ist er ähnlich wie Dünung. An den Kanten der Watten, die dem Meer zugewandt sind und auch ein Stück weit um die Inselecken herum, kann er bei schlechtem Wetter zu einer zwar kleinen, aber doch ernst zu nehmenden Brandung auflaufen „Wattenbrandung" nennt man das.

An den zur See zeigenden Wattkanten soll man nicht festkommen und nicht trockenfallen. Hier muß man sauber navigieren.

Das Wattenhoch: Bei schwachen und mäßigen Winden ist Ententeich. Bei Starkwind und auch bei Sturm können sich hohe Wellen nicht bilden, weil das Wasser dafür zu flach ist. Ich habe mir folgende Faustregel gemacht:

    A u f d e m W a t t e n h o c h i s t d i e W e l l e n h ö h e b e i S t a r k -
    w i n d o d e r S t u r m 1/4 bis 1/3 d e r W a s s e r t i e f e.

Beispiel: Stehen bei Hochwasserzeit 2 Meter Wasser auf dem Wattrücken, dann ist bei Starkwind die Wellenhöhe etwa 0,6 Meter. Ist das Wasser bis auf 1 Meter Wassertiefe abgelaufen, dann ist die Wellenhöhe noch etwa 30 cm. Bei 0,5 Meter Wassertiefe sind es knapp 15 cm. Auch Sturm ändert hieran nichts Nennenswertes.

Diese Kenntnis ist wichtig für das Ankern und das Trockenfallen eines Bootes auf dem Wattenhoch. Da auf dem Wattenhoch keine Strömung von Bedeutung ist, richtet sich der Bug gegen den Wind und gegen die Wellen — die günstigste Lage. — Bei einem Boot von 1 oder 1,2 Meter Tiefgang spürt man das Aufkommen auf den Grund vor Anker bei mäßigem und frischem Wind meist überhaupt nicht. Bei Starkwind oder Sturm habe ich mit meinem 1 Meter tief gehenden Booten das Aufsetzen niemals als hart oder unangenehm empfunden. Die Wellenhöhe ist auf dem flachen Wasser einfach zu niedrig, als daß ein Boot dort stärker aufsetzen kann.

Wählt man sich das Wattenhoch, auf dem man ankert oder trockenfällt, in Lee einer Insel, einem hohen Sand oder in Lee von einem höheren Watt, dann ist bei Starkwind oder Sturm noch weniger an Wellen da. —

Je weiter man an die Ränder des Wattenhochs kommt, desto größer die Wassertiefe. Da sind bei Starkwind die Wellen entsprechend höher, und auch Strömung wirkt.

Wellen in Prielen: Dort ist das Wasser tiefer, und es läuft Strömung. Bei schwachem Wind erkennt man den Verlauf unbezeichneter Priele oft daran, daß dort mehr kleine Windwellen stehen, wenn die Strömung gegen den Wind läuft oder daß es dort glatter ist, wenn die Strömung mit dem Wind zieht.

Bei mäßigem oder frischem Wind sind auf den Prielen Wellen. Vielleicht ¹/₄ Meter hoch, vielleicht etwas höher. Läuft Strömung gegen den Wind, so sind sie steil und stuffig. Bei Starkwind werden sie höher. ¹/₂ Meter schätze ich, vielleicht auch mehr. Flach, wenn der Strom mit dem Wind geht, steil und mit überschlagenden Köpfen, wenn der Wind gegen die Strömung steht.

Bei Niedrigwasser sind die Priele wie Flüsse zwischen dem trockengefallenen Watt. Die kleineren Priele sind da auch bei Starkwind praktisch wellenfrei. Auf den größeren ist es gemäßigter als oben beschrieben.

Fremdartig-seltsame Dinge gibt es im Wattenrevier: dies ist die Segellore, welche auf dem Damme fährt, der die Hallig Oland mit dem Festland verbindet.

Seegang in Wattenströmen: Im nordfriesischen Wattenrevier sind diese ½ bis 2 Seemeilen breiten und oft über 10 Meter tiefen Stromrinnen 10 oder gar 15 Seemeilen lang. Sie ziehen in West-Ost-Richtung, zuweilen aus Südwest nach Nordost. Meist sind sie friedliche Gewässer. Bei frischem oder starkem Wind, der i n R i c h t u n g der Strömungsrinne weht, müssen sie aber von einem nicht voll seefesten Boot respektiert werden.

Bei m ä ß i g e m W i n d ist dort bewegtes Wasser. Auch mit einem kleinen Boot wird man daran wohl nur Freude haben. Doch bei f r i s c h e m W i n d (Stärke 5) gibt es, wenn die Strömung gegen den Wind läuft, ruppige Wellen. Für eine Jolle wird es dann oft zu grob sein. Bei S t a r k w i n d sind, wenn die Strömung gegen den Wind läuft, steile, oft brechende Wellen zu erwarten, die ich auf 1 Meter Höhe schätze. Für ein seefestes Boot bedeutet das nur nasse Fahrt. Für ein nicht seefestes Boot kann das zu grob sein. Kentert die Strömung und läuft der Strom m i t dem Wind, so ist gleich alles viel freundlicher. Die Wellen sind länger und flacher. Bei Starkwind sollte ein nicht seefestes Boot meist auf den Wattenströmen nicht mehr fahren. — Weht der Wind quer zur Tiefwasserrinne, sind die Wellen weit niedriger.

Winke für das Fahren auf Wattenströmen bei Starkwind

Sehr großen Einfluß hat die R i c h t u n g d e r S t r ö m u n g zum Wind. Setzt sie m i t d e m W i n d, so wird es selten grob. Auch dann nicht, wenn der Wind quer zum Wattenstrom weht, zumal, wenn dann noch Niedrigwasser ist. Dann kann man auch mit einem nicht voll seefesten Boot meist noch fahren.

So spreche ich hinfort von dem Fall, daß Starkwind g e g e n die Stromrichtung weht. — Man muß darauf eingerichtet sein und es vorbedacht haben, daß nach Kentern der Strömung das eben noch handige Gewässer dann rasch recht grob wird. Die steilen, kurzen Wellen nehmen viel Fahrt aus dem Schiff. Das will beim Zeitplan berücksichtigt sein. Kleinere Boote (und zumal motorgetriebene Gleiter) sollten langsame Fahrt laufen, wenn sie gegen die Wellen anfahren. Die Strömung setzt dann ja mit, und auch bei wenig Fahrt durch's Wasser macht man gute Fahrt über Grund.

J o l l e n k r e u z e r n kann bei steilen Wellen, welche die Länge des Bootes haben, die Formstabilität verloren gehen, wenn Heck und Bug auf einem Wellenberg stehen und das Stabilität gebende breite Mittelschiff nicht im Wasser ist. Das geschieht am häufigsten, wenn man v o r starkem oder stürmischem Wind mit den Wellen läuft. Oft ist dann ein Kurs etwas quer zu den Wellen günstiger. Oder das Ausweichen in einen Priel oder auf's Watt.

Wurde man auf einem Wattenstrom bei ungünstiger Stromrichtung von Starkwind ü b e r r a s c h t, so kann man in einem Priel oder auf dem Watt bis zum Kentern der Strömung ankern. Nahe Niedrigwasserzeit kann man ein flachgehendes Boot vielleicht auf's Trockene holen, bis die Strömung kentert. — Oft wird man die Route ändern, um bei Starkwind die großen Wattenströme zu meiden, solange dort Wind gegen Strom steht. Nahe Hochwasserzeit wird man z. B. dann auf dem Wattenhoch fahren. — An Variationsmöglichkeiten ist selten Mangel, um so weniger, je geringer der Tiefgang des Bootes.

C. Bootstypen für die Nordseeküste

Vor allem wird ja ein Bootseigner aus dem Binnenland, der Ostsee oder aus dem Ausland wissen wollen, ob sein Boot für eine Ferienfahrt zur Nordseeküste taugt. Auch, wer sich ein Boot für dieses Revier kaufen will, muß wohl wissen, worauf er zu achten hat. Denn glücklich wird man mit einem Boot ja nur, wenn es zu dem Revier auch paßt. Deshalb ein paar Stichworte. Ausschöpfen kann man dies Thema auf kurzem Raum natürlich nicht.

Entscheidend für die Beurteilung der Eignung eines Bootes ist die Unterteilung in das vergleichsweise geschützte Wattenrevier und in das oft so grobe Seerevier der Nordsee. B e s c h r ä n k t   m a n   s i c h   a u f   d a s   W a t t e n r e v i e r (wobei einem außer Helgoland und List auf Sylt kein einziger Hafen verloren geht), dann sind viel mehr Boote für die Fahrt an der Nordseeküste geeignet, als man zuerst glaubt. Vor allem gehören sehr viele trailerbare Boote dazu. Denn G r ö ß e ist die letzte Eigenschaft, auf die es da ankommt.

Will man mit dem Boot im W a t t e n r e v i e r   u n d   S e e r e v i e r fahren, so werden viele die Anforderungen nicht erfüllen. Die meisten, weil es an Seefestigkeit mangelt, manche Seefahrtsyachten, weil ihr Tiefgang zu groß ist oder unglückliche Konstruktion der Kielform das Trockenfallen verhindert. — Prüft man nach, wieviele (wie wenige) Häfen einer für Wattfahrt ungeeigneten Yacht offenstehen, dann ist man bestürzt.

W o h n e n   a u f   d e m   B o o t ist eine sehr wichtige, fast entscheidende Frage für das Erlebnis der See. Die Zahl der „Nachmittagsfahrer" steigt, die der wirklichen Fahrtenschiffer dagegen kaum. — Man muß es mir glauben: das wirkliche Erleben der See bringt nur das Leben auf dem Boot! Laßt Euch sagen, ihr Wasserfahrer, daß ihr das schönste dahingebt, wenn ihr darauf verzichtet g a n z auf eurem Schiff zu sein; wenn es nicht die zweite Heimat ist, auf der ihr wenigstens für vier Wochen wirklich frei seid auf der Freiheit der See. Das Revier zwischen Sylt und Texel taugt dazu wie kein zweites. — Kurz: auf meinem Boot müßte man wohnen können — und würde es auch.

Boote für das Wattenrevier

> Drei Eigenschaften braucht ein solches Boot:
> Eignung zum Trockenfallen,
> geringen oder mäßigen Tiefgang,
> begrenzte Seefähigkeit.

Eignung zum Trockenfallen: Trockenfallen meint, das Boot bei ablaufendem Wasser auf einem Watt oder in einem Hafen auf den Grund aufsitzen zu lassen, solange, bis es bei steigendem Wasser wieder aufschwimmt. Trockenfallen läßt man ein Boot mit voller Absicht, und es ist mit das Schönste an der Wattfahrt (Skizze Seite 32).

Das ideale Boot bleibt beim Trockenfallen aufrecht stehen oder neigt sich nur gering zur Seite. Dann geht nach dem Trockenfallen das Leben an Bord seinen ungestörten Gang. Man hat dann, um es einmal zu sagen, sein „Haus" auf dem Watt (Skizze Seite 58, 32). — Neigt das Boot sich stärker auf die Seite, weil es einen tiefen Kiel hat (Skizze Seite 18), so hindert das allein das Trockenfallen nicht. Nur ist das Leben unter Deck dann erschwert.

Ideal zm Trockenfallen sind Jollen, Jollenkreuzer, Plattbodenyachten holländischen Typs und jedes Boot mit leidlich flachem Boden. So taugen auch die meisten Gleiter und Halbgleiter gut zum Trockenfallen. Katamarane sind geradezu herrlich zum Trockenfallen geeignet. Auch Kielschwertboote und flachgehende, im Hauptspant füllig gebaute Kielboote (z. B. das umgebaute Rettungsboot). Kimmkieler taugen oft, doch nicht immer.

Ungeeignet zum Trockenfallen sind Boote mit **kurzem** und tiefem Kiel, weil sich das Boot dann nicht nur auf die Seite, sondern auch auf die Nase legt. Ungeschützte Schrauben bei Gleitbooten können ein Hindernis sein. Frei aufgehängte Ruder können Schwierigkeiten machen, wenn das Boot größeren Tiefgang hat. Auch reine Kielboote mit tiefem Kiel **und** schmaler Spantenform liegen so schräg, daß man damit beim Trockenfallen keine Freude mehr hat. Über alle anderen Eigenschaften kann man nach meiner Meinung Kompromisse schließen. Doch ein Boot, das nach seiner Kielform oder aus anderen Gründen nicht trockenfallen kann, mit dem sollte man auch nicht im Wattenrevier fahren.

Geringer oder mäßiger Tiefgang: Grundsätzlich: je flacher, desto besser. Wer bei 30 Zentimeter Wassertiefe noch über das Watt fahren kann, der wird nichts als eitel Freude daran haben. Aber auch mit 80 Zentimeter Tiefgang ist man sehr glücklich dran.

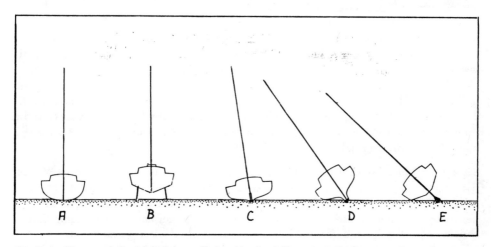

Die Rumpfform und die Schräglage nach dem Trockenfallen: A) Jollenkreuzer oder andere Boote mit rundem oder flachem Boden. Auch viele Motorboote: sie stehen aufrecht. B) Kimmkieler: sie stehen oft aufrecht. Auf weichem Mud sinkt aber oft ein Kiel stärker ein. Dann liegen sie auch schräg. C) das nicht seegehende Kielschwertboot: es neigt sich nur ganz geringfügig zur Seite. D) Das seegehende Kielschwertboot: es liegt deutlich schräg. Unter Deck ist es recht ungemütlich. E) Das Kielboot: es liegt erheblich schräg. Es ist, als ob man segelnd sehr starke Lage schiebt.

Da kann man zahllose Dinge tun, die man mit einem Boot größeren Tiefganges doch schon sorgfältiger bedenken muß. Vor allem kann man zur Hochwasserzeit etwa 3 Stunden lang „querbeet" über das Watt fahren, ohne sich um Fahrrinnen kümmern zu müssen.

1,0 bis 1,2 Meter Tiefgang: das ist noch sehr gut. Aber für ein Boot, dem die Routen „außen herum" verschlossen sind, ist dies auch das äußerste, woran man noch Freude hat. Fahren kann man auch wohl noch mit 1,5 Meter Tiefgang im Wattenrevier. Aber das gibt dann ein solches Zirkeln mit dem Tidenstand, daß man daran bald die Lust verliert.

Begrenzte Seefähigkeit: Fest steht, daß ein Boot für das S e e r e v i e r der Nordsee gar nicht seefähig genug sein kann (Seite 55). Ebenso sicher ist, daß man im W a t t e n r e v i e r erhebliche Abstriche machen kann. Wieviel man abstreichen kann, ist einfach nicht auszudrücken. Der ganze Begriff „Seefähigkeit" ist ja unbestimmt genug.
Ich habe folgende Meinung: Ein bestimmtes Maß an Seefähigkeit muß ein Boot auch im Wattenrevier haben. Waschfaß geht ebensowenig wie Rennjolle. Aber ich würde verzichten auf „g a n z eingedeckt", auf „selbstlenzende Plicht" und auf „Gewichtsstabilität".
Nicht verzichten würde ich auf eine bewährte Konstruktion des Rumpfes. Nicht verzichten würde ich auch auf soliden Bau des Rumpfes, des Aufbaues und aller Teile. Viel Freibord dürfte das Boot haben, und breit sollte es sein. Weder Aussehen noch Geschwindigkeit würden mich besonders interessieren. Es darf gerne langsam laufen. 5 Knoten wären mir genug. Die sollte es aber, wenn unter Maschine, möglichst auch gegen starken Winddruck und stuffige Wellen noch laufen. Einen Motor sollte das Boot haben, außer es ist ein Kanu. Und solide müßte es ausgerüstet sein. Wenn es zu alledem auch noch Wohnlichkeit hat (ausgenommen man schläft im Zelt), dann scheint mir alles Wichtige für das Wattenrevier beieinander zu sein.

Verständige Führung: Wenn ich dies unter „Seefähigkeit" nenne, dann deshalb, weil sich im Wattenrevier durch kluge Führung sehr vieles, ja, fast alles ausgleichen läßt, was einem Boot an voller Seefähigkeit fehlt. Bei kluger Führung (Seewetterbericht, Tidenkalender, Seekarte und dem „Gewußt wie") wird ein nicht voll seefestes, aber flachgehendes und kleineres Boot sich oft viel besser und freier bewegen können als ein seegehendes Fahrzeug von großem Tiefgang und Gewicht. — Die Nordseeküste ist ihrer Natur nach keine Region, in der „Millionärsyachten" zuhause sind. Als Mangel habe ich das nicht empfunden.

Segler oder Motorboot? Sieht man sie als bloßes Fortbewegungsmittel auf dem Wasser, dann taugen für das Wattenrevier beide etwa gleich gut (und das Motorboot oft etwas besser). Sieht man sie aber als Mittel, sich Erlebnisse zu schaffen, ja sich regelrecht eine neue, zweite (und entschieden lebenswertere) Welt aufzuschließen, dann findet man zwischen Segelboot und Motorboot einen Unterschied wie Tag und Nacht.
Der Segler von Passion wählt sich bewußt eine technisch völlig veraltete Antriebsart, den Wind, weil es ihn reizt, die Schwierigkeiten der Natur d e n n o c h zu meistern. Dies fordert ihm Kenntnis und Härte ab und verlangt oft ein hohes Maß an Intelligenz (jedenfalls, wenn er den Hilfsmotor fortläßt). Es gibt ihm das Gefühl, sich in der echten, blutwarm-wirklichen Welt (nicht der Kunstwelt der Büros) z u b e w e i s e n . Und gerade die Unvollkommenheit seines Antriebsmittels schenkt ihm die unvergeßlichsten Erlebnisse. — So kennt der Segler, und habe er das bescheidenste Boot, gegenüber dem nur motorisierten Kollegen wohl niemals Neid, doch (leider) öfters Hochmut; denn er weiß, daß der den schönsten Teil des Erlebens dahingegeben hat.
Warum man ein Motorboot fährt? Natürlich gibt es oft zwingende Gründe. Auch lernt sich Segeln, so denke ich, nicht mehr gut in höheren Jahren. Aber sehr oft wohl doch nur, weil niemand es einem klar sagte, um wieviel reicher das Leben wird durch Erleb-

nisse, die nur richtiges Segeln schenkt. — Kein Zweifel: Mit Motorboot kommt man weit schneller und bequemer an. Und wenn es ums schnelle und bequeme A n k o m - m e n geht, dann ist das Motorboot richtig. Doch wenn es um d a s   F a h r e n geht mit allem, was an Kenntnis, Willen und auch Härte dazugehört u n d   u m   d a s   E r l e b n i s   d e r   S e e — dann nur einen Segler.

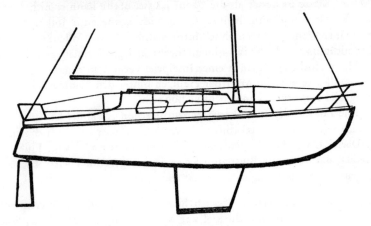

Beispiel eines Bootsrumpfes, der für das Trockenfallen nicht gut geeignet ist. Der Tiefgang von etwa 1,25 Meter bei 7,50 Meter Länge ist schon recht groß. Dies mag noch hingehen. Doch der sehr kurze Kiel und vor allem das überaus tiefe, schmale und wohl kaum genügend widerstands-fähige Balance-Ruder würden mir Sorge machen.

Beispiele für typische Segelboote

Moderne Kunststoffyachten: Die werden immer häufiger — und machen mir schreck-liche Sorgen. Meist sind sie nach dem Modell einer „richtigen" Seefahrtsyacht gebaut. Haben bei — sagen wir mal — 5 oder 6 Meter Länge 4 Kojen, Pantry, Pumpklosett, Stehhöhe und was noch alles mehr. Doch durch diese Überladung mit Komfort ist die See-Eignung verlorengegangen; selbst die für's Wattenrevier! So hoch, so leicht, so spiel-zeugmäßig ist alles gebaut. Lange habe ich sinnend vor solchen Booten gestanden und mir vorgestellt, wie sie sich bei Sturm, selbst nur bei richtigem Starkwind verhalten. Der Winddruck bei Windstärke 9 ist etwa 100 Kilogramm pro Quadratmeter. Wie der mit 2¹/₂ mm Stahldraht verstagte Mast dann ein Sturmsegel tragen soll, ohne daß die Wanten schlicht aus Überlastung brechen, ist mir rätselhaft.
Es gibt natürlich auch solide gebaute Boote. Doch wenn mich jemand um Rat fragt, dann rate ich zu einem erprobten, herkömmlichen Typ; s o l i d e   u n d   s t a r k. Kom-fort kann man nach dem Urlaub in der Wohnung viel besser haben. — Yachttests: Wer glaubt, daß man einen neuen Bootstyp gültig beurteilen kann, ehe man ihn zwei Jahre unter allen Bedingungen gefahren hat, ist — selber dran schuld.

Der Jollenkreuzer: Das sind auf dem Wattenrevier schlichtweg ideale Fahrzeuge. Das Seerevier (und damit die Seegaten und die Außenelbe) müssen sie meiden. Das kostet sie gar nichts, denn jedes Wattfahrwasser und die ganze Fläche des Wattes steht ihnen ja offen. Nicht zuletzt für die Jollenkreuzer habe ich die Wattfahrwasser, die unter Um-gehung des Hauptfahrwassers der Außenelbe zur Weser und Jade sowie nach Norden in Richtung auf das Halligmeer führen, so genau beschrieben.

Der geringe Tiefgang des Jollenkreuzers ist im Wattenrevier Gold wert. In Priele, Siele und kleine Häfen kann er herein. Fast den halben Tag lang kann er auf dem Wattenhoch fahren. Sein Schwert (halb aufgeholt, damit es nicht verbiegt) ist das beste Lot. In seiner Wohnlichkeit übertrifft er wohl alle vergleichbaren Boote.

Ein Jollenkreuzer für das Wattenrevier soll nicht zu klein und nicht zu leicht gebaut sein. Die 30-m²-Klasse ist besser als die 20-m²-Klasse. Breite kann er nicht genug haben. Ein Hilfsmotor ist schon wünschenswert. Aber ich kenne auch Jollenkreuzer, die im Wattenrevier ihre Wanderfahrten ohne Motor machen. — Mit Jollenkreuzern wird man ja auch gar nicht immer in Häfen hineinfahren: in irgend einem geschützten Winkel hinter einer Insel trockengefallen, in einen Inselpriel verholt, in einem unbekannten Sieltief der Festlandküste oder im Meer der Halligen hinter den Sommerdeichen in irgendeinem Halligpriel verborgen, kann ebenso schön sein.

Der „schwache Punkt" des Jollenkreuzers wurde schon erwähnt: Läuft er m i t steilen Wellen, so daß sein breites Mittelschiff nicht recht im Wasser ist, kann er seine Stabilität verlieren. Derlei Unglücksfälle geschehen fast stets in Seegaten und Flußmündungen, also im Gebiet, das in diesem Buch zum S e e r e v i e r gerechnet wird. Es war für mich der Hauptgrund, die Einteilung so und nicht anders zu treffen.

Nicht seegehende Kielschwerter: Was ich hier meine, sind ihrem Wesen nach Jollenkreuzer mit einem flachen Gewichtskiel zur Verbesserung der Stabilität. Solche Boote können seefest gebaut sein. Doch die meisten sind es wohl nicht. So möchte ich sie lieber nicht im Seerevier fahren sehen. Für das Wattenrevier sind sie ideal. — Dann gibt es moderne Kielschwertboote, die bei einheitlicher Rumpfform wahlweise von den Werften als Kielboot oder als Kielschwerter angeboten werden. Das ist selten ein gutes Schiff. Ein Kielschwertboot muß b r e i t sein, sonst fehlt ihm die Formstabilität. Beim „Einheitsrumpf" fehlt sie (seegehende Kielschwerter, Seite 56).

Kimmkieler: Das sind kleinere Segelboote mit z w e i Kielen an den Seiten des Schiffsrumpfes (Skizze Seite 47 [B]). Selten sind es Boote für das Seerevier. Theoretisch hat ein Kimmkieler für das Wattenrevier viele Vorteile: wenig Tiefgang, aufrechtes Stehen beim Trockenfallen, einige Seefähigkeit. Praktisch sieht es manchmal ungünstiger aus: Da sind zuweilen die Kimmkiele konstruktiv so unzulänglich befestigt, daß sie weder eine Grundberührung noch das Trockenfallen aushalten. Da kann es sein, daß e i n Kimmkiel in den Mud sinkt, der andere nicht. — Der Kimmkieler k a n n ein sehr guter Bootstyp für das Wattenrevier sein. In welchem Ausmaß er es ist, hängt vom Konstrukteur ab.

Katamarane: Man sieht wenig Doppelrumpfboote an der Küste. Daß ein Katamaran für das S e e r e v i e r der Nordsee n i c h t taugt, ist ganz klar. Grundsee und brechende See sind nichts für ein Fahrzeug, das für seegangsfreie Lagunen und in seinen großen Typen für den langen Seegang tiefen Ozeans entwickelt wurde. Aber das Wattenrevier! Dafür sollte ein Katamaran doch ein brauchbares Boot sein. Manchmal meine ich, es liegt daran, daß zwischen Wattenrevier und Seerevier bisher nicht klar genug unterschieden wurde.

Der Katamaran braucht wenig Wassertiefe. Er kann wunderbar trockenfallen. Er findet im Wattenrevier keine wirklich grobe See. Vielleicht hat er im Wattenrevier noch eine Zukunft vor sich. Freilich hat er einen Nachteil, der heute auch an der Nordsee zu zählen beginnt: er braucht im Hafen den gleichen Platz, wie zwei (oder drei) „normale" Kollegen.

Jollen: Für Wanderfahrten im Wattenrevier taugt die Jolle n i c h t. Daß auf einigen sehr geschützten Revieren Jollen ein festes Standquartier haben, ist eine andere Sache.

Beispiele für Motorboote

Da hat sich nun unvermerkt während der „Entdeckung" der Nordseeküste in den letzten 5 Jahren in dem großen und etwas beängstigenden Wirrwarr der traditionslosen Typen eine Vereinheitlichung angebahnt. Und zwar in einem überraschend vernünftigen Sinne:

Das gängige Motorboot für die Wattfahrt ist das aus Kunststoff gebaute Motorboot vom Typ des Norwegischen Fischerbootes. Das ist eine Rumpfform vorn wie ein scharf gebautes Rettungsboot, achtern meist mit Spitzgat. Es hat sehr hohen Freibord. Es hat sehr ausgeprägten Sprung. Es ist zu etwa 75 % eingedeckt mit geschütztem Steuerstand. Länge je nach Typ 5½ bis 7½ Meter, Tiefgang 60 bis 70 Zentimeter, Diesel 40 bis 60 PS. Verglichen mit frühen (und anderen) Typen sind diese Boote sehr robust gebaut. Sie vertragen einen Knuff in den Häfen und können an Seegang wohl alles ab, was im Wattenrevier vorkommt und was bei leidlichem Wetter in den Seegaten zu erwarten ist. Solche Boote sind trailerbar. Sie bilden, verschiedene weniger typische Varianten hinzugerechnet, wohl bald ⅓ des Sommerbestandes an wattgehenden Motorbooten. Oft wohnen die (Binnenland-)Eigner nachts im Campingplatz, der bei vielen Häfen ist.

Tausenderlei Typen von Kunstoffbooten findet man in den Wattenhäfen. Viele mehr für das Auge als gutes Fahren gebaut. Da muß sich noch Spreu und Weizen sondern. — Recht schlecht bewähren sich Boote vom „Katamaran-Typ": Boote aus e i n e m Rumpf, doch mit hochgezogenem Mittelteil. Der kurze Wellengang in Prielen bei „Strömung gegen Wind" läßt sie hart aufklatschen, „stuckern", so daß man es bald leid ist. — Die Mehrzahl der Kunststoffboote ist leider zu leicht gebaut.

Schwere Motorboote, meist aus Schiffbaustahl, sind oft in Holland gebaut. Dort fast immer gut und solide, zuweilen sogar richtig robust. Mit Dieselmotor, 50 bis 80 PS, etwa 7 bis 10 Meter lang, recht breit und selten tiefer gehend als 80 Zentimeter. In den Niederlanden fahren sie auch im nahen Seerevier. Aber das ist freundlicher als bei uns. Für unser Seerevier sind sie ein Grenzfall. Mit vielen von ihnen würde ich bei sicherer Wetterlage wohl auch mal „außen herum" fahren. Viele sind wirklich gute Boote. Ein Beispiel zeigt die Skizze. Auch aus K u n s t s t o f f kann ein solches Boot gebaut sein. Doch meines wäre aus Eisen.

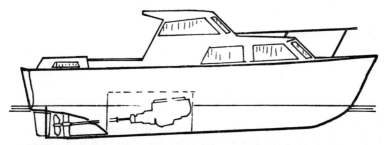

Beispiel eines für die Wattfahrt gebauten Motorbootes aus Eisen. Der Tiefgang beträgt etwa 0,9 Meter. Schraube und Ruder sind zum Trockenfallen geschützt.

Gartenlaubenboote: Das Wort meint nichts Unfreundliches. Irgendein Rumpf. Darauf ein großes Kajüthaus mit großen Glasfenstern. Wohnlich und nett. Oft liegen sie in Binnentiefs, oft versteckt in kleinen Sielhäfen. Das Wochenend-Boot zum daran Basteln oder auch „Vor-die-Haustür"-fahren, zum Ankern oder zum Trockenfallen. Ein Familienboot. In seiner Art durchaus vernünftig. Ich bin sicher, daß die Eigner an ihrem Boot mehr Erholung finden und Freude haben, als viele andere an ihrem Boot. — Diese Motorboote leiden am meisten darunter, daß der Ausgang aus den Binnentiefs zur See durch die neuen Pumpsiele zugesperrt worden ist.

Die schnellen Motorboote:

Ich meine die Boote, die auf Geschwindigkeit konstruiert sind. Sie sind als Gleitboot gebaut, sind sie schwer, dann als Halbgleiter. Leider haben diese Boote sehr schlechte See-Eigenschaften. Geschwindigkeit kann bei einem Seeboot nun einmal nur durch erhebliche andere Nachteile erkauft werden. Zu was sie nütze ist, hohe Geschwindigkeit auf See, außer beim Sklavenhandel, in Gewässern, wo Seeraub blüht oder allenfalls noch beim Kriegsschiff und Bananendampfer, fängt man besser erst gar nicht zu fragen an.

Das schnelle, halboffene Gleitboot: Meist mit sehr schwerem, übermäßig starkem Outbord-Motor. Auf gutes Aussehen und Geschwindigkeit konstruiert, statt auf Seefähigkeit. Oft gefährdet durch ein recht niedriges Heck. Stets gefährdet durch den meist zu schweren Motor, der an ungünstiger Stelle sitzt und den Gewichtsschwerpunkt nicht nur weit nach achtern, sondern auch recht hoch legt. Meist von Schiffern gefahren, die während der Hochwasserzeit „nur mal eben" eine Stunde oder zwei über das überflutete Watt hinwegflitzen. Aus guten Gründen geht ihre Zahl wieder zurück, außer in sehr geschützten Revieren. — Wenigstens sollte ein solches Boot mit allem ausgerüstet sein, was bei Zwischenfällen (Versagen des Motors, Nebel, Verlust der Schraube) über die dann bestimmt erheblichen Probleme hinweghilft (folgendes Kapitel).

Gleitboote mit gedecktem Motor und Kajüte: Auf solchen Booten würde ich mich auf dem Wattenrevier (aber auch nur da) schon eher wohlfühlen. Sehr viel hängt aber von der Rumpfform ab, vom Freibord, von der (oft zu großen) Höhe und der (oft zu geringen) Solidität der Aufbauten. Unglaublich zuweilen, mit welcher Ahnungslosigkeit solche Boote manchmal als „seefest" angepriesen werden. Beim mittschiffs liegenden Motor ist der Schwerpunkt günstiger. Daß die Boote flach gehen, ist sehr viel wert, daß sie meist gut trockenfallen, auch. Meist sind diese Boote trailerbar. — Mit einem gut gebauten Boot dieser Gattung wäre ich bereit, im Wattenrevier auf Wanderfahrt zu gehen, doch ganz behutsam!

Wo wäre ich auf Überraschungen gefaßt?

a) bei der Festigkeit aller Teile. Nach Küstenbegriffen sind diese meist gewichtssparend gebauten Boote viel zu wenig robust. Bei den Klampen fängt der Kummer an und bei der Scheuerleiste hört er oft noch lange nicht auf.

b) beim Winddruck. Meist fangen solche Boote viel Wind. Da sie gleichzeitig flach gehen, muß der Schiffer aus dem Binnenland, zumal bei Seitenwind, seine Manöver in erster Linie nach dem Wind einrichten. 100 Kilo Winddruck sind schon bei handigem Segelwind ganz normal.

c) Versagen des Antriebes. Da Boote dieser Klasse sich bei Ausfall des Motors im Wattenrevier nicht mit Stechpaddel regieren lassen, würde ich das Geld daran wenden und mir einen kleinen Zweitmotor kaufen. Er braucht nur 4 oder 5 PS zu leisten, aber er m u ß eine große Arbeitsschraube haben, so daß das Boot zwar langsam fährt (4 Knoten reichen), doch dies mit großer Kraft.

Sowieso wird man ja bald entdecken, daß große Geschwindigkeit im Wattenrevier gar keine schöne Sache ist. Langsam und leise muß man zwischen Seehundbänken und Wattrücken hindurchfahren. Und wollten wir nicht sowieso einmal Urlaub machen von der Hast? So würde es mich gar nicht wundern, wenn man häufiger mit dem 5-PS-Zweitmotor fährt, als mit den 80 durstigen Pferden.

Das Kanu

Das oben geschlossene Kanu, Kajak oder auch Faltboot ist ein überaus fähiges Fahrzeug. Manchmal, wenn es keiner weiß, hole ich meinen Aerius-Einer aus dem Keller und fahre inkognito. Im Wattenrevier natürlich.

Das Kanu taugt durchaus für das Wattenrevier. Daß man nicht auf das Seerevier darf, versteht sich. Bei richtiger Planung der Routen nach Wetter und Strömung läßt sich, so ist meine Ansicht, im hier besprochenen Wattenrevier jedes Ziel mit dem Kanu erreichen. Die einsamsten am besten.

D i e G r e n z e n d e s K a n u s liegen in der Schwierigkeit, bei frischem oder starkem seitlichen oder vorlichem Wind über lange Strecken Weg voraus zu machen. Doch wir fahren ja im Gezeitenrevier, wo uns Strömung hilft. Wir müssen auch die Routen nach dem Wind einrichten. Bei frischem Ostwind lange Strecken gen Osten zu fahren, ist ungeschickt. Schließlich denken wir auch an die geringe Augenhöhe des „Schiffers". Die kann es erschweren, Tonnen aus Distanz zu sichten. So hängt wirklich viel von der guten P l a n u n g u n d V o r b e r e i t u n g der Tagesroute ab. Vielleicht füllt da das Buch eine Lücke. Denn in den sonst ausgezeichnet guten Gewässerführern der Kanu-Verbände wird es stets sehr vage, sobald es an's Küstenrevier geht. Das ist auch kein Wunder. Das Erkunden der Fahrtwege im Wattenrevier läßt sich schlecht mit dem Kanu machen. Ein sportliches Unternehmen bleibt Kanufahrt im Wattenrevier allemal.

Winke für den Kanufahrer: An sich steckt das ganze Buch voller Hinweise, die der Kajak-Mann braucht. Aber ein paar Gesichtspunkte für diese spezielle Art von Booten gebe ich doch: Ein Seitenbordmotor gefährdet mehr als er nützt. Aber einen kleinen A n k e r hab ich stets mit an Bord, einen Draggen von etwa 2 Kilogramm an 15 Meter dünner Perlonleine. Die Leine ist durch den Bugring geschoren. Der Anker ist im Boot. Wird es mir bei Hochwasserzeit zu viel, dann fahre ich auf's Wattenhoch, lasse ihn außenbords und verschnaufe. Er hält den Bug gegen den Wind. Wird er eingeholt, dann mag er vorn am Bug hängen bleiben.

Das Wichtigste vor allem ist: Man muß Zeit haben. Nie soll man in der Situation sein, losfahren zu müssen, obwohl schlechte oder unsichere Wetterlage ist. — Beim Fahren habe ich gerne eine oder zwei Auswahlrouten zur Hand nach dem Motto: was tue ich wenn . . . So gut das Wetter im Mai ist: Wasser und Luft sind im Mai und auch im Juni kalt!

Ich fahre viel zur Niedrigwasserzeit, wenn es sich einrichten läßt. Dann sind die Rinnen übersichtlicher und es sind weniger Wellen. — Respekt habe ich vor den großen Wattenströmen bei der Situation „Strömung gegen Wind". Dann weiche ich bei frischem Wind gern auf's Watt aus. Großen Respekt habe ich vor den großen Flußmündungen, wie der Elbmündung, der Wesermündung, der Jade. Die kreuze ich weit innen. Auf deren Wattkanten fährt sich's wieder gut. — All die zahllosen kleinen Gewässer der Binnentiefs stehen dem Kajak-Fahrer offen, wenn's auf See zu rauh ist. In alle Halligpriele und Inselpriele kann er einlaufen. All die schönsten und einsamsten Plätze, an die ein „Dickschiffmann" niemals auch nur im Traum denken kann, sind dem Kajak-Fahrer offen. Er ist der wahre Snob, dem die Welt zugänglich ist.

Natürlich kennt jeder Kajakfahrer das reizende Buch von Rittlinger, die „Amphibische Reise". Es ist, dichterische Erhöhung zugestanden, durchaus authentisch. Interessant ist ja auch, wo sie Schwierigkeiten hatten: auf Routen im Seerevier.

Laßt Euch Mut machen, Ihr Kajak-Leute, für die Wattenreviere der Nordsee. Wie wenige Kollegen habe ich getroffen, als ich für die Bereisung 1973 mit meinem Aerius im Halligmeer war! Fangt mit den Ostfriesischen Inseln an oder mit dem Halligmeer, das sind die handigsten und gleichzeitig die schönsten Gebiete.

Das Ruderboot

Jede Beschreibung der Bootstypen im Wattenrevier der Nordseeküste ist unvollständig, die nicht das schlichte, einfache, offene Ruderboot erwähnt. Machte man eine Bootszählung, wer weiß, ob sie nicht zahlenmäßig an erster Stelle stünden. Die liegen in den kleinen Sieltiefs, den unzähligen Vorlandprielen, oft auch vor dem Deich vor Grundgeschirr. Sie gehören den Bauern, den (als Beruf aussterbenden, doch als einträgliches Halb-Hobby jetzt wieder auflebenden!) K l e i n f i s c h e r n und vor allem den „Kleinen Leuten" hinter dem Deich, die durch „Aale Pieren" oft eine erhebliche Bereicherung der Einkünfte erzielen. Meist legen sie sich nachts im Watt vor Anker, „wo der Aal gut läuft". Natürlich ohne Licht. Fährt man selber im Dunkeln auf dem Watt, soll man gut ausschauen, daß man keinen überrennt.

So hat, wie an allen Meeresküsten, die ich kenne, das offene Ruderboot auch an der Nordseeküste seine Daseinsberechtigung. Dennoch muß ich den Sportsmann sehr warnen. Es sind so viele kleine Tricks und Kenntnisse und körperliche Härte nötig, um mit einem offenen, geruderten Boot im Wattengewässer zu fahren, daß man vor Ablauf der mehrjährigen „Lehrzeit" bestimmt ein paarmal in häßliche Situationen kommt. Ich kann darüber urteilen, denn wo meine Eltern und jetzt ich unser „Fischerhäuschen" vor dem Deich 20 Meter vom Wasser der Jade entfernt stehen haben, liegt eine solche „Flotte" von etwa 50 offenen Ruderbooten vor Anker.

Für den Neuling an der Nordsee muß das offene Dingi in sehr geschützten Revieren bleiben. Seewetterbericht ist nötiger, als sonst. Das folgende Kapitel „Ausrüstung" muß studiert werden. Und wissen muß man vor allem: der Heckmotor, den die Dingis von Binnenländlern meist mitbringen, versagt garantiert dann, wenn man ihn nötigst braucht. So muß alles darauf abgestellt sein, das Boot mit s o l i d e n R i e m e n pullen zu können. Anker (am besten Draggen, nicht unter 5 kg, an 40 Meter Perlonleine) und eine oder zwei übergroße Konservendosen zum Ausösen des Spritzwassers sind wichtig. Als Fahrzeug ist das offene Ruderboot, wenn es nicht zu leicht ist, meist schon ganz recht. Was aber dem Revierfremden fehlen wird, sind Seemannschaft unter Schlechtwetterbedingungen, körperliche Härte und Reviererfahrung.

Das Schlauchboot

Ich halte ein Schlauchboot an der Nordseeküste ungefähr für den gefährlichsten Untersatz, den ich mir denken kann. Hört der Motor zu laufen auf, so ist ein Schlauchboot bei starkem Wind vollkommen unregierbar, und der Wind treibt es hin, wo er mag.

Boote für Seerevier und Wattenrevier

Zu fordern sind: volle Seefähigkeit,
                       mäßiger Tiefgang,
                       Eingnung zum Trockenfallen.

Seefähigkeit: Die traditionellen Forderungen an ein seegehendes Boot sind: Es muß vollständig und widerstandsfähig gedeckt sein. Es muß eine selbstlenzende Plicht besitzen. Es muß Gewichtsstabilität haben. Jeder Teil muß nach seiner möglichen Beanspruchung stark gebaut und gut in Stand sein.

Diese Forderungen machen aber noch nicht den vollen Inhalt des Begriffes „Seefestigkeit" aus. (Auch Materialvorschriften der Germanischen Lloyd tun das nicht). Denn da bleibt jene Eigenschaft des Schiffsrumpfes übrig, für welche die Engländer den Ausdruck „seakindly", seefreundlich, haben. Die Unterscheidung von seefreundlichen und nicht seefreundlichen Rümpfen ist vollkommen berechtigt. Ein guter Konstrukteur weiß, was er tun muß, damit ein Boot seefreundlich, das ist: ein gutes Seeboot, wird. Bleibt er von Wünschen nach Schnelligkeit, elegantem Aussehen, wohnlichen Kajütaufbauten und irgendwelchen Rennformeln verschont, so wird er gewiß ein sehr gutes Seeboot bauen.

Mein Eindruck ist, daß heute erschreckend viele Boote als „seefest" auf der Nordsee schwimmen, die, wenn einmal vom Wettergott einer ernsthaften Prüfung unterzogen, die Prüfung nicht bestehen werden. — Natürlich muß man wissen: Bei der Veränderung des Seeganges an ungünstigen Stellen der Nordseeküste zu Brechern, Grundsee oder Brandung hört unter extremen Bedingungen und wenn man mit dem Schiff am falschen Orte steht, die Seefähigkeit jedes Fahrzeuges auf. Die Frage ist nur, wann. Ich meine, folgendes muß ein Boot bestimmt aushalten, wenn es als „seefähig" im Seerevier der Nordseeküste fährt: Es darf dem Schiff nichts Lebenswichtiges zerstören, wenn ein Brecher krachend ein paar Tonnen Wasser auf Deck schüttet. Es darf nichts zu Bruch gehen, wenn einige Kubikmeter grünes Wasser über das Deck branden. Der Rumpf darf nicht beim ersten Male leck werden, wenn Brandung ihn auf den Sand haut. Und in Grundsee soll er, wenn irgend möglich, nicht aus dem Ruder laufen. Früher oder später kommt einem derlei auf dem Seerevier bestimmt über den Weg. Ich habe alles dreies im Lauf der Zeit schon gehabt (das Aufschlagen auf Sand im Seegang allerdings nicht an der Nordsee).

Wann ist ein Boot an der Grenze seiner Seefähigkeit angelangt? Entweder, wenn die ersten Dinge zu Bruch gehen oder wenn man das schwer zu beschreibende Gefühl hat, daß nunmehr die See anfängt, mit dem Boot zu tun, was sie will, und daß sie das Boot nicht mehr tun läßt, was es soll. Was kann man dagegen machen? Für die Nordseeküste weiß ich nur ein Antwort: es nicht soweit kommen lassen. Das heißt: Seewetterbericht hören und gute Routenplanung machen.

Mäßiger Tiefgang: Boote mit weniger als 0,8 Meter Tiefgang sind in der Seefahrt selten. Die Mehrzahl der an der Nordseeküste beheimateten Boote hat zwischen 0,8 und 1,2 Meter Tiefgang. Sie sind oft Kielschwertboote. Mit gefiertem Schwert ist der Tiefgang größer. Boote bis 1,5 Meter Tiefgang kommen noch vor und haben noch Sinn, da ihnen bei schlechten Wasserständen auf den Wattfahrwassern die Routen „außen herum" offen stehen.

Die Ansicht, ein Boot mäßigen Tiefgangs könne nicht seefähig sein, ist weit verbreitet, doch vollkommen unberechtigt.

Eignung zum Trockenfallen: Der häufigste Bootstyp an der Küste ist das Kielschwertboot. Da vereinigen sich breiter, fülliger Hauptspant mit mäßigem Tiefgang und langem Kiel. Ein solches Boot liegt beim Trockenfallen zwar schräg, doch nicht allzusehr. Auch das umgebaute Rettungsboot mit seinem breiten Hauptspant und seinem meist nicht tiefen Kiel fällt angenehm trocken. Kielboote mit tiefem Kiel und schmalem Hauptspant können, trockengefallen, unter Deck bis zum Grotesken hin ungewöhnlich werden. Sie sind ein Grenzfall für Boote, die noch zur Wattfahrt taugen. Haben solche Boote gar noch einen kurzen Kiel, so daß sie auch noch auf der Nase liegen, dann kann man sie im Wattenrevier kaum noch fahren. Auch Balance-Ruder sind heikel. Bei Motorbooten sind manchmal auch ungeschützte Schrauben anzutreffen. Ungünstig für Wattfahrt (und für Mittelmeerhäfen).

Die Größe: An sich gibt die Länge eines Bootes absolut keinen Maßstab für seine Seefähigkeit ab. Aber an der Küste ist man sich doch einig, daß Boote von weniger als etwa 6 Meter Länge in brechender See und vor allem in Grundsee schlechter zu führen sind.

Beispiele für typische Boote:

Kielschwerter: Das ist der an der Nordseeküste am häufigsten anzutreffende Bootstyp, der für die Fahrt im Seerevier und im Wattenrevier gleich gut geeignet ist. Es ist ein relativ breit gebautes Segelboot (Formstabilität), das einen Kiel trägt (Gewichtsstabilität). Zur Verminderung der Abdrift kann auf tieferem Wasser ein Mittelschwert ausgefahren werden. Ein seefest gebautes Kielschwertboot kann sich auf jedem Meere bewegen. Das zeigt neben vielen anderen Beispielen die Weltumsegelung durch das Ehepaar Koch mit dem Kielschwertboot „Kairos". Dies ist ein typisch für das Wattenrevier konstruiertes Kielschwertboot von etwa 0,8 Meter Tiefgang. Seefähigkeit ist an andere Eigenschaften geknüpft als an Tiefgang.

Die Länge des an der Küste heimischen Kielschwertbootes mag zwischen 7 und 13 Meter liegen. Seine Breite zwischen 2,5 und 4 Metern. Das gibt ein sehr wohnliches Schiff. Ein Beispiel zeigt die Skizze.

Beim Kreuzen in Wattrinnen und auch sonst gibt das etwas (aber nicht ganz!) gefierte Schwert nützliche Warnung vor zu flachem Wasser. Wissen muß man, daß Mud, der beim Trockenfallen in Häfen in den Schwertkasten dringt, das Schwert darin festsetzen kann. Die Bauwerft hat (hoffe ich) Vorsorge getroffen, daß man das Schwert vom Schiffsinneren aus nach unten herausdrücken kann. Ist es etwas draußen, dann spült sich beim Fahren der Mud rasch wieder heraus (sowieso ist diese Störung selten). Berührt man bei v o l l gefiertem Schwert den Grund bei quer setzender Strömung, dann verbiegt es sich leicht. Das macht viel Ärger und Arbeit. Deshalb fiert man es bei Erwartung flacheren Wassers nur auf $1/2$ oder $1/3$ des vollen Tiefganges.

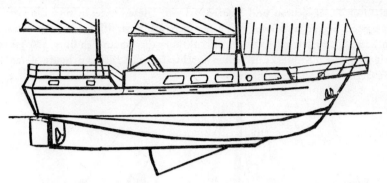

Auch große Yachten können vorzüglich zur Fahrt im Wattenrevier geeignet sein. Die Skizze zeigt eine niederländische Konstruktion: Länge 13 Meter, Breite 3,95 Meter, Tiefgang ohne Schwert 1,05 Meter. Verdrängung etwa 9 Tonnen. — Die große Breite und die ausladende Spantenform machen das Schiff nicht nur sehr geräumig und überaus wohnlich. Sie machen vor allem, daß es sich beim Trockenfallen nur sehr schwach neigt. Ich weiß keinen Hafen Europas, und sei er noch so klein, in dem man mit einem solchen Schiff nicht gut einlaufen kann.

Kielboote: Geht es nicht zu tief, ist es im Hauptspant füllig gebaut und hat es einen langen Kiel, so hat man ein geeignetes Schiff. An dem l a n g e n Kiel wird man vor allem dann sehr froh sein, wenn man mal auf wirkliche Langfahrt geht, denn ein solches Boot hat gute Kursstabilität.

Das umgebaute Rettungsboot: Ist der Rumpf gesund, so wird man nach s o l i d e m Umbau zu einem flachgehenden Kielboot ein vollkommen gutes Fahrzeug haben. Man wird keine Regatta gewinnen, aber man hat ein gut seegängiges, seefreundliches, gut trockenfallendes und wohnliches Schiff. Eine große Zahl der Boote an der Küste sind umgebaute Rettungsboote. Nur soll man den Ausbau und Umbau als Laie nicht ohne den Rat eines Konstrukteurs oder einer Werft machen. Man kann einfach nicht selber wissen, welche Materialstärke, welcher Segelriß und was sonst alles noch für ein seetaugliches Boot nötig ist.

Der Umbau eines Fischerbootes: So häufig ist es der Wunsch, den Rumpf eines Garnelenfischerbootes als Sportboot auszubauen, daß ich hierzu ein paar warnende Worte sagen muß. Tiefgang, Seefähigkeit (oft jedenfalls) und Materialstärke sind schon recht. Aber solche Rümpfe sind meist mit verzinkten Nägeln zusammengeklopft. Nach 20 Jahren (und dann eben verkauft der Fischer das Boot billig) beginnen die, wegzurosten. Segeln lassen sich diese schweren, heute für starke Maschinen gebauten Rümpfe fast nie. Auch sind die sehr klobig und stark gebauten Schiffe für einen Sportschiffer schwer zu hantieren. Der Raum unter Deck, der ja eigentlich nur die Maschine beherbergen muß, ist sehr klein. Fast alles spricht gegen diese romantische, doch unreale Idee.

Niederländische Plattbodenyachten mit Seitenschwertern sind vorzügliche Schiffe für das Wattenrevier und — wenn dafür gebaut — auch für die See. Dabei muß man wissen, daß es zahllose Typen gibt (eine kleine Wissenschaft für sich) mit ganz unterschiedlichen See-Eigenschaften. Grob gesprochen: die zum Frachttragen gebaute Tjalk (groß, langsam und oft etwas unhandig zum Segeln), die zahllosen Fischerboot-Typen (von nicht für's Seerevier geeignet bis zum guten Seeschiff, aber alle mit wenig Raum unter Deck und etwas zu flachem Heck). Und die von Anfang an für die Personenfahrt, also als

Yacht, gebauten Bojeryachten und Staatenyachten. Diese letzteren sind die vorzüglichsten, handigsten Segler und (wenn für See gebaut) Seeschiffe, wie man sie sich nur wünschen kann. Zuweilen geben die Konstrukteure diesem an sich über 300 Jahre alten und damit von allen Kinderkrankheiten restlos freien Schiffstyp heute einen flachen Kiel für zusätzliche Gewichtsstabilität.

Da liegt meine Bojer-Jacht „Alte Liebe" bei Niedrigwasser trockengefallen auf dem Watt. Der niedrige Kiel und die breite Spantenform machen, daß sie waagerecht steht. Die Seitenschwerter mindern die Abdrift und warnen vor flachem Grund. Sie haben auch bei schwerstem Seegang nie Ärger gebracht. — Drinnen hat man ein kleines Haus und außen das beste Seeschiff und Fahrtenschiff, das man sich wünschen kann. Der lange Klüverbaum und die große Segelfläche (88 m² bei 12 Meter Länge zwischen den Loten) machen, daß das Schiff alles andere ist, doch keine „lahme Ente".

Ich habe mein Boot (Bojer, 12 Meter lang, 4 Meter breit, 1 Meter tief, 88 m²) inzwischen über 20 000 Seemeilen zwischen Polarkreis, Schottland und Afrika hin und her gesegelt (von der Nordseeküste nicht zu reden) und kann nicht aufhören, von den guten Eigenschaften des Bootes zu schwärmen. Es war ja der „Mercedes 300" zu seiner Zeit. — Vorsicht ist geboten bei zu alten Rümpfen. Einen früheren Frachtfahrer würde ich mir wohl nicht kaufen, wenn's um wirkliches Fahren geht. — In den Niederlanden erleben diese Boote heut mit vollem Recht eine „Wiederentdeckung". Ich schätze, daß dort mindest 1/3 aller neuen Segelyachten Rund- oder Plattbodenyachten sind.

Motorboote für Seerevier und Wattenrevier

Genau betrachtet ist ihre Zahl klein. Denn ein Motorboot, das voll seefest nach den Maßstäben der Nordsee ist, ist sehr oft ein zu schweres Schiff, um damit noch gut in engen Wattrinnen zu fahren und in kleine Sielhäfen einzulaufen. Hat es aber diese Eignung für die Wattfahrt u n d ist es dennoch stark genug gebaut, daß ein Brecher auf das Schiff donnern kann, grüne See über das Vorschiff steigen und Grundsee über das Heck brechen darf, dann ist es ein sehr gutes Schiff.

Naturgemäß ist ein Motorboot mit ausgefallenem Motor auf dem Seerevier extrem schlecht dran. Ankern, wie im Wattenrevier, ist dort ein recht ungutes Ding. So braucht ein Motorboot für das Fahren im Seerevier eigentlich zwei Maschinen. Oder ein Rigg, mit dem es auch kreuzen kann. Doch dann zähle ich es zu den Segelbooten.

Natürlich fahren Hunderte von Motorbooten auch auf den Seerevieren der Nordsee. Und wenn das Boot einigermaßen seefest u n d gutes Wetter ist, dann geht das ja auch fast immer gut. — Auf sehr gutes Ankergeschirr würde ich bei einem Boot mit nur einem Motor besonders achten.

Rückblick und Zusammenfassung

Für das Fahren i m W a t t e n r e v i e r der Nordsee taugen auch sehr bescheidene Boote. Jollenkreuzer, ausgebaute Rettungsboote, flachgehende Kielschwertboote, Kajaks, trailerbare Segel- und Motorboote. Das alles sind keine Boote der teuren Preisklasse. So einfach wie möglich und s o s o l i d e w i e m ö g l i c h : dann ist es das richtige Boot.

D a s S e e r e v i e r d e r N o r d s e e ist wohl doch die Domäne des gesegelten Bootes. Überdenkt man es, so findet man, daß die für See u n d Watt taugenden Boote sehr vernünftig konstruierte Boote sind. „Vernünftig" und nicht „extrem". Solide gebaute, konventionelle, wohnliche Fahrzeuge von handiger Größe, tauglich für alle Meere der Welt. Und vor allem auch für die schönsten Häfen der Welt, denn das sind nicht die großen Handelshäfen, sondern noch immer die kleinen Häfen, die entweder trockenfallen oder nur geringe Tiefe haben. — Die „Spray" von Slocum, der als Erster einhand um die Erde gesegelt ist, die wäre sehr gut für das Wattenrevier und für das Seerevier der Nordsee geeignet gewesen.

D. Ausrüstung des Bootes und ihre Anwendung

Hier spreche ich nicht von der Ausrüstung, die ein Boot sowieso braucht oder die eine Yacht für küstenferne Hochseefahrt benötigt. Hier geht es um das, was ich mir für das Wattenrevier oder das Seerevier der Nordsee zusätzlich oder anders anschaffen würde. Da auch über die Anwendung der Teile berichtet wird, enthält dieser Abschnitt schon einen guten Teil der speziellen Seemannschaft des Wattenreviers.

Peilstöcke

Im Wattenrevier muß man wissen, wieviel Wasser man unter dem Kiel hat: 5 Zentimeter, 20 Zentimeter oder 1 Meter. Fährt man in einer Wattenrinne, dann will man außerdem wissen, ob man genau in der tiefsten Rinne ist oder rechts von ihr oder links. Ein Echolot taugt dafür nicht.

Meist sind die Peilstöcke schlicht zwei Bootshaken, je nach dem Tiefgang des Bootes 2¹/₂ bis 3 Meter lang. Ich habe Ringe aufgemalt. Den ersten so weit von der Spitze entfernt, wie das Boot Tiefgang hat, plus 5 Zentimeter. Den nächsten ¹/₂ Meter höher, den dritten 1 Meter höher und noch einen weiteren 1¹/₂ Meter über dem ersten, wenn der Bootshaken lang genug ist.

Zum Loten steht einer von der Crew seitlich am Bootsrand, piekt den Bootshaken ins Wasser und ruft aus, bei welcher Tiefe unter dem Kiel (das ist die Tiefe des ersten Farbringes) der Bootshaken (oder vornehmer: der Peilstock) auf Grund stößt. „Kein Grund" singt er aus, wenn der Peilstock den Boden nicht erreicht (das heißt: mehr als 1½ Meter Wasser unter dem Kiel). „50 Zentimeter" würde er aussingen, wenn der zweite Farbring im Wasser ist. Dann wird es beim Kreuzen in einer Wattrinne für den Schiffer Zeit „Ree!" zu rufen. „20 Zentimeter!" Nun wird's knapp. „Null", da fehlen nur noch ein paar Zentimeter, und das Boot sitzt auf Schiet. Mit einer Handbreit Wasser unter dem Kiel kann man aber im Wattenrevier noch wer weiß wo hin kommen.
In einer schmalen Rinne, z. B. beim Fahren bei fallendem Wasser über ein Wattenhoch, loten zwei Mann von der Crew, jeder an einer Seite und immer abwechselnd. Singt der an Backbord aus: „40 Zentimeter!" und der an Steuerbord „20 Zentimeter!", so weiß der Schiffer, daß die größere Tiefe der Rinne weiter an Backbord ist und ändert danach seinen Kurs. Bis das Wattenhoch passiert ist und der Ruf kommt: „Kein Grund!", wird meist fortlaufend gelotet.
Es ist gar nicht zu glauben, wieviel Spaß es macht, sich so auch bei schon weit gefallenem Wasser über ein Wattenhoch noch hinwegzumogeln oder in Wattenrinnen zu kreuzen. Ohne Peilstöcke ist das nicht zu machen. Bei einem Segelboot bändselt man sie meist an den Wanten fest.

Das Lot

Das ist für Wassertiefen über 1½ Meter. Es ist vor allem unentbehrlich, wenn Nebel aufkommt oder im Seerevier schlechte Sicht ist. Bleilot und Echolot sind mir gleich lieb. Ein Echolot habe ich erst angeschafft, als ich anfing, einhand oder mit sehr kleiner Crew zu fahren. Mehr Spaß macht ein Bleilot. Billiger ist's auch. Leinenlängen im Seerevier für 15 Meter Wassertiefe, im Wattenrevier für 8 Meter Wasser. Kennzeichnen muß man die Leine schon zu Hause. Mit bunten Bändchen alle 2 Meter.

Tidenkalender

Den kleinen „Gezeitenkalender für die Deutsche Bucht" braucht man unbedingt. Er ist billig und an der Küste in jeder Buchhandlung zu kaufen.

Seekarten

Meine Segelkollegen in dem kleinen Segelklub an der Jade haben wohl immer ein bißchen gelächelt, wenn ich im Frühjahr den Riesenpacken Seekarten an Bord schleppte, den man braucht, wenn man an allen Wattenrevieren der Nordseeküste fahren will. Ich hab sie lächeln lassen. Es war ja auch ein Unterschied: die fuhren in ihrem umgrenzten Heimatrevier, das sie von Kindesbeinen an kannten. Ich fuhr in weiter entferntere Reviere, die für mich Neuland waren.
Seekarten haben im Küstengebiet der Nordsee nur Sinn, wenn sie vom größten Maßstab sind, den es gibt! — Für das in Teil I dieses Buches besprochene Gebiet sind sie mit ihrer Nummer in den Plan eingetragen. Noch weiter nach Norden reichen Nr. 83 (Sylt Nord bis Esbjerg) und 109 (Einfahrt nach Esbjerg). Dänische Karten sind dort Nr. 96 (Lister Dyb) und 95 (Graadyb-Esbjerg).

Seekarten werden vom **Deutschen Hydrographischen** Institut in Hamburg herausgegeben. Man kann sie n i c h t direkt beziehen. Auch die Bestellung über eine normale
Buchhandlung klappt meistens nicht. Doch die Fa. Eckhardt und Messtorff, 2 Hamburg 11, Rödingsmarkt 16, hat sich darauf spezialisiert, sie an Besteller im Binnenland
zu versenden.

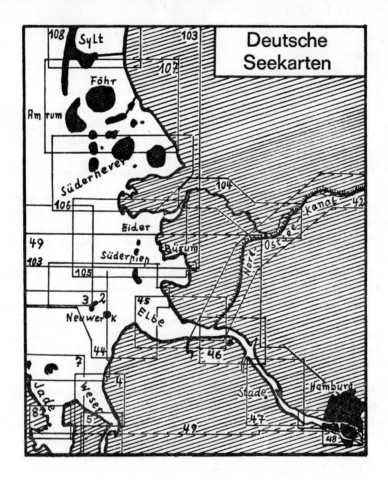

Vertriebs- und Berichtigungsstellen sind:

B r e m e n : „Seekarte", Kapt. A. Dammeyer, Korffsdeich 3, Tel. 38 05 51 / 52.
B r e m e r h a v e n : „Seekarte", Kapt. A. Dammeyer, Höbelstr. 22, Tel. 7 10 21, App. 136.
H a m b u r g 1 1 : Deutsches Seekarten-Berichtigungs-Institut, Bade & Hornig,
   Stubbenhuk 10, Tel. 35 32 90.
K i e l - H o l t e n a u : Nautischer Dienst, Kapt. Stegmann & Co KG, Schleuse, Tel. 3 64 05.

Dort sind meist sämtliche deutschen Seekarten vorrätig und gleich mitzunehmen. Bei
alten Seekarten kann man, wenn sie nicht (wie zumeist) inzwischen neu gedruckt worden sind, dort die Veränderungen eintragen lassen.

Vertriebsstellen haben meist nur die Seekarten des nahen Reviers vorrätig, können aber die andern bestellen.

B e r l i n 4 5 : Dietrich Reimer (Andrews & Steiner), Drakestraße 40, Tel. 76 68 09.

C u x h a v e n : Georg Bening, Neue Reihe 4, Tel. 3 50 37.

D u i s b u r g - R u h r o r t : Binnenschiffahrtsverlag GmbH, Dammstr. 15/17, Haus Rhein, Tel. 4 67 61.

D ü s s e l d o r f 1 : Ferdinand Ditzen KG, Marktstraße 11, Tel. 1 87 62 und 1 82 03.

E m d e n : Nautisch-technisches Büro, Kapt. Hermann B. Frese, Friedrich-Ebert-Straße 78, Tel. 2 04 54.

F l e n s b u r g : Th. Thomsen, Schiffsbrücke 40, Tel. 2 32 62.

H a m b u r g 1 1 : Eckardt & Messtorff, Rödingsmarkt 16, Tel. 36 43 74.

L ü b e c k : Firma „Hanö", Wall-Halbinsel 25, Tel. 7 36 23. Auslieferungsstelle der AVB-Stelle „Deutsches Seekarten-Berichtigungs-Institut Bade & Hornig", Hamburg.

N o r d d e i c h (O s t f r i e s l a n d) : Fritz H. Venske, Tel. Norden 26 01.

S c h l e s w i g : Karl Liesegang, Stadtweg 8, Tel. 2 31 18.

W i l h e l m s h a v e n : Carl Lohse's Nachf. Fritz Eissing. Marktstraße 38, Tel. 2 16 87.

Seekarten sind leider in Deutschland sehr teuer (rund DM 12,— pro Stück). In den genauen Einzelheiten der Lage von Tonnen und der Lage von Sänden veralten sie sehr rasch, meist noch innerhalb des gleichen Jahres. Grundlegende Veränderungen sind aber gottlob seltener (das gleiche gilt für dieses Buch, das von vornherein nicht darauf ausgeht, etwa eine neue Seekarte ersetzen zu wollen).

Ich selber habe meine Seekarten nie gerollt, sondern stets gefaltet, und zwar auf ziemlich kleines Format. Bei der Fahrt im Watt braucht man sie doch meist an Deck. Da hantiert es sich mit einer klein gefalteten Karte besser. Bei Regen hab ich sie in einen durchsichtigen Kunststoffbeutel gesteckt. Wie ein Luchs hab ich aufgepaßt, daß der Wind sie mir nicht über Bord weht.

Kompaß

Einen Kompaß, und zwar einen kardanisch aufgehängten Flüssigkeitskompaß, braucht man unbedingt auch dann, wenn man nicht vor hat, das Wattenrevier nach See zu verlassen. (Da hat der Binnenländer oft vollkommen falsche Vorstellungen.) Oft muß man von einer Tonne zur nächsten ein gutes Stück erst nach Kompaß fahren, ehe die Tonne in Sicht kommt. Auch bei Nebel oder schlechter Sicht ist man ohne ihn hilflos. Von Fahrten auf dem Seerevier gar nicht zu reden.

Dagegen kann nach meiner Meinung die Kompaßteilung für ein Boot auf dem Wattenrevier gröber sein. Eine Teilung von 10 zu 10 Grad halte ich für ausreichend. Genauer kann man mit einem kleinen Boot doch nicht steuern. Und bei Stromversetzung von nicht genau bekannter Stärke und der häufigen Verlegung von Seezeichen ist es wenig sinnvoll, Kurse im Wattenrevier auf einen Grad genau auszurechnen. Auch dauert es in der Praxis zu lange. Auch die alte Einteilung der Kompaßrose nach „Strichen" bewährt sich im Wattenrevier gut (1 Strich sind etwa 11 Grad).

Deviationskontrolle: Eines ist wirklich sehr wichtig: man muß die Deviation des Kompasses kontrollieren, ehe man das Binnenrevier verläßt. Deviation ist der Anzeigefehler des Kompasses, der meist durch Eisenteile (oder ein Eisenboot selbst) hervorgerufen wird. Am einfachsten macht man das auf geraden Kanalstrecken. Hamburger Boote

werden die Deviationskontrolle meist bei der ersten Frühjahrsfahrt auf der Elbe machen. Dafür habe ich bei der Beschreibung der Nachtfahrt auf der Elbe die Kompaßeinteilung der Richfeuerlinien aufgeführt (Seite 112 f). Hält man (bei Tage natürlich) das Boot auf die in Linie stehenden Richtfeuerträger zu, so ergibt die Differenz zwischen der Kompaßablesung (beschickt um die —3° Mißweisung) und der rechtweisenden Peilung der Richtfeuerlinie die Deviation. Man trägt es zu einer Tabelle zusammen. Zuweilen erlebt man, zumal auf einem Eisenboot, dabei sein blaues Wunder. Ist die Deviation so groß, daß man trotz Deviationstabelle zu große Ungenauigkeiten hat, und kommt man selber mit einer Kompensierung nicht klar, so kann man sie in Brunsbüttelkoog, Cuxhaven oder Bremerhaven ausführen lassen. Eine Deviation bis etwa 15°, sauber in der Deviationstabelle erfaßt, würde ich noch hingehen lassen.
D i e M i ß w e i s u n g ist im Bereich der Elbe etwa —3°, im Bereich der Halliginseln etwa —4°.

Rundfunkempfänger

Der m u ß an Bord sein. Denn in unseren Küstengewässern — Wattenrevier wie Seerevier — darf man verantwortlicherweise nicht ohne Seewetterbericht fahren. Dort ohne Kenntnis der Wetterlage auf einen Tagestörn zu gehen, halte ich für Leichtsinn. Das ist mir eine Herzenssache. Über drei Viertel aller Sportbootunfälle durch Wettereinfluß hätten sich vermeiden lassen, wäre Seewetterbericht gehört und die Fahrt danach eingerichtet worden.
Jeder kleinste Empfänger reicht aus, um Seewettervorhersage und Wasserstandsvorhersage zu hören (Seite 91 f). Will man Norddeich-Radio hören, so braucht man einen Empfänger mit Grenzwellenbereich und genau genommen eine Genehmigung der Post. Eine Notwendigkeit, ein solches Gerät zu beschaffen, sehe ich für unser Revier eigentlich nicht.

Barometer

Ich denke, daß man dank Seewetterbericht ohne Barometer an Bord auskommt. Doch nützlich ist es schon. Vor allem deshalb: Der Seewetterbericht kann einem nicht genau vermitteln, w a n n eine Störung oder Front am Standort des Bootes eintrifft. Den Zeitpunkt sagt einem das Barometer oft genauer.

Funkpeiler

Für das Fahren im Wattenrevier ist ein Funkpeiler nutzlos. Für Fahrten im Seerevier kann er eine große Hilfe sein, wenn Nebel aufkommt oder schlechte Sicht. Man braucht ihn aber nicht unbedingt. Ich habe mit dem kleinen, tragbaren „Nova-Pal"-Gerät gute Erfahrungen gemacht.
Noch ein Trick, der bei diesigem Wetter sehr nützlich sein kann, um etwa Feuerschiff „Elbe 1" anzulaufen oder Helgoland oder Weser-Feuerschiff: viele der kleinen Transistor-Empfänger reichen bis in den Wellenlängenbereich der Funkfeuer (Seite 92). Alle haben eine Ferrit-Stabantenne. Hat man das Funkfeuer im Empfänger aufgefaßt und dreht den Empfänger, so verschwindet das Signal, wenn die Stabantenne auf das Funkfeuer zeigt. Damit hat man die Richtung. — Ich würde es bei Gutwetter probieren. Klappt es, so kann es einem vielleicht einmal sehr nützlich sein. — Einzelheiten Seite 92.

Fernglas

Ein „Glas" ist sehr nützlich. Doch es ist kein Unglück, wenn es fehlt. Es hilft beim Auffinden und Identifizieren von Tonnen und Pricken. Und es leistet vor allem s e h r gute Dienste bei Dunkelheit. Maßgeblich für den Nutzen ist nicht die Stärke der Vergrößerung (6 x ist richtig, mehr ist nur schädlich), sondern die Lichtstärke; das ist der Durchmesser der Frontlinse. 50 mm ist besser als 40. Auf den Gläsern stehen Vergrößerung und der Frontlinsendurchmesser (z. B. 6 x 50). Ein preiswertes Glas erfüllt an Bord den gleichen Zweck wie ein teures.

Der Rettungsring (und Mann-über-Bord-Manöver)

Ein Rettungsring muß an Bord sein, und zwar griffbereit. Er soll nicht aus leichtem Kunststoff bestehen, sondern aus schwerem Material, z. B. Kork. Leichte Ringe treiben bei Wind zu schnell ab. Ich habe eine laute Trillerpfeife angebändselt und — für Nachtfahrt — eine wasserdichte Taschenlampe.

D e r B i n n e n l ä n d e r m a c h t s i c h m e i s t n i c h t d i e g e r i n g s t e V o r s t e l l u n g v o n d e r S c h w i e r i g k e i t , e i n e n A u ß e n b o r d s - G e f a l l e n e n w i e d e r h e r e i n z u b e k o m m e n . So kann man nicht häufig genug irgendetwas über Bord werfen (unerwartet natürlich und auch in schwierigen Gewässern und bei schlechtem Wetter) und dann das Bergen üben. Auch, daß der Schiffer über Bord gegangen ist, soll geübt werden. Es gibt immer wieder sehr viel Stoff für nachdenkliche Betrachtungen, was die Crew mit dem Boot alles angestellt hat, ehe sie die Attrappe ihres Schiffers wieder binnenbords hatte. Mit einem Blick auf die Uhr können Mann-über-Bord-Manöver zum sportlichen Wettbewerb erhoben werden. Dann machen sie viel Spaß; und vor allem zeigen sie eindringlich, wie groß das Risiko ist, den über Bord-Gegangenen im Ernstfall nicht oder erst nach langer Zeit bergen zu können.
S c h w i m m w e s t e : Pro Kopf eine.

Notsignale

Leuchtkugeln sollen an Bord sein, und zwar entweder aus einer Signalpistole abzuschießen (Waffenschein) oder als Signalbleistift. M i n d e s t e n s 15 Patronen, eher mehr als weniger, möchte ich trocken aufbewahrt an Bord haben. Man kann nicht damit rechnen, daß an der Einsamkeit der Sände und Inseln Notsignale gesehen werden. Ich würde mich niemals darauf verlassen, daß ein anderer mir helfen kann.

Anker

Hier wird gerade bei modernen Booten oft sehr gespart. Manchmal fährt auch der Schiffer kleiner Boote einfach ohne Anker los. Er wollte „ja nur eben mal ein halbe Stunde" . . . Gerade diese kleinen Fahrten, nicht vorbereitet und schlecht durchdacht, sind meist die risikoreichsten.
Auf alles würde ich zur Not verzichten, doch nicht auf gute Anker. Mindestens zwei Anker möchte ich an Bord haben. Davon einen mit Kette, den andern mit langer, elastischer Nylonleine ohne Kette. Die Kette soll im Boot festgemacht sein (passiert immer wieder: Anker plus Kette rauschen aus und sind weg). Zum Festmachen der Kette im Boot ziehe ich ein kräftiges Nylon-Bändsel vor. Das läßt sich im Notfall

durchschneiden, falls man den Anker schlippen muß, während ein Schäkel bei Zug darauf dann nicht zu öffnen geht. Das Ankergewicht nach der Formel des Germanischen Lloyd. Lieber schwerer.

Das Ankergewicht wird nach dem Rauminhalt des Schiffes bemessen. Der berechnet sich nach folgender Formel:

Rauminhalt = Länge (m) x Breite (m) x Höhe des Rumpfes x 0,6; plus ½ des Rauminhaltes der Aufbauten.

Das mag z. B. für einen Jollenkreuzer rund 14, für eine Wattfahrtyacht 18 oder 32, für eine Seefahrtyacht 50 oder 70 ergeben. Das Gewicht des Ankers abhängig vom errechneten Rauminhalt sagt folgende Tabelle:

errechneter Inhalt	Anker, kg (in Klammern Leichtgewichtanker)
bis 10	14 (11)
10—15	17 (13)
15—20	20 (15)
20—25	23 (17)
30—40	29 (22)
40—55	37 (28)
55—75	48 (36)

Der Zweitanker darf 20% leichter sein. — Rechnet mal nach, liebe Leser! Ich wette, fast jeder fährt zu leichte Anker. Dabei ist gutes Ankergeschirr die billigste Lebensversicherung.

Der Typ des Ankers: Das ist eine kleine Wissenschaft für sich. Der D a n f o r t h - Anker wird für Sportboote wohl am häufigsten mitgeliefert. Er hält gut, w e n n er sich eingegraben hat. Das tut er bei Schlick meist, bei Sand aber nicht immer. Dann staunt man, daß man treibt. Das geschieht gern in rasch strömenden Prielen und regelmäßig dann, wenn man es am wenigsten brauchen kann. So ist mein zweiter Anker ein D r a g g e n . Der hat andere Nachteile, aber er greift immer. (Und dann habe ich tief im Schiff noch einen dritten Anker zur Reserve. Ich habe ihn auf der Nordsee noch nie gebraucht, doch es hat mich sehr beruhigt, zu wissen, daß er da ist.) Über das Ankern lesen wir noch mehr.

Ankerball und Ankerlaterne: Man ankert ja häufig tags oder nachts in den Fahrrinnen des Wattes. Als Ankerlicht habe ich eine Sturmlaterne, die mit Petroleum brennt (ich halte nicht viel von Elektrik an Bord eines Segelbootes). Als „Ankerball" habe ich meinem ersten, ziemlich engen Schiff kurzerhand einen Kochtopf im Vorstag geheißt. Aus einiger Distanz ist er von einem Ankerball nicht zu unterscheiden.

Leinen

Man kann beim Fahren im Wattenrevier einfach nicht zuviele zuverlässige und lange Leinen an Bord führen. Außer den üblichen Festmache-, Schlepp- und Ankerleinen habe ich bei meinem 9,5 Meter langen 5-Tonnen-Boot an Bord geführt: eine Nylon-Leine 12 mm, 80 Meter, zwei nicht elastische Kunststoffleinen je 40 Meter (wenn man beim Trockenfallen z. B. den Mast abstützen will, taugt elastisches Tauwerk nicht). und schließlich eine sehr dünne Nylonleine von 100 Meter, 4—5 mm stark. Die ist nützlich, um ein eigenes Beiboot zu sichern (siehe unten). Oder einem an unguter Stelle festgekommenen Kollegen, an den man mit dem eigenen Boot nicht dicht heran kann, diese dünne Leine mit dem Rettungsring zutreiben zu lassen. Daran läßt sich dann eine Schlepptrosse überholen oder zur Not auch ein Mensch. Sehr sorgfältig müssen diese langen Leinen aufgeschossen sein. Wenn man sie eilig braucht, darf es keine Kinken geben.

Schlauchboot als Beiboot

Ich habe ein Beiboot an der deutschen Nordseeküste nie vermißt, so dringlich man es in anderen Gewässern Europas auch braucht. Warnen möchte ich aber vor Schlauchbooten als Beiboot. Kein Schlauchboot läßt sich gegen Tidenströmung anrudern, und erst recht nicht gegen starken Wind und zugehörige kurze Wellen. Wenn man schon außerhalb des Hafens, wenn das Mutterschiff auf Grund sitzt oder ankert, ein Schlauchboot über Bord läßt, dann nur an Leine, mit der man Mann und Boot wieder ans Schiff holen kann. Als mindeste Vorsichtsmaßregel soll ein Anker im Schlauchboot sein.

Fender und ihre Probleme

Die schönen, weißen Yachthafenfender habe ich früher meist zu Hause gelassen. Ich nehme Autoreifen. Denen kann man ein „Hemd" aus Segeltuch überziehen, wenn man in „feiner Gesellschaft" liegt. Oft liegt man aber neben geteerten Schuten, an schwarzen Spundwänden oder algenbewachsenen Pfählen.

Es gibt eine Aufgabe, für die eigentlich nur Autoreifen taugen: Viele Nordseehäfen haben Eisenspundwände. In die Eindellungen dieser Spundwände verkriechen sich normale Fender. Ein größerer Autoreifen tut das meist nicht. Erweist auch er sich als zu klein, dann binde ich zwei eng aneinander.

Eine besondere Aufgabe ist, ein Boot abzufendern, das an einem Pfahl oder Dalben anliegt. Das hört sich leicht an, doch die Tide verändert ja ständig die Lage des Bootes. Dafür habe ich ein Brett an Bord. 2 Meter lang, wenn Platz ist, auch länger. Recht kräftig, so daß es auch in kleinen Hallighäfen oder Grünlandprielen als Gangway dient. Das Brett hat nahe jedem Ende ein fingerdickes Loch. Zwei Fender kommen an die Bordwand. Das Brett wird mit Zeisingen auf die Fender gebunden. Dann scheuert das Brett an dem Pfahl, nicht das Boot. Fender allein nützen bei Pfählen nichts.

Ein Taschenkompaß: Er kann ganz billig sein und beliebig klein. Aber zur Wanderung auf dem Watt kommt er in die Tasche der Badehose oder an einem Bändsel um den Hals. Mehr als ein Menschenleben ist durch einen solchen „Spielzeugkompaß" bei Nebel auf dem Watt gerettet worden. Die zwei Toten der „Malwine", 1972 nach Wattwanderung in Nebel vermißt, waren vermeidbar.

Eine Weckeruhr: Man fährt in Tidengewässern. Da hilft alles nichts, manchmal muß man pünktlich aufwachen. Sonst ist das Wasser vor dem Boot ausgelaufen.

Der Spaten: Nun sehe ich erstaunte Augen. Jawohl, ein Spaten. Ich behaupte nicht, daß man ihn unbedingt an Bord haben m u ß . Aber ich habe ihn in jedem Frühjahr gern wieder mitgenommen. Da ist es z. B. hochinteressant, im Watt Muscheln auszugraben und zu sehen, wie eine Muschel sich in einer Minute wieder in den Sand eingräbt, sehr eilig und mit modernen hydraulischen Methoden. Da ist es möglich, die großen Wattwürmer auszugraben. (Ihr Zoologen, staunet, mit Lungen außen!) Mit diesen

Wattwürmern kann man Aale fangen. „Pieren" nennt man das an der Küste. Man muß sich das Aale-Pieren von einem Kleinbootfischer mal zeigen lassen. Und nicht zuletzt: schon andere Leute (und ich auch) haben ihr bei Nippzeit oder Ostwind zu hoch liegendes Boot durch einen kurzen Stichkanal zum nahen Priel wieder flott gemacht.

Der Verbandskasten: Man ist im Wattenrevier sehr auf sich selber gestellt. In meinem sind drin:

> zahlreiche Verbandspäckchen,
> viel Leukoplast (das hält wenigstens),
> auch Hansaplast (das hält auf See doch nie),
> Lebertransalbe,
> Sulfonamid- oder Penicillinpuder,
> schmerzstillende Tabletten,
> Abführtabletten,
> ein Sonnenschutzmittel,
> eine Packung mit Antibiotika als Tabletten oder Kapseln in
> h o h e r Dosierung bei sich entzündenden Verletzungen,
> Tinctura Opii (bei schmerzhaften Durchfällen).

(Zu den beiden letzteren muß der Hausarzt angesprochen werden, und der Schiffer muß sie verantwortlich verwahren.)

Bücher: Zu den Heilmitteln rechne ich auch noch zwei oder drei lesenswerte und spannende Bücher, die der Kapitän in Reserve hält. Es gibt auch im Sommer oft zwei Tage so scheußlichen Wetters, daß draußen wirklich nichts anzufangen ist und aufkeimende Streitsucht im engen Raum unter Deck Vorbeugung verlangt. Noch nie versagt hat bei mir „Röde Orm" von F. Bengtsson (Taschenbuch beim Non-Stop-Verlag) und „Segen der Erde" von Hamsun für die reiferen Semester.

Lebensmittel und Wasser: Auch wenn es nicht zu den Halligen geht, sondern in Tagesfahrten von Hafen zu Hafen, habe ich grundsätzlich eine „Eiserne Ration" an Lebensmitteln und Wasser für drei Tage an Bord. Labskaus, Makkaroni, Kartoffelpulver, Dosenmilch, Büchsenfleisch, Knäckebrot. Ferner pro Kopf 5 Liter Wasser. Ernsthaft gebraucht habe ich es bisher nur einmal, als ich bei einem herbstlichen Nebelmorgen eine Krümmung der Wattrinne verfehlte und zur Hochwasserzeit festgekommen war und in den folgenden Tagen Ostwind uns „die Tide stahl". Als nützlich empfunden habe ich es hier und da an einem unerwartet netten, aber sehr einsamen Platz, wo wir dann ohne Einkaufsnöte verweilen konnten.

Warme Kleidung: Dies geht an die Adresse der Schiffer von kleinen Booten, die bei Sonnenschein in Badehose „nur eben mal eine halbe Stunde" herausfahren. Das einzig Sichere ist, daß nichts sicher ist. Im Handumdrehen kann statt Sonnenschein bitter kalte Nebelluft sein. Ich würde auch für den kleinsten Ausflug in einem Kunststoffbeutel m i n d e s t e n s imprägnierte Jacke, Unterzeug, Trainingsanzug und Fußbekleidung mitnehmen. Dazu Notimbiß (1 Tafel Schokolade, 1 Liter Wasser, Pulverkaffee. All dies am besten ein für allemal eingepackt; ein Bestandteil des Bootes.) — Daß man sich im Dickschiff auch im Hochsommer mit wirklich warmem Zeug reichlich eindeckt (zumal ja eine Garnitur naß werden kann), ist dem Nordseefahrer vollkommen klar.

E. Trockenfallen, Festkommen, Stranden — und Liegen in Häfen

Klärung der Begriffe

Diskussionen über das Festkommen auf Grund bleiben solange vollkommen unfruchtbar, wie man nicht sauber zwischen drei Begriffen unterscheidet:

> **Trockenfallen:** das ist das beabsichtigte Aufsitzenlassen des Bootes bei fallendem Wasser in geschütztem Revier.
> **Festkommen:** das ist das unbeabsichtigte Auflaufen des Bootes auf den Grund in geschütztem Revier.
> **Stranden:** Das ist das unbeabsichtigte Festkommen des Bootes in ungeschütztem, gefährlichem Revier.

T r o c k e n f a l l e n ist fast das Schönste an der ganzen Wattfahrt. F e s t k o m m e n ist gewissermaßen das Salz in der Suppe. Fehlte es, dann würde es weit langweiliger sein. S t r a n d e n bedeutet hohe Gefahr für Boot und Besatzung. Daß man das Stranden meiden muß um jeden Preis, versteht sich von selbst.
Jedenfalls sind das gewollte Trockenfallen und auch das unplanmäßige Festkommen fast der wichtigste und jedenfalls der schönste und interessanteste Teil einer Fahrt im Wattenrevier. Wer mit diesen beiden Maßnahmen nicht auf intime Weise befreundet wird und sie zu beherrschen lernt, wird an einer Fahrt im Wattenrevier niemals recht glücklich werden. Es ist nun einmal ein amphibisches Revier. Hier muß ein Schiffer am Trockenliegen auf dem Watt ebenso seine Freude haben, wie am Fahren auf tiefem Wasser. Wie fremd doch den meisten unserer Wasserfahrer dieser an allen Weltmeeren geläufige Vorgang ist!

Das Trockenfallen

Hier, wie überall auf dem Wattenrevier, haben es die flachgehenden Boote am einfachsten. Tiefgehende Boote haben es dann bequem, wenn sie breit im Hauptspant sind und langen Kiel haben.

Wie mache ich es: B e i m e i n e m j e t z i g e n Boot, einer Bojeryacht mit flachem Kiel und 1 Meter Tiefgang, ist es höchst einfach. Dunkelt es oder läuft das Wasser weg, dann lasse ich an geeignetem Platz in geschütztem Revier den Anker heraus, stecke 20 Meter Kette, bei viel Wind auch mehr, prüfe mit langsam rückwärts laufender Maschine, ob der Anker gegriffen hat, setze Ankerball oder Ankerlaterne, ziehe, wenn schlechtes Wetter ist, das Schiebeluk ganz fest zu, um die böse Natur auszusperren, und kümmere mich um überhaupt nichts mehr. Jedenfalls, wenn draußen Mistwetter ist. Bei gutem Wetter ist natürlich auf dem Watt, gleichgültig, ob Tag oder Nacht, immer Interessantes zu erleben.

B e i m e i n e m e r s t e n B o o t, einem Kielschwertkreuzer von knapp 10 Meter Länge, 1,05 Meter Tiefgang und 2,85 Meter Breite, ist es nicht sehr viel anders gewesen. Nur lag das Boot, wenn es trockengefallen war, doch oft recht schräg. Da mußte ich darauf achten, daß es nach der Seite schräg kam, wo die meisten und wichtigsten Kojen waren (die des Schiffers zum Beispiel!). Denn aus den hochliegenden Kojen kullerte man heraus.

Schwierigkeiten habe ich bei viel hundertmaligem Trockenfallen nie gehabt. — Doch, einmal bin ich bei flauem Wind auf meinen eigenen Anker getrieben und habe mir viel Farbe abgekratzt. Einen großen Draggen fuhr ich damals als Hauptanker, weil er so zuverlässig ist. Ich habe seitdem doch wieder den Admiralitätsanker als Hauptanker genommen. Der steckt keine spitzen Flunken nach oben.

Schwierigkeiten der anderen: Da hört man manche Geschichten. Geht man ihnen nach, so sind die Schwierigkeiten bisher alle auf einen der folgenden vier Gründe zurückgegangen (oft mehrere kombiniert).

a) Man ist auf ungeschütztem Revier auf Grund gekommen. Es war also in Wahrheit kein Trockenfallen, sondern eine Strandung.

b) Das Schiff hat eine Rumpfform, die zum Trockenfallen nicht taugt. Dann darf man damit nicht im Wattenrevier fahren.

c) Das Boot hatte Öffnungen (sagen wir ruhig, Löcher), wo bei einem Boot keine hingehören. Gelegentlich laufen z. B. Eigenbau-Boote durch zu niedrig über dem Wasser liegenden Durchführungen von Steuerseilen voll. Falsch geführte Lenzpumpenrohre, Klosettrohre, Undichtigkeiten der oberen Plankengänge können vielleicht bei unbeaufsichtigten Booten Ärger machen.

d) Es wurde mit zu wenig Kette geankert (siehe Kapitel Ankern). Dann schwamm das Boot nachts auf, kam ins Treiben, und man fand sich auf einer Inselbuhne oder sonstwo wieder.

Wo darf man nicht trockenfallen: Grundsätzlich niemals im Seerevier. Im Wattenrevier nicht auf den Watträndern, die zur See hin zeigen oder wo Schwell der See hinreicht. Bei schlechtem Wetter auch nicht an den Watt k a n t e n , die an einen Wattenstrom oder ein anderes, weit offenes Gewässerstück grenzen. In Gewässern mit Großschiffsverkehr nicht am Hauptfahrwasser (Dampferschwell). Auf dem Wattenhoch nicht direkt im Wattfahrwasser, wo es eng ist, weil dort vielleicht andere noch hindurch wollen. Nicht auf Steinbuhnen und nicht auf Lahnungen.

Wo fällt man am besten Trocken: Auf dem Wattenhoch oder an den Rändern von Prielen und Rinnen, die im Wattenhoch laufen. Es ist dann eigentlich recht egal, wo. Manchmal hinter Inseln, manchmal auch in Grünland-Prielen. Wo man mag. Wichtiger als die Lage ist dann meist die Beschaffenheit des Grundes, ob Schlick oder Sand.

Schlickwatt oder Sandwatt: Um sich auf dem Watt zu tummeln, zu wandern, sich in voller Einsamkeit nach Belieben närrisch zu benehmen, ist Sandwatt viel schöner. Wenn es jedoch nur darum geht, ein Niedrigwasser abzuwarten, ist es gleich. Boote, mit tiefem Kiel, die zum starken Schräglegen neigen, sind manchmal auf Schlickwatt besser untergebracht. Über die Lage von Schlickwatt und Sandwatt siehe Seite 19. Beim Loten mit Peilstab merkt man an der Härte des Bodens, was man unter dem Kiel hat.
Auf richtig weichem Schlickwatt kann man sich und auch das Boot mit grauem oder schwärzlichblauem Schlick vollkommen „bekleckern“. Das muß man mit Humor nehmen. Besonders der blaue Schlick, der so gut haftet, ist von ärztlich anerkannter Heilkraft. Schlick läßt sich abspülen. Nur i n s Boot darf man ihn nicht verschleppen. Deshalb stelle ich zwei oder drei Pützen mit Seewasser neben das Boot. Bei Strafe, gekielholt zu werden, darf niemand aus dem Watt an Bord, der sich nicht zuvor von Schlick gereinigt hat. — Kein Zweifel, daß Sandwatt viel schöner ist.

Maßnahmen zum Trockenfallen

Der Zeitpunkt: Niemals soll man genau zur Hochwasserzeit trockenfallen. Frühestens 1 Stunde danach, besser 1½ Stunden danach. — Umgekehrt lohnt es oft nicht, später als 2 Stunden vor Niedrigwasser noch trockenzufallen, außer, man hat ein recht flachgehendes Boot.

Auffahren oder Trockenfallen vor Anker? Meist finde ich es besser, das Boot zum Trockenfallen zum passenden Zeitpunkt, z. B. aus einem Priel heraus, mit langsamer Fahrt auf das Watt zu fahren, bis es festkommt. Auf dem Wattenhoch lege ich die Nase des Schiffes dabei gegen den Wind. Am Rande eines Prieles lege ich sie in Richtung des Prieles. — Man kann aber auch auf passender Wassertiefe ankern und das übrige die Natur allein besorgen lassen.

Loten: Gleich beim Aufkommen des Schiffes lote ich mit dem Peilstab. Vorn, hinten, rechts und links. Ist das Watt eben, so ist es gut. Ist es geneigt, so ist das für ein Boot mit Kiel auch gut, denn dann kann es senkrechter stehen. Hat man wirklich einmal eine steile Abbruchkante eines Prieles erwischt (das ist mir bei vielen hundert „Trockenfällen" bisher noch nicht vorgekommen) dann zieht man das Boot mit der Maschine (oder mit dem Bootshaken schiebend) wieder herunter. Auf der gegenüberliegenden Seite des Prieles ist flacher Grund.

Neigung des Bootes: Boote mit flachem oder halbwegs flachem Boden stehen praktisch waagerecht auf dem Grund (also Jollenkreuzer, Katamarane, Plattbodenyachten, Kimmkieler, die meisten Motorboote). Boote mit Kiel neigen sich zur Seite. Je nach Tiefgang und Rumpfform stark oder weniger stark. Es ist, als ob man segelnd kräftige „Lage schiebt". Dann ist das Leben unter Deck ungemütlich und manchmal richtig kurios. Um die Neigung klein zu halten, wird man ein Boot nach der Seite schräg kommen lassen, auf der das Watt etwas höher ist.

Herbeiführen der Schräglage: Die Neigung eines tiefgehenden Kielbootes würde ich nicht sich selber überlassen. Manchmal bleibt ein solches Boot nach dem Ablaufen des Wassers lange Zeit auf seinem Kiel stehen und fällt bei Wind oder aus irgend einem anderen Grund plötzlich auf die Seite. Auf hartem Sandwatt ist das schlecht für das Boot. Nur auf sehr weichem Schlickwatt habe ich das Boot, wenn es von allein aufrecht blieb, oft stehen lassen. Meist legt es sich dann nach einiger Zeit zwar doch auf die Seite, aber langsam und weniger weit.

Ist der Grund unter einem Kielboot schräg geneigt, so m u ß man die Schräglage des Bootes selber herbeiführen, und zwar nach der höheren Seite des Wattes hin. — Das Boot nimmt ja eine bleibende Schräglage ein, sobald sein Auftriebsschwerpunkt beim Sinken des Wasser unter den Gewichtsschwerpunkt gelangt. Wann das ist, hängt vom Boot ab, meist, wenn das Wasser etwa um 20 cm gefallen ist. Schon etwas früher gehen zwei oder drei Mann an die Seite des Bootes, nach der es sich neigen soll, und krängen das Boot. Richtet es sich wieder auf, so war es zu früh, und man muß das Krängen wiederholen. Behält es die Neigung, so ist es gut. Dann ändert sich daran auch nichts mehr.

Ist der richtige Zeitpunkt verpaßt worden und hat sich das Boot schon alleine zur u n e r w ü n s c h t e n Seite gelegt, dann ist das v i e l l e i c h t am Anfang noch zu korrigieren (Großbaum mit Crew darauf ausschwingen. Oder vom Watt aus mit Leine am Großfall, also an der Mastspitze, ziehen). Ist aber das Wasser schon weit gefallen, so bleibt dann die ungünstige Lage bestehen.

Ankern: Nach dem Trockenfallen habe ich, wenn das Watt trocken lag, stets den Anker mit reichlich Kette oder Leine ausgebracht, und zwar in günstige Richtung: a) um das Boot bei viel Wind beim Aufschwimmen gut in tiefes Wasser holen zu können, b) um das Boot bei der Wattenwanderung nicht herrenlos sein zu lassen. Ein Boot vor Anker ist auch unbemannt rechtmäßiger Besitz des Eigners. Ein Boot ohne Anker aus und ohne Besatzung an Bord ist Strandgut (so jedenfalls geht der Küstenschnack. Ich bin kein Jurist.), c) weiß der Kuckuck, was einem bei der Wattwanderung in die Quere kommt. Tröstlich zu wissen, daß das Boot nicht allein abfährt. Stand Dunkelheit bevor, hab ich noch eine brennende Laterne aufgehängt, als Leuchtfeuer für uns Wanderer.

Methoden, ein Kielboot senkrecht zu halten: Ich habe wohl alle durchprobiert. Keine funktioniert bei uns vollkommen. Da eine gute Erfindung zu machen, wäre wirklich sehr nützlich. — a) L e g s , übersetzt: B e i n e : Man fertige zwei starke Holzstützen und befestige sie, bevor es ans Trockenfallen geht, sehr solide rechts und links am Rumpf (Skizze). In den englischen trockenfallenden Häfen (wie bei uns die Mehrzahl) funktioniert das vorzüglich. Jede Yacht hat dort Legs. Doch der Boden ist dort harter Sand. Auf unseren Watten ist viel Schlick und weicher Sand. Da sinkt dann ein „Bein" gerne ein und der Effekt ist dahin. — Hat man eine Platte unter das Bein montiert, sinkt es seltener ein, sitzt dann aber im Schlick unglaublich fest drinnen. — b) P l a n k e u n t e r d e n K i e l (Siehe Skizze). Die Bohle muß stark sein. Sie hat zwei starke Stroppen in ihren Enden. Vor dem Trockenfallen wird sie unter den Kiel bugsiert (was anfangs Mühe macht, sich aber lernt). Dann werden Großfall und Fockfall an die Stroppen angeschäkelt und durchgesetzt. — Dies hat bei mir vorzüglich fast eine ganze Saison funktioniert, bis mal ein starker Wind quer zum Schiff blies, ein starker Karabinerhaken aufgebogen wurde und das Schiff umfiel (und wir aus der Koje). — Modifiziert, nämlich an Deck angreifend und mit Spannschrauben durchgesetzt (Skizze) halte ich die Methode für brauchbar. c) d e r k ü n s t l i c h e S e e : Manche raten, nach dem Festsitzen mit Maschine „voll voraus" hinter dem Heck eine tüchtige Kuhle in den Wattboden zu spülen und das Schiff dann mit der Maschine rückwärts in diesen kleinen künstlichen See zu ziehen. In meinen Segelschiffen hatte ich Hilfsmotoren, deren Kraft dafür nicht reichte. So mangelt mir dazu Erfahrung. — d) W a s m a n n i c h t t u n s o l l , ist, den Mast eines Segelbootes (außer eines ganz flachgehenden) durch Anker, die nach rechts und links ausgebracht wurden, senkrecht zu halten. Mir mißlang es anfangs stets, denn die Leinen reckten sich. Als es endlich mal klappte, fand ich nach dem Aufschwimmen mein Boot in Strömung mit zwei Ankern an der Mastspitze verankert vor, was unglaublich närrische Komplikationen machte.

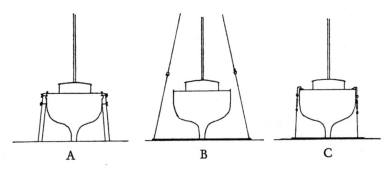

A   B   C

„Festsaugen" und „Trockenkentern": Folgendes wird gesagt: a) ein Boot könne sich bei Niedrigwasser „festsaugen". Bei steigendem Wasser schwimme es dann nicht wieder auf, weil es sich eben festgesaugt habe. — Ich habe unter einigen zehntausend Booten, die ich im Lauf der Jahre trockenfallen und aufschwimmen sah, zwar welche mit Lecks (oder Löchern an falschen Stellen) gesehen, doch noch kein festgesaugtes. Kann mir auch als Naturwissenschaftler den Vorgang nicht vorstellen. b) Ein Kielboot soll auf dem Trockenen kentern können, eben „trockenkentern". Wenn das Wasser wieder steigt, dann richte es sich nicht wieder auf — unbeschadet seiner Gewichtsstabilität. — Da fragt man sich natürlich, wie ein solches Boot sich auf See wieder aufrichtet, wenn Seegang es auf die Seite rollt oder eine Bö flach auf das Wasser drückt. — Betrachtet man es genauer, dann findet man wohl auch hier, daß das Boot durch irgendwelche Öffnung am falschen Platz schlicht sachte vollgelaufen ist.

Festkommen und Maßnahmen zum Abbringen

Festkommen: Bei Fahren im Wattenrevier auf Grund zu geraten, wo man es nicht beabsichtigt, ist so alltäglich, daß kein Schiffer darum Minderwertigkeitskomplexe zu bekommen braucht. An der Küste sagt man, daß man eigentlich auf jedem Dreck erst mal festgesessen haben muß, ehe man sein Wattenrevier richtig kennt. Im Wattenrevier ist Festkommen wohl immer höchstens nur ärgerlich. Dabei sollte es doch nicht einmal Grund zum Sichärgern sein, ist es doch das Gewürz, welches das Gericht erst pikant macht. Was hat ein alter Küstensegler mir gesagt? „Jeder Narr kann ein Boot fahren, wo überall nur tiefes Wasser ist." Und er hat sich den Tiefwasser-Seglern haushoch überlegen gefühlt.

Oft holpert es vor dem Festkommen sanft. „Als ob ein Walfisch unter dem Boot hindurchschwimmt." Oft erfolgt das Festkommen aber auch sachte und ganz unmerklich, und Schiffer und Crew haben noch gar nicht gemerkt, was los ist, wenn der Rudergänger meldet: „Wir sitzen". Natürlich kann es, wenn man mit hoher Fahrt quer auf eine steile Wattkante rennt, auch einen ganz tüchtigen Ruck geben. Der eine oder andere soll sich beim Aufrennen auf einen besonders steilen und harten Sand auch schon mal den Mast von oben geholt haben. Aber dazu gehört dann doch meist mehr als die normale Portion Sorglosigkeit.

Bei steigendem Wasser ist Festkommen meist unproblematisch. Meist kann man nach kurzer Zeit, wenn das Wasser gestiegen ist, die Fahrt fortsetzen. Es wird mit Peilstab um das Schiff gelotet, um zu wissen, wo der höhere Rücken liegt. Oft läßt sich das Schiff durch Änderung der Segelstellung (oder auch mit Maschine) direkt von der Erhöhung herunterziehen. Wenn jedoch Strömung oder Wind (oder beide) das Schiff höher auf den Rücken heraufdrücken wollen, habe ich den Anker herausgetan. Ein Boot bis etwa 0,8 oder 1 Meter Tiefgang kann man oft mit den Bootshaken abdrücken. Oder einer von der Crew steigt schnell mal „in den Teich" und schiebt es ab. Meist genügt es ja, den Bug in eine neue Richtung zu drehen. — Weiß man, daß ein Wattenhoch vor einem liegt, das wahrscheinlich noch nicht passierbar ist, dann gibt man wohl nur den Anker heraus und hält Siesta, bis das Wasser hoch genug steht.

Bei fallendem Wasser wird man versuchen, das Schiff wieder flott zu bekommen, wenn man an ungünstiger Stelle festgekommen ist, wenn der Zielhafen nahe ist oder wenn durch das unplanmäßige Festkommen der Zeitplan für die ganze folgende Fahrt durcheinander gerät. Muß man aber sowieso trockenfallend eine Tide abwarten oder sieht man voraus, daß man über das vor einem liegende Wattenhoch doch nicht mehr herüberkommt, dann lohnt es oft die Mühe nicht, und man bleibt wo man ist und fällt trocken, wie vorne beschrieben.

Maßnahmen zum Abbringen

Will man bei fallendem Wasser abkommen, dann muß sehr rasch gehandelt werden, denn in jeder Minute fällt das Wasser weiter. Wie stets im Wattenrevier haben flachgehende Boote die geringsten Probleme. Da genügt es oft, mit dem Bootshaken das Boot abzudrücken. Oder einer steigt schnell ins Wasser und drückt den Bug herum. Das Folgende ist mehr für größere Boote ab etwa 2 bis 3 Tonnen bestimmt.

Loten: Weiß der Schiffer nicht, wo die hohe Stelle liegt, auf die er aufgebrummt ist, dann muß er als erstes mit dem Peilstab loten: vorn, hinten, rechts und links. Das Loten habe ich immer selber gemacht. Dann wußte ich auch gleich, ob es Sand oder Mud war und die Neigung steil oder flach. Am unschönsten ist es, wenn es überall nahezu gleich flach ist. Dann weiß man nicht, wohin.

Wind, Strömung: Weiß der Schiffer (durch rasches Loten oder von vorneherein), wo der höchste Teil des Rückens liegt, dann folgt der Blick auf Strömung und Wind. Weht der Wind auf den Wattrücken zu, dann müssen die Segel herunter. Drückt er das Boot davon weg, dann ist durch Dichtholen der Schoten oder Backhalten der Fock das Abbringen oft schon durch den Wind allein zu bewerkstelligen. Je stärker dabei der Wind das Boot krängt, umso besser. Abdrücken mit dem Bootshaken kann nicht schaden. Doch Vorsicht! Bootshaken lieben es sehr, im Mud steckenzubleiben. Bei Motoryachten ist „voll rückwärts" meist das richtige Manöver. Beim Segelboot muß, wenn es der Wind nicht tut, die Maschine zu Hilfe genommen werden.

Abbringen auf Anhieb: Was hier beschrieben wurde, sollte etwa in 2 Minuten abgewickelt sein. Oft ist das Abbringen beim ersten Versuch erfolgreich, oft nicht. Manchmal kann man gar nicht ohne weiteres erkennen, ob sich das Boot über Grund bewegt, denn das Wasser strömt ja. Dann hält einer den Peilstock auf den Grund. Daran sieht man es. Will das Abbringen nicht auf Anhieb klappen, so folgen als nächstes einige besondere Maßnahmen.

Tricks zum Abbringen

a) Das Schaukeln: Das ist eigentlich die nützlichste Methode von allen. Vielleicht lasse ich sie mir patentieren! Die Crew läuft mit der gleichen Häufigkeit, wie die Eigenschwingung (das Rollen) des Bootes ist (rund 4 Sekunden, man muß es probieren), von weit rechts nach weit links und so immer hin und her. Dabei geht die Maschine voll rückwärts. Das Schaukeln bewegt den Kiel im Mud, und langsam, ganz langsam geht das Boot rückwärts. Man darf nicht die Geduld verlieren. Oft klappt es auch nach 10 Minuten noch.

b) Arbeiten mit der Pinne: Vorausgesetzt, das Boot hat eine, so drückt der Rudergast sie mit aller Kraft so schnell er kann, abwechselnd ganz nach rechts und nach links. Dabei läuft die Maschine rückwärts. Zusätzlich wird geschaukelt. Der Effekt ist der gleiche: der Kiel mahlt sich langsam durch den Schlick.

c) Das Krängen: Je nach der Größe des Bootes steigen ein oder zwei oder auch drei Mann auf das Ende des Großbaumes und sitzen dort rittlings. Der Schiffer oder wer immer fiert den Großbaum vorsichtig seitwärts aus. Dabei legt sich das Boot auf die Seite. Der Tiefgang eines Kielbootes wird dabei verringert. Gleichzeitig geht die Maschine rückwärts. War die Dirk schlecht in Stand, so landet die Großbaumbesatzung im Bach.

Bei hartem S a n d w a t t ist Methode c) oft besser, bei S c h l i c k w a t t habe ich die besten Erfahrungen mit Kombination von a) und b) gemacht.

Ist man nach 5 bis 10 Minuten harter, konzentrierter Arbeit ohne Erfolg, dann soll man es aufgeben und aus dem Festkommen ein Trockenfallen machen. Und man soll sich doch nicht darüber ärgern! Noch immer hat mich das unbeabsichtigte Festkommen neue, interessante Stellen im Wattenrevier entdecken lassen. Und das tiefe Loch, das die Schraube gespült hat, gibt bei Niedrigwasser den besten Badeplatz ab.

Ist man an einer unguten Stelle festgekommen, wo man eigentlich nicht trockenfallen soll, dann soll man, sobald man die Abbringe-Versuche aufgibt, versuchen, das Boot mit Bug gegen die See zu drehen. Das geht sehr oft noch. Bei Niedrigwasser wird man einen oder, wenn grobes Wetter ist, sogar beide Anker so weit wie möglich zum Tiefen ausbringen, so daß bei späteren Auflaufen des Wassers das Boot mit dem Bug gegen den Seegang gehalten wird und an den Ankern dann in tiefes Wasser geholt werden kann.

Methoden, die nicht klappen: Dazu gehört das oft empfohlene Ausfahren eines Ankers mit Dingi. Meist hat man kein Beiboot. Falls doch, dauert das Manöver zu lange. Und niemals soll man versuchen, den Anker an Kette auszufahren, sondern mit Leine. — Eine andere Empfehlung, die ich sogar für etwas gefährlich halte, lautet, den seitwärts ausgefahrenen Anker am Masttopp angreifen zu lassen und daran das Boot zu krängen, auf daß es flacher gehe. Das Ganze ist viel schwieriger zu bewerkstelligen als man denkt. Und kommt man etwa dabei wirklich los, dann hat man im stark strömendem Priel sein Boot am Masttopp verankert!! Ich hab es einmal gemacht. Ich tue es bestimmt nicht wieder. In Meeren ohne Gezeit und Strömung geht das, aber nicht hier.

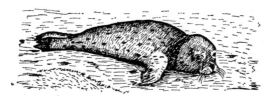

Ein „Heuler", ein junger Seehund auf dem Watt. Nicht selten findet man beim Wattwandern ein einzelnes Jungtier wie dieses oder noch kleiner. Man soll es liegenlassen. „Mutti" hat es während der Niedrigwasserzeit dort „abgestellt", um für die Nahrungssuche die Hände frei zu haben. — Über 900 Seehunde wurden allein im Bereich des Halligmeeres gezählt.

Stranden

Wo immer man i m S e e r e v i e r festkommt, nenne ich es Stranden. Dort d a r f man einfach keine Grundberührung haben.

Hat man mit dem Wetter Glück und ist das Boot nicht auf einem zu ungünstigen Platz aufgekommen, so kann man bei Strandung auch im Seerevier noch glimpflich davonkommen. Sehr viel, ja fast alles kann man dazu selber beitragen.

Steht grobe Brandung, so hat man keine Aussicht, das Boot mit der Maschine nach See hin abzubringen. Die Brandung schlägt es unwiderstehlich quer. — Ein flachgehendes Boot würde ich wohl durch die Zone der hohen Brandung hindurch rasch auf flachen Grund zu bringen versuchen. Da hat die Brandung weit geringere Gewalt. Auch ein tiefgehendes Boot, dessen Rumpffestigkeit ich nicht traue, würde ich wohl nicht daran hindern, hoch auf's Trockene gedrückt zu werden. Das wird zwar wahrscheinlich das Boot zerstören, aber die Aussichten für die Crew erhöhen. Manchmal kommt man hinter der Bank auch wieder in eine Rinne tieferen Wassers. Wenn das Boot leck geworden ist, ist's vielleicht besser, es durch Anker auf dem Hohen zu halten.

Mit einem stark gebauten Boot würde ich bei steigendem Wasser den Kampf nicht aufgeben. Sobald man sieht, was geschehen ist, beide Anker heraus. Aber noch nicht anbremsen, sondern langsam Kette und Leine stecken. Besser 25 Meter als nur 20. Natürlich ist das die kritische Phase, denn solange liegt das Boot quer zur Brandung, stößt hart auf den Grund und liegt sehr schräg und wird von jeder Brandungswelle überschüttet. Dann Kette und Leine festsetzen. Mit Glück, steigendem Wasser und starkem Ankergeschirr kann es sein, daß sich der Bug gegen See dreht. Dann hat man meist gewonnen. Wenn die Maschine stark genug ist, das Schiff durch die Brandung zu schieben, würde ich wohl die Anker schlippen. Bin ich dessen nicht sicher, dann würde ich mich kurz vor Hochwasserzeit bei mitlaufender Maschine zu den Ankern holen und von da im tieferen Wasser mein Glück mit dem Motor versuchen. Ist aber hinter dem Sandriff tieferes Wasser, dann würde ich vielleicht versuchen, mit rückwärts laufender Maschine mich samt Ankern Bug gegen See dorthin zu ziehen. — Natürlich gibt es kein festes Rezept. Nur eines ist sicher: je flacher das Schiff geht, je stärker es gebaut ist und je kräftiger das Ankergeschirr, desto besser die Aussicht.

Ist keine grobe Brandung und gelingt es einem dennoch nicht, das Boot wieder flott zu bekommen, und das Wasser fällt, so würde ich für das Abkommen bei der nächsten Tide folgende Maßnahmen treffen: Wenn irgend möglich, würde ich den Bug des Schiffes vor dem Ablaufen des Wassers gegen die See richten. Gelingt das nicht, so muß man sicherstellen, daß das Boot mit dem Kiel zur See und mit dem Deck zum Land schräg fällt.

Während Niedrigwasserzeit würde ich alle Anker so weit nach See hin ausbringen, wie irgend möglich und tief in den Sand graben. Die m ü s s e n halten, denn daran muß man das Schiff zum tiefen Wasser hin freibringen. Was sich etwa an Treibsand aufgehäuft hat, soll man weggraben (vergleiche Treibsand, Seite 178 f). Hat man noch Zeit, ein Stück Kanal zur See hin zu graben, so kann das nur nützen. Wenn das Wasser dann steigt, würde ich nicht zu früh beginnen, die Ankerkette und die Leine des Zweitankers einzuholen. Man bricht ihn damit nur aus. Wenn das Boot sich aufgerichtet hat und der Kiel sich die ersten Male vom Boden abhebt, dann ist die richtige Zeit dazu. —

Aber es wird wohl keine Situation ganz wie die andere sein. — Was jedoch i m m e r wichtig ist: die Crew muß bei Kräften bleiben, also essen. Der Schiffer muß einen klaren Kopf behalten. Der bekommt eine Tasse extrastarken Kaffee.

Ob man Notsignale gibt, hängt von den Umständen ab. Bestimmt würde ich's tun, wenn schlechteres Wetter droht oder das Boot an gefährlicher Stelle liegt.

Trockenfallen in Häfen

Die meisten Häfen im hier beschriebenen Gebiet fallen zur Niedrigwasserzeit ganz oder teilweise trocken. Dieses Los teilen sie mit den meisten kleineren Häfen der Weltmeere. Was man an der Nordsee lernt, wird einem also überall nützlich sein.

Meist ist in diesen Häfen der Grund sehr weicher Mud, in den ein Kiel gut einsinkt. So stehen auch Kielboote oft von alleine aufrecht. Aber beim ersten Trockenfallen ist darauf kein Verlaß. Deshalb auf Kielboot beim ersten Trockenfallen besser Leine vom Mast zum Land setzen (siehe unten). Liegt ein Schiff einige Zeit an der gleichen Stelle, so schafft es sich im Schlick ein Bett. Aus diesem Grunde kann es nahe der Kaje oft uneben sein. Das kann flachgehende Boote oft mehr stören, als tiefgehende. Besser ist's also, mit dem Peilstock zu loten, ehe das Boot aufsetzt. — In der Mitte des Hafenschlauches steht oft auch bei N.W. 0,5 Meter oder sogar 1 Meter Wasser. Liegt man längseit an einem anderen Fahrzeug, so kann man davon oft profitieren.

Längseit liegen: Das heißt, man macht an der Außenseite eines anderen Fahrzeuges fest, einer Schute, einem Frachtfahrer oder einem Fischer, der n i c h t ausläuft. Bei Fischerbooten und Frachtfahrern ist es besser, sich zu erkundigen, ob sie auslaufen. Ein Fischerboot, das seine Netze nicht gesetzt hat, bleibt fast immer drinnen. Wohl stets sind Fischerboote da, die wegen einer Havarie im Hafen bleiben. — Der große Vorteil beim Längseitliegen ist, daß man die Festmacheleinen nicht an den wechselnden Wasserstand anpassen muß und keine Probleme mit den Fendern hat. Möglichst sollten das Fahrzeug, neben dem man liegt, und das eigene ungefähr gleichen Tiefgang haben. Neben einem schweren Fahrzeug, das wesentlich flacher geht, liege ich sehr ungern (es kann auf dem Schlick rutschen, während mein Kiel schon im Mud steckt). Geht das Nachbarschiff tiefer als mein Boot, so müssen die Festmacheleinen mehr Lose haben.

Liegen an der Kaje: Hier muß man die Länge der Festmacheleinen an das zu erwartende Fallen des Wassers anpassen. Oft läuft es darauf hinaus, daß der Schiffer die Leinen während des Fallens des Wassers einmal oder zweimal inspiziert. Ich mache in Tidengewässern lieber mit zwei Vorleinen und zwei Achterleinen fest, als mit Vorleine, Achterleine und zwei Springs. Je länger man die Leinen legt, desto besser. — Durch Loten wird man prüfen, ob ein Schlickbett unter dem Boot ist. Ist eines direkt unter dem Boot, so ist es meist nur gut. Liegt es vor oder hinter dem Boot, so verholt man sich so, daß man nicht auf dem Rand des Bettes sitzt.

Bei einem Boot mit Kiel kann es beim ersten Trockenfallen nützlich sein, eine L e i n e u m d e n M a s t zu legen und an Land festzumachen. Dann kann sich das Boot nicht zur Hafenseite hin schräg legen. Die Leine soll nicht am Masttopp angreifen, sondern niedriger, jedenfalls nicht höher als bei den Salings. Ich habe die besten Erfahrungen gemacht mit einer Leine, die an Land festgemacht, um den Mast gelegt und mit ihrem zweiten Ende wieder zum Land gegeben wurde. Die Höhe am Mast soll so sein, daß die Leine bei Niedrigwasser etwa waagerecht steht. Steigt das Wasser wieder, so muß man diese Leine meist loswerfen! Den Hafenbetrieb darf sie nicht behindern. An belebten Häfen hab ich immer ein weißes Tuch an ihr festgeknotet, daß niemand darüber stolpert. — Nach dem ersten Trockenfallen braucht man sie gottlob meist nicht mehr. Daß bei flachgehenden, breiten Booten alles viel einfacher ist, liegt auf der Hand.

Vor Sielschleusen: Da sind oft bei Niedrigwasser noch 1 Meter Wassertiefe oder mehr. Oft kann man ein tiefgehendes Boot vor der Schleuse mit Leinen in dem meist engen

Kanal frei von den Kajenwänden festmachen. Mit dem Wärter der Sielschleuse muß man sich gut stellen.

Frei ankern, wie in den meisten andern kleinen Häfen Europas, kann man in den Nordseehäfen wohl nie. Ausländische Schiffer, die gewohnt sind, in einem Hafen zu ankern, müssen sich darauf einrichten.

F. Das Fahren in den Küstenrevieren

Alles übliche Wissen über das Führen von Schiffen, über Seemannschaft und terrestrische Navigation setze ich voraus. Nur das bespreche ich hier, was nach meiner Meinung das Besondere im Wattenrevier und im Küstenrevier der Nordsee ist. Sehr vieles wird auch an anderer Stelle behandelt.

Wanderfahrt

Die Zahl der Boote an der Nordseeküste steigt rapide, die Häufigkeit von Wanderfahrten zu fremden Teilen der Küste nur langsam. Dabei ist die Nordseeküste zwischen Sylt und Texel eines der hafenreichsten und seefahrtfreundlichsten Küstengebiete der Welt. Dem Bootseigner liegt sie offen. Doch wie wenige machen sich auf, sie für sich „zu entdecken". Nachmittagsfahrt vom Campingplatz oder Heimathafen überwiegt. Mit vielen besprach ich's: „Verniedlichung des großen Erlebnisses der Seefahrt im Zuge unserer Zeit, die vor dem großen Erlebnis Scheu hat" — so sagten die einen. „Eine Folge der Industriegesellschaft, die die Lust an der großen Freiheit der See abtötete" — sagten die andern.
Das gehört aber, meint nun jemand, nicht in dies Buch, das mit der Industriegesellschaft. — Ihr Leser, es gehört! Haarscharf gehört es. Denn hat nicht der Seefahrer, der m i t g a n z e m H e r z e n dabei ist, auf die Industriegesellschaft seine Antwort gefunden? Wer im Urlaub für vier volle Wochen die Leinen loswirft (und alle Bindungen an Nichtigkeiten), wer sich vier Wochen lang den Wind um die Nase wehen läßt und ohne großen Plan und Bindung, doch voll von Neugier und Unternehmungslust auf „Entdeckungsreise" geht, der ist immun gegen Schäden an Körper und Seele. — „Hängt doch all die nichtsnutzigen k l e i n e n Zerstreuungen, die man euch aufschwatzt, an den Nagel und widmet euch der einen großen ganz!" so rief mein Freund, nachdem er sich in Begeisterung geredet hatte.

Wer es richtig macht: An die 7-Meter-Sloop denke ich, die vormittags bei tüchtigem Stiem nach Noordpolderzijl einsegelte, immerhin 200 Meilen vom Heimathafen Büsum. Mann und seine zwei Söhne. Nachts draußen im Watt geankert — und es blies junge Hunde. Natürlich alle halbe Stunde den Kopf aus dem Luk gesteckt, ob die Anker auch halten. Dann vormittags in den ganz fremden Hafen, müde, doch voll des Erlebten. — Auch an jene holländische Yacht in dem kleinen Dorumersiel; Mann, Frau und Sohn. Ihr Ehrgeiz: Zwischen Delfzijl und Elbe j e d e n deutschen Hafen zu sehen. Sie waren begeistert; von den ganz kleinen Häfen am meisten. — Und noch von jenem Mann will ich erzählen, dessen selbstgebautes, noch nicht ganz fahrfertiges Boot in Dagebüll vor Mooring lag, wo man bei Südwestwind und Flut zum Erbarmen dümpelt. Abends kamen er und sein 13jähriger Sohn von einem Ort etwas binnen zum Hafen. Warum?

Um auf seinem Boot zu schlafen! Das Boot war eng, es wehte Südwest, es dümpelte bei Flut zum Erbarmen. Und morgens, als er wieder zur Arbeit mußte, war er nebst Sohn etwas bleich und unausgeschlafen, doch strahlend glücklich. — Am Abend kamen sie wieder, um erneut auf ihrem Boot zu schlafen, das leider noch nicht ganz fahrfertig war.

Natürlich ist all dies „völlig verrückt" in den Augen dessen, der unsere Leidenschaft nicht kennt. Doch genau diese „Verrücktheiten" sind es, die unser Leben erfüllt machen; die uns bewahren, es wie die meisten andern im Unsinnstrubel der Großstadt zu verschleißen und unsere Seele zu verlieren.

Nehmt euer Boot, ihr Schiffer, werft die Leinen los und geht vier Wochen weg auf große Fahrt. Laßt eure Frau zuhause, wenn sie keine Lust hat. Frau und Wasser sind zwei Welten. Jede ist wunderbar. Doch jede zu ihrer Zeit. Habt den Mut, ihr selber zu sein, die Pinne in e u r e Hand zu nehmen, die Kinderträume Wirklichkeit zu machen. Noch geht es. Wer weiß, wielange?

Planung einer Fahrt und typische Fahrrouten

Das vorherrschend Wichtige ist: weder im Wattenrevier noch im Seerevier der Nordsee kann man ohne Vorüberlegung „nur mal eben" losfahren. Auch die kleinste Fahrt will vorher durchdacht sein nach Wasserstand, Strömung, Wetterentwicklung, Tageslicht und „was tue ich, wenn . . .". Manchem widerstrebt das. Der soll besser nicht zur Nordsee kommen. Andere meinen, daß es kein spannenderes Fahrtrevier in der Welt gibt. Denen stimme ich zu — mit einer Einschränkung: die Bretagne ist ebenso spannend.

Zeitplanung: Alles hängt davon ab, über Zeit und Höhe der Tide informiert zu sein und die Fahrt danach einzurichten. Auch beim Erfahrensten kann das einmal mißlingen. Dann kommt man z. B. kurz vor dem Zielhafen fest und muß eine Tide lang warten. So ist das Führen eines Bootes im Wattenrevier spannend wie ein Schachspiel. Es verlangt geistige Arbeit. Es gibt aber dafür alle die Freude, die eine von uns selbst gut vollbrachte Leistung nur geben kann.

Typische Fahrrouten

Von Flußstrecken abgesehen, hat man vor allem folgende Möglichkeiten, eine Fahrt anzulegen. d) und e) sind seegehenden Booten vorbehalten. — Das entscheidende Wort spricht stets die Tide und zuweilen das Wetter.

F a h r t   v o r   d e r   H a u s t ü r : Darunter verstehe ich eine Fahrt, die zum Ausgangshafen zurückführt, jedenfalls das Revier nicht verläßt. Zwei Arten der Zeitplanung gibt es: a) Ausfahren nahe Hochwasserzeit, Trockenfallen an einer schönen Stelle im Watt während der Niedrigwasserzeit, Rückkehr kurz vor Hochwasser. b) Fahren nur während der Hochwasserstunden auf nassem Wasser.

F e s t l a n d s h a f e n   z u m   I n s e l h a f e n (oder umgekehrt): Das ist meist keine lange Fahrt. Sie verläuft in einem Priel oder einem Wattenstrom. Meist verläßt man ihn kurz vor der Insel, um im abzweigenden Inselpriel zum Inselhafen zu laufen. — Um mit dem Tidenstrom zu fahren, legt man im Festlandhafen meist um Hochwasserzeit, vielleicht auch noch 2 bis 3 Stunden danach, ab. Im Inselhafen geht man meist 1 bis 2 Stunden nach Niedrigwasser los. War man trockengefallen, dann nach dem Aufschwimmen.

Fahrt über ein Wattenhoch: Hierbei wechselt man das Revier; fährt beispielsweise aus dem Gebiet der Norderpiep (Büsum) in das Gebiet der Eider. Eine solche Fahrt durch ein Wattenfahrwasser über ein Wattenhoch (oder über zwei Wattenhochs) beginnt man meist etwa 3 bis 4 Stunden vor Hochwasserzeit. Man passiert die Wattenhochs möglichst etwa 2 Stunden vor bis 1 Stunde nach Hochwasser. Zum Zielhafen gelangt man manchmal noch v o r Niedrigwasser, sonst beim nächsten Steigen des Wassers. Braucht man zwei Tiden für die Gesamtstrecke, so bleibt man während der Niedrigwasserzeit trockenfallend oder ankernd auf dem Watt.

Fahrt „außen herum“: Das meint: Man verläßt seinen Hafen mit Beginn auslaufenden Wassers, also eine Weile nach H.W.-Zeit. Man läßt sich mit der Strömung durch das Seegat oder die Flußmündung auf See tragen, fährt von dort auf See bis zur Mündung des nächsten (oder übernächsten) Seegates und gelangt mit schiebendem, einlaufendem Wasser kurz vor H.W. zum Zielhafen. — Dies sind oft sehr schöne, schnelle Fahrten. Man sollte sie aber nur mit einem seegehenden Boot machen, und man muß auf das Wetter sehen.

Kombinierte Fahrten: Das sind die Reisen, welche die cleveren Leute machen, wenn sie Distanzen zurücklegen wollen. Es ist eine Verbindung von c) und d). Mit welcher Route man beginnt, hängt von der Tide ab. — Hat man z. B. morgens steigendes Wasser, so wird man die erste Fahrtetappe während der Hochwasserzeit über ein Wattenhoch laufen (c). Danach läßt man sich (d) bei ablaufendem Wasser durch ein Seegat seewärts auf die offene Nordsee spülen. Während Niedrigwasserzeit fährt man dort auf See. Steigt das Wasser dann wieder, so fährt man mit einlaufender Tide (immer Strömung im Rücken) zum Hafen. Ist man unersättlich, so kann man oft während der neuen Hochwasserzeit noch ein oder zwei weitere Wattenhochs passieren, ehe Dunkelheit nun wirklich Schluß gebietet.

Häfen: Wo steht überhaupt geschrieben, daß man nachts in einem Hafen sein muß? Ich habe bei meinen Fahrten im Wattenrevier oft wochenlang keinen Hafen von innen gesehen. Den Reichtum an Erinnerungen an die vielen Nächte auf dem Watt (jede Nacht ist da anders), den kann niemand mir nehmen. Wohl die einzige Art von Besitz, die unverlierbar ist.

Navigation in betonnten Gewässern

Mit Tonnen bezeichnet sind Großschiffsfahrwege, die befahrbaren Seegaten, die Flußmündungen und auch Gutwetterfahrwasser, die über Bänke führen. Im Wattenrevier sind die Wattenströme betonnt und die wichtigen Priele. Da die Tonnen oft verlegt werden, ist es wirklich von Nutzen, sich mit dem S y s t e m d e r B e t o n n u n g zu befreunden. Ist man seiner Sache sicher, was eine Tonne nach Farbe, Aussehen, Beschriftung und Toppzeichen bedeutet, so ist man von der Seekarte fast unabhängig! Ich beschreibe hier nur die häufig vorkommenden Arten von Tonnen.

Ansteuerungstonnen: Das sind Tonnen, die im Seerevier auf tiefem Wasser liegen. Meist sind von der Ansteuerungstonne aus die ersten Fahrwassertonnen zu sehen. Die Ansteuerungstonnen liegen mit wenigen Ausnahmen außerhalb der 10-Meter-Linie. Es sind meist Bakentonnen. Vielfach liegt nahebei noch eine zweite, kleinere Tonne als „Ortstonne“ für den Fall, daß die Ansteuerungstonne vertreibt. Ansteuerungstonnen sind schwarz, rot-schwarz oder rot. Der Name des Fahrwassers ist auf sie aufgeschrieben. Manchmal sind es Glockentonnen oder Heultonnen (nützlich bei Nebel). Bei befeuerten Fahrwassern sind es Leuchttonnen.

Fahrwassertonnen (Seitenbetonnung): A n d e r S t e u e r b o r d s e i t e des Fahrwassers liegen einlaufend gesehen s c h w a r z e S p i t z e n t o n n e n (Skizze). Darauf sind mit weißer Farbe fortlaufend Buchstaben aufgemalt. Werden Tonnen zusätzlich eingeschoben, so steht neben dem Buchstaben noch eine Ziffer (z. B. „B", „B 1", „C", „C 1" usf.).

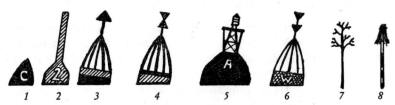

Einige wichtige Tonnen: 1) Fahrwassertonne, schwarze Spitztonne, einlaufend an Steuerbord. 2) Fahrwassertonne, rote Spierentonne, oben stumpf, Backbordtonne. 3) Fahrwasserteilungstonne, Bakentonne, schwarz mit roten Streifen und spitzem Toppzeichen (siehe Text). 4) Fahrwasserteilungstonne, rot mit schwarzem Streifen, Toppzeichen Stundenglas (siehe Text). 5) Leuchttonne, schwarze Fahrwassertonne (mit Namen des Fahrwassers statt des Buchstabens könnte es auch eine Ansteuerungstonne sein). 6) Wracktonne. Sie ist grün. Die Toppzeichen geben die Lage zum Wrack an. 7) Pricke (normale Pricke, Besen aufwärts). 8) Stange mit Besen abwärts.

Ist Verwechslung der Fahrwasser möglich, dann kann eine Abkürzung des Fahrwassernamens vor dem laufenden Buchstaben stehen (auf der Norderelbe z. B. „N". Die Tonne hat dann z. B. die Aufschrift „N/A"). Toppzeichen werden den Tonnen manchmal aufgesetzt, um ihre Sichtbarkeit und Unterscheidbarkeit zu erhöhen. T o p p z e i c h e n a u f S t e u e r b o r d - T o n n e n s i n d i m m e r s p i t z (Wichtig, da in diesigem Wetter aus Distanz oder bei Nacht Farbe nicht unterscheidbar ist.) Solche Toppzeichen sind: Kegel, Spindel, Doppelkegel (= Rautentoppzeichen).

A n d e r B a c k b o r d s e i t e (einlaufend gesehen) sind r o t e S p i e r e n t o n n e n (Skizze). Eine fortlaufende Ziffer ist weiß aufgemalt. Zusätzlich eingeschobene Tonnen haben nach der Ziffer einen Buchstaben (z. B. „2a"). Alle Backbordtonnen sind oben flach und tragen, wenn sie Toppzeichen haben, f l a c h e T o p p z e i c h e n („T", Zylinder, Stundenglas).

Winke zum Fahren

Der Abstand von Fahrwassertonne zu Fahrwassertonne beträgt im Seerevier oft 3 bis 5 sm, im Seegat 1 bis 2 sm, in Wattenströmen oder Prielen 1 bis ½ sm. Man ist bei 1 sm Distanz oder darüber gar nicht sicher, daß man vom niedrigen Deck eines Sportbootes die nächste Fahrwassertonne gleich sichtet, selbst wenn gute Sichtigkeit herrscht. Bei schlechter Sicht schon gar nicht.

Man navigiert dann so, daß man nach Seekarte oder nach der hier gegebenen Beschreibung einen ungefähren Kurs zu der nächsten Fahrwassertonne absetzt (Stromversetzung bedenken). S t e t s m u ß s i c h d i e Z e i t n o t i e r e n , w a n n m a n d i e l e t z t e T o n n e p a s s i e r t h a t . Fast immer kommt die nächste Fahrwassertonne dann auch bald in Sicht. Kommt sie aber nicht in Sicht, obwohl nach Uhrzeit die vorgesehene Distanz zurückgelegt ist, ist das Mindeste, was man tun muß, zu loten und langsam zu fahren, wenn es flaches Gewässer ist. Alle Mann gehören auf Ausguck. Fast immer hat man sich bei der Kursfestlegung vertan (Stromversetzung, Distanz, Kompaßrichtung — nur Unerfahrene meinen, daß das stets ohne Irrtum ginge). Auch die Tonnenreihe kann verlegt sein. Dies macht aber nur sehr selten größere Distanzen aus. Sichtet man eine Tonne, so soll man nicht blindlings drauf zufahren. Es kann eine Fischertonne sein oder die eines anderen Fahrwassers. Ich würde beim Fahren dahin solange loten, bis die Identität der Tonne sicher ist.

Findet man die gesuchte Tonne nicht, so ist es in riskanten Gewässern des Seereviers fast immer und im Wattenrevier oft das Beste, den gelaufenen Kurs zu der letzten sicher aufgefaßten Tonne zurückzufahren und von dort neu zu starten. Oft hat der Schiffer inzwischen auch herausgefunden, wo der Fehler bei der Kursbestimmung lag.

Vor zwei Fehlern warne ich besonders. Wenig befahrene Mitsegler machen sie fast regelmäßig:

1. K u r s b e r e c h n u n g : Die Distanz von Tonne zu Tonne in einem Fahrwasser ist ja meist rasch zurückgelegt. 1 sm Distanz je nach der Geschwindigkeit des Bootes z. B. in 5 bis 12 Minuten. Da ist es nicht sinnvoll, einen Kompaßkurs nach einzelnen Graden genau auszurechnen. Dafür fehlt einfach die Zeit. Ein grober Überschlag von Richtung und Stromversetzung im Kopf oder schnell auf einem Blatt Papier und dann eine grobe Kursangabe, wie z. B. „Südwest" oder „Südsüdwest", ist viel richtiger, als ein auf 1 Grad berechneter Kurs, der erst nach einiger Zeit fertig ist und bei dem oft ein Rechenfehler sowieso alles illusorisch macht*). Ich spreche hier von der Navigation in betonnten F a h r w a s s e r n . Daß man auf offener See sehr präzis navigieren muß, ist ein anderes Ding.

2. D a s W u n s c h d e n k e n : Man fährt bei schlechter Sicht und sucht eine Tonne. Da sichtet einer von der Crew eine im Dunst. Nun kommt der Kurzschluß: „das m u ß sie sein". Sie muß es gar nicht sein. Vielleicht ist sie die Gesuchte, vielleicht aber eine ganz andere (eine Wracktonne vielleicht, aber nicht die gesuchte Ansteuerungstonne). Kurz:

> D e r S c h i f f e r m u ß e i n e T o n n e m i t v o l l k o m m e n e r S i -
> c h e r h e i t i d e n t i f i z i e r t h a b e n , e h e e r d a r a u s w e i t e r e
> S c h l ü s s e z i e h t .

Dieses absolut sichere Identifizieren ist manchmal gar nicht so leicht, weil die Tonnen oft ihre Beschriftung wegkehren. Doch das ist ein Punkt, wo ich mir nichts abhandeln lasse.

Beim Kreuzen: Da würde ich im S e e r e v i e r nur dann über den Tonnenstrich hinausgehen, wenn ich mit neuer Seekarte an Bord meiner Sache ganz sicher bin. Gewiß aber nicht ohne zu loten.

I m W a t t e n r e v i e r wird man mit einem zum Trockenfallen geeigneten Boot beim Kreuzen natürlich fast immer über den Tonnenstrich hinauslaufen. Dies unter ständigem Loten und stets bereit, bei flacher werdendem Grund blitzschnell über Stag zu gehen.

---

*) Ich sehe immer wieder, daß man beim Fahren im Wattenrevier mit der alten, gröberen Kompaßeinteilung nach „Strichen" meist viel handiger fährt. (Das ist z. B. West, Nordwest, dazwischen Westnordwest usw.) Feiner braucht man es nicht und kann es auch gar nicht brauchen, denn es muß ja alles sehr schnell gehen mit der Navigation in engen Gewässern. — Daß auf offener See nach Kompaßgraden navigiert wird, versteht sich.

Bei steigendem Wasser wird man sich mehr Freiheiten herausnehmen, als wenn das Wasser fällt. Man wird bald dahinter kommen, daß es kein spannenderes Segeln gibt, als eine schmale Wattenrinne bei mitlaufender Strömung aufzukreuzen. Seit ich das Wattensegeln kenne, vermag ich Regatten nichts mehr abzugewinnen.

Der Navigator: Meist wird das der Schiffer sein. Doch der soll — sobald er selbst seines Handwerkes sicher ist — auch die jungen Leute daran lassen. — Wichtig ist, daß der mit Navigation Beschäftigte sich die Hände von allem anderen freihält. Er braucht einen klaren Kopf. Meist hat er die Seekarte, Bleistift, ein Kursdreieck und eine Uhr an Deck. Und bei einem Segelboot, das kreuzt, hat er alle Hände voll zu tun. Er wird bei jeder Tonne, die passiert wird, die Uhrzeit mit Bleistift auf die Karte schreiben, den Kurs zur nächsten angeben, ausrechnen, wann man sie erreicht hat, von einem Fuß auf den andern treten, wenn sie nicht in Sicht kommen will, bestimmen, wann gelotet wird und vor allem zu jedem Moment den Schiffsort wissen.

Wenn ein Segelboot kreuzt, wird er sich vom Rudergänger den Kurs sagen lassen, Stromversetzung dazugeben (an der Bugwelle der Tonnen kann er sie abschätzen) und den über Grund gelaufenen Kurs in die Karte eintragen. Dann weiß er, wo ungefähr das Schiff auf flacheren Grund treffen wird. Spätestens dort läßt er loten. Und spätestens, wenn das Wasser unterm Kiel eine Handbreit ist, muß das Boot auf dem neuen Bug liegen (ich spreche vom Wattenrevier). Auf einem Segelboot ist er ein hochbeschäftigter Mann.

Die Hochseenavigatoren: Ich habe die Erfahrung gemacht, daß reinblütige Hochseefahrer im Küsten- und Wattenrevier oft nicht gut zurechtkommen. Die wollen immer mindestens 2 Meter Wasser unter dem Kiel haben und stets fern, fern von allem fahren, was nach Watt oder Land aussieht. Dabei ist es nun einmal eine amphibische Welt, das Wattenrevier. So mißlingt es denen dann zuweilen, ein Boot von Langeoog nach Wangeroog zu fahren.

Fahrwasserteilungstonnen

Zwei Gründe gibt es dafür, daß ein betonntes Fahrwasser sich teilt:
a) die Abzweigung eines anderen, neuen Fahrwassers, b) einen Mittelgrund.
Die charakteristische Tonne für solche Stellen ist die Fahrwasserteilungstonne. Wohl keiner der Schiffer hat das System dieser Betonnung wirklich „am Schnürchen". Ich meine, man muß es auch nicht unbedingt.

Abzweigung eines Fahrwassers

Hier gibt die Farbe der Tonne und ihr Toppzeichen auch an, welche Seite im abzweigenden Fahrwasser bezeichnet wird.

a) Die Abzweigung liegt an der S t e u e r b o r d s e i t e d e s H a u p t f a h r w a s s e r s:
bezeichnet die Tonne die Steuerbordseite der Abzweigung, dann ist sie schwarz, Toppzeichen schwarzer Kegel, Spitze oben.
bezeichnet sie die Backbordseite der Abzweigung, dann ist sie schwarz mit waagerechtem, rotem Band. Schwarzer Kegel, Spitze nach oben.

b) Die Abzweigung liegt an der B a c k b o r d s e i t e   d e s   H a u p t f a h r w a s s e r s : bezeichnet die Tonne die Steuerbordseite der Abzweigung, dann ist sie rot mit waagerechtem, schwarzem Band. Toppzeichen roter Zylinder.
bezeichnet sie die Backbordseite der Abzweigung, dann ist sie rot mit rotem Zylinder.

Tip für die Praxis: Wenn ich mal nicht sicher war, auf welcher Seite ich eine dieser Fahrwasserteilungstonnen zu lassen hatte, dann habe ich sie an beliebiger Seite, aber s e h r d i c h t passiert. Da habe ich auch an der falschen Seite für mein Boot dicht bei der Tonne (z. B. 5 bis 10 Meter, aber dabei auf Strömung achten) stets genug Wasser gehabt.

Fahrwasserteilungstonnen bei Mittelgründen

E i n   M i t t e l g r u n d ist eine flache Stelle inmitten eines Fahrwassers, an der an beiden Seiten betonnte Wege vorbeiführen. Einer dieser gilt als Hauptfahrwasser, der andere als Nebenfahrwasser. Hauptfahrwasser sind nicht immer die günstigeren. Doch sie sind häufiger für Nachtfahrt befeuert.

a) Tonne, welche an der B a c k b o r d s e i t e   d e s   H a u p t f a h r w a s s e r s die Steuerbordseite des Nebenfahrwassers bezeichnet:
Bakentonne, rot mit waagerechtem, schwarzem Band. Balltoppzeichen und zusätzliches anderes Toppzeichen:
        S e e w ä r t s vom Mittelgrund: roter Zylinder über rotem Ball;
        L a n d w ä r t s vom Mittelgrund: „T" über rotem Ball.

b) Tonne, welche die S t e u e r b o r d s e i t e   d e s   H a u p t f a h r w a s s e r s und die Bordseite des Nebenarmes bezeichnet:
Bakentonne, schwarz mit waagerechtem, rotem Band.
        S e e w ä r t s vom Mittelgrund: schwarzer Ball, darüber schwarzer Kegel, Spitze nach oben.
        L a n d w ä r t s vom Mittelgrund: schwarze Raute über schwarzem Ball.

c) B e i   g l e i c h b e r e c h t i g t e n   F a h r w a s s e r n :
Bakentonne mit senkrechten, schwarzen und roten Streifen.
        S e e w ä r t s vom Mittelgrund: 2 schwarz-rot gestreifte Bälle.
        L a n d w ä r t s vom Mittelgrund: schwarzes Kreuz über schwarz-rotem Ball.

Alle diese Tonnen tragen die übliche Aufschrift der Tonnenreihe des Hauptfahrwassers und zusätzlich den Namen des Mittelgrundes. — Da Mittelgründe ihre Lage im Lauf der Zeit ändern, ändern diese Tonnen dann ihre Lage auch. Auf die Beschreibung der Lage von Mittelgründen soll man sich also nicht allzu fest verlassen. Was gilt, ist die tatsächliche Lage der Tonnen. Damit man die im Ernstfalle deuten kann, deshalb die Beschreibung.

Andere Tonnen

W r a c k t o n n e n : Die sind immer grün. In Fahrwassern läßt man sie einlaufend
        a) an Steuerbord, wenn sie oben spitz sind (Kegel)
        b) an Backbord, wenn sie oben stumpf sind (Zylinder),
        c) nach Belieben, wenn sie eine Kugel tragen.

Kabeltonnen: Das sind schwarze Kugeltonnen. Sie haben die (oft schwer lesbare) Aufschrift „Kbl". Sehr oft trifft man sie in der Nähe des Wattenhochs. Oft auch in Fahrwassern zwischen Inseln und Land. In ihrer Nähe darf des Kabels wegen nicht geankert werden.

Fischertonnen: Die sind blau (oder rostig), bedeuten für Sportboote nichts, werden aber zuweilen mit Fahrwassertonnen verwechselt (siehe „Wunschdenken").

Weitere Tonnen: zahlreiche andere Tonnen gibt es noch. Die weiß ich auch nicht alle aus dem Kopf. Aber ich weiß, wo ich nachschlage, wenn es nötig ist.

Tip für die Praxis

Wo viele Fahrwasser zusammentreffen, viele Tonnen liegen und die Strömung rasch setzt, kommen weniger Befahrene leicht „ins Schleudern". Dann ist es oft nützlich, das Boot dicht bei einer Tonne gegen die Strömung zu drehen und dort solange bei der Tonne auf der Stelle zu halten, bis der Schiffer vollen Überblick gewonnen hat. Es ist immer gut, sich an den einfachen Stellen der Fahrwasser bereits auf diese Knotenpunkte vorzubereiten.

Priele, Wattfahrwasser und die Pricke

Das sind die teils trockenfallenden, teils aber auch mit großer Wassertiefe begabten breiten oder schmalen Rinnen im Watt. Das Typische an ihnen ist die Fahrwasserbezeichnung mit Pricken. So ist dieses Kapitel eigentlich ein Kapitel über die Pricke.

Pricken: Pricken sind die typischen Seezeichen des Wattenreviers. An großen Wattenströmen und betonnten Prielen bezeichnen sie oft die Kante des trockenfallenden Wattes. Sie bezeichnen vor allem den Verlauf von nicht betonnten Prielen, von Wattfahrwassern, von Sieltiefs und von Hafenprielen. Manchmal stehen Pricken auf der Spitze oder dem Verlauf von Buhnen oder Lahnungen.
Pricken sind meist Birkenstämmchen von 3 bis 5 Meter Höhe. Sie werden in den weichen Wattboden hineingesteckt. Am Stamm sind die Äste entfernt. Aber oben wird ein Büschel von Ästen stehengelassen. Im Frühjahr wird die Prickenreihe, die oft durch Eisgang arg zerrupft wurde, neu besteckt. Es hat etwas sehr Rührendes, wenn die Äste an dem Stämmchen noch grüne Blätter treiben, bis der Baum bemerkt, daß hier kein Leben mehr ist. — Frachtfahrer und natürlich auch Sportboote fahren im Laufe des Sommers eine rechtschaffene Zahl von Pricken um. Sie brechen ab oder werden flach gedrückt. Dann ist die „Prickenallee" unvollständig, meist zumal dort, wo das Fahrwasser Krümmungen macht. Da kann dann Loten nie schaden. Aber all dies gehört ja dazu und erhöht den Reiz des Fahrens. Boote mit laufender Schraube sollten besser keine Pricken umfahren und vorsichtig fahren, wo abgebrochene oder flachgedrückte sein können.

Arten von Pricken: Man unterscheidet Pricken „Besen aufwärts". Das ist die normale, übliche Pricke, auch offene Pricke genannt. Bei anderen Pricken sind die Äste nach unten gebogen und dort zusammengebunden: das sind Pricken „Besen abwärts" oder auch „Stuvkopf". Wo tiefes und bewegtes Wasser ist, stehen statt Pricken manchmal Stangen mit Besen darauf. Schließlich gibt es noch Stangen „oben ohne". Von denen hören wir noch.

Aufstellung der Pricken:

> Gewöhnlich wird die Seeseite eines Fahrwassers mit
> Pricken bezeichnet*).

Aber das muß nicht überall so sein und klappt auch nicht, wenn ein Fahrwasser sich krümmt. Besser ist's, sich nach der Seekarte zu richten. Im Text wird es für jedes Fahrwasser beschrieben. An unklaren Stellen hilft Loten.

Besondere Pricken

3 oder mehr Pricken : Ein solches, gut sichtbares Bündel von Pricken bezeichnet Beginn oder Ende einer Prickenreihe. Vor allem ist das sehr nützlich, wo durch einen seitlich abzweigenden anderen Priel die Prickenreihe unterbrochen werden mußte.

2 Pricken beieinander in einer Prickenreihe bedeuten oft, daß ab hier der Priel trockenfällt. In der Praxis ist darauf aber kein rechter Verlaß.

Einzelne Pricke, Besen abwärts : In einer normalen Prickenreihe bedeutet das meist die Stelle des Wattenhochs, also die flachste Stelle im Wattenfahrwasser. Man soll aber nicht glauben, daß, hat man sie passiert, man mit der Aufmerksamkeit nachlassen darf.

Bei Hafenprielen : Da stehen, wo der Hafenschlauch beginnt, einlaufend an Steuerbord meist Stangen und an Backbord Pricken.

Fischerpricken : Die setzen sich manchmal die Fischer aus irgendeinem Grund, den nur sie selber wissen (vielleicht, weil der Aal dort gut läuft).

Distanz von den Pricken : Der Abstand der tiefsten Rinne von den Pricken ist ganz unterschiedlich groß. Eine ganz grobe Faustregel habe ich mir gemacht:

> Etwa ½ des Abstandes, den die Pricken voneinander
> haben, ist oft (aber nicht immer) auch ein günstiger
> Abstand von der Prickenreihe.

Lot oder Peilstöcke geben einem die Lage der tiefsten Rinne genau. Besonders im Bereich des Wattenhochs und bei Hafenprielen und vor allem dann, wenn das Wasser bereits fällt, kann man nie zuviel, doch oft zu selten loten. — Daß mit einem flachgehenden und dazu leichtem Boot alles einfacher ist, braucht nicht jedesmal neu gesagt zu werden.

Fahren im Dunkeln

Wenn Dunkelheit beginnt, sind Pricken oft gegen den halbdunklen Himmel noch ganz gut zu erkennen. Ein lichtstarkes Glas wirkt da Wunder. Bei richtiger Dunkelheit, auch bei vollem Mondlicht, hilft aber auch das lichtstarke Nachtglas nicht mehr, Pricken zuverlässig genug zu sehen. Alle meine Versuche, Wattfahrwasser im Dunkeln zu fahren, haben früher oder später bei einer Biegung der Prickenreihe auf dem Wattenhoch geendet. Auch ein guter Scheinwerfer hilft da wenig. — Manche Pricken tragen „Rückstrahler". Das sind Manschetten mit einer Farbe, die das Scheinwerferlicht reflektiert. Den Fischern und Fährbooten, die ihr Revier kennen, nützen sie viel. Der Ortsfremde

---

*) Eigentlich ist die Regel für die Bezeichnung mit Pricken so, daß an der Nordseite des Fahrwassers Pricken mit Besen aufwärts gestellt sind. An der Südseite sollen, falls nötig, Pricken mit Besen abwärts sein. Das ist gut einzuhalten bei den ostfriesischen Inseln. Das klappt im Revier von der Elbe bis Sylt gar nicht so gut, weil die meisten Wattfahrwasser vorwiegend Nord-Süd-Richtung laufen. In unserem Revier ist es also sicherer, sich bei jedem Fahrwasser aus Seekarte, Beschreibung (oder durch Lotsen) neu zu informieren.

weiß doch meist nicht, wie stark die Biegung ist, die dahinter folgt, und wohin sie führt. Kurz: Nachts ist auf dem Wattenrevier mit Yacht von Tiefgang nur in befeuerten Fahrwassern zu fahren.

Das Ankern

Nachgerade ist es mir eine Herzensangelegenheit. Denn ich kenne kein Land, wo solche Abneigung gegen das richtige Ankern besteht, wie in Deutschland. Dabei gewinnt in einer Zeit, wo die Häfen immer voller und immer unerfreulicher werden, die Unabhängigkeit von der Hafenkaje das doppelte Gewicht.

An der Nordseeküste unterscheide ich drei Fälle:

a) das „Sonntagsnachmittags-Ankern"
b) das Ankern für die Nacht
c) Ankern als Dauerlieger

Das Sonntagsnachmittags-Ankern

Darüber schreibe ich nichts — außer, daß es sehr schön ist. Man tut es bei windarmem Wetter. Will es etwa wehen, fährt man nachhause. Der größte Nachteil ist, daß man auf diese Weise niemals wirkliche Erfahrung im Ankern sammelt.

Ankern für die Nacht

Das ist nächst dem Trockenfallen das schönste, was es in unseren Wattenrevieren gibt. Leider viel zu wenig ausgeübt. Wochenlang kann man sich doch zwischen Sänden, Inseln, Halligen und Grünlandprielen in vollkommener Einsamkeit herumtreiben, ohne einen Hafen von innen zu sehen. — Leider machen manche es beim erstenmal falsch, haben ungute Erlebnisse und tun es nie wieder.

Zwei Dinge sind wichtig:

a) die Technik des Ankerns
b) die Wahl des Platzes

Technik des Ankerns: Ein paar elementare Fehler stehen meist am Anfang. Die Folge sind die schlechten Erfahrungen.

a) **Das Ankergewicht:** Die meisten fahren zu leichte Anker. Die Tabelle und Berechnungsformel für das Ankergewicht habe ich auf Seite 65 eingefügt.

b) **Die Kettenlänge:** Hier werden die häufigsten Fehler gemacht. Und zwar mehr durch Schuld der (für andere Küsten geschriebenen) Lehrbücher, als des Schiffers. Laut Regel soll die Kettenlänge dreimal bis fünfmal die Wasertiefe sein. Auf einem Wattenhoch von 1½ Meter Wassertiefe bei Hochwasser wären demnach 5 Meter Kette zu stecken. Man kann vollkommen sicher sein, daß bei 5 Meter Kette jeder Anker schon bei leichter Beanspruchung ausbricht. — Nur wenn die Kette durch ihre Länge hartes Einrucken vom Anker fernhält und das „Gieren" auffängt, hält der Anker.

Regel:

> Die Kettenlänge soll dreimal bis fünfmal die Wassertiefe sein, d o c h m i n d e s t e n s   2 0   M e t e r !

Sieht es nach Wind aus, stecke ich lieber 30 Meter. Bei wirklichem Sturm alle 40 oder 50 Meter, die ich habe.

c) A n k e r n m i t L e i n e : Keine Bedenken. Fast in der ganzen Welt ankern die Fischer mit Leine, statt Kette. Wir in der Nordsee können es um so unbesorgter, als es keine Steinriffe gibt, die Leinen durchsägen können. — J e d o c h : Die Leine muß sehr lang gesteckt werden; 30 Meter bei normalem Wetter, 40 bis 60 bei Sturm. Perlonleine muß es sein. Deren Elastizität macht sie sogar der Kette überlegen.

d) Z w e i A n k e r : Ankere ich auf dem Wattenhoch, so bin ich mit einem zufrieden. In strömenden Prielen tue ich stets auch den zweiten Anker heraus, denn die Tidenströmung dreht alle 6 Stunden das Boot. Die Gefahr, daß die nun zur andern Richtung ziehende Kette mit einer der Flunken des Ankers unklar kommt und ihn ausbricht, ist recht groß. Dann dient der zweite Anker als Reserve.

e) O b d e r A n k e r g e g r i f f e n h a t ? Es ist absolut nicht selbstverständlich! Je leichter ein Anker, desto öfter liegt er nur friedlich obenauf und hält dann überhaupt nicht. Besonders Danforth-Anker auf Sandgrund haben diese Unart. — Ich prüfe stets mit l a n g s a m rückwärts laufender Maschine, ob der Anker hält. Hand an die Kette legen (oder Leine). Sie muß starr stehen, nicht holpern. Doch Vorsicht! S t a r k e s Rückwärtsgehen mit Maschine bricht jeden Anker aus.
Je sorgsamer man beim Ankern ist, desto ruhiger kann man schlafen. Ich liebe Segeln sehr. Doch nachts liebe ich den ungestörten Schlaf.

Die Wahl des Ankerplatzes: Am liebsten ankere ich auf dem Wattenhoch. Wenig gern ankere ich nachts in großen, tiefen Prielen. In einem Wattenstrom und einem Seegat nur im Notfall.

A n k e r n a u f d e m W a t t e n h o c h : Ich habe oft bei Starkwind oder Sturm auf dem Wattenhoch geankert. Ich denke, dort ist dann nächst einem guten Hafen der zweitbeste Platz. Da keine Strömung von Bedeutung auf dem Wattenhoch ist, legt sich das Boot mit dem Bug in den Wind. Zur Hochwasserzeit sind bei Starkwind oder Sturm Wellen (vergleiche Seite 43 über die Wellenhöhe). Je niedriger bei ablaufendem Wasser der Wasserstand wird, desto ruhiger wird das Wasser. Mein 1 Meter tief gehendes Boot hat auch bei Starkwind oder Sturm nie hart aufgesetzt. Danach fällt das Boot trocken, und wie garstig immer das Wetter rundum sein mag, das Boot ist in Ruhe. Nach 6 Stunden oder 8 schwimmt das Boot wieder auf.
Ich denke, daß jedes zum Trockenfallen geeignete Boot auch bei sehr schlechtem Wetter auf dem Wattenhoch in Sicherheit ankern kann. Ich kenne Schiffer von Jollen (Pirat), die im Ostfriesischen Watt auf Wanderfahrt gehen; nicht als leichtsinnige Anfänger, sondern als befahrene Leute. Die hatten gegen das Ankern auf dem Wattenhoch keine Bedenken. Es war ihre Routine.

A n k e r n v o r I n s e l - o d e r F e s t l a n d s u f e r : Natürlich nur auf der Wattenseite. Gerne würde ich es mir nach Südwest und vor allem Nordwest geschützt wünschen.

A n k e r n i n e i n e m P r i e l : Soll das Boot bei Niedrigwasser schwimmen bleiben, so ankert man in einem Priel. Soll es auch bei Starkwind komfortabel sein, so muß man an die Wahl des Platzes Mühe wenden. Am liebsten würde ich mir den Ankerplatz im Innern einer Wattenplatte bei blankem Niedrigwasser suchen. Am liebsten würde ich liegen, wo der Priel eine Krümmung macht und wo weder Südwest- noch Nordwestwind lange Anlaufbahn über die Länge des Prieles haben. — Nun sind dies schon Sonderwünsche für den Feinschmecker. Oft ankert man im Priel, wo es sich eben ergibt. Bei wenig Wind ist Ankern in einem Priel herrlich. Bei Starkwind zur Niedrigwasserzeit auch. Doch wenn bei Starkwind die Strömung des Priels gegen den Wind schiebt, kommen störende Wellen auf. Solange die Strömung das Boot im Griff hat, liegt man meist ganz gut. Doch wenn die Strömung steht oder schwach läuft, drehen die Wellen das Boot quer zur Wellenrichtung. Dann kann es eine Stunde scheußlich rollen. Oft kann man diese Phase schneller überwinden, indem man achteraus einen Seeanker ins Wasser läßt oder bei kleinen Booten einfach eine Pütz. Die hilft auch schwacher Strömung oft, das Boot gegen die kurzen Wellen zu drehen. — Sobald die Strömung das Boot wieder richtig im Griff hat, ist es wieder in Ordnung.

In einem Seegat, einem Wattenstrom oder vor der Küste: Nur in Notfällen, wie Maschinenschaden, Segelhavarie oder Nebel mit keiner anderen Wahl. Auf möglichst tiefem Wasser, wenn möglich auf 10 Meter, mindest auf 6, mit reichlich Kette. Falls manövrierunfähig, bei Schlechtwetter zusätzlich mit dem zweiten Anker.

Ankern als Dauerlieger

An vielen Stellen kann ein Boot mit Crew oder auch ohne als Dauerlieger im Watt vor Anker liegen. Viele bringen ja ihren Urlaub so zu, daß sie das Boot an einer schönen Stelle vor Festland oder Insel auf hohem Watt verankern, dort beispielsweise 3 Stunden aufgeschwommen sind und 9 Stunden auf weißem Sandwatt liegen. Einige Regeln:

a) Hat man das Boot mit Heckleine festgelegt, daß es nicht schwoien kann, dann Bug nach Osten. Gegen Südwest bis Nordwest sollte man durch Insel oder Buhne geschützt sein. — Alle Kette geben. Anker eingraben. Mit zwei Ankern schläft man tiefer.

b) Wenn man das Boot auf dem Watt schwoien läßt: alle Kette stecken! Nur einen Anker, aber den schwersten. Man soll den Anker tief in den Boden eingraben, so daß keine Flunken herausschauen, an dem Kette oder Leine unklar kommen.

c) Im Priel auf tiefem Wasser zu liegen, wo man den Anker nicht eingraben kann: Früher oder später kommt da in dem hin- und hersetzenden Tidenstrom jeder Anker unklar. Fast hätte ich einmal so mein Boot verloren. Ich weiß da nichts, als eine schwere Betonmooring mit 20 Meter schwerer Kette. — Portugiesisch Ankern (mein Buch, „Spanische Gewässer"), sonst in Prielen vorzüglich, klappt bei unseren Sturmrichtungen nicht.

Vom Anker gehen: So nennt man es an der Küste, wenn ein Boot ohne Crew abtreibt. Vom Anker gehende Boote sind eine Gottesgabe für die Fischer. Die finden sie „seetriftig". Der Bergelohn ist auszuhandeln. Tröstlich, daß er „im allgemeinen nicht höher sein soll, als der Wert des geborgenen Gutes". — Gut ankern ist besser!

Nebel

Nebel entwickelt sich manchmal langsam aus diesigem Wetter. Manchmal aber kommt er urplötzlich: eben blauer Himmel, 5 Sekunden später dicke Waschküche. Der Erfahrene sieht solche Nebelfronten manchmal kommen und kann noch schnell Peilungen nehmen. Der Anfänger wird meist vollkommen überrascht.

Auf dem Seerevier bringt das Aufkommen von Nebel erhebliche Probleme, wenn man dicht vor der Einfahrt in ein Seegat steht oder in der Nähe von Bänken. Seinen eigenen Schiffsort vor Aufkommen der Waschküche m u ß der Schiffer kennen. Dann hat er die Wahl: a) Entweder trotz Waschküche in das Seegat einzulaufen. Dazu würde ich mich nur entschließen können, wenn ich die Ansteuerungstonne schon gefunden hatte u n d wenn die Wassertiefen so beschaffen sind, daß das Lot mich leiten kann u n d wenn ruhiges und möglichst steigendes Wasser ist. — b) Auf der See heraus abzudrehen. Bei unsicheren Bedingungen würde ich das meist bevorzugen. c) Die dritte Möglichkeit ist, zu ankern. Seewärts der Bänke und zumal in ihrer Nähe würde ich damit wenig glücklich sein. d) Bestimmt aber würde ich s o f o r t zum Anker greifen, wenn das Schiff irgendwo z w i s c h e n den Bänken steht u n d über den Schiffsort keine vollkommene Sicherheit ist.

Soviel hängt hier von den Umständen ab. Zuweilen habe ich bei der Revierbeschreibung ein paar Gedanken dazu geäußert. Das Einzige, was immer zutrifft, ist, daß d a s L o t bei Nebel das wichtigste Instrument an Bord ist. Da der Grund oft ausgeprägte Rinnen hat, kann man zuweilen allein mit dem Lot sein Ziel erreichen, indem man sich auf einer geeigneten Tiefenlinie entlanglotet. Ob es geht, hängt von der Gestaltung des Grundes ab. — Um den Schiffsverkehr würde ich mich außerhalb der Elbmündung weniger grämen. Schiffe hört man gut an ihrem Motor. Auf Tonnen zu stoßen, würde mir viel mehr Sorge machen; denn die „fahren" auch, aber schweigend.

Im Wattenrevier wird Nebel dem Schiff Gefahr wohl nur nahe den Seegaten bieten, wo man nicht auf Grund kommen soll. Die Erfahreneren können sich nach Seekarte auf einer geeigneten Tiefenlinie (um Wasserstand beschickt) sehr oft bis zum Zielhafen loten, was unglaublich spannend ist. Will man sich darauf nicht einlassen, so ankert man. War Schiffsverkehr zu erwarten, was im Wattenrevier bei Nebel selten der Fall ist, so mußte einer an Deck sein, und bei Motorgeräuschen zwar nicht an eine Glocke klopfen (die hatte ich auf meinem kleinen Boot nicht an Bord), doch mit einem Schraubenschlüssel laut an einen Kochtopf.

Die größte Gefahr bietet Nebel im Wattenrevier für W a t t w a n d e r e r ohne Taschenkompaß. Und für K l e i n b o o t s c h i f f e r, die ohne vernünftige Bekleidung in Badehose „nur eben mal" auf's Watt gefahren sind. Falls die dann etwa auch noch ohne Kompaß unterwegs sind (was perfekter Leichtsinn ist), dann ist Ankern wohl das Einzige. Im Nebel ohne Kompaß zu fahren, ist vollkommen unmöglich.

G. Verschiedene Angaben

Seewetterbericht

Es gibt keine andere Erfindung, die mehr Menschen auf See das Leben gerettet hat, als der durch Radio durchgegebene Bericht über das Wetter in Nachbargebieten und die Vorhersage für das eigene Gebiet. Jeder Ratschlag und jede Überlegung in diesem Buch basiert darauf, daß der Schiffer den Seewetterbericht hört und für seine Fahrtplanung verwertet.

Der Seewetterbericht kann das Wetter am Schiffsort nicht mit letzter Präzision voraussagen. Die häufigsten Abweichungen sind bei W i n d s t ä r k e und dem Z e i t p u n k t, zu dem ein vorhergesagter Wechsel am Schiffsort eintritt.

Erfahrungsregel:

Bei der Windstärkenvorhersage richte ich mich darauf ein, daß es 2 Windstärken mehr, aber auch 2 weniger sein können. Größere Abweichungen sind selten.

Ist Wechsel der Windrichtung oder Windstärke vorhergesagt dann ist der Zeitpunkt dieses Wechsels meist relativ unsicher.

Das letzte scheint mir besonders wichtig. Ist etwa ein Umspringen der Windrichtung oder Verstärkung vorausgesagt, so können die auf sich warten lassen. Sie können aber auch schon da sein, kaum daß man den Wetterbericht zu Ende gehört hat (da nützt ein Barometer viel).

Vorhersagegebiete: Die Nordsee und angrenzende Meeresteile sind in 10 Vorhersagegebiete eingeteilt. Ihre ungefähren Grenzen zeigt die Skizze. Für das in diesem Buch beschriebene Fahrtrevier ist vor allem wichtig das Gebiet „Deutsche Bucht", Das ist Gebiet Nr. 1. Ferner noch die Gebiete 2, 3 und 4.-Norddeich-Radio gibt die Vorhersage für alle 10 Gebiete und noch einige mehr.

Welche Gebiete? Ich würde, auch wenn ich nur in der Deutschen Bucht fahre, die Vorhersage für die Gebiete 2, 3 und 4 mit aufschreiben. Herrscht Westwind-Lage (wie meist), dann haben wir in der Deutschen Bucht meist 12 bis 24 Stunden später etwa das gleiche Wetter, das jetzt in den westlichen Gebieten der Nordsee ist.

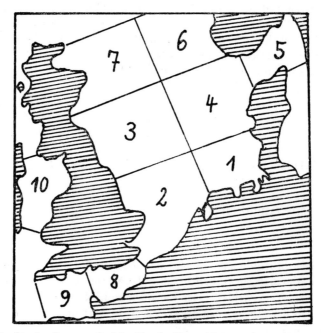

Vorhersagegebiet für den Seewetterbericht. Unmittelbar wichtig ist das Gebiet 1 (Deutsche Bucht). Das Vorhersagegebiet 4 (mittlere Nordsee, Ostteil) stößt an den Nordteil unseres Fahrtgebietes. Die Gebiete 3 (mittlere Nordsee, Westteil) und 2 (südwestliche Nordsee) haben bei West-Wetterlage oft bereits das Wetter, das 12 bis 24 Stunden später auch in der Deutschen Bucht sein wird.

Aufnehmen des Seewetterberichtes: Ich habe mir zur festen Regel gemacht, den See-wetterbericht aufzuschreiben. Wenn man ihn nach dem Abhören durchdenkt, stellt man fest, daß man beim bloßen Hören, ohne ihn mitzuschreiben, zuviele wichtige Einzelheiten vergessen hat.

Sender, Frequenz und Sendezeit für Seewetterbericht (Deutsche gesetzliche Zeit)

N o r d d e i c h - R a d i o :	2614 Kilohertz (kHz = Kc)
	9 Uhr 10 Min und 21 Uhr 10 Min.
D e u t s c h l a n d f u n k :	1268 Kc
	12 Uhr 5 Min und nachts 1 Uhr 5 Min.
R a d i o B r e m e n :	1079, 1358, 6190 Kc und 88,3; 89,5; 92,1 und 93,8 Megahertz
	nachts um 24.05 Uhr

Windvorhersage für die Deutsche Bucht

Norddeutscher Rundfunk/Westdeutscher Rundfunk

1. P r o g r a m m :	701, 827, 971, 1570, 1586 Kc und 89,9, 90,05, 90,3, 90,5, 91,1 und 96,05 Megahertz
	um 07 Uhr, 08 und 19 Uhr anschließend an Nachrichten und Inland-Wetterbericht.
2. P r o g r a m m :	87,6, 90,9, 91,9, 93,2, 96,3, 98,15, 98,3, 99,8 Megahertz
	Von 6 bis 14 Uhr stündlich 30 Minuten nach voller Stunde
	Von 13 bis 24 Uhr zweistündlich jeweils 30 Minuten nach der vollen Stunde. (Und zwar nur bei mehr als Beaufort 5).
Telefonischer Wetterbericht	kann abgefragt werden beim Fernsprechansagedienst gegen Ortsgebühr unter der einheitlichen Nummer 0 11 64 in

Baltrum	Juist
Borkum	Helgoland
Brake	Husum
Bremerhaven	Norddeich
Brunsbüttel	Norderney
Cuxhaven	Wedel
Emden	Wilhelmshaven

Wasserstandsvorhersage für die Deutsche Bucht

Norddeutscher und Westdeutscher Rundfunk um 9 Uhr und 22 Uhr nach den Nachrichten.

Funkfeuer

Bei Fahrten auf See sind Funkfeuer eine der wichtigsten Navigationshilfen, wenn schlechte Sichtigkeit einem das Auffinden von Landmarken erschwert. Helgoland läßt sich auch bei dichtem Nebel allein mit Funkfeuer anlaufen (Band II). — Im Wattenrevier habe ich mit Funkfeuern noch nie etwas anfangen können. Empfänger: Seite 63. Mehr Einzelheiten bei den Revieren.

Die meisten Funkfeuer senden auch bei Klarwetter. Ausnahmen unten. Sie geben in einem Zyklus von 6 Minuten einmal oder zweimal je eine Minute lang folgendes Signal: auf einer bestimmten Wellenlänge zuerst mehrfach wiederholt die Morsekennung des Funkfeuers (siehe Plan). „Elbe 1" z. B. kurz — kurz, lang, kurz, kurz. Während dieses Erkennungssignales muß man das Funkfeuer mit seinem Gerät auffassen (und darf es nicht mit andern verwechseln). Nach dem Erkennungssignal folgt etwa 30 Sekunden lang ein langer Ton. Jetzt peilt man. Das heißt, man dreht die Antenne seines Empfängers solange, bis der Ton leise wird, verschwindet und bei Weiterdrehen wiederkommt. In Richtung des Minimums steht der Sender. Hat man noch keine Übung, so ist einem die eine Minute Sendezeit zu kurz. Dann muß man nach 3 oder 6 Minuten wiederholen. — Meist peilt man zwei Sender an und bestimmt aus den beiden Peillinien den Schiffsort wie bei terrestrischer Navigation. Man kann auch „Zielfahrt" auf einen Sender hin machen, indem man ihn voraus hält (z. B. Feuerschiff „Elbe 1" oder „Weser").

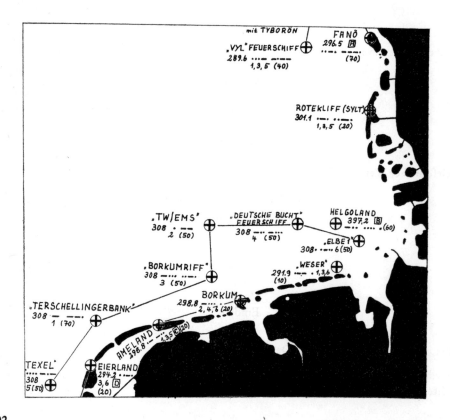

Alle nötigen Angaben zum Erfassen der Funkfeuer enthält der Plan. Er enthält den Namen des Funkfeuers (z. B. „Elbe 1"). Die erste Ziffer gibt die Wellenlänge an, unter der es sendet. 308 heißt: „Elbe 1" sendet auf 308 Kilohertz (Khz = Kc). Danach folgt die Morsekennung. Die nächste Ziffer gibt die Sendefolge. Bei „Elbe 1" ist es 6. Das heißt, in dem 6-Minuten-Zyklus sendet „Elbe 1" in der 6. Minute. Als letztes steht eine Zahl in Klammern, bei „Elbe 1" (50). Das heißt, die Reichweite ist mit 50 Seemeilen angegeben. Steht ein Buchstabe in einem Kasten, so ist bei den Bemerkungen nachzulesen. — Manche Funkfeuer sind durch einen Strich verbunden. Das heißt, sie senden auf der gleichen Wellenlänge und unterscheiden sich nur durch Morsekennung und Sendefolge. — Es ist nicht schwer, doch ist etwas Routine ganz nützlich. Hat man es nie geübt, so klappt es im Ernstfall beim ersten Mal sicher nicht.

Bemerkungen:

A: Fanö sendet nur in den ersten 12 Minuten jeder vollen Stunde, auch bei Nebel! Die Sendefolge während dieser 12 Minuten ist 3, 6.

B: Helgoland sendet ständig. Nur morgens von 7 bis 8 Uhr ist es stille.

C: Ameland sendet nicht bei klarem Wetter.

D: Eierland sendet nicht bei klarem Wetter.

Vom Deutschen Hydrographischen Institut wird ein (leider für den Nicht-Bewanderten etwas kompliziertes) schmales Buch „Yachtfunkdienst" herausgebracht. Es umfaßt den Raum zwischen Stockholm, Ostpreußen und Niederlanden.

Wasser- und Schiffahrtsstraßenämter

Auskünfte über die Tiefen in Fahrwassern und Häfen geben für ihr Revier auch die Wasser- und Schiffahrtsämter. Es sind meist nette Leute dort. Aus einem Klönschnack über die Fahrwasser, zu dem man allerdings das Grundwissen mitbringen muß und der nicht über die Dienststunden hinausgehen soll, habe ich immer viel gelernt.

Im hier beschriebenen Giebiet sind:

Wasser- und Schiffahrtsamt Hamburg. Gebiet: Elbstrom Hamburg bis St. Margarethen.

Wasser- und Schiffahrtsamt Stade. Gebiet: Nebenflüsse der Elbe an der Südseite.

Wasser- und Schiffahrtsamt Glückstadt. Gebiet: Nebenflüsse der Elbe an der Nordseite, aber ohne Nord-Ostsee-Kanal.

Wasser- und Schiffahrtsamt Cuxhaven. Gebiet: Mündungsregion der Elbe St. Margarethen bis zur See.

Wasser- und Schiffahrtsamt Bremerhaven. Gebiet: Wesermündung, Nordenham bis See.

Wasser- und Schiffahrtsamt Tönning. Gebiet: Norderelbe bis Dänische Grenze.

Bekanntmachungen für Seefahrer

Das sind Mitteilungen über Änderungen der Betonnung und andere, ähnliche Maßnahmen. Sie hängen in Schaukästen in allen größeren und vielen kleinen Häfen aus.

Man soll sie lesen. — Im Bereich der Ostfriesischen Inseln unterrichten sie einen vor allem über Wechsel in der Betonnung der Seegaten. Im Bereich der Nordfriesischen Inseln sind die Daten für Schießübungen in der Meldorfer Bucht wichtig.

Seenotrettungsstellen

In dem hier beschriebenen Seegebiet und seinen Randgebieten sind folgende Boote der Deutschen Gesellschaft zur Rettung Schiffbrüchiger stationiert:

Rettungsstelle	Name des Bootes	Telefon
Horumersiel (Jademündung)	„Horumersiel"	(04426) 155
Fedderwardersiel (Wesermündung)	„Wilhelmine Wiese"	(04733) 362
Cuxhaven	„Arwed Emminghaus"	(04721) 48553
Dithmarschen	„Rickmer Bock"	(04834) 246
Nordstrand	„Hindenburg"	(04842) 286
Amrum	„Ruhr-Stahl"	(04682) 204
List auf Sylt	„H. J. Kratschke"	(04652) 365
Helgoland	„Adolph Bermpohl"	(04725) 210

Vertrauensmänner der Kreuzer-Abteilung des DSV.

Von dieser so nützlichen Organisation für Fahrtenschiffer werden einzelne Stützpunkte betreut. Die Reviervertreter und Vertrauensmänner stehen Mitgliedern der Kreuzerabteilung, und in besonderen Fällen vielleicht auch Nichtmitgliedern, mit ihrer besonderen Kenntnis der örtlichen Verhältnisse gern zur Verfügung. Die Anschriften sind:

Hamburg (Finkenwerder, Ness-Kanal)
Hans H. Schäfer, 2 Hamburg 95, Nordmeerstr. 8, Telefon (0411) 7 42 67 49
Hamburg (Yachthafen Wedel)
Hamburger Yachthafengemeinschaft,
Hafenwarte N. Anbergen und H. Schütt, Telefon (908) 44 38
Stadersand-Symphonie
Herr W. Offenborn, Stade, Sanderweg 14, Telefon (04141) 6 33 60
Krückaumündung (Yachthafen)
Herr E. Meinert, 22 Elmshorn-Rotenlehm, Telefon (04121) 56 17
Glückstadt
Waldemar Cornelsen, ESSO-Station am Hafen, Telefon über (04124) 30 08
Freiburg (Elbe)
Hans Dohrmann, Hauptstraße 169, Telefon (04779) 2 58
Brunsbüttel (Kanalyachthafen)
Stützpunktleiter John Jacobsen, Friedrich-Ebert-Str. 5, Telefon (04852) 34 23
Brunsbüttel (Alter Hafen)
Herr H. Noak, Gorch-Fock-Straße, Telefon (04852) 23 55

Otterndorf (Kanalschleuse)
Schleusenmeister M. Kahlsdorf, Telefon (04751) 1 90

Cuxhaven
Stützpunktleiter: Dr. Meinhard Kohfal, Strichweg 78, Telefon (04721) 3 53 20

Friedrichskoog
Hafenmeister Rudolf Weit. Telefon (04854) 3 90

Meldorf
Frau Agnes Rambke, Hafenmeister, Telefon (04832) 2 21

Büsum
Herr Erwin Hegewald, Gorch-Fock-Wall 13, Telefon (04834) 15 63

Friedrichstadt
Schleusenmeister Otto Brügmann, Telefon (04881) 2 39

Tönning
Hafenaufseher Thomsen, Telefon (04861) 7 42

Husum
Hafenmeister Willy Hammermann, Telefon (04841) 25 65

Pellworm
Hafenmeister Petersen, Telefon (04844) 4 26

Wittdün
Reg.-Amtmann H. H. Martinen, Nebel, Telefon (04682) 3 14

Wyck
Hafenmeister Manfred Then, Telefon (04681) 28 52

Hörnum
Hafenmeister Hans Deckmann, Telefon (04653) 3 27

List
Hafenmeister Uwe Warmbier, Telefon (04652) 3 74

Helgoland
Hans Carl Rickmers, Telefon (04725) 5 85 und 4 67 (priv.)
Hafenmeister R. von Gruchalla, Telefon 5 04 und 3 69 (priv.)

II. Die Elbe von Lauenburg bis Cuxhaven

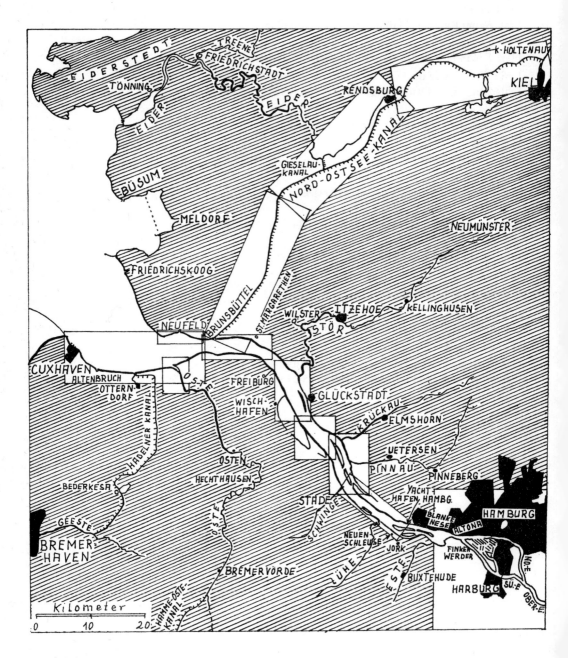

Riesengebirge, Nordböhmen, Elbsandsteingebirge: das sind so fern klingende Namen. Es ist ja auch der großen Ströme einer. Über 600 Seemeilen bis zur Quelle ist die Elbe lang. Sie ist für die Hamburger und vor allem auch für die Berliner das Zufahrtstor zur Nordsee. Auch für die Ostseefahrer aus dem Raume von Lübeck. Und schließlich für alle Anlieger der Elbe einschließlich der Tschechoslowakei. — Nach den Belangen der Handelsschiffahrt wird der Elbstrom eingeteilt in O b e r e l b e , N i e d e r - e l b e und A u ß e n e l b e .

Oberelbe: Das ist der Teil des Stromes landwärts der Elbbrücken. Hier verkehren nur noch Binnenschiffe. Segelboote können nur mit gelegtem Mast passieren. Bis zum Sperrwerk Geesthacht 19 Seemeilen oberhalb der Elbbrücken ist Tidegebiet. 27 Seemeilen oberhalb der Elbbrücken zweigt der Elbe-Lübeck-Kanal zur Ostsee ab.

Niederelbe: So heißt die 56 Seemeilen lange Flußstrecke von Hamburg bis Cuxhaven. Sie umfaßt das Hafengebiet von Hamburg. Das taugt nicht für Sportboote. Die Hafenrundfahrt soll man nicht auf eigenem Kiel machen. Doch seewärts von der ehemaligen Fischerinsel Finkenwerder beginnen schüchtern die ersten schönen Stellen. Später wird die Niederelbe an vielen Stellen ein sehr sehr günstiges, schönes Revier. Doch von Jahr zu Jahr wachsen die Strecken, wo Industrie sich breitmacht. Immer tiefgreifender werden die wasserbaulichen Maßnahmen. N o c h ist die von der Natur so reich ausgestattete Niederelbe ein lohnendes Fahrtrevier. Wird sie es bleiben?? — Bis Brunsbüttel ist sie ihrem Charakter nach ein Fluß, wenn auch ein mehrere Kilometer breiter. Von Brunsbüttel an nimmt sie die Eigenschaften eines Seereviers an.

Außenelbe: So nennt man die Mündung der Elbe in die Nordsee zwischen Cuxhaven und Feuerschiff „Elbe 1". Das ist ein riesig großer Trichter mit Bänken und Watten und Inseln, durch welche das Hauptfahrwasser der Elbe führt. Eine überaus große Zahl interessanter Wattfahrwasser und Küstenfahrwasser lockt dort auch das nicht voll seefeste Boot.

A. Die Oberelbe bis zum Yachthafen Hamburg (Plan S. 98)

Fahren kann man auf der Oberelbe zum E l b e - L ü b e c k - K a n a l (27 Seemeilen von den Elbbrücken). Auch nach B e r l i n , indem man bei Havelberg in die Havel abzweigt; 350 Kilometer sind es von Hamburg bis Berlin. Den M i t t e l l a n d k a n a l erreicht man. Und wer Lust und die nötigen Erlaubnisse hat, kann auch in die T s c h e c h o s l o w a k e i fahren.

Etwa 19 Seemeilen oberhalb der Elbbrücken liegt das S t a u w e r k v o n G e e s t - h a c h t . Nahe Geesthacht kann der Wasserstand manchmal für eine sehr tiefgehende Yacht etwas knapp werden (tägliche Durchsage der „Tauchtiefe für die Elbe" im Rundfunk). Oberhalb von Geesthacht bis zum Elbe-Lübeck-Kanal bei Lauenburg sind stets mindestens 2 Meter Wassertiefe. — Die B r ü c k e n h ö h e bei Geesthacht ist etwa 5,5 Meter. Die Brücken der Norderelbe lassen Fahrzeuge bis etwa 7,5 Meter Höhe passieren, wenn Niedrigwasser ist.

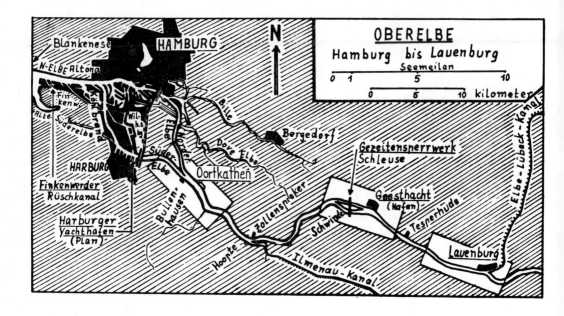

Elbe-Lübeck-Kanal

Der 60 Kilometer lange Kanal verbindet die Trave in Lübeck mit der Elbe bei Lauenburg. Der Tiefgang darf 2 Meter sein. Die Höhe der Aufbauten bei mittlerem Wasserstand 4,20 Meter (die niedrigste Brücke ist bei km 31,6). Wenn kleinere Boote im Kanal zwischen den Brücken segeln, dann ist das nur erlaubt, wenn die Mastspitze nicht höher als 5,50 Meter über dem Wasserspiegel ist. (Einige Brücken sind 6 Meter hoch). Die Höchstgeschwindigkeit für Sportboote ist 10 km/std.; im Lauenburger Hafen (also zwischen Elbe und der ersten Schleuse) 4 km/std.

Es gibt 7 S c h l e u s e n . Gebühr wird für jede Schleusendurchfahrt erhoben und zwar innerhalb der Betriebszeit für Boote bis 7,50 Meter Länge 2 DM, von 7,50 bis 15 Meter 4 DM und für längere Fahrzeuge 6 DM. Geschleust wird Werktags zwischen 6 und 21 Uhr, Samstags von 6 bis 18, Sonntags von 6 bis 17 Uhr. Doch Betriebsruhe ist am Karfreitag, ersten Oster- und Pfingsttag und 1. Mai. Die Hubbrücke hat ähnliche Zeiten, doch Sonntags nur von 7 bis 9 Uhr.

Fahrt im Dunkeln ist erlaubt, wenn man das Kanalufer mit Scheinwerfer anleuchten kann. — Die Eulenspiegelstadt M ö l l n sollte man sich nicht entgehen lassen.

Fahren auf der Oberelbe   (Plan S. 98 sowie 99 und 100)

Von besonderen Schwierigkeiten wüßte ich nichts zu berichten. Nur mit einer sehr tiefgehenden Yacht muß man sich um die Bänke im Fluß kümmern. Meist liegen sie an der Innenseite von Krümmungen. Es gibt eine Fahrwasserbezeichnung durch Baken (siehe unten). Innerhalb des zuträglichen Fahrwassers soll ein Sportboot soweit rechts halten, wie es geht. Auf die Buhnenköpfe muß man achten. — Einige Leuchtfeuer sind in der Nähe von Hamburg. Doch als Ortsfremder ließe ich mich auf eine Fahrt bei völliger Dunkelheit nicht ein.

Baken: Die stehen etwa 5 Meter hoch auf Buhnenköpfen oder am Ufer auf Stangen. Sie haben oben rautenförmige Latten. Von dieser Raute ist eine Hälfte weiß. Die andere ist rot oder schwarz gestrichen. Und zwar am Nordufer rot, am Südufer schwarz. — Ist die u n t e r e H ä l f t e der Bake weiß, so muß man auf die Bake zuhalten und diesem Ufer solange folgen, bis man auf eine Bake trifft, bei der eine s e i t l i c h e H ä l f t e weiß ist. Dort verläßt man dieses Ufer und hält auf eine Bake am anderen Ufer zu, bei der wieder die untere Hälfte weiß ist.

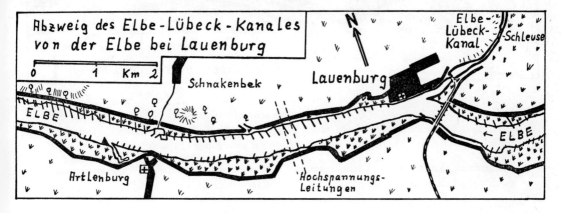

Häfen zwischen Lauenburg und den Elbbrücken

Die wichtigsten sind außer Lauenburg G e e s t h a c h t mit seinem Gezeitensperrwerk und O o r t k a t e n nahe bei der Aufteilung in Norderelbe und Süderelbe. Dazwischen liegen (von Lauenburg flußabwärts) die kleinen Häfen von T e s p e r h u d e (N-Ufer), S c h w i n d e (S-Ufer), Z o l l e n s p i e k e r (N-Ufer), I l m e n a u - Mündung (S-Ufer), H o o p t e (S-Ufer), F l i e g e n b e r g (S-Ufer) und B u l l e n h u s e n (S-Ufer).

Geesthacht (km 584)   (Plan S. 100)

Es gibt H a f e n , G e z e i t e n s p e r r w e r k und S e e s c h l e u s e . Seewärts der Schleuse beginnen Ebbe und Flut. Doch kann man fast immer unabhängig von der Tide ausschleusen, da die Tidenströmung bis Hamburg gering ist und die Wassertiefe auch bei N.W. für die meisten Yachten ausreicht. Nur mit sehr tiefgehender Yacht sollte man nahe Niedrigwasserzeit besser auf der Schleuse den Wasserstand erfragen.

V e r k e h r s r e g e l n : Im oberen Schleusenkanal (also im tidefreien Teil) weichen Fahrzeuge sich nach l i n k s aus. Sie dürfen, wenn sie auf Schleusung warten, nur an der südlichen Dalbenreihe anlegen. — Im unteren Schleusenkanal (im Tidengewässer) weichen sich Schiffe wie normal nach rechts aus. Wartet man auf Schleusung, so legt man an der südlichen Dalbenreihe an. Will man nur festmachen, doch nicht schleusen, dann an der nördlichen. — Sportboote laufen als letzte in die Schleusen ein. Es wird ihnen meist durch Lautsprecher zugerufen. Ich würde in der Schleuse ziemlich weit nach vorne laufen, an einem Frachtschiff festmachen und möglichst als erstes Boot auslaufen. — In dem für Großschiffe gesperrten Südarm der Elbe dürfen bei Tage Sportboote bis 400 Meter vom Wehr entfernt frei fahren. — Geesthachts H a f e n wird von Yachten auf Wanderfahrt oft angelaufen.

Ilmenau-Mündung (km 599) hat ein neues Sturmflutsperrwerk. Liegeplätze hat der Bootsclub Oberelbe hier und im alten Hafen von S t ö c k t e , 1 Seemeile Ilmenau-aufwärts. — Bei Stöckte beginnt auch der I l m e n a u - K a n a l .

Fliegenberg (km 602) hat Yachtliegeplätze und wird gelegentlich von Fahrtenyachten, doch vor allem von Hamburger Wochenendschiffern besucht.

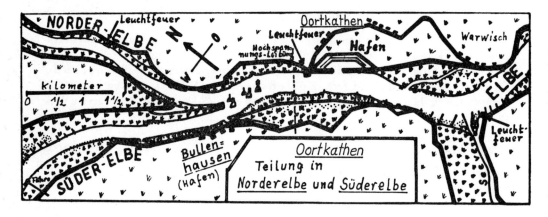

Oortkathen (km 608)

Oortkathen hat einen geräumigen Hafen für Binnenschiffe. Der hat auch Schlengel für Yachten, die auf Durchreise sind (Hafenplan). Es ist ein freundlicher Platz und für ein Boot, das aus dem Binnenland zur Nordsee kommt, nächst dem Hamburger Yachthafen vielleicht der beste Platz, um der Stadt Hamburg einen Besuch abzustatten. Es besteht Busverbindung nach Hamburg. — Oortkaten hat eine Schlippbahn für Trailer, die ohne Formalitäten benutzt werden kann. Es gibt eine Sportbootwerft mit Schlipp, ferner Treibstoff, Wasser und Lebensmittel.

Zu den Häfen seewärts der Elbbrücken

Der Elbstrom teilt sich 10 Kilometer oberhalb Hamburgs nahe dem Feuer von Oort-kathen in die N o r d e r e l b e und die S ü d e r e l b e . Eine rot-schwarze Fahrwasserteilungstonne liegt da im Strom, und ein paar Seitentonnen liegen aus (rote an der Norderelbe, schwarze an der Süderelbe).

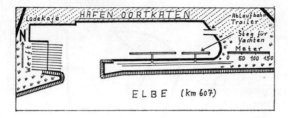

Die Norderelbe (Plan Seite 98) führt erst nordwärts, dann westwärts direkt am Zentrum Hamburgs vorbei. Sie ist die Verbindungsader der vielen Hafenbecken. Der Schiffsverkehr ist enorm. Die B r ü c k e n haben etwa 4½ Meter lichte Höhe bei Hochwasser und etwa 7½ bei N. W.

Die Süderelbe (Plan S. 98): Ich für meine Person würde bestimmt als ortsfremder Wasserfahrer den ärgsten Hafenverkehr Hamburgs durch die ruhigere Süderelbe umgehen.

B r ü c k e n : Die letzte feste Brücke über die Süderelbe ist bei H a r b u r g . Durchfahrtshöhe etwa 4½ Meter bei H.W., etwa 7½ bei N.W. — Zwei Seemeilen seewärts der Harburger Brücke steht die neu erbaute K a t t w y k - H u b b r ü c k e . Sie hat geschlossen etwa 5 Meter lichte Höhe bei H.W. und 8 bei N.W. Sie öffnet zwischen 8 Uhr und 22 Uhr regelmäßig von allein alle 2 Stunden, also um 8, 10, 12, 14 . . . Uhr. Dann kann sie über 50 Meter hoch gehoben werden. Das Heben der Brücke erfolgt langsam. Dalben sind an den Seiten.

Harburger Yachthafen liegt an der Süderelbe direkt seewärts von der letzten festen Straßenbrücke (Plan S. 102). Der Hafen gehört der Vereinigung Harburger Segler, hat Schwimmstege, Trinkwasser, Schlipp, Trailerablauf und vor allem auch einen Kran zu Mastsetzen. Für Yachten, die zur Vorbereitung der Weiterfahrt kurzfristig festmachen, ist ein Platz an der Spitze der westlichen Schwimmstege bestimmt. Die Wassertiefe ist bei N.W. etwa 2 Meter. — Gute Verbindung nach Hamburg. Zum Zentrum von Harburg sind 10 Minuten Weg.

Süderelbe zu Hamburgs Yachthäfen: Die ursprüngliche Süderelbe ist an ihrer Seeseite abgesperrt. So erreiche ich den Elbstrom durch das Fahrwasser K ö h l b r a n d . Verfahren kann man sich kaum. Der breite Köhlbrand ist die natürliche Fortsetzung der inneren Süderelbe. Er führt in Nordrichtung auf A l t o n a zu und vereinigt sich

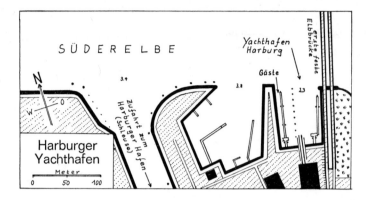

da mit der Norderelbe zum Elbstrom (Plan Seite 98). Der zieht westwärts. Der Hafenverkehr hat da schon erheblich nachgelassen. Unser Schiff steckt seine Nase sanft in den Schwell der großen Überseeschiffe, die hier ziehen. — Etwa 600 Meter breit ist der Elbstrom hier. Hier liegen dicht bei dicht die Hamburgischen Yachthäfen der Niederelbe.

Etwa 5 Seemeilen von der Einmündung des Köhlbrand fahren wir dann an dem hoch am steilen Geestrand liegenden B l a n k e n e s e vorbei. Das ist ein malerischer und an der Nordseeküste ganz ungewohnter Anblick! Blankenese mit seinen Treppengassen und seinen gekrümmt am Steilhang sich langwindenden Straßen und hochgestaffelten Häusern ist wie ein Ort am Mittelmeer.

B. Hamburg und seine Häfen

Hamburg

Hier über die Weltstadt Hamburg auch nur ein Wort zu verlieren, ist Eulen nach Athen zu tragen. Leider kann man den vor Betriebsamkeit berstenden Handelshafen nicht mit dem eigenen Boot kennenlernen. Ein Sportboot ist in dem raschen, harten und nach eigenen Gesetzen ablaufenden Getriebe des großen Seehafens falsch am Platz. Probiert man es dennoch, so soll man froh sein, nicht von Barkassen überrannt zu werden, nicht Schleppern zwischen die Trossen zu geraten und nicht vom Schraubenwasser großer Überseeschiffe untergespült zu werden. Hat man es aber geschafft, in ein stilleres Becken zu geraten, wo man überwältigt zwischen den haushohen Eisenwänden der riesigen Schiffe entlanggeglitten ist, so schießt gewiß die Barkasse des Zolldienstes auf einen zu und krempelt das Boot um, vermutend, daß hier ein neuer raffinierter Trick versucht wird, die 2 Kilo Opium, die der chinesische Koch aus dem Bullauge heruntergelassen hat, unterm Kopfkissen versteckt an Land zu schmuggeln. — Er taugt wirklich nicht für Sportboote, der große Industriehafen.

Es gibt auch keinen guten Liegeplatz für ein besuchendes Boot b e i m Z e n t r u m der Stadt (jedenfalls keinen, den ich kenne). Ganz große Yachten können, wenn das Hafenamt zustimmt, an der Ü b e r s e e b r ü c k e liegen. Das ist die Innenseite der Landungsbrücken von St. Pauli. — 2 Seemeilen flußab von der Einmündung des Köhlbrand liegt am Nordufer der kleine Yachthafen T e u f e l s b r ü c k, 1 Seemeile weiter am Südufer der N e ß k a n a l, dann am Nordufer der Yachthafen M ü h l e n b e r g und der klitzekleine B a u r s b e r g - H a f e n. Hier ist das hohe Ufer von Blankenese. Danach die auffälligen Schornsteine des Kraftwerkes Wedel. Eine Seemeile später S c h u l a u - H a f e n, eine weitere danach Y a c h t h a f e n H a m b u r g, der größte, mit seinen tausend Yachten. 25 Kilometer ist er vom Zentrum Hamburgs entfernt.

Yachthafen Hamburg bei Wedel   (Plan S. 96, 103 und 115)

Dies ist der mit Abstand wichtigste Yachthafen bei Hamburg. An 1200 Boote liegen dort. Er wurde ausgebaut, als der bisherige Yachthafen Hamburgs in den Handelshafen einbezogen wurde. Leider liegt er weit vom Stadtzentrum Hamburgs entfernt. Vom Ort Wedel fährt die Hamburger Schnellbahn ins Zentrum der Stadt. Eine gute halbe Stunde Fahrt für die 25 Bahnkilometer. Halbstündlich bis stündlich fahren die Züge. Und vom Yachthafen bis Wedel muß man 2 Kilometer zu Fuß gehen oder mit dem Taxi fahren. Kurz: Um Hamburg zu besuchen, liegt man in Teufelsbrück oder Finkenwerders Yachthäfen besser.

Die beiden Hafeneinfahrten, 22 Meter breit, befeuert, liegen am tiefen Fahrwasser der Elbe bei der roten Leuchttonne 50. In dem in jeder Richtung etwa 500 Meter großen Becken sind Schwimmstege ausgelegt (Plan). Die Tiefe soll 2 bis 3 Meter betragen; doch derzeit und bis wieder gebaggert wird, ist es hier und da für eine tiefgehende Kiel-

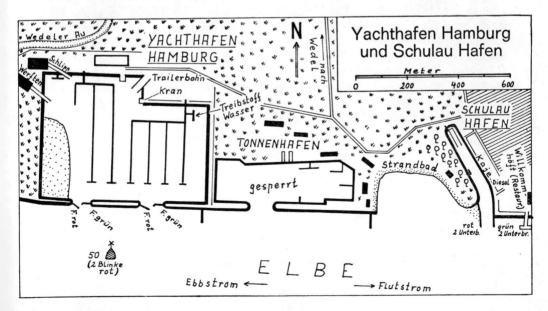

yacht bei N.W. schon etwas zu flach. Meiden muß man jedenfalls das hoch trocken-fallende Stück Watt in der Südwestecke. Es ist mit einigen Pricken bezeichnet und soll demnächst weggebaggert werden. — Viele Kilometer kann man auf den Schwimmstegen an zahllosen Yachten vorbeispazieren. Diese „Bootsausstellung" ist vielleicht das interessanteste am Hafen. Ansonsten liegt er in flacher Landschaft, die aufgehört hat, unberührte Natur zu sein, und Bootswerften, Lagerhallen und Riesenparkplatz trägt.

Eine Yacht auf Wanderfahrt wird man wohl zuerst am Kopf eines der Schwimmstege festmachen und sich dann bei einem der beiden Hafenwarte melden, die bei der Landverbindung der Schwimmstege residieren. Die ersten 10 Tage sind für ein durchreisendes Boot hafengeldfrei. Danach wird es sehr teuer. — Einkaufen kann man in Schulau (10 Minuten). Dort Bootsbedarf und Segelmacher. Am Yachthafen Treibstoff, Trailerschlipp, Kräne, Bootswerften mit Schlipps; Treibstoff in Nordostecke.

Was soll man unternehmen? Da der Hafen keine Ortschaft und kein Eigenleben hat, geht man am besten wohl nach Schulau zum Willkommhöft. Wer kann es leugnen: verglichen mit den für die Stadt charakteristischen und repräsentativen Liegeplätzen, die andere Weltstädte den sie besuchenden Fahrtenyachten bieten, schneidet Hamburg nicht sehr gut ab.

Andere Yachthäfen bei Hamburg

Will man die Stadt Hamburg besuchen (und mindestens als Ausländer wäre dies mein Wunsch), dann liegt der Yachthafen Hamburg zu weit von der Stadt entfernt. Doch es gibt noch andere Yachtliegeplätze, und manchen davon finde ich typischer. — Ich beschreibe zuerst das N o r d u f e r in Richtung auf Hamburg:

Schulauer Hafen (Plan S. 103): Das ist ein etwa 350 Meter langer, 60 breiter Hafenschlauch, knapp 1 Seemeile stromaufwärts vom Yachthafen Wedel. Fischkutter, Arbeitsfahrzeuge und Yachten liegen dort. Die Wassertiefe ist bei N.W. 2 bis 3 Meter. Am Ende des Hafenschlauchs wird es flacher. Da liegen an Schwimmstegen die fast 100 Yachten mehrerer Clubs. War da kein Platz, habe ich längsseits an einem anderen Fahrzeug an der Ostkaje gelegen. Der kleine Ort Schulau ist gleich dabei. Und an der Elbe ist die nette Einrichtung des Willkommhöft, wo man bei schönem Blick über den Elbstrom die Nationalhymnen der ständig ein- und auslaufenden Ozeanschiffe lernen kann. Schulau ist ein organisch gewachsener kleiner Elbhafen mit allen Nachteilen und Vorteilen eines solchen. Ich selber bin dort lieber als im Yachthafen Hamburg. Hafenfeuer, Treibstoff, Werft, Bootsbedarf und Segelmacher. Zur Stadt Hamburg würde ich von Schulau mit der Hafenfähre fahren. Das geht zwar nicht schneller als mit der Vorortbahn von Wedel, ist aber stilvoller und sogar ein bißchen spannend.

Yachthafen Baurspark (Plan): Dieser sehr kleine Hafen liegt bei Blankenese nördlich der schwarzen Fahrwassertonne M. Er beherbergt etwa 50 flachgehende Yachten des Blankeneser Segelclubs. Ich gestehe, daß ich mich mit dem 3 Meter langen Klüverbaum meines 17 Meter langen Bootes nicht hineingetraut habe.

Yachthafen Mühlenberg (Plan): dicht östlich daneben, ist über 200 Meter lang, doch schmal. Die Tiefe bei N.W. ist 1½ bis 2 Meter, die Einfahrtsbreite 20 Meter. An zwei Paaren von Schlengeln liegen an 250 Yachten, kleinere überwiegen. Zwei Schlipps für Trailerboote.

Teufelsbrück (Plan): Dies ist ein kleiner privater Hafen, der es durch irgendein Zaubermittel verstanden hat, die Hektik draußen zu lassen. Außerdem liegt er dem Stadtzentrum am nächsten. Da er nicht unvernünftig teuer ist (5 DM pro Nacht zuletzt), sollte man ihn in Betracht ziehen.

A n l a u f e n : Am Südufer auffällig die hohen Helligen von Howaldswerke-Deutsche Werft, am Nordufer der Fähranleger Teufelsbrück. 200 Meter flußauf ist die schmale Einfahrt. Einlaufen: bei Niedrigwasser mit tiefgehender Yacht gemäß Plan. — Im 150 Meter langen Hafen liegen an zwei Schwimmstegen fast 100 Yachten. Die Wassertiefe im vorderen Teil ist 1½ bis 2 Meter bei N.W. — Im Hafen ein alter kleiner Kümo als Werkstadt für kleinere Reparaturen, Trinkwasser, kleine Gaststätte. An Landtankstelle nur Benzin. Bus und Fähre nach Hamburg. Nett auf der Hafenmole die Bänke mit Blick auf den Strom.

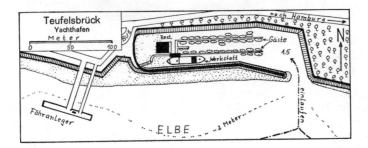

Überseebrücke: Das ist im Herzen der Stadt und insofern sehr eindrucksvoll. Man liegt an der Innenseite der großen Schwimmpontons. Aber ich denke, daß nur sehr große, schwere Yachten dort leidlich gut liegen. Kleinere Fahrzeuge dümpeln in dem kurzen Seegang der Fähren, Hafenbarkassen und Frachtschiffe unglaublich stark. St. Pauli ist nahe. Der Lärm der großen Stadt ist stark. Vom Hafenamt braucht man Erlaubnis.

Häfen auf Finkenwerder   (Plan S. 107, 98)

Finkenwerder, die alte Fischerinsel auf der Südseite des Fahrwassers. Ach, sie ist längst nicht mehr der idyllische Heimathafen der Finkenwerder Fischerewer. Der Hafenbetrieb und die Werften haben sie einbezogen. Doch wenn man aufmerksam ist und die Fähigkeit besitzt, die Industrieanlagen aus dem Bild auszublenden, dann findet man wohl hier einmal und dort noch eine leise Erinnerung, wie es war, als der kleine Klaus Störtebecker auf dem Deich die Osterfeuer brennen ließ und elbabwärts den braunen Segeln des Ewers seines Vaters nachsah. (Gorch Fock „Seefahrt ist Not". Dies Buch muß man gelesen haben.) — Mit der Fähre kann man von Finkenwerder gut und interessant nach Hamburg herüberfahren. Und vielleicht wird man von Finkenwerder aus das Wesen dieser großen Seestadt besser erleben als von den untypischen Yachthäfen. — Yachtliegeplätze sind im N e ß k a n a l und im R ü s c h k a n a l .

Der Finkenwerder Fischerewer. Das war das Fahrzeug, mit dem vor etwa 100 Jahren Finken-werder und Blankeneser Fischer und noch einige mehr das Wattenrevier verließen und sich zum Fischen auf das Seerevier herauswagten. Schollenfischerei auf der flachen See vor der Elbe, der Weser und den Inseln von Wangeooge bis Juist. Im Herbst wohl auch Austernfischerei vor den Nordfriesischen Inseln. Unglaublich hartes Fahren! — Ein starkes, aber handiges Schwerwetter-boot ist der Ewer, breit, mit langem Kiel und mäßigem Tiefgang, ohne Aufbau auf Deck.

Das Hohe Lied dieser Zeit der Segelboot-Fischerei ist das Buch „Seefahrt ist Not" von Gorch Fock. Sehr viel läßt sich daraus für das Fahren im Seerevier der Nordsee lernen. Nicht umsonst heißen an der Küste so viele Boote „Laertes", „Hein Mück", „Störtebecker" und auch „Klaus Mees".

In der Schifferkoje der „Laertes" stand:

> *Hilpt mi, Sünn und Wind*
> *Hilpt mi bit Fischen!*
> *Ik heet Klaus Mees*
> *un bün van Finkwarder*

Neßkanal, etwa 1000 Meter lang, 150 breit, ist die erste Hafeneinfahrt an der Südseite der Elbe östlich der Tonne „N" (Plan). Die Einfahrt, knapp 100 Meter breit, ist unbe-feuert. — Die S c h w i m m s t e g e für Yachten sind an der Backbordseite. Die ersten davon gehören den beiden Bootswerften (eine davon Schlipp bis 18 to). Der letzte, ge-winkelte Steg gehört dem Segelverein Finkenwerder. Am Ende des Steges ist ein Liege-platz der Kreuzerabteilung. Die Finkenwerder Segler sind zu fremden Yachten freund-lich. Daß sie sich gegen Invasion von Hamburgern wehren, muß man verstehen. — Trinkwasser bei der Bootswerft. Einkauf im nahen Finkenwerder.

Rüschkanal, nur 300 Meter östlich vom Neßkanal (Plan), hat schon viel mehr von einem Industriehafen an sich. Küstenmotorschiffe, Tankboote und das Fährschiff sor-gen für Betrieb. Hafenfeuer fest rot und grün; Richtfeuerlinie fest grün. Y a c h t - l i e g e p l ä t z e für etwa 100 Boote sind h i n t e r dem langen Schlengel an der West-seite des Hafens. Doch länger als etwa 12 Meter darf eine Yacht hier nicht sein. Es sind

Anlagen des Turn- und Sportvereins Finkenwerder. Wenn Platz ist, kann man dort liegen. Doch von der Vorderseite des Schlengels wird man von robusten Tankbootschiffern in echt Hamburger Platt nachdrücklich verscheucht. — Bei Bootswerften im Innenteil des Hafens sind weitere Liegemöglichkeiten. Dort Schlipp, Kran, Wasser und Fähre.

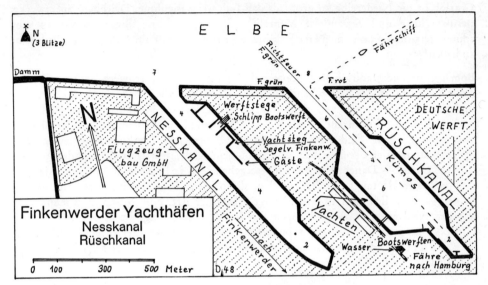

C. Das Fahren auf der Niederelbe

Einführung

Die Niederelbe auf den über 100 Kilometern zwischen Hamburg und Cuxhaven mit all ihren Inseln, Nebenarmen und Nebenflüssen ist noch ein reiches und vielfältiges Fahrtenrevier. Wie groß es war, zeigt eine Ziffer: rund 1000 Kilometer „funktionierender" Deichlinie hat es gegeben. Noch in der ersten Auflage schrieb ich, daß das Revier der Niederelbe unerschöpflich ist.

Leider ist die Niederelbe auf dem Wege, ihre Eigenart und Schönheit zu verlieren. Der Prozeß ist in vollem Gang. Kaum ein Nebenfluß, der nicht durch ein Sturmflutsperrwerk absperrbar ist; neue Brücken, begradigte und mit Steinschüttung beschickte Ufer; Inseln werden durch Deiche zum Festland geschlagen und verlieren damit den stillen Nebenarm, in dem man zum Wochenende vor Anker ging. Und Großindustrie breitet sich an den Ufern aus, daß es einem den Atem verschlägt. — Ein visionäres Bild hat mir mein Freund mit Worten gezeichnet: Die Elbe als einen einförmigen, begradigten, von Steinschüttung begrenzten, schnell strömenden Großschiffskanal! Wird euch nicht, ihr Elbsegler, (und uns allen) ein zu hoher Preis abverlangt, für ein bißchen mehr Wohlstand?

Die Niederelbe vor zehn, ja noch vor fünf Jahren, war ein unerschöpfliches System von Nebenflüssen und Nebenarmen, von verlorenen Verästelungen und versponnenen kleinen Hafenplätzen. Von alten Hafenorten, von Sandstränden, von Ankerplätzen. Von Deichen und Schleusen, Prielen und Sänden. Viele Monate reichten nicht aus, es

bis in den letzten Winkel kennenzulernen. Es gab Elbjollen und flachgehende Kielschwerter in großer Zahl, doch nur ganze zwei Yachthäfen, denn Sportboote und Berufsschiffahrt lebten damals noch in Eintracht und miteinander. Der Schiffer des
Bandreißer-Evers nahm den Jollenkreuzer auf den Haken, wenn er darum bat, und
niemand kam auf den Gedanken, nach Schlepplohn zu fragen.

Gottlob ist die Niederelbe zu groß, als daß Industrieansiedlung, Deichbau, Sperrwerke,
Berufsverkehr und gewandelte Mentalität der Wasserfahrer ihre Schönheiten sehr
schnell zerstören könnten. N o c h lohnt es, ein Sportboot im Revier der Niederelbe
zu haben!

Bootstypen: Die traditionellen Boote auf der Elbe sind die schwere breite Jolle, der
Jollenkreuzer und der flachgehende Kielschwerter. Vor allem der J o l l e n k r e u z e r
und der K i e l s c h w e r t e r sind im Laufe der letzten 50 Jahre zu vorzüglichen,
reviergerechten Schiffen entwickelt worden. Ich wundere mich immer wieder, daß sie
von neumodischen, eindeutig ungünstigeren Bootstypen Konkurrenz erleiden. Das
ganze Wattenrevier der Nordseeküste steht dem Kielschwerter und auch dem Jollenkreuzer offen. — Daneben besteht die seegehende K i e l y a c h t. Je flacher sie geht
und je besser sie taugt, trockenzufallen, desto mehr Freude wird man hier an ihr
haben. — Natürlich auch M o t o r b o o t e jeglicher Art. Nur wissen muß man: weht
auf der Niederelbe Starkwind gegen die Strömungsrichtung, ist es für das gängige
Gleitboot zu grob. — Ein sehr typisches Boot schließlich war der offene, zweimastige
S e g e l k u t t e r, meist Jugendboot des Segelclubs. Schade, daß die Kutter heut nicht
mehr gefragt sind.

*Der Kutter, das traditionelle Jugendboot der Segelclubs an der
Niederelbe. Wenn man irgendwo segeln und ein Schiff beherrschen lernen konnte, dann auf diesen offenen Booten. Eine
tüchtige Mütze Wind konnten sie ab und eine Portion Seegang.
Was diese Kutter vermögen, zeigt die 3000-Seemeilen Reise
des Kapitän Blight nach Verlust seiner „Bounty".*

Nautische Bedingungen auf der Niederelbe

Solange man im beidseits gut betonnten Hauptfahrwasser bleibt (oder unmittelbar
außerhalb seines Randes), nur tags fährt und nicht gerade Nebel herrscht, wüßte ich
von navigatorischen Schwierigkeiten zwischen Hamburg und Cuxhaven nichts zu berichten. N a c h t f a h r t auf der Elbe ist möglich. Doch ein Fremdling im Revier soll
sie sich nicht zu leicht vorstellen. — Der Berufsschiffahrt ist aus dem Wege zu gehen.

D i e T i d e n s t r ö m u n g läuft stark (siehe unten). Man muß sehr darauf achten,
daß sie einen nicht auf eine Tonne setzt. Die Tonne ist stärker. Mehr als ein kleines
Sportboot hat seine Karriere auf diese Weise beendet.

In Hamburg mag die Elbe 500 Meter, bei Yachthafen Hamburg 1 Kilometer, später
2 (bis 3) Kilometer breit sein. Seewärts von Brunsbüttel erweitert sich der Elbtrichter
rasch. Ich erinnere mich nicht, bei Cuxhaven das gegenüberliegende Ufer je gesehen zu
haben. Seewärts Brunsbüttel werden Baumwuchs und Bebauung hinter den Seedeichen
rar. Da spürt man die Nähe der See.

S e e g a n g kann einem Sportboot, und zwar nicht nur einem kleinen, bei Starkwind
oder Sturm auf der g a n z e n Niederelbe zu tun geben. Und zwar besonders dann

und dort, wo starker Wind auf längeren Strecken des Flusses dem Tidenstrom entgegen weht. Kentert die Strömung, wird es sogleich viel handiger. Dies vor Augen, mag man die Niederelbe bis Brunsbüttel mit einiger Einschränkung noch als eine Art von Binnenrevier ansehen.

S e e w ä r t s   v o n   B r u n s b ü t t e l muß man das Hauptfahrwasser der Elbe wie Seerevier betrachten. Weht Starkwind gegen die Tidenströmung, so läuft dort steiler, brechender Seegang von etwa 2 Meter Höhe (bei Sturm auch mehr). Es sind die nassesten Fahrten, an die ich mich erinnere. Bei Sturm kann seewärts Brunsbüttel bei ungünstiger Tide auch ein voll seefestes Boot nicht gegen Wind und Seegang ankommen. Nicht von ungefähr sind dort bei jener verhängnisvollen Elbregatta vor einem Jahrzehnt ein halbes Dutzend Segler ertrunken.

D i e   B e t o n n u n g des Elbfahrwassers ist gut. Schwarze Spitztonnen mit Buchstaben an der Südwestseite, rote Spierentonnen mit Nummern an der Nordostseite. Unfreundlich ist, daß die Tonnen so gerne ihre Nummern oder Buchstaben wegkehren. Nebenfahrwasser sind durch Fahrwasserteilungstonnen mit Aufschrift bezeichnet. Ein Sportboot läuft an der Steuerbordseite und dicht am Rande des Fahrwassers. Kreuzt man, so muß man die Schläge nach der Berufsschiffahrt einrichten. Da man meist weit über den Tonnenstrich herauslaufen kann, ist das nicht schwierig zu machen. — Die nautischen Signale muß man beherrschen, vor allem die Kursänderungssignale!

Gezeitenströme der Niederelbe

Die Flutwelle pflanzt sich von See her flußaufwärts fort. 11 Seemeilen pro Stunde ist ihre Geschwindigkeit. So trifft sie an den Elbbrücken bei Hamburg etwa 5¹/2 Stunden später ein, als in Cuxhaven. Ein Schiff, das 11 Knoten läuft, kann stromaufwärts immer auf der Hochwasserwelle reiten. Die tiefgehenden Schiffe tun dies auch. S t r o m a u f fahrend hat man also lange Tiden. Fährt man s t r o m a b , so sind die Tiden kurz. Denn man fährt ja — sozusagen — dem nächsten Niedrigwassertal entgegen.
Man muß aber nicht nur die Wasserhöhe, sondern auch die S t r ö m u n g s r i c h t u n g wissen. Da wird es auf der Elbe kompliziert. Denn in der Elbmündung sind so ungeheuer große Wassermassen z. B. bei Ebbstrom „in Schwung" geraten, daß sich ihnen erst ein ordentlich hoher Flutberg entgegenstemmen muß, ehe die Strömung zum Stellstand kommt. So erklärt sich, daß z. B. bei Cuxhaven der Wasserspiegel schon wieder 2 Stunden lang steigt und dennoch die Strömung noch immer seewärts läuft (und wie!). So ist also ein erheblicher Unterschied zwischen dem Zeitpunkt von Hochwasser und Niedrigwasser und dem Kentern der Strömung. Man muß ihn kennen, sonst kann man sich erhebliche Schwierigkeiten schaffen, denn vor Cuxhaven läuft der Ebbstrom zur Springzeit etwa 5 Knoten schnell. Lebhaft erinnere ich mich, wie ich mit meinem ersten Boot zu Beginn meiner Nordseezeit zum Entzücken der photofreudigen Touristen vor dem Bollwerk „Alte Liebe" über eine Stunde lang bei Flaute gegen den auslaufenden Strom auf der Stelle getreten bin, obwohl mein Boot mit seinem 6-PS-Diesel in ruhigem Wasser immerhin 5 Knoten lief.
Der Zeitunterschied zwischen dem höchsten (oder niedrigsten) Wasserstand und dem Kentern des Stromes nimmt elbaufwärts ab. Dafür wird der Unterschied zwischen der Dauer der auslaufenden und der einlaufenden Strömung größer. Je weiter flußauf, desto länger läuft es aus. Wo die Tide aufhört, läuft es nur noch aus. So ist es also ganz hübsch kompliziert.

Um das zeitraubende Nachschlagen und Rechnen zu sparen, habe ich mir bei meiner Elbfahrerei eine Tabelle zusammengestellt. Jetzt brauche ich nur noch die Hochwasserzeit und die Niedrigwasserzeit für Cuxhaven nachzuschlagen. Dann finde ich für die wichtigsten Orte der Elbe A) den Zeitpunkt, wann die einlaufende Strömung beginnt und wann sie endet, B) die Geschwindigkeit der voll laufenden Strömung an diesen Orten bei Springzeit und (in Klammern) bei Nippzeit, sowie C) den Zeitpunkt des örtlichen Hochwassers und Niedrigwassers.

Man muß wissen, daß diese Zeiten nicht auf die Minute stimmen können, denn bei Springzeit ist's etwas anders als bei Nippzeit, und manchmal setzt die Strömung in einer Seite des Flußbettes früher ein als an der anderen. Auch der Wind spielt eine Rolle.

Die Tabelle für die Ermittlung von Strömung und Wasserstand für acht verschiedene Plätze der Elbe ist auf Hochwasser und Niedrigwasser bei Cuxhaven bezogen. Spalte A gibt den Zeitpunkt des Kenterns der Strömung an. Spalte B nennt die volle Strömungsgeschwindigkeit bei Springzeit und (in Klammern) bei Nippzeit. Spalte C läßt den Zeitpunkt für örtliches Hochwasser und Niedrigwasser ermitteln.

Elbe bei	Distanz sm	A Strömung Die Strömung setzt elbaufwärts von N.W. Cuxhaven plus ...Std.	bis H.W. Cuxhaven plus ...Std.	B Geschwindigkeit (volle in Knoten) einlaufend sm/h Spr. (Np.)	auslaufend sm/h Spr. (Np.)	C Wasserstand örtliches Hochw. ist: H.W. Cuxh. plus ...Std.	örtliches Ndrigw. ist: N.W. Cuxh. plus ...Std.
Cuxhaven	—	2¹/₄	1³/₄	4,0	4,5	—	—
Otterndorf Bake	8	2¹/₂	1³/₄	3,5	4,0	0 h 25 m	0 h 30 m
Oste (Tonne)	12	2³/₄	2	3,5 (2,5)	4,0 (3,8)	0 h 50 m	1 h 10 m
Brunsbüttel (Kanalreede)	17	3¹/₄	2¹/₄	2,7	4,0	1 h 15 m	1 h 25 m
Glückstadt	29	3¹/₂	3	2,4 (2,1)	2,6 (2,4)	2 h 0 m	2 h 20 m
Stadersand	41	3³/₄	3¹/₂	2,6 (2,2)	2,5 (2,0)	3 h 0 m	3 h 30 m
Yachthafen Hamburg	47	4¹/₂	3³/₄	2,2	2,2	3 h 35 m	4 h 15 m
Hamburg nahe Elbbrücke	56	5¹/₂	4³/₄	1,5	2,0	4 h 30 m	5 h 20 m

Beispiele für die Benutzung der Tabelle

F r a g e a : Wann beginnt in Cuxhaven elbaufwärts setzende Strömung?
Abteilung A der Tabelle besagt, daß der elbaufwärts setzende Strom 2¹/₄ Stunden nach Niedrigwasser in Cuxhaven beginnt. Ist heute Niedrigwasser in Cuxhaven beispielsweise um 10.00 Uhr, so ist also etwa um 12.15 Uhr Stillwasser, und die elbaufwärts setzende Strömung setzt ein.

F r a g e   b : Wann beginnt in Cuxhaven seewärts setzende Strömung?
Nach Spalte 2 in der Abteilung A der Tabelle läuft die Strömung bei Cuxhaven elbaufwärts bis zur Zeit des Hochwassers in Cuxhaven plus 1³/₄ Stunden. Ist nach Tidenkalender beispielsweise das Morgenhochwasser in Cuxhaven um 3.45 Uhr, dann beginnt der auslaufende Strom also 1³/₄ Stunden danach. Das ist um 5.30 Uhr. — Da
muß also die Crew ganz schön früh aus den Federn geholt werden, wenn man nach
See auslaufen will.

F r a g e   c : Wie schnell läuft der volle Tidenstrom bei Cuxhaven seewärts?
Das sagt Abteilung B in der Tabelle. Da steht 4,5. Das heißt, die volle Strömungsgeschwindigkeit ist bei Springzeit 4,5 Knoten (= Seemeilen/Stunden). — Wenn die
Strömungsgeschwindigkeit auch für Nippzeit bekannt ist, wird sie in Klammern angegeben.

F r a g e   d : Wie lange läuft heute die Strömung beim Yachthafen Hamburg elbaufwärts?
Da sagt die Tabelle in Abteilung A, Spalte 2: elbaufwärts setzender Strom ist am Yachthafen Hamburg bis 3³/₄ Stunden nach Hochwasser in Cuxhaven. Wenn nach Tidenkalender das Abendhochwasser in Cuxhaven beispielsweise um 16.15 Uhr ist, dann also
noch 3³/₄ Stunden länger. Das ist bis 20.00 Uhr. — Vergleicht man dieses mit der Antwort auf Frage a), dann sieht man, daß man auf dem Wege von Cuxhaven zum Yachthafen Hamburg fast 8 Stunden lang mitlaufenden Strom hat. Herrlich.

S t r o m a b w ä r t s aber ist die Strecke vom Yachthafen Hamburg bis Cuxhaven in
e i n e r Tide nicht zu schaffen (nur 4 Stunden ständen zur Verfügung). Doch Häfen
und Ankerplätze sind genug auf dem Weg.

Auf der Elbe wie auf jedem Tidengewässer „lebt man mit der Tide". Schiffer aus anderen Revieren finden das bemerkenswert. Dem „Nordseemann" wie jedem Schiffer an
einem Weltmeer ist das in Fleisch und Blut übergegangen. Oft braucht er gar nicht
mehr darüber nachzudenken. — Ich finde es schön, daß unser Fahren an der Nordsee
solchen Regeln unterworfen ist. Wie langweilig wäre es an einem gezeitenlosen Gewässer! Und wie herrlich ist es, wenn man mit Ausnützung des Tidenstromes lange
Reisen machen kann, die sonst nicht möglich sind.

Fahren in der Nacht   (Vergleiche Plan S. 114, 119, 125, 129, 134)

Die Elbe ist für die Nachtfahrt befeuert. Es sind nachts kaum weniger Schiffe unterwegs als am Tage. Die Befeuerung ist nach einem einheitlichen System durchgeführt,
und zwar wie folgt:

R i c h t f e u e r l i n i e n : Von Cuxhaven an sind Richtfeuerlinien eingerichtet. Also
jeweils zwei Leuchttürme an Land. Ein höherer in größerem Abstand vom Fahrwasser
als Oberfeuer. Ein etwas niedriger dichter am Fahrwasser als Unterfeuer. Stets hat das
Oberfeuer ein festes Licht und das Unterfeuer am Fahrwasser ein unterbrochenes Licht
(z. B. 3 Sekunden hell, 1 Sekunde dunkel). Wo das Fahrwasser sich krümmt, erfolgt der
Übergang von einer Richtfeuerlinie in die nächste. An diesen Übergangstellen sind
manchmal auch Feuer mit Leitsektoren. Man muß noch wissen, daß nicht immer die
Richtfeuer voraus aufgestellt sind. Sehr oft fährt man in einer Richtfeuerlinie, deren
Feuer achteraus vom Schiff stehen.

S e i t e n b e g r e n z u n g : Vernünftigerweise können nicht alle Schiffe genau auf der Richtfeuerlinie fahren. Sie müssen schließlich aneinander vorbei. So hat man es eingerichtet, daß das unterbrochene Unterfeuer nicht nur Richtfeuer, sondern auch Leitfeuer ist. Das heißt: der Sektor unterbrochen weiß ist so breit, wie es die Tiefe des Fahrwassers für Großschiffe eben zuläßt. Die Großschiffe fahren also meist nicht „Feuer in Linie", sondern Feuer etwas offen, doch noch im Sektor unterbrochen weiß des Unterfeuers. Dort an der rechten Seite.

Um nun zu warnen, wann man aus der Richtfeuerlinie zu weit zur Seite abzuweichen beginnt, ist folgende Einrichtung getroffen: Ist man aus der Richtfeuerlinie so weit heraus, daß für ein t i e f g e h e n d e s Schiff das Fahrwasser zu flach werden kann, so zeigen die Unterfeuer Blitze. An der Nordostseite des Fahrwassers (flußauf fahrend backbord) ist es eine gerade Zahl von Blitzen (also eine Gruppe von 2 oder 4). An der Südwestseite ist es eine ungerade Zahl (1 oder 3 oder 5). Im Allgemeinen hält einen dieser Warnsektor auch von unbefeuerten Tonnen frei.

Was die Wassertiefe angeht, so können Yachten o f t ein sehr erhebliches Stück weit in diesen Warnsektor hineinfahren. Doch ist darauf kein Verlaß, und jedenfalls können einem dort unbefeuerte Tonnen im Wege liegen. Man soll es also nicht ohne Seekarte tun. — Oft warnt ein roter Sektor des Unterfeuers, wo für tiefgehende Schiffe die unmittelbare Gefahr des Auflaufens besteht. Oft sind auch Leuchttonnen so ausgelegt, daß sie vor dem Rand von Bänken warnen.

Q u e r m a r k e n f e u e r : Die geben den Übergang von einer Richtfeuerlinie in die nächste an, können aber auch Nebenarme, Hafeneinfahrten oder Flußmündungen bezeichnen. Oft steht beim Wechsel der Richtfeuerlinie auch eine Leuchttonne.

I s t e s s c h w e r , bei Nacht auf der Elbe zu fahren? Ich denke, viel hängt von der Übung ab. Hat man derlei noch nie gemacht, so sollte man es das erste Mal gewiß nur bei gutem Wetter und ein bißchen Mondlicht tun. Ein Handscheinwerfer sollte griffbereit sein. Einen von der Crew würde ich als Ausguck nach achteraus einteilen. Ein anderer kann mit dem Nachtglas auf unbefeuerte Tonnen achten. Der Schiffer aber soll sich die Hände frei und die Gedanken klar halten. — Ich selber liebe es über alle Maßen, auf einem so belebten Strom wie die Elbe, im Dunkeln zu fahren. Ist man viel auf dem Wasser, so bringt ja nicht jeder Tag mehr spannendes Neues. Doch solche Fahrt in der Nacht auf der Elbe ist noch immer ein großes Erlebnis.

Nachtfahrt zwischen Hamburger Yachthafen und Brunsbüttel

Das Prinzip der Richtfeuer ist oben beschrieben. Statt die Quermarkenfeuer anzuführen, nenne ich meist nur die Leuchttonnen, bei denen ein Kurswechsel erfolgt. — Ich gebe die Beschreibung für die Fahrt f l u ß a b w ä r t s , wo man wegen der „kürzeren Tiden" wohl häufiger in Dunkelheit gerät. Um das Umdenken in Fahrt flußaufwärts zu erleichtern, habe ich in Klammern die Kompaßkurse der Richtfeuerlinien für die Fahrt flußaufwärts angeführt. — Was die Kompaßkurse angeht, so sollen sie für den Schiffer eines ausweichpflichtigen Sportbootes nur ein Hilfsmittel zur Orientierung sein. — Geringfügige Änderungen der Befeuerung erfolgen sehr oft, grundlegende gottlob selten. — Die nachfolgenden Pläne können helfen, sich das hier beschriebene deutlich zu machen.

Vom **Yachthafen Hamburg** auslaufend trifft man etwa in der Mitte des Fahrwassers die im Westen stehende Richtfeuerlinie L ü h e - G r ü n e n d e i c h . Sie führt 278° (98°). Da sie zu dicht an die Lühemündung heranführt, bin ich knapp 1 Seemeile in Höhe der Leuchttonne 49 (Funkelfeuer rot) mit Kurs 300° (120°) nach Norden aus dieser Richtfeuerlinie herausgegangen. Nach etwa 1 Seemeile habe ich die achteraus (also ostwärts) stehende Richtfeuerlinie S o m f l e t h e r w i s c h - M i e l s t a c k auf-gefaßt. Die führt in 316° (136°). Nach etwa 2 Seemeilen kommt voraus (also nordwest-lich vom Schiffsort) die Richtfeuerlinie B ü t z f l e t h e r S a n d in Deckung. Sie führt fast ohne Richtungsänderung weiter, nämlich 308° (128°). Sie führt dicht auf Stader-sand zu.

Bei Stadersand kommen oft viele Schiffe auf engem Raum zusammen. Ich bin deshalb querab von Tonne W (weißes Funkelfeuer mit Unterbrechung) aus der Richtfeuerlinie nach Norden herausgegangen. Im Leitsektor Gleichtakt weiß des achteraus (voraus) stehenden Feuers von T w i e l e n f l e t h bin ich 330° (150°) gelaufen. Nach reichlich 1 Seemeile habe ich bei der Leuchttonne V 1 (weiß mit drei Unterbrechungen) wieder eine Richtfeuerlinie getroffen und zwar die achteraus stehenden Richtfeuer Stader-sand.

Richtfeuer S t a d e r s a n d führen mich nun von nördlich von Stadersand bis zur Nordhälfte von Pagensand 345° (165°). Da hat man nun 4 Seemeilen einfaches Fahren.

Bei Pagensands Nordspitze wird das Hauptfahrwasser zwischen Schwarztonnen-Sän-den und den Leitdämmen Pagensands auf 450 Meter Breite eingeengt. Auf den Leit-dämmen stehen die Leuchtbaken Pagensand-Mitte und Pagensand-Nord (Plan Seite 119). Bei Pagensand-Nordseite darf man sich durch Strömung und Schiffsverkehr nicht auf den Leitdamm drücken lassen. Solange Leuchtbake Pagensand-Nord (4 Unterbrechun-gen) nicht rot zeigt, ist man davor sicher. Auch der weiße Leitsektor des Leuchtturms S t e i n d e i c h (2 Unterbrechungen) markiert hier einen sicheren Sektor. Ich bin hier meist nach diesem weißen Sektor Steindeich gefahren und habe mich um die achteraus stehenden R i c h t f e u e r P a g e n s a n d 314° (134°) nur gekümmert, wenn ich fluß-aufwärts fuhr. — An der Südwestseite des Fahrwassers warnt Tonne S (weiß, unter-brochen) vor den Schwarztonnensänden.
Hatte ich Bake Pagensand-Nord passiert, so bekam ich in Nordwestrichtung zwei neue Richtfeuer in Linie. Das sind Richtfeuer K r a u t s a n d . Sie führten mich 2¹/₂ See-meilen weit 303° (123°). — Hinter der roten Tonne 33 (Funkelfeuer rot) habe ich dann in die neue Richtfeuerlinie R u t h e n s a n d gewechselt. Sie führt 342° (162°). Ihre Feuer stehen achteraus, also südlich vom Schiffsort. — Sollte es aber nach **Glück-stadt** gehen, so habe ich bei der Tonne 33 den grünen Sektor (unterbrochen) des Unter-feuers Ruthensand aufgefaßt und bin in dem nordwärts in die Glückstädter Nebenelbe eingelaufen (Anlaufen Glückstadt: Seite 131).
Im Richtfeuer Ruthensand hat man wieder einfaches Fahren. Nach etwa 3 Seemeilen geht man fast ohne Richtungsänderung in die Richtfeuerlinie B r o c k d o r f - H o l l e r-w e t t e r n über. Die führt 340° (160°). Insgesamt bleibt man in der Richtfeuerlinie Ruthensand und Brockdorf-Hollerwettern 5¹/₂ Seemeilen lang. Um n a c h G l ü c k-s t a d t durch das Nordfahrwasser einzusteuern, verläßt man sie, wenn Glückstadt-Unterfeuer unterbrochen grün sichtbar wird. Eine Vorwarnung ist, daß Leuchtbake Rhinplatte-Nord von weiß, 4 Unterbrechungen, in rot, 4 Unterbrechungen wechselt.

Ich bin im grünen Sektor des Unterfeuers Glückstadt ostwärts gelaufen, bis ich zwischen fest grün und rot den Leitsektor weiß von Glückstadts Hafeneinfahrt erreicht hatte. In dem lief ich auf Glückstadt zu.

Auf dem Weg **nach Brunsbüttel** hat man zunächst voraus die Richtfeuer B r o c k d o r f - H o l l e r w e t t e r n. Die führen 340° (160°). — Vor der Störmündung bei der Leuchttonne H (Blinke) bin ich in die Linie der Richtfeuer G l ü c k s t a d t übergegangen. Die Feuer stehen achteraus und führen 312° (132°). Fast 4 Seemeilen weit bin ich in der Linie der Glückstadt-Richtfeuer gelaufen. Dabei habe ich den Steuerbord stehenden Leuchtturm B r o c k d o r f - O b e r f e u e r passiert. Der hat festes Feuer. Nacheinander bin ich durch seine Sektoren grün, weiß, rot (querab), weiß, grün und wieder weiß gelaufen (fast achteraus). In diesen Leitsektor fest weiß von Leuchtturm Brockdorf bin ich dann auf 290° eingedreht. Bis zu diesem Moment hatte ich voraus das Leitfeuer S c h e e l e n k u h l e n mit seinem Leitsektor unterbrochen weiß, der mir recht nützlich war.

Der neue Kurs im Sektor fest weiß des nun achteraus stehenden Feuers B r o c k d o r f läßt mich am Leuchtturm S c h e e l e n k u h l e n vorbeifahren. Während ich vor ihm passiere, zeigt er fest rot, fest grün, weiße Blitze und schließlich unterbrochen weiß. Das ist mein neuer Leitsektor. In ihn drehe ich mit Westkurs ein. Im Leitsektor dieses achteraus stehenden Feuers fahre ich fast 5 Seemeilen weit bis vor die Schleusen des Nord-Ostsee-Kanales und die Einfahrt zum Alten Hafen Brunsbüttel. Entweder laufe ich dort in den **Nord-Ostsee-Kanal** ein (Seite 139), oder ich folge den Richtfeuern in den Alten Hafen von **Brunsbüttel** (Seite 138).

D. Yachthafen Hamburg bis Stade

Von Yachthafen Hamburg bis Stadersand 7 Seemeilen; 2 mehr bis zum Stadthafen von Stade. Der ist für eine Yacht auf Wanderfahrt ein sehr lohnendes Ziel. Durch grünes

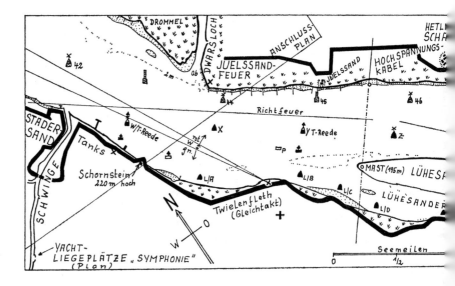

Land führt die Reise. Doch kurz vor Stadersand beginnt dann nochmal intensiv Industrie. — **Häfen** sind N e u e n s c h l e u s e, der Nebenfluß L ü h e, der Yachthafen in der S c h w i n g e und natürlich der Stadthafen des ehrwürdigen S t a d e.

Das Nordufer: Das ist die holsteinische Seite der Elbe. Unmittelbar westlich vom Yachthafen Hamburg mündet das trockenfallende Flüßchen W e d e l e r   A u (Plan). Es kann zur Hochwasserzeit von mittelgroßen Sportbooten bis Wedel befahren werden. — An der Elbe folgt breites Watt mit langen Buhnen. Weithin sichtbar kreuzt nach 4 Meilen eine riesenhohe Hochspannungsleitung die Elbe (Ankerverbot). Am Ufer liegt hinter dem Deich H e t l i n g e r   S c h a n z e, 1672 vom dänischen König Christian V. gegen die Hamburger erbaut. Eine Seemeile weiter steht der „kleine Cohn"; das ist das kleine Leuchtfeuer Juelssand. Da zweigt das D w a r s l o c h in die Haseldorfer Binnenelbe ab.

Das Südufer, die niedersächsische Seite, wird vom Yachthafen Hamburg durch die flache Elbinsel H a n s k a l b s a n d getrennt. Hinter Hanskalbsand läuft die H a h n ö f e r   N e b e n e l b e, ein Nebenfahrwasser. Neuenschleuse-Yachthafen liegt dort und die (frühere) Elbinsel Hahnöfer Sand. — Eine Seemeile westlich von Hanskalbsand mündet bei den vielen Leuchttürmen das Flüßchen D i e   L ü h e. Hier biegt der Elbstrom nach Nordwesten. Es folgt die (ehemalige) Elbinsel L ü h e s a n d. Ihre Nordspitze ist durch die auffällige Hochspannungsleitung markiert. Wunderschöne Ankerplätze lockten in der jetzt abgesperrten Lühesander Süderelbe hinter Lühesand. — Wir passieren die Deichhuk Twielenfleth. Danach beginnt viele Seemeilen weit Industriegelände. Der 220 Meter hohe Riesenschornstein des Kraftwerkes ist sein auffälligstes Wahrzeichen. 1000 Meter nordwärts liegen S t a d e r s a n d mit der Mündung der S c h w i n g e, der Zufahrt nach Stade.

Häfen, Fahrwasser, Inseln

Hanskalbsand und der ostwärts anschließende Schweinssand sind Elbinseln. Zusammen sind sie 4 Seemeilen lang. Die Hahnhöfer Nebenelbe zieht hinter Hanskalbsand. — Die

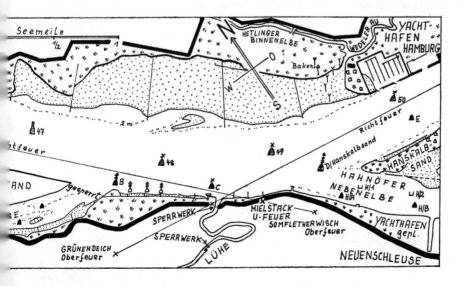

Inseln liegen gegenüber von Yachthafen Hamburg. Mit kleinem Boot (und Zelt) ist es schön, dort am Sandstrand zu landen. Hanskalbsand ist unbewohnt und teilweise mit Buschwerk bewachsen.

Hahnöfer Nebenelbe läuft als betonntes Nebenfahrwasser südlich der Inseln Hanskalbsand und Schweinssand vorbei. Die Betonnung (Buchstaben „H") liegt dicht und ungleichmäßig, denn das tiefe Fahrwasser läuft verzwickt und ist veränderlich. Nahe Niedrigwasserzeit muß eine Yacht von Tiefgang außerhalb der Tonnenreihen vorsichtig navigieren. — Hahnöfer Nebenelbe wird von Berufsschiffahrt kaum befahren. Wenn nicht gerade frischer Wind gegen die Strömungsrichtung weht, gibt sie gute Ankerplätze ab.

Das Alte Land: So heißt ein etwa 30 Kilometer langer, 3 bis 6 Kilometer breiter Streifen am Südufer der Elbe. Es ist flaches Marschland. Niederländische Siedler haben es um 1200 besiedelt und eingedeicht. Heute ist es das nördlichste Gebiet der Erde, in dem geschlossen nichts als Obst angebaut wird. Riesig groß sind die Bauerngehöfte im Alten Land, und selten fehlen an ihrem Giebel die „Pferdeköpfe" und am Eingang der große Portalbogen. N e u e n s c h l e u s e wird der beste Sportboothafen sein, um das Alte Land kennenzulernen. Von da sollte man die halbe Stunde Weg auf dem Deich bis zur Einmündung der Lühe laufen. Oder landein nach J o r k. Oder nach B o r s t e l, wo direkt hinter dem hohen Deich die Katenschinken zum Räuchern in Räucherhäusern hängen und der Friseur seinen Laden ausgerechnet auf dem Elbdeich betreibt.

Am schönsten ist es im Alten Land, wenn die Obstbäume blühen. Doch dann ist es noch kalt, und nur die Narren sind schon auf dem Wasser. Doch auch im Sommer zur Erntezeit ist's eindrucksvoll genug; denn um die Vögel von den Kirschen fernzuhalten, flattern, knattern, blitzen und knallen hunderte von Vogelabwehrvorrichtungen. — Doch die Äppelkähne, auf denen früher der Segen nach Hamburg gebracht wurde, die gibt es schon lange nicht mehr.

Die Este mündet am Südufer der Elbe von Blankenese. Mit der Tide kann man sie bis B u x t e h u d e herauffahren. Doch weiß ich nicht recht, ob die Umständlichkeit mit den beiden Brücken über den Sturmflut-Sperrwerken für eine Yacht mit Mast wirklich belohnt wird (Plan S. 115).

Hahnöfersand ist eine Elbinsel südlich der Hahnöfer Binnenelbe gewesen. Ein Jugendgefängnis ist darauf und das Betreten verboten. Die Borsteler Binnenelbe trennt Hahnöfersand vom Festland. Der kleine stille Borsteler Hafen liegt dort. Doch die Borsteler Binnenelbe soll durch Dämme verschlossen werden.

Borsteler Hafen, durch die Borsteler Binnenelbe zugänglich, diente früher zum Verladen des Obstes aus dem Alten Lande für Hamburg. Mit der Absperrung der Binnenelbe wird er nicht mehr zugänglich sein.

Neuenschleuse, bislang ganz kleiner Sielhafen an der Hahnöfer Süderelbe, soll zu einem Hafen für 200 Sportboote ausgebaut werden. Damit wird Neuenschleuse zu einem wichtigen Yachthafen an einem sehr schönen Teil des Elbufers werden (Plan S. 115).

Lühesand ist eine 3 Kilometer lange hochwasserfreie Elbinsel zwischen Yachthafen Hamburg und Stadersand. Durch die fast 200 Meter hohe Hochspannungsleitung, die an ihrer Nordspitze die Elbe kreuzt, ist sie unverwechselbar. Hinter Lühesand lief, 300 bis 400 Meter breit und betonnt, die L ü h e s a n d e r S ü d e r e l b e. Sie gab herrliche Ankerplätze ab. Doch ist man dabei, die Lühesander Süderelbe abzusperren und Lühesand in die Festlandsdeiche einzubeziehen.

Stade und Stadersand   (Plan S. 114, 120)

Stadersand: Früher war Stadersand an der Mündung der Schwinge in dem breit hinge-streckten flachen Deichvorland als einziges von Deichen umschlossen. So wirkte es wie eine Insel. — Heute läuft der Elbdeich dicht am Fluß, und das nun sturmflutfreie Land hinter dem Deich ist mit Industrieanlagen bebaut. Stadersand verschwindet zwischen Symbolen des Fortschritts. Ein 220 Meter hoher rot-weißer Schornstein 1000 Meter elbauf und die auffällig geformten Pilztürme der neuen Feuerträger zeigen, wo es liegt. Flußauf und flußab von Stade Schornsteine, Gerüste, Hallen und Türme.

D i e S c h w i n g e münDet bei Stadersand. Bake mit Zylindertoppzeichen steht Back-bord, auffälliges Pegelhaus steuerbord. Etwa 40 Meter ist die Schwinge hier breit. Da fast immer an der Kaje der Steuerbordseite Kümos liegen, ist die Einfahrt wirklich eng. Die Zeiten, da man unter Segeln einlief, sind vorbei. Hier muß man meist motoren und sehr auf den Verkehr und die kräftige Strömung achten. — Die Kajen im Fluß an der Steuerbordseite kann man höchstens zu ganz kurzem Festmachen brauchen. Die Sport-bootschlengel von Stadersand „Symphonie" liegen 2 Kilometer flußauf.

Schön ist es, auf Stadersand abends auf der Deichkante zu sitzen oder, wenn es nicht zu voll ist, auch in der Gaststätte am Fluß. Es führen ja die beiden Richtfeuerlinien des Hauptfahrwassers ganz dicht an Stadersand vorbei. Das sieht dann richtig gefährlich aus, wenn die schweren Frachter stur Kurs auf das Ufer zu halten und erst — wie es scheint — im letzten Moment abdrehen, nämlich in die neue Richtfeuerlinie hinein.

Die Schwinge, Nebenfluß der Elbe, verbindet Stadersand mit der 4 Kilometer landein liegenden Stadt Stade und ihrem Hafen. Etwa 50 Meter breit ist die Schwinge. 60 Meter lange, 4 Meter tiefe Frachter fahren darauf. Die Wassertiefe bei N.W. ist 3 Meter bei Stadersand und 1½ bei Stade. Masten dürfen 24 Meter hoch, die Geschwindigkeit 8 km/h sein. — Ein S p e r r w e r k ¾ Seemile flußauf schließt nur bei unnormal hohem Wasserstand. Es hat eine bewegliche Brücke. Eine E i s e n b a h n k l a p p - b r ü c k e kreuzt ½ Meile dahinter. 4,4 Meter Durchfahrtshöhe bei H.W. und ge-schlossener Brücke. Da sind die Liegeplätze „Symphonie". — Dann freie Fahrt bis Stade.

Der wichtigste Grund, auf Wanderfahrt Stade zu besuchen, ist die sehenswerte Altstadt von Stade und sein nicht übeler Hafen.

Stadersand-Symphonie: So heißen neue Yachtliegeplätze an der Schwinge (siehe großen Plan Seite 120, unten links). Sie liegen 1 Seemile flußauf hinter dem neuen Sperrwerk bei der Eisenbahnbrücke. Vor und hinter der Brücke sind backbord zwei Ausbuchtun-gen. Da liegen die Boote an Schlengen; vor der Brücke Segler, hinter ihr Motorboote. Die Wassertiefe ist jetzt noch etwa 1 Meter bei N.W. (weicher Schlick), doch alles spricht dafür, daß es flacher wird. — Der Yacht- und Motorclub Stade betreut Hafen, Wasch-, Dusch- und Toilettenräume; die Kreuzerabteilung hat einen Liegeplatz.

Stade   (Plan S. 96, 118)

Stade ist eine sehr alte Stadt, älter als Hamburg. Die Altstadt ist unversehrt und großenteils unverändert erhalten. Schriebe ich einen Baedecker, so bekäme sie drei Sterne,
denn heile alte Städte sind in Deutschland rar, und nur Leer kann sich an der deutschen
Küste mit Stade vergleichen. — Die Altstadt Stades liegt noch in den Festungsgräben,
mit denen Gustav Adolf sie im 30-jährigen Krieg umgeben ließ. Der nachgerade leider
baufällige Schwedenspeicher am Alten Hafen ist damals errichtet worden. Das Bürger-
meister-Hinze-Haus (1621) zeugt vom Wohlstand der damals schwedischen Stadt. Das
weiße, ebenfalls schwedische Zeughaus war Rüstungsdepot. Und über allem ragt der zu
grüner Patina angelaufene, kupfer-gedeckte Kirchturm der St. Cosmae-Kirche. — Die
Neustadt Stades, das immerhin 50 000 Einwohner hat, liegt getrennt von der Altstadt. — Solange die Altstadt, die ungefähr 5000 Bewohner hat, unverändert erhalten
bleibt, ist sie für eine Yacht auf Wanderfahrt ein wichtiges Reiseziel. — Wenn Sturm
über das Land fährt und Regen ungemütliche Tage macht, dann ist man in Stade am
allerbesten untergebracht. Wind spürt man in dem gut geschützten Hafen kaum. In
Stade sind das Urgeschichtsmuseum, das Heimatmuseum und noch ein Freilichtmuseum.
Die schöne alte Stadt hat dichte Atmosphäre. Und wenn das schlechte Wetter kein Ende
nehmen will, kann man mit der Bahn nach Hamburg fahren.

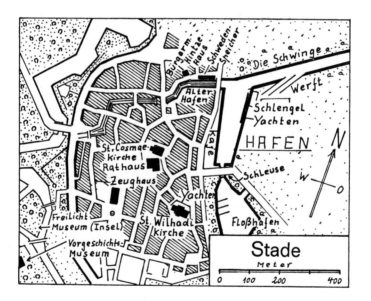

Der Hafen von Stade ist ein knapp 300 Meter langes, knapp 100 Meter breites
Becken. 1 bis 2 Meter Wasser sind bei N.W. an den Kajen. Ein Sportboot ist am besten
an der Schlenge an der Ostseite untergebracht. Doch kann man auch an den Kajen
belegen. Da liegen Küstenschiffe, an denen man längsseits festmachen kann. Der Hafen
ist als kleiner Handelshafen kein ungünstiger Platz. — Der Floßhafen liegt südlich vom Stadthafen (Plan) und ist durch eine Schleuse tidefrei. Da sind an drei Stegen
die Liegeplätze der Stader Yachten, soweit sie nicht in der „Symphonie" festgemacht
haben. Geschleust wird abhängig von der Tide gemäß Anschlag auf der Schleuse. —
Im Hafen sind starke Kräne (10 to). Es gibt eine Werft für Küstenschiffe.

E. Stadersand bis Pagensand-Nord   (Plan S. 120)

Hier liegt auf nur 6 Seemeilen Distanz das wahrscheinlich schönste Revier der Niederelbe in der Nähe von Hamburg: Mehrere Elbinseln sind da: P a g e n s a n d ist die
größte. Dahinter münden die befahrbaren Flüsse P i n n a u und K r ü c k a u. Da
ziehen Nebenfahrwasser und Nebenarme. Da sind die zahllosen Arme der H a s e l -
d o r f e r B i n n e n e l b e, die sich in urwaldartigem Buschland verlieren. Wir ankern,
während Fischreiher am Schilfrand ihre Mahlzeit suchen und wo Wasserhühner, Kibitze
und Wildgänse zuhause sind. Pinnau und Krückau locken zu Entdeckungsreisen. Auch
die Insel Pagensand und ihr kleiner Bauernhafen. Und Yachthäfen gibt es obendrein.
— Noch ist es hier zauberhaft schön; des morgens, wenn sich die Elbnebel heben, des
Abends, wenn die Sonne in ihren Farben hinter Pagensand zur Ruhe geht.

Häfen sind am holsteinischen Ufer: Yachthafen K r ü c k a u m ü n d u n g, Yachthafen P i n n a u m ü n d u n g sowie der kleine, versponnene H a s e l d o r f e r
H a f e n. An der Krückau liegt E l m s h o r n, an der Pinnau U e t e r s e n, auf Pagensand der klitzekleine B a u e r n h a f e n. A n k e r p l ä t z e gibt es in der Pagensander Nebenelbe, der Haseldorfer Binnenelbe und im Dwarsloch soviel wie man mag.
— Am niedersächsischen Ufer liegen die kleinen Häfen A b b e n f l e t h und B a r n -
k r u g.

Hauptfahrwasser Westufer: An der niedersächsischen Seite reichen Industrieanlagen
bis in die Nähe von Abbenfleth. 1¹/₂ Seemeilen nördlich von Stadersand ist der Großschiffsanleger E l b e h a f e n B ü t z f l e t h. 1 Seemeile weiter ein Schiffsanleger, dicht
nördlich davon die Einfahrt in den kleinen Hafen A b b e n f l e t h. Es folgt die Deichhuk G r a u e r o r t mit Schiffsanleger. Dann tritt der Deich weit hinter das Deichvorland zurück. Die ausgedehnten trockenfallenden S c h w a r z t o n n e n s ä n d e drän-
gen das Hauptfahrwasser an der Nordspitze von Pagensand auf 450 Meter Breite zusammen. Muß man aufkreuzen, kann einen hier Schiffsverkehr ganz schön in Bewegung bringen. — Hinter den Schwarztonnensänden liegt die Einfahrt zum Barnkruger
Hafen.

Hauptfahrwasser, Ostufer: Das kleine Leuchtfeuer Juelssand, kleines weißes Haus mit
Türmchen, markiert das abzweigende D w a r s l o c h. Die zusammengewachsenen
Inseln Drommel und Auberg sind ohne besondere Marken. Doch an der Südspitze
P a g e n s a n d s steht die Leuchtbake Pagensand-Süd als Türmchen mit zwei schwar-
zen Bändern auf steinernem Sockel. Auf der Nordhälfte Pagensands sind die Richtfeuer
auf sechseckigen rotweißen Gittertürmen. Auf einem Stack am Hauptfahrwasser steht
Leuchtbake Pagensand-Mitte, ein Türmchen mit weißem Band auf Steinsockel (Skizze).
Und auf der Nordspitze des Leitdammes von Pagensand ist die Leuchtbake Pagensand-
Nord mit ihrem schwarzen Band und sechseckigem Steinsockel. Da mündet die
P a g e n s a n d e r N e b e n e l b e.

Pagensand: 5 Kilometer lang ist diese Insel an der Ostseite der Elbe. Pagensand heißt
Pferdeinsel. Ob es noch Pferde gibt, weiß ich nicht. Die Insel ist flach, ihr Südteil ist
sturmflutfrei und trägt Waldung. Im nördlichen Teil stehen die Richtfeuer Pagensand:
Gittertürme, rotweiß gestreift. Nach Norden ist ein L e i t d a m m sehr weit vorgebaut (Plan). Zwei Steinbaken mit Leuchtfeuer stehen darauf. (Skizze). — Die Insel ist

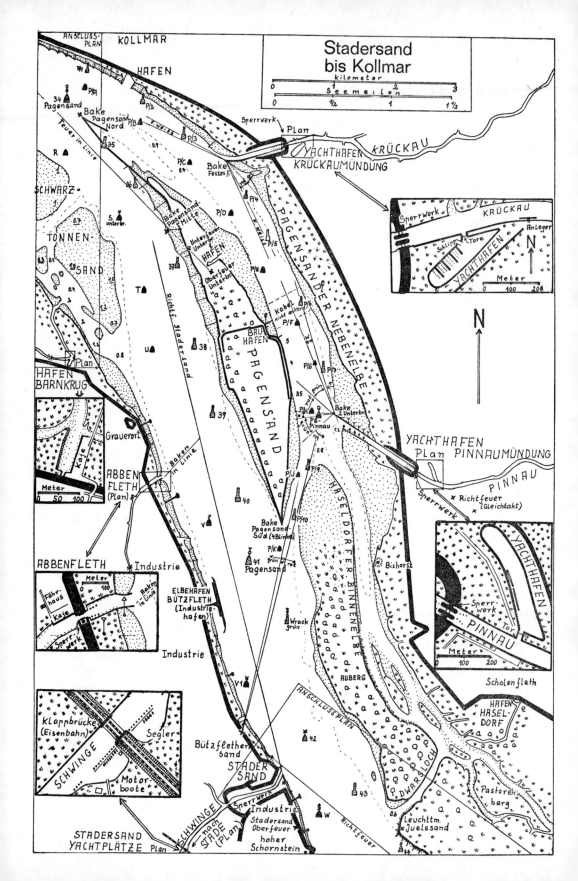

Stadersand bis Kollmar

ein landschaftliches Schatzkästlein: Marschwiesen, Obstplantagen, Wälder aus Birken, Tannen, Erlen und Espen; Pilze im Herbst und Badestrand an der Westseite im Sommer. — Doch wieviele Wasserfahrer ich auf meiner letzten Reise fragte: keiner war drauf.

a)   b)   c)

Landmarken auf der Elbe. a) Leuchtbake Pagensand-Nord. Sie steht auf der äußersten nördlichen Spitze des langen Leitdammes. b) Leuchtbake Pagensand-Mitte. Sie steht auf einer Buhnenspitze an der Wurzel des Leitdammes nahe dem Grünland der Insel. c) Der Radarturm bei den Schleusen von Brunsbüttelkoog.

D e r B a u e r n h a f e n ist von der Ostseite zugänglich. Er liegt etwa zwischen Ober- und Unterfeuer. Ein kleiner, vollkommen geschützter Hafenschlauch, trockenfallend, bei Hochwasser 1¹/₂ bis 2 Meter tief.

B a u h a f e n P a g e n s a n d : So heißen die Liegeplätze für Schuten des Wasserbauamtes in Pagensands Mitte (Plan). Man findet Platz zum längsseits liegen und kann an Land gehen. Leider ist der Bauhafen flach. Zuletzt hatte er bei Hochwasser nur 1¹/₄ bis 1¹/₂ Meter Wasser.

Pagensander Nebenelbe (Plan Seite 120): Das ist der Arm der Elbe, der von Norden her hinter die Insel Pagensand dringt und sich an der Südspitze von Pagensand wieder mit der Elbe vereinigt. 4¹/₂ Seemeilen lang; im Nordteil etwa 800 Meter, im Mittelteil 600 und im Südausgang 200 Meter breit bei Niedrigwasser. Die Wassertiefe ist etwa 6 Meter im Nordteil, 4 in der Mitte und 3¹/₂ bis 5 Meter im Südausgang. Die Pagensander Nebenelbe ist betonnt (Bezeichnung „P"), befeuert und leicht zu befahren. Gelegentlich passiert ein Küstenfrachter zu den Mündungen von Krückau und Pinnau. Die Strömung ist schwächer als auf der Elbe. A n k e r n kann man abhängig von Wassertiefe und Windrichtung nach Belieben. Nur bei der Mitte Pagensands nahe Tonne P/6 ist Ankerverbot beim Kabel (Baken am Ufer). Meist ankern Yachten dicht unter Pagensand in der Nähe der deichartigen Aufhöhung der Insel. — Wie nett die Pagensander Nebenelbe ist, sagte ich schon.

Haseldorfer Binnenelbe ist die Fortsetzung der Pagensander Nebenelbe nach Süden. Nach 3 Seemeilen steht sie durch das 100 Meter breite D w a r s l o c h mit dem Elbstrom in Verbindung. Danach teilt sie sich in ein Dutzend blind endender Arme auf, die sich verzweigen und verlieren. In alter Zeit konnte man sie durch die Hetlinger Binnenelbe bis zum (jetzigen) Hamburger Yachthafen befahren.

Haseldorfer Binnenelbe ist zuerst etwa 300 Meter breit. Bis südlich der Warft von B i s h o r s t ist sie bei Niedrigwasser über 2 Meter tief, hat bis zum D w a r s l o c h 2 bis 1 Meter, südwärts davon 1 bis ½ Meter Wasser. Ab halber Tide kann man aufmerksam fahrend auch mit sehr tiefgehender Yacht passieren. —

Südwärts fahrend kann man bei steigendem Wasser am Pastorenberg vorbei bis Hetlinger Schanze gelangen. Da sind eine **Ladekaje** mit 1½ bis 2 Meter Wasser bei H.W. und eine feste Brücke, womit Schiffahrt endet. (Kaje und Brücke liegen außerhalb des Planes von Seite 120).

Ich habe mich von den Binnenarmen begeistern lassen. Da Büsche und Bäume auf den Seiten wuchern, ist es wie ein Urwaldfluß, ein Gebiet zum Abenteuern, zum Erkunden; ein Amazonas-Urwald, wo man sich im Labyrinth ganz enger, von baumhohem Buschwerk umgrenzter Wasserarme verirren kann: im Floßritt, im Kiebitzritt, im ersten Kleiritt, im zweiten Kleiritt, im Bauernloch oder am Pastorenberg. — Dort nachts zu ankern! Welch ein Erlebnis totaler Einsamkeit mit tausend fremden Lauten ringsum im Wasser und im Dickicht.

Auch die vielen kleinen Abenteuer: der Nordweststurm, der mich in einem Nebenarm der Haseldorfer Binnenelbe durchaus auf eine Wiese drücken wollte, die bei leichter Sturmflut halb unter Wasser stand. Was dem Sturm auch fast gelungen wäre, weil ich die Schraube voll Kraut bekommen hatte. — Wer nicht auf Abenteuer gestimmt ist, ankert in der Höhe von Bishorst. Da ist die Haseldorfer Binnenelbe brav und zivil.

Haseldorfer Hafen taugt nur für kleinere Yachten mit wenig Tiefgang. Aus der Haseldorfer Binnenelbe führt ein 10 bis 20 Meter breiter Priel, dessen Zufahrt nicht leicht zu finden ist (Plan Seite 120, rechts unten) unter Krümmungen auf den Deich zu. Der Priel fällt trocken. Mit etwa 2 Meter Wassertiefe bei H.W. konnte man rechnen. Er mündet in den 100 Meter langen Hafenschlauch. Hinter dem Deich liegen Ort und G u t H a s e l d o r f mit roten Häusern und gelbbraunen Reetdächern und den hohen Bäumen des Haseldorfer Parkes. Es ist ein gottbegnadeter Fleck Erde. — Leider wird Haseldorfs Hafen im Lauf der Zeit verschlicken, da kein Siel mehr in ihm entwässert; womit dann ein weiterer schöner Platz unseres Küstenlandes dem Fortschritt zum Opfer gefallen wäre. — Eine Bootswerft mit Schlipp ist in Haseldorf.

Die Pinnau   (Plan S. 96, 120)

Ein kleiner Fluß, von Deichen begleitet, von Tide durchpulst; etwa 60 Meter breit im Unterlauf und 40 bei Uetersen, der freundlichen Stadt 5 Seemeilen flußauf. Nie höre ich auf, zu staunen, welch große Seeschiffe dieses schmächtige Wasser befahren. Küstenmotorschiffe laufen bis Uetersen. Doch ein Sportboot kann noch 6 Seemeilen weiter bis Pinneberg vordringen. Tiefgehende Boote müssen einen Blick auf die Tide haben. Sind bei H.W. auch mündungsnahe 4 Meter, bei Uetersen mindest 2½ Meter Wasser, so bleibt davon bei N.W. nicht überall genug übrig. Mittlerer Tidenhub: Mündung 2,6; Uetersen 2,0; Pinneberg 0,7 Meter.

Ein S t u r m f l u t s p e r r w e r k an der Mündung schließt nur bei mehr als 1 Meter über mittlerem Hochwasser. Seine Klappbrücke steht häufig offen. — Die D r e h - b r ü c k e bei Klevendeich 2½ Seemeilen flußauf öffnet auf 2 lange Töne.

Gern denke ich an jene spukhafte Nachtfahrt auf der Pinnau zurück: Mittags war der schmale Fluß bei fallendem Wasser durch zwei Küstenschiffe versperrt worden, die Bord an Bord festgekommen waren. Niemand konnte vorbei. Es war Nacht geworden. Und obwohl das Wasser schon lange wieder stieg, wollten die beiden Schiffe nicht aufschwimmen. Andere Frachtfahrer ließen ihre Schiffe ohne Anker einfach in der Schlickrinne treiben und rückten bei auflaufendem Wasser schwarz und bedrohlich immer dichter auf mein kleines, ankerndes Boot zu. — Wie ich mich dann in dunkler Nacht in einen kleinen Seitenpriel verholte. Wie sich dieser als Tummelplatz von einem halben Hundert wohlgenährter, doch freundlich gesonnener Wasserratten entpuppte. Und wie ich dann, als die Verstopfung gelöst, dafür aber ein gewaltiges Gewitter aufgekommen war, zwischen Regengüssen und von Blitzen geblendet mühsam genug in stockdunkler Nacht meinen Weg nach Uetersen fand — einhand natürlich.

Einfahrt: Aus der Pagensander Nebenelbe beim Südteil von Pagensand. Zwei Leitdämme bilden eine Mündung; Pricken Besen abwärts steuerbord, aufwärts an Backbord. — Eine Leuchtbake ist auf der Spitze des nördlichen Leitdammes. Das Feuer hat 2 Unterbrechungen. Ein Leitsektor weiß führt von Norden, ein anderer von Westen auf die Bake zu. Der West-Sektor bildet den Anschluß an jenen Leitsektor unterbrochen weiß, der von Leuchtfeuer Bützflethersand a u s   d e r   E l b e in die Pagensander Nebenelbe führt (Plan). — Zwei Richtfeuer Gleichtakt weiß leiten zwischen die Leitdämme der Pinnau.

Yachthafen Pinnaumündung liegt 200 Meter hinter dem Sperrwerk an der Backbordseite (Spezialplan im großen Plan Seite 120). Dieser neue Hafen entstand, indem man nach Bau des Sperrwerkes den alten Flußlauf teilweise bestehen ließ. Zur Pinnau hin hat er ein Schleusentor erhalten. Das sperrt den Hafen ab, wenn Hochwasser vorbei ist und der Wasserstand im Fluß sinkt. Das Tor hält den Wasserstand im Hafen hoch, läßt die Yachten tidefrei liegen und erspart das leidige Baggern. Der Preis für diese Vorteile ist, daß der Hafen nur zweimal am Tage etwa von 2 Stunden vor Hochwasser bis $1/2$ Stunde danach offen steht. Nothing is perfect!
Der Yachthafen, 350 Meter lang, 60 breit, liegt in menschenleerer Wiesenlandschaft. Die vielen Vogelstimmen und der Blick vom Deich auf die Elbe machen ihn zu einem liebenswerten Platz. Der Hafen war bei meinem Besuch 1973 gerade in Betrieb genommen. Seglerverein Pinnau betreut ihn. Wasser und Strom sollen gelegt, Schlengel geschaffen und ein Warteschlengel am Fluß eingerichtet werden. Für längere Zeit sollte hier genug Platz sein. Ein Binnenländer könnte hier einen sicheren Liegehafen für sein Boot an der Nordseeküste finden.

Uetersen, „die Rosenstadt", mit knapp 20 000 Bewohnern ist ein netter, ruhiger Ort. In das Programm einer großen Elbreise würde ich ihn bestimmt aufnehmen. — Man sollte nach Uetersen mit steigender Tide fahren. — Es gibt einen Flußhafen, 45 Meter breit, mit 250 Meter Kajen sowie ein langes Hafenbecken 500 Meter vor der Klappbrücke. Küstenschiffe bis 3 Meter Tiefgang laufen Uetersen an. Es gibt Schiffsausrüstung und alle übliche Versorgung.

Die Krückau   (Plan S. 96, 120)

Sie ist ein Nebenfluß ganz wie die Pinnau, vielleicht etwas stämmiger. Sie hat ein Sturmflutsperrwerk an der Mündung und einen Yachthafen dahinter. Dann zieht sie bis

Elmshorn 6 Seemeilen weit durch grünes Land. Ich schätze sie anfangs 70, später 40 Meter breit. Die Wassertiefe bei der Mündung ist bei Hochwasser mindest 4,3 Meter, bei Elmshorn 2,3. Buhnen an den Seiten tragen Stangen. Die Hochspannungsleitung nahe Elmshorn ist 18 Meter hoch. Mittlerer Tidenhub Mündung 2,6; Elmshorn 1,5 Meter. Bis Elmshorn fahren Seeschiffe. Dort werden 1000-Tonnen-Schiffe gebaut! Doch daß in Elmshorn an der kleinen Krückau einst eine große Walfangflotte zuhause war, ist längst vergessen.

Yachthafen Krückaumündung: Dicht hinter dem Sperrwerk ist an der Steuerbordseite die Einfahrt. Ein Warteschlengel im Fluß liegt 200 Meter entfernt. Der neue Yachthafen ist ein Dockhafen wie der der Pinnaumündung. Etwa 2 Stunden vor Hochwasser bis etwa 1/2 Stunde danach kann man durch das 6 Meter breite Hafentor herein und heraus. Wassertiefe im Hafen über 3 Meter, nur am Ende flacher. Schwimmstege liegen aus. Wasser, Strom und Schlippwagen für Boote bis 20 Tonnen. 2,— DM pro Tag wurden kassiert. Einsame Landschaft im Grünen. Mir hat es gefallen.

Elmshorn mit seinen 50 000 Bewohnern ist wohl kein Fahrtenziel von höchstem Rang. Doch mich hat es stets gefreut, eine fremde Stadt anzulaufen und sie für mich „zu entdecken". Elmshorn ist die Stadt der Nährmittelfabriken und Mühlen, der Margarine-, Spiritus- und Hefefabriken. — Der Hafen ist am Fluß am Rande der Stadt. 300 Meter Betonkaje an der Südseite, 400 Meter Spundwand gegenüber. Bei Niedrigwasser stehen mehr als 2 Meter Wasser im Hafen. Schiffswerft, Schlipp, Trinkwasser und Treibstoff.

Häfen der niedersächsischen Seite   (Plan S. 120)

Außer S t a d e r s a n d (Seite 117) sind nur die kleinen, wenig besuchten Plätze A b b e n - f l e t h und B a r n k r u g zu nennen.

Abbenfleth, dicht südlich von der Deichhuk Grauerort hat hinter dem Sturmflutsperrwerk eine 80 Meter lange Kaje und weitere Liegeplätze längsseits von Schuten. Es ist kaum Hafenbetrieb. Abbenflether Fährhaus ist nahebei. (Spezialplan im großen Plan auf Seite 120). — Zum A n l a u f e n von der Elbe soll man zwei Baken nahe beim Sperrwerk in Linie nehmen und danach zwischen die Buhnen eindrehen. Das Sperrwerk hat 13 Meter Durchfahrtsbreite und schließt nur bei übernormal hohem Wasserstand. Hinter dem Sperrwerk ist an der Steuerbordseite die Kaje. Da stehen bei N.W. 1/2 bis 3/4 Meter Wasser auf weichem Mud. — Nach G r a u e r o r t, dem historischen Grover Ordth, kann man wandern. 1870 wurde dort eine Festung angelegt. Von dort oder von der Deichhuk kann man an klaren Tagen die Elbe von den Bergen Blankeneses bis Glückstadt übersehen.

Bützflether Süderelbe zog früher von Abbenfleth hinter der Insel Bützflether Sand bis Stadersand. Heut ist sie im Industriegelände untergegangen. Bis B ü t z f l e t h könnte man sie ab halber Tide befahren. Ob man noch Freude dran hat, bezweifle ich.

Barnkruger Hafen ist ein kleiner stiller Hafenplatz im Grünland hinter den Schwarztonnensänden (Plan S. 120 und 125). Knapp 100 Meter Kaje sind an dem kleinen, größtenteils trockenfallenden Hafenbecken. A n l a u f e n ab halber Tide bei steigendem Wasser von Tonne U westwärts, dann 200 Meter vom Grünland entfernt nordwestwärts bis zum Hafenpriel.

F. Pagensand-Nord bis Glückstadt   (Plan S. 125, 129)

6 Seemeilen haben wir von Pagensand-Nord bis Glückstadt zu fahren. — 2 bis 2½ Kilometer breit ist der Elbstrom hier. Bei Nordwestwind und auslaufender Strömung verlangt er von kleineren Booten Respekt. Reizvoll und vielfältig ist hier vor allem die Westseite, wo in breitem Deichvorland Ruthenstrom und Wischhafener Süderelbe schmale und einsame Arme bilden, die zu kleinen, träumenden Häfen führen.

Häfen: Der wichtigste und größte ist G l ü c k s t a d t , das häufigste Ziel einer Fahrtenyacht. Mit weniger tiefer Yacht kann man auch an K o l l m a r und B i e l e n b e r g

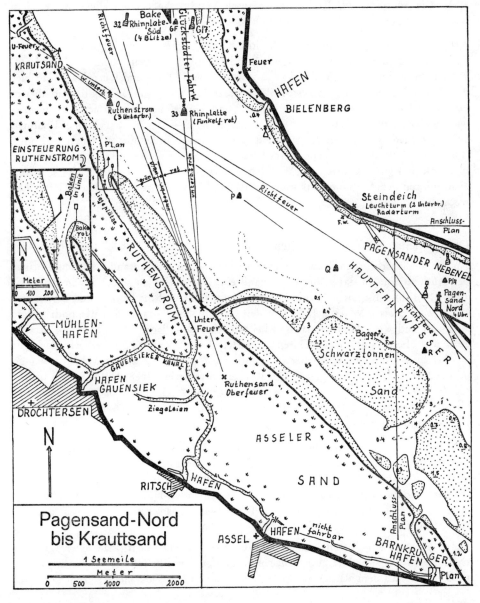

denken. — Am niedersächsischen Ufer locken R u t h e n s t r o m und W i s c h h a - f e n e r   S ü d e r e l b e zum Ankern oder Längsseitsliegen. Und A s s e l , R i t s c h , G a u e n s i e k , W i s c h h a f e n und D o r n b u s c h warten darauf, erkundet zu werden.

Am holsteinischen Ufer, der Nordostseite, läuft der Deich dicht am Strom. K o l l m a r liegt nahe bei Pagensand-Nord. Auf der Deichhuk S t e i n d e i c h steht der Leuchtturm mit rot-weißen Bändern. 1 Seemeile weiter liegt der kleine Hafen B i e l e n b e r g , 1 Meile danach beginnt die flache Insel R h i n p l a t t e . Sie ist 5 Kilometer lang. Die G l ü c k s t ä d t e r   N e b e n e l b e läuft an ihrer Ostseite und führt dort nach Glückstadt. Die Südspitze der Rhinplatte trägt als Leuchtbake roten Dalben mit weißem Band, die Nordspitze Dalben mit rotem Kessel.

Am niedersächsischen Ufer grenzt breites, flaches Deichvorland an den Strom. Die S c h w a r z t o n n e n s ä n d e erstrecken sich davor 3 Seemeilen lang und ³/₄ breit. Ein Damm ist auf ihrer Nordseite (Plan). Ruthensand Ober- und Unterfeuer sind hier die wichtigsten Landmarken. 1 Seemeile seewärts davon liegt unauffällig die Einfahrt in den R u t h e n s t r o m . Krautsand Ober- und Unterfeuer folgen, ersteres auf rotweißem Gitterturm, letzteres auf weißem Steinturm. — Bei K r a u t s a n d beginnen vor dem niedersächsischen Ufer erneut ausgedehnte Sände, die B r a m m e r b a n k (Plan Seite 129 und 127). Die W i s c h h a f e n e r   S ü d e r e l b e mündet hinter Brammerbank und gibt Zufahrt nach Wischhafen. Das W i s c h h a f e n e r   F a h r w a s s e r zieht hinter der Brammerbank nordwärts. So bietet das niedersächsische Ufer Abwechselung genug.

Der Ruthenstrom und seine Häfen   (Plan S. 125)

An der niedersächsischen Seite eine Seemeile flußab von Ruthensand-Unterfeuer dringt der Ruthenstrom in das grüne Elbvorland ein. Der ist bis zu seiner ersten Aufzweigung 3¹/₂ Kilometer lang, anfangs fast 100 Meter breit und bis Ruthensand Unterfeuer bei N.W. 1¹/₂ bis 1 Meter tief. Er gibt den Gauensieker Kanal und später noch andere Arme ab und wird dann schmal und bei Niedrigwasser flach. Ab halber Tide ist aber auch sein oberer Teil zu den Häfen R i s c h , A s s e l und G a u e n s i e k noch gut befahrbar. Nicht mehr befahrbar ist jedoch die Verbindung zum Barnkruger Hafen und der Barnkruger Süderelbe. — Der Ruthenstrom ist in seinem Unterlauf ein beliebtes Ziel der Hamburger Segler. Man ankert für die Nacht oder macht an einem der vielen Küstenmotorschiffe fest. Für Yachten von mehr als 1,2 Meter Tiefgang ist der Ruthenstrom bei Niedrigwasser zum Fahren zu flach.

E i n l a u f e n : Aus dem Elbstrom ab Tonne „O/Ruthenstrom", wie es der Spezialplan zeigt. Man nimmt die beiden Dreieckbaken in der Einfahrt in Linie. An der Nordseite der Einfahrt ist eine schwarze Stangenbake mit Kegel. Sie bleibt an Steuerbord. An der Südseite steht eine rote Stangenbake mit Zylinder. Hat man beide passiert, folgt man der Biegung nach Süden. — Bei tiefstem Niedrigwasser würde ich wohl nur mit einem Schiff von weniger als 1 Meter Tiefgang einlaufen.

Hafen Gauensiek liegt weit landein beim Ort D r o c h t e r s e n (Plan). Der Segelclub Drochtersen hat sich dort gute Anlagen geschaffen. Freilich fällt es bei Niedrigwasser trocken. — Aus dem Ruthentsrom läuft man ab halber Tide mit steigendem Wasser in den Gauensieker Kanal. Der zweigt nach steuerbord ab, wenn Ruthensand Oberfeuer querab steht. Im Gauensieker Kanal hält man backbord. Soviel über den Ruthenstrom.

Wischhafener Süderelbe (Plan S. 129, 127)

Das ist ein Nebenarm des Elbstromes, der früher die Insel Krautsand vom Festland trennte. Heute ist er nur noch bis Dornbusch gut und bis Drochtersen mit Hängen und Würgen zu fahren. Wischhafen ist Liegeplatz vieler Yachten.

Wischhafener Süderelbe hat bei Hochwasser etwa 4 Meter Wassertiefe an der Mündung und 1½ bei Dornbusch. 100 Meter breit ist sie bis Wischhafen. Die Autofähre nach Glückstadt hat in der Mündung ihren Anleger. Fast alle 10 Minuten passiert dort der breiten Fähren.

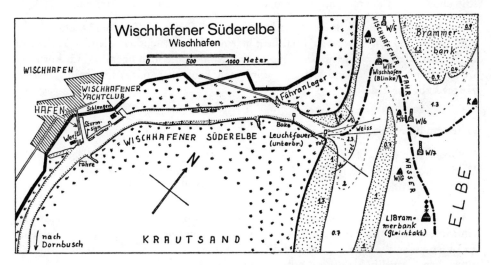

Die Zufahrt führt zwischen Sänden der Brammerbank hindurch. Nur flachgehende Boote können da bei Hochwasser „querbeet" brummen. Doch die Zufahrt ist gut betonnt (Plan). — Von der Elbe aus ist die Mündung wenig auffällig. Man geht von der Elbtonne „L/Brammerbank" aus. Kommt man von See, dann von Tonne K. Von dort fädelt man sich in die Tonnenreihe „W" des Wischhafener Fahrwassers ein. Bei Tonne „W/E-Wischhafen" geht man auf Südkurs, bis die Einfahrt vor einem offen liegt. Schwarze Bake mit Kegel steht an der Nordseite, rote mit Zylinder an der Südseite. Eine breite Schlickbank an der Nordseite der Einfahrt will respektiert werden. Bei weniger als halber Tide würde ich dem Fährschiff hier Vortritt lassen. — Nächtliches Einlaufen ist nach der Befeuerung (Plan) oder einem vorausfahrenden Fährschiff gut möglich.

Eingelaufen sieht man rechter Hand den Anleger der Fähre nach Glückstadt. 500 Meter weiter sind steuerbord Dalben mit Frachtschiffen, wo man für die Nacht festmachen kann. Nochmals 1000 Meter weiter beginnen die Liegeplätze Wischhafens.

Wischhafen: Der Ort hat Hafen, Werft, Küstenmotorschiffe und einen Yachtclub. Yachtclub Wischhafen hat komfortable Schwimmstege. Leider sind sie stark belegt und — quietschen steinerweichend. Bunkerstelle auf Schwimmponton, Trailerschlipp (Schlüssel im Restaurant), Schlippwagen für schwere Yachten und üblicher Clubkomfort. — Ist beim Yachtclub kein Platz, so kann man weiter einwärts nahe der W e r f t längsseits an andern Schiffen liegen. — Surrealistisch gleiten die großen Frachter des Elbstromes still über Krautsands grüne Wiesen.

Dornbusch, kleiner stiller Hafenort, liegt 2½ Seemeilen weiter aufwärts. Hier wird Wischhafener Süderelbe flach. Nur bei mehr als halber Tide und steigendem Wasser kann man mit Yacht von 1½, zur Not auch 2 Meter Tiefgang dorthin. Liegeplätze, kleines Hafenbecken, die traditionsreiche Bootswerft Hateke (mein Dingi läßt grüßen).

Insel Krautsand: Das Land zwischen Ruthenstrom und Wischhafener Süderelbe war ursprungs Insel. Pagenwerder soll sie geheißen haben. Doch ihr Deich und auch ihr Kirchhof sind in dem sich nach Westen verbreiternden Elbstrom in Sturmfluten verschwunden. So ist es unbedeichtes Land, und die Gehöfte stehen auf Warften.

Hafen Krautsand und die kleine Ortschaft liegen am Elbstrom (Plan S. 129, 125). Krautsand Ober- und Unterfeuer sind da. Es gibt einen kleinen trockenfallenden Hafen. Er ist Heimathafen einer ansehnlichen Flotte von Kümos, die man überall, doch kurioserweise fast nie in Krautsand trifft. — Einlaufen kann man mit Yacht mäßigen Tiefganges ab halber Tide.

Häfen am holsteinischen Ufer

Kollmar: Der kleine Hafen, der fast nur noch für Sportboote dient, liegt vor dem Deich etwa ½ Seemeile nordost von der Bake Pagensand-Nord (Plan Seite 120). Der Hafen fällt trocken bis auf ein Stück dicht vor dem Siel. Bei Hochwasser stehen an den übrigen Plätzen etwa 1¾ bis 2 Meter Wasser. Ich würde wohl nur mit einer Yacht bis etwa 1,2 Meter Tiefgang einlaufen, um so mehr, als die günstigeren Plätze meist von einheimischen Booten besetzt sind. — Das Dorf Kollmar liegt etwa 10 Minuten landein. Es ist eine sehr alte Siedlung am Rande der Kremper Marsch mit interessantem mittelalterlichen Altar. Ein kleines Strandbad ist es überdies.

Steindeich und Bielenbergs Hafen (Plan S. 125): Steindeich ist die auffällige Deichhuk am holsteinischen Ufer mit Leuchtfeuer und Radarturm. Bielenberg, 1 Seemeile weiter seewärts, hat vor dem Deich einen kleinen Sielhafen. Vor dem Siel bleiben auch bei N.W. mehr als 1½ Meter Wasser; die Zufahrt erfolgt über flacheres Wasser und ist mit Prikken an der Seeseite bezeichnet. Die kleine Bake bleibt backbord.

Glückstadt   (Plan S. 96, 129 und S. 130)

Die Stadt: Wetterwendisch dreht sich auf dem Kirchturm nicht ein Hahn, sondern eine Glücksgöttin, vergoldet, mit Füllhorn und „oben ohne". Die hat jener lebenslustige dänische Christian IV darauf setzen lassen, der so sehr an den englischen Heinrich VIII erinnert (nur hat er seine Frauen hinterher nicht köpfen lassen). Er hat Glückstadt gegründet und hatte auch seine Liebesaffären dort. Wiebke Kruse war hier die Auserwählte. Das alte, schöne Haus am Hafen mit Turm und Krone hat er ihr geschenkt. Das waren noch Zeiten!

Kurz vor Beginn des 30jährigen Krieges 1616, wurde Glückstadt auf ödem Sumpfland als Festungsstadt von dänischen Sträflingen aufgebaut. Stützpunkt des sich kräftig aus-

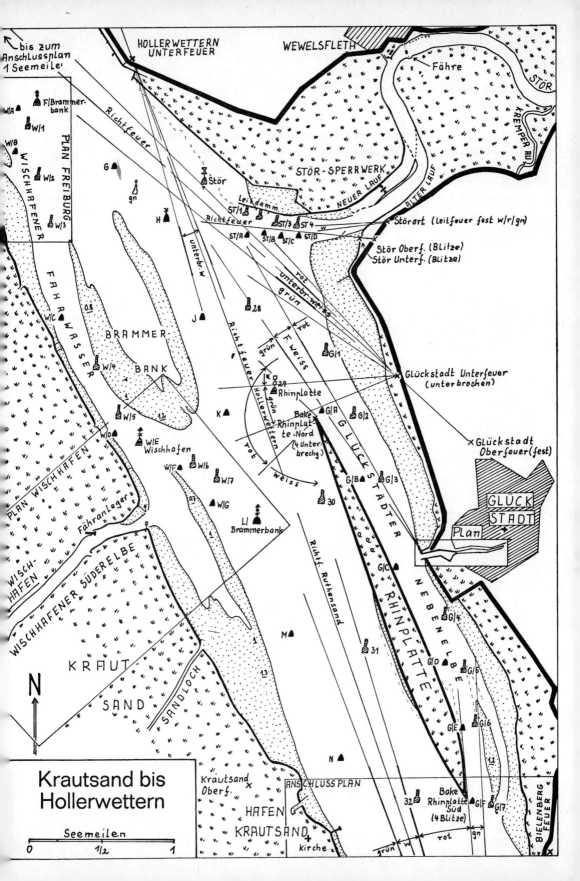

Krautsand bis Hollerwettern

breitenden Dänenreiches. Doch die Glücksgöttin mag falsch justiert gewesen sein: Christian verlor seine entscheidende Schlacht, und die Kaiserlichen unter Tilly und Wallenstein eroberten die Stadt.

Etwa 15 000 Einwohner hat Glückstadt jetzt. Und es hat seinen Charakter als „dänische" Stadt in den Bauwerken so gut erhalten, daß es nach all der modernen Einheitsbauerei ein Genuß ist, aufmerksam durch Glückstadt zu schlendern. Es ist gar nichts Großartiges, es ist eben einfach nur typisch und charaktervoll. Und vom Deich reicht der Blick bei klarer Sicht weit, seewärts bis zum 12 Seemeilen entfernten Brunsbüttel. Früher war Glückstadt ein Hafen von Rang. Doch die Rhinplatte vor dem Hafen wuchs höher und ließ die Überseeschiffe lieber nach Hamburg laufen. Etwas Heringsfischerei gibt es noch. — Platz findet eine Yacht auf Wanderfahrt wohl immer, mag auch am Wochenende Gedränge sein.

Der Hafen: Glückstadt hat einen reichlich 400 Meter langen A u ß e n h a f e n . Dahinter liegt, durch Schleusentore abgetrennt, der 500 Meter lange, tidenfreie I n n e n - h a f e n . Die Durchfahrt durch die Schleusentore ist nur etwa 1½ Stunden vor bis ½ Stunde nach Hochwasserzeit möglich (es wechselt etwas, je nach dem Tidenstand). Der mittlere Tidenhub im Außenhafen ist 2,6 Meter. Bei stürmischem Wind ist der Außenhafen unruhig. In beiden Hafenbecken ist die Wassertiefe für Yachten groß genug.

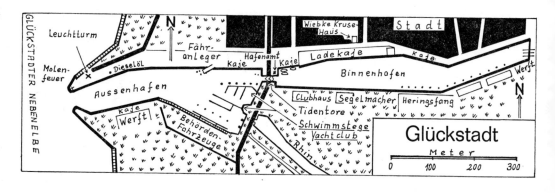

D e r   A u ß e n h a f e n : Geht es nur um's Übernachten, dann liegt man meist im Außenhafen. — Dem Fähranleger an der Nordseite würde ich fernbleiben. Doch die Kaje einwärts vom Fähranleger ist ganz günstig. Bei den Dalben vor den Schleusentoren darf man an der Nordseite; doch an der Fahrwasserseite darf man nicht. — An der Südseite des Außenhafens sind die Schwimmstege des Yachtclubs. Wenn man da Platz findet, ist's auch gut.

D e r   I n n e n h a f e n , 600 Meter lang, 60 bis 80 breit, ist tidefrei und ruhig. Am besten liegt man an der Kaje gleich einwärts der Docktore an der Backbordseite. — Im Hafen ist nur wenig Ladebetrieb. Vor allem werden Heringslogger reisefertig gemacht, und Berge von Heringstonnen stapeln sich. Das ist eher interesant als störend. — Auslaufen und Einlaufen nur nahe Hochwasser. Der Schleusen- und Hafenmeister sagt einem die genaue Zeit. Da ist auch Trinkwasser. Benzin aus der Stadt. Kräne, Werft mit Schlipp.

Anlaufen: Zum Einlaufen nach Glückstadt muß man das Hauptfahrwasser der Elbe verlassen und in die Gückstädter Nebenelbe steuern. Die führt an der Ostseite der Insel Rhinplatte vor die Hafeneinfahrt. Früher hieß die Südeinfahrt „Kartoffelloch", denn durch dies brachten die Ewer der Glückstädter Bauern die Kartoffeln nach Hamburg. Glückstädter Nebenelbe ist betonnt (Bezeichnung G). Auch bei Niedrigwasser ist im betonnten Fahrwasser die Tiefe mindest 3 Meter.

Nachts kann man von Süden wie von Norden hinter die Rhinplatte einlaufen: Von Süden kommend, faßt man bei der Leuchttonne „33/Rhinplatte" (rotes Funkelfeuer) einen nach Norden gerichteten Leitsektor unterbrochen grün des Unterfeuers Ruthensand auf (Plan Seite 125). Der leitet, achteraus gehalten, nach Norden in die Glückstädter Nebenelbe hinein. An der Ostseite des grünen Leitsektor ist es verdunkelt, an der Westseite unterbrochen rot. Hat man die Südspitze der Rhinplatte etwa ½ Meile hinter sich, dann muß man den Leitsektor nach Westen verlassen und auf das Molenkopffeuer von Glückstadt zuhalten (weiß, 2 Unterbrechungen). Unbefeuerte Tonnen liegen auf dem Weg!
Kommt man von See, so fährt man ja auf dem Elbstrom in der Richtfeuerlinie Glückstadt (Plan Seite 129). Die führt 132°. Man verläßt diese Richtfeuerlinie, sobald das feste Feuer auf der Nordmole von Glückstadt von fest grün in fest weiß ändert. In diesem weißen Leitsektor läuft man auf die Hafenmole zu. Man muß den Kurs kurz vor der Hafenmole etwas nach Steuerbord ändern. Diesen Zeitpunkt gibt einem ein unterbrochenes Feuer auf einem Pfahl vor der Nordmole an, das dann von weiß in rot ändert. Steht man vor der Hafeneinfahrt, so steuert man nach Sicht ein.

G. Glückstadt bis Brunsbüttel

13 Seemeilen trennen Brunsbüttel von Glückstadts Hafen. 2 bis 3 Kilometer breit ist die Elbe auf dieser Strecke. Noch hat sie den Charakter eines Flusses, wenn auch eines sehr großen. Doch von der Biegung bei Scheelenkuhlen an öffnet sich der Blick nach West bereits ins „Unendliche". Steht starker Westwind gegen auslaufende Strömung, ist es dort für kleine Boote zu grob. Gute Ankerplätze für die Nacht sind nur noch in den Nebenflüssen zu haben. — Das wichtigste „Ereignis" auf dieser Strecke ist der Nebenfluß die Stör.

Hafenplätze (Übersicht): An der Ostseite mündet der schöne, fahrenswerte Fluß Stör mit Häfen und Ankerplätzen. An der Westseite ist die kleine Stadt Freiburg mit ihrem gemütlichen Tidehafen. Am Holsteinischen Ufer folgen die sehr kleinen Tidehäfen Scheelenkuhlen, St. Margarethen und Büttel. Die Großschiffskaje Elbehafen Brunsbüttel taugt nur für sehr flachgehende Boote nahe Hochwasser. Der Kanalhafen gehört zum Nord-Ostsee-Kanal. Doch dicht dabei ist der sehr nette Alte Hafen Brunsbüttel, Fahrtziel vieler Elbsegler.

Die Stör und ihre Häfen   (Plan S. 96 und 129)

Die Stör, Sturia Fluvius der Römer, ist wohl der stämmigste Nebenfluß der Elbe. 100 bis 200 Meter breit im Unterlauf, von Industrie noch verschont, läuft sie zwischen

Deichen in flachem grünen Land. I t z e h o e, 13 Seemeilen flußauf, ist die erste größere Stadt. Bis dahin laufen Seeschiffe. Doch kann man noch 13 Seemeilen weiter bis Kellinghusen fahren. — Die W a s s e r t i e f e reicht für ein Sportboot bei jeder Tide. Sie beträgt bei Hochwasser 6 Meter nahe der Mündung und 5 Meter bei Itzehoe. — Die Stör ist bei Sportbooten zu Recht beliebt. Mehrere kleine Häfen sind am Wege. Ein größerer Yachthafen ist kurz vor Itzehoe.

Das Fahren auf der Stör bietet wenig Probleme. Nur bei der Mündung in die Elbe sind Tonnen. Danach steuert man nach dem Ufer. Nahe Niedrigwasserzeit wird man mit tiefgehender Yacht auf geraden Strecken etwas mehr zur Mitte halten, bei Biegungen etwas mehr zur Außenseite. — Der Schiffsverkehr macht einem nicht viel zu schaffen. — Die T i d e n s t r ö m u n g läuft kräftig; einlaufend 2 Knoten, zu Beginn am stärksten; auslaufend 1½ Knoten, am stärksten während der letzten drei Stunden. Mit Beginn einlaufenden Wassers hebt sich der Wasserstand sogleich beträchtlich. Der mittlere T i d e n h u b ist 2,6 Meter an der Mündung und 2,1 bei Itzehoe. H o c h w a s s e r ist in Itzehoe etwa 1¼, N.W. etwa 2 Stunden später als an der Mündung. B r ü c k e n : Ein Sturmflutsperrwerk nahe der Mündung soll 1974/75 fertig werden und eine bewegliche Brücke haben. — Eine Klappbrücke ist bei Heiligenstedten nahe Itzehoe. Sie öffnet auf zwei lange Töne Tag und Nacht. — Eine Hochbrücke vor Itzehoe hat 18 Meter Durchfahrtshöhe. Erst ab Itzehoe gibt es feste Brücken. — F ä h r e n kreuzen die Stör an starken Unterwasser-Stahlseilen bei Wewelsfleth und Beidenfleth.

Einlaufen aus der Elbe (Plan Seite 129). Von See kommend, geht man von der Ansteuerungstonne „Stör" aus; von Hamburg kommend, von Fahrwassertonne 28. Von dort läuft man zwischen zwei dicht ausgelegten Reihen schwarzer und roter Tonnen „St" in die Störmündung ein. — Normalerweise ganz einfach, doch bei stürmischem Wetter, Nebel oder Dämmerung heikler als man erwartet. — B e i N a c h t lief man aus dem Elbstrom in die Richtfeuerlinie von Stör-Oberfeuer und Unterfeuer ein (weiße Blitze). Anschließend fuhr man im Sektor fest weiß zwischen rot und grün des Feuers von Störort. — Nach Fertigstellung des Sperrwerkes wird es Änderungen geben! — Die Stör selbst ist unbefeuert. Kann man nach Sicht des Ufers nicht fahren, so ankert man.

Das Sperrwerk an der Störmündung soll 1974/75 benutzbar sein. Wahrscheinlich werden hinter dem Sperrwerk in dem dann unbenutzten früheren Strombett bei Störort Liegeplätze, mindest vorzügliche Ankerplätze entstehen. Seit je war ja bei Störort beliebter Ankerplatz der Elbsegler.

Wewelsfleth, sehr alter Fähr- und Werftort, liegt 2 Seemeilen oberhalb der Mündung. Hier kreuzt die Seilfähre. Regelrechte Liegeplätze für Yachten gibt es nicht, doch an Kümos und Kähnen an der Außenseite der Flußkrümmung oberhalb oder unterhalb der Fähre sind Möglichkeiten zum Längsseitsgehen genug. — Ob man noch „Störkringel" kaufen kann? Unglaublich hartes Backzeug, an Schnur aufgereiht, zum Prüfen, ob man Steine beißen kann.

D e r F l u ß läuft danach zwischen Wiesen und Deichen. Reetgedeckte Hausdächer ragen darüber. Dort rote kleine Bauernhäuser mit Blumengärten in grünen Wiesen. Am Ufer steht Schilf.

Beidenfleth, 6 Seemeilen oberhalb der Mündung, ist der nächste Ort. Im Fährkrug haben im Jahre 809 Gesandte Karls des Großen mit König Göttrick von Dänemark

den Frieden vereinbart. Zu Pfingsten war hier der traditionelle Treffpunkt der Elb-
jollensegler. — Sportbootanleger sind unterhalb der Fähre an der Westseite.

Kasenort, 3½ Seemeilen oberhalb Beidenfleth, hat einen klitzekleinen netten Yachthafen (Plan). Da ist auch die Schleuse zur W i l s t e r A u . Die führt zum 3 Kilometer
entfernten Städtchen Wilster. — Der Yachthafen Kasenort ist knapp 50 Meter lang

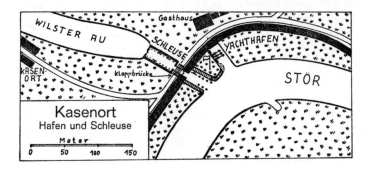

und 20 breit, hat überwiegend 1½ Meter Wasser bei N.W. (doch siehe Plan) und
Schwimmstege an der Backbordseite. Man macht mit Heckanker und Bugleinen (oder
umgekehrt) fest. Es gibt einen netten Gasthof mit Seglertradition sowie (auch) Trinkwasser.

Wilster, ein Städtchen mit 5000 Bewohnern an der Wilster Au, hat einen Sportboothafen; erreichbar von der Stör mit Booten nicht über 1 Meter Tiefgang. Geschleust
wird nahe Niedrigwasserzeit. In Wilster Schlipp, Bootswerft, Treibstoff.

Heiligenstedten, 5 Flußkilometer (2 Straßenkilometer) vor Itzehoe, beherbergt den
Yachthafen des Seglervereins Itzehoe. Die schönsten Teile der Stör liegen hinter uns.
So fragt es sich für uns als Fahrtensegler, ob wir nicht v o r der Klappbrücke von
Heiligenstedten festmachen wollen. Oder ob wir uns für die Nacht ein Stückchen weiter
flußab, wo es breiter wird, vor Anker legen.

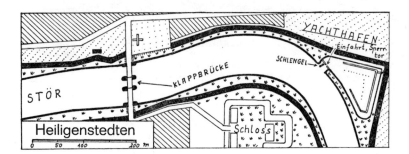

Z u m Y a c h t h a f e n passieren wir die Klappbrücke. 500 Meter weiter flußauf an
Backbord liegt der Yachthafen (Plan). Er ist als Dockhafen gebaut, staut also das
Wasser, und öffnet seine 4 Meter breite Sperrschleuse nur während einer Stunde vor
Hochwasser. Der neue Yachthafen ist geräumig und hat Strom, Trinkwasser, Schlipp.
Bis der Hafen öffnet, legt man an einem Schlengel vor der Einfahrt an.

Itzehoe, Industrie- und Handelsstadt mit 40 000 Bewohnern, ist eine ungewöhnlich lebenskräftige, laute, pulsierende Stadt. Karl der Große hat sie auf der geschützten Schleife der Stör im Jahr 810 gegründet, Gustav Adolf im 30jährigen Krieg niedergebrannt. So hat die Altstadt keine wirklich sehenswerten Gebäude. Im Handelshafen, der Störschleife, findet eine Yacht zwar Liegeplatz, doch mutmaßlich keine rechte Freude, zumal auch noch eine Eisenbahnklappbrücke zu passieren ist. Mit gutem Gewissen können wir unsere Stör-Reise in Heiligenstedten beenden. Und sowieso sind wir ungeduldig. Denn wir wollen nun endlich zum Meer!

Niedersächsisches Elbufer Glückstadt bis Brunsbüttel   (Plan S. 129, 134)

Fast 14 Seemeilen lang bis zur Mündung der Oste ist dort flaches, wenig besiedeltes Land. Landmarken sind spärlich. F r e i b u r g ist der einzige Hafen. Fast überall sind Sände (B r a m m e r b a n k , B ö s c h r ü c k e n) oder breite Watten vorgelagert. Berechtigt oder unberechtigt: Sportboote bevorzugen die holsteinische Seite.

Wischhafener Fahrwasser: Das ist ein 3 Seemeilen langes Nebenfahrwasser der Elbe. Es läuft tief und betonnt an der Westseite des Wattrückens Brammerbank (Plan Seite 129). Bei Niedrigwasserzeit taugt es zum Ankern, doch ab halber Tide ist es meist unruhig dort. Nützlich ist dies Nebenfahrwasser, um starker entgegenlaufender Strömung etwas aus dem Wege zu gehen.

Freiburg: Auf der niedersächsischen Seite ist Freiburg der einzige Hafen; ein stiller, freundlicher Sielhafen mit vielen Yachten. — Stadt Freiburg mit knapp 3000 Bewohnern wurde schon 1145 von Bremer Erzbischöfen als Schlickburg gegründet, um auf

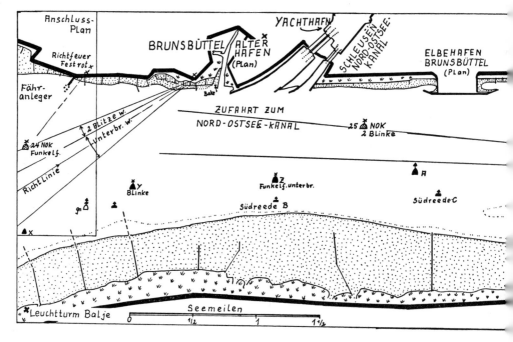

134

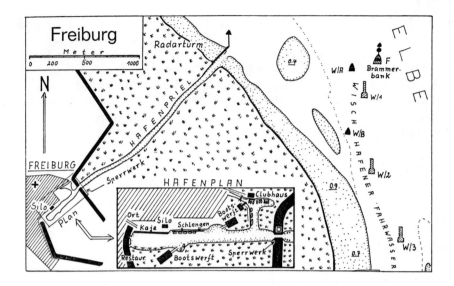

die Schiffahrt der Elbe ein Bremer Auge zu werfen. „Fryborg" lag damals dicht am Strom. Erst später hat sich der Elblauf so weit nach Osten verlagert, daß vom Strom zur Stadt heut ein 2 Kilometer langer Hafenpriel zu durchfahren ist.

Der Hafen Freiburgs ist ein 350 Meter langer, 40 breiter Hafenschlauch in überwiegend grünem Land. Ein Sturmflutsperrwerk schließt ihn bei überhohem Wasserstand vom breiten Deichvorland ab. Der Hauptteil der Yachtflotte liegt in einem Nebenarm. Gleich hinter dem Sperrwerk zweigt der nach Steuerbord ab. Aber auch im

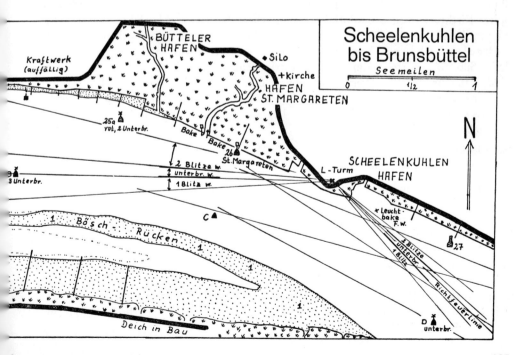

Hafenschlauch sind Schlengen. Dahinter liegen bei dem hohen Getreidesilo noch 80 Meter Kaje. — Es gibt zwei Bootswerften mit Schlipps sowie übliche Versorgung.

Hafen und Zufahrt fallen bei Niedrigwasser trocken. Etwa ab halber Tide kann man mit 1,2 Meter Tiefgang herein, mit 1,8 Meter Tiefgang eine Stunde später. — Gelegentlich lädt noch ein kleiner Getreidefrachter in Freiburg. Sonst sind Sportboote unter sich. Der Club hat nette, zugreifende Leute. Die haben sich keine sterile Marina geschaffen, sondern einen kleinen lebendigen und typischen Nordsee-Sportboothafen. Sein Leben regelt die Tide.

D i e Z u f a h r t nach Freiburg erfolgt zwischen Ausläufern der Brammerbank hindurch (Plan Seite 129 und 135). Wenn man durch den Hafenpriel einlaufen kann, kann man auch die Bänke vor der Einfahrt passieren. — Für den Fremden ist die klassische Ansteuerungsanweisung wohl noch immer die beste: Laufe die Elbtonne „F/Brammerbank" an. Von da steure zwischen Tonne W/A und W/B hindurch westwärts auf die Einfahrt zu. Da steht ein Radarturm. Eine Buhne mit Stangenbake mit schwarzem Kegel bleibt an Steuerbord. Danach halte die Mitte des Hafenpriels.

Das Holsteinische Ufer bis Brunsbüttel   (Plan S. 134 und 129)

Nördlich der Stör-Mündung tritt der Elbdeich dicht an den Strom und begleitet ihn 8 Seemeilen weit in dichter Folge, bis — wichtigstes Ereignis — bei Brunsbüttel der Nord-Ostsee-Kanal in die Elbe mündet. War der Schiffsverkehr auf der Elbe schon lebhaft genug, dort verdoppelt er sich.

Landmarken: R h i n p l a t e - N o r d - B a k e ist ein Dalben mit einem roten Kessel. G l ü c k s t a d t - R i c h t f e u e r sind runde Betontürme, waagerecht rot-weiß gestreift. H o l l e r w e t t e r n - U n t e r f e u e r brennt auf weißem viereckigen Turm. B r o c k d o r f - O b e r f e u e r ist ein Gitterturm mit rot-weißen Streifen. Auch der spitze Kirchturm von Brockdorf ist gut zu sehen. S c h e e l e n k u h l e n - L e u c h t t u r m ist ein runder Turm mit rot-weißen Bändern. Da liegt der kleine H a f e n S c h e e l e n k u h l e n . Von S t . M a r g a r e t e n , etwas landein, leuchtet der hohe Silo. Westwärts davon folgt Industriegelände. Die K r a f t w e r k s a n l a g e n sind dort sehr auffällig. Danach am Elbufer die hohe Kaje des G r o ß s c h i f f s a n l e g e r s und schließlich die vielen M o l e n k ö p f e der Schleusenvorhäfen des Nord-Ostsee-Kanales. Unauffällig hinter dem letzten Molenkopf die Einfahrt zum Alten Hafen Brunsbüttel.

Scheelenkuhlen-Hafen liegt östlich der Deichhuk mit Leuchtturm Scheelenkuhlen. Es ist ein kleiner Sielhafen mit kurzer Kaje und flachgehenden einheimischen Booten.

St. Margareten, durch den großen Silo weithin kenntlich, hat einen kleinen Hafen. Nahe Hochwasserzeit laufen Schiffe mit 2 Meter Tiefgang dort zum Getreideladen ein. Übrigens ist St. Margareten ein sehr alter Ort, schon 1342 als Vlethe oder Elredesfleth genannt und erst im Jahr 1500 anläßlich der Einweihung der neuen Kirche am St. Margaretentag auf den jetzigen Namen getauft. Die alte Kirche hatte sich eine Sturmflut geholt.

Die Einfahrt liegt 500 Meter westlich der Tonne „26/St. Margareten" (Plan S. 135). Rote Stangenbake mit Zylinder an Backbord, schwarze mit Kegel an Steuerbordseite. Boote mit 1,2 Meter Tiefgang laufen ab halber Tide ein. — Verbesserungsarbeiten an Hafen und Einfahrt sind in Gang.

Bütteler Hafen liegt dicht neben St. Margareten ebenfalls tief im Deichvorland. Großartige Hafenanlagen gibt es nicht. Der Priel ist flacher und schmaler als der von St. Margareten.

Elbehafen Brunsbüttel: Das ist ein 800 Meter langer Großschiffsanleger am tiefen Elbfahrwasser. Von (mäßigem) Interesse für ein Sportboot ist nur das geschützte Bassin h i n t e r der Ostseite des Großschiffsanlegers (Plan). Das „Hafenbecken" ist etwa 180 mal 300 Meter groß. Bei N.W. fällt es überwiegend trocken (weicher Mud). Man kann ankern, darf aber nicht regelrecht festmachen. — Ich denke, daß der Platz nur als „Nothafen" infrage kommt.

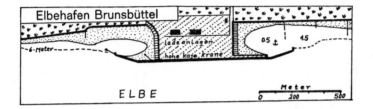

Zufahrt zum Nord-Ostsee-Kanal: Unübersehbar öffnen sich an der Nordseite der Elbe die Vorhäfen zu den Schleusen des meistbefahrenen Kanales der Welt. Binnen der Schleusen liegt der **Kanalhafen**, Liegeplatz für Yachten, die den Kanal benutzen. (Seite 143). Die „Z u f a h r t z u m N o r d - O s t s e e - K a n a l " umfaßt auch die Wasserfläche zwischen dem Elbufer und den Tonnen 24/NOK und 25/NOK (Plan Seite 134). Die ist den Schiffen vorbehalten, die in den Kanal einlaufen oder ihn verlassen. Hier warten wir also auf die Lichtsignale, wenn wir in den Kanal einlaufen wollen (Seite 141).

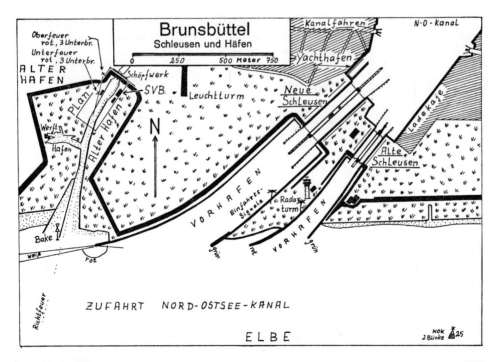

Alter Hafen Brunsbüttel　　　　　　　(Plan S. 134, 137 und 138)

Direkt westwärts neben der Kanalausfahrt liegt die Zufahrt zum Alten Hafen Brunsbüttel, dem Ziel vieler Elbschiffer. Eine Stangenbake mit Stundenglastoppzeichen steht an der Backbordseite der Einfahrt. Eine Rinne in Grünland führt etwa 700 Meter nordwärts, erweitert sich dann und endet vor dem Siel. Da sind die Liegeplätze.

Der kleine Sielhafen liegt ruhig, freundlich und perfekt geschützt im grünen Deichvorland. Ich denke, daß er nahezu 100 Yachten aufnehmen kann. — Es gibt die L i e g e p l ä t z e   d e r   S t a d t . Die sind an der Backbordseite an Schlengen. Zuletzt war dort bei N.W. 1 bis 1½ Meter Wassertiefe auf weichem Mud. Hier machen die Fahrtenyachten am häufigsten fest. — Gegenüber auf der Steuerbordseite sind die Liegeplätze des Seglervereins Brunsbüttel, ebenfalls an Schlengen. Doch dort fällt es trocken. Nahe Hochwasserzeit stehen dort etwa 2 Meter Wasser. — Der tüchtige, aktive Segelclub hat gute Boote, große Hallen, Wasch- und Toilettenraum, Schlipp und Werkstatt. Alles in Eigenbau! Als ich zuletzt da war, baute man gerade fünf große Kunststoff-Yachten! Nach der Westseite zweigt aus dem Hafenpriel ein kleiner trockenfallender W e r f t h a f e n ab. Auch da liegen Yachten. — Mit Umbauten im Zuge der Deicherhöhung muß gerechnet werden. Manche reden von einer Marina.

D i e   E i n f a h r t hat derzeit bei N. W. knapp 1 Meter Wassertiefe. N a c h t s läßt sich der Brunsbütteler Hafen durch seine Richtfeuerlinie anlaufen (rot, 3 Unterbrechungen, Plan). Ich habe ihn am Ende einer Ostseereise sehr oft im Dunkeln angelaufen, nämlich dann, wenn ich mit Ende des Tageslichtes die Fahrt durch Nord-Ostsee-Kanal beendet hatte und wenn die Tide so lag, daß man sehr früh hätte aufstehen müssen, um vor Beginn der Fahrt nach Cuxhaven oder nach Hamburg auch noch das Ausschleusen zu bewerkstelligen. — Meistens war dann im Elbstrom vor den Schleusen kräftig auslaufendes Wasser, und ehe der für die Navigation „zuständige" Mitsegler, der bisher nur die Ostseefahrt kannte, sich über das Ausmaß der Stromversetzung überhaupt klar wurde, war er schon weit stromabwärts gespült worden. — Man muß schräg gegen die Strömung in die Richtfeuerlinie einlaufen. Es ist nicht schwer. Man muß es nur wissen.

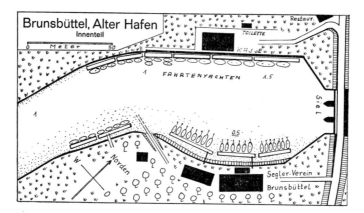

Die Schleusen des Nord-Ostsee-Kanales: Ob man durch den Kanal fährt oder nicht, den großen Schleusen des Nord-Ostsee-Kanales soll man einen Besuch machen. — Was ist das doch für ein Bild, wenn die riesigen, schweren Schiffskörper sich langsam, langsam in die großen Schleusenkammern schieben. Welch ein unglaublich großes Ding doch ein seegehendes Frachtschiff ist! Auch als Küstenbewohner bekommt man diese ganz Großen ja sonst nicht so nahe zu sehen wie hier in den Schleusen. Schiffe aus aller Herren Länder. Mannschaften aus Negern, Indern, Russen und Finnen, aus Franzosen, Griechen und Türken, aus Chinesen und den Staaten der arabischen Welt. Nirgendwo kann man so konzentriert Völkerpsychologie treiben und sich über das Verhalten der Menschen und den Zustand der Schiffe seine Gedanken machen. Und wenn das Schiff dann auf das Niveau des Elbstromes gesunken ist, was gibt es Gewaltigeres, als wenn bei einem großen Schiff dann die Schrauben langsam zu drehen beginnen, wenn mit unglaublicher Kraft riesige Wassermassen umgespült werden, und wenn der gewaltige Schiffsleib sich ganz, ganz langsam in Bewegung setzt und die Schleusen verläßt zu einer Fahrt, die ihn vielleicht um die halbe Erde führt.

Etwas Fahrtenschiffer-Strategie

Lange schon spült Salzwasser um unseren Kiel. Für ein Sportboot, so ist meine Meinung, beginnt Seefahrt nicht erst bei Cuxhaven, sondern schon ab Brunsbüttel. So muß der Schiffer beginnen, spätestens hier nach Tide, Tageslicht und Wetterlage die weiteren seewärtigen Routen zu planen.

Die meisten denken ja nur an Cuxhaven als Absprunghafen für die Fahrt über See. Soll es in das Gebiet von Weser, Jade und Ostfriesischen Inseln oder zu den Niederlanden gehen, so ist das auch ganz richtig. Doch für die Fahrt nach Norden, nach Büsum, zur Eider, in das Meer der Halligen kann es oft viel besser sein, schon von Brunsbüttel aus die W a t t f a h r w a s s e r   a n   d e r   H o l s t e i n i s c h e n   K ü s t e   zu fahren. Es ist kürzer und es vermeidet die Ungewißheit, an der Elbmündung durch rauhes Wetter aufgehalten zu werden. Brunsbütteler Hafen oder Neufelder Hafen sind für die Wattfahrt die besten Absprungplätze (Seite 198, 202 f).

H. Der Nord-Ostsee-Kanal

Knapp 100 Kilometer — etwa 54 Seemeilen — ist diese wichtigste und am häufigsten benutzte Verbindung zwischen Ostsee und Nordsee lang. Etwa einen Fahrtentag (oder zwei halbe) sollte man für die Passage vorsehen, denn das Einschleusen und Ausschleusen braucht Zeit, die Höchstgeschwindigkeit für Sportboote ist 15 km/h (8,1 kn), und nach Sonnenuntergang ist das Fahren nicht erlaubt. — Es gibt mehrere Häfen und Liegeplätze im Kanal. Man kann also auch nachmittags einschleusen und, solange die Helligkeit reicht, bis zu einem dieser Liegeplätze fahren.

Landschaftlich ist der Nord-Ostsee-Kanal wohl nur an einigen Stellen besonders schön. Aber er ist eine zweckmäßige Wasserstraße. Durch die intime Begegnung mit den oft sehr großen Handelsschiffen, die den Kanal passieren, ist die Fahrt auch interessant. Ist es doch der verkehrsreichste Seekanal der Welt. Eindrucksvoll sind die vier Hochbrücken für die Eisenbahn.

Die Kanalordnung: Die wichtigsten Bestimmungen für ein Sportboot sind: Es muß scharf an der rechten Seite gefahren werden, doch auch nicht dichter als die Abstandsschilder angeben. Segelboote müssen eine Maschine haben, die mindest 6 km/h Fahrtgeschwindigkeit gibt. Die Maschine muß auch beim Segeln mitlaufen. Kreuzen ist nicht erlaubt. Fahrzeuge bis 50 BRT dürfen ein Sportboot in Schlepp nehmen. Yachten über 50 BRT sind lotsenpflichtig. Nach Sonnenuntergang darf nicht mehr gefahren werden. Dann muß einer der unten beschriebenen Liegeplätze erreicht sein. Einschleusen und Ausschleusen nach Sonnenuntergang sind aber erlaubt. Die Schleusen arbeiten Tag und Nacht und auch an Feiertagen. (Einige weitere Bestimmungen folgen)

Kanalgebühren: Die Gebühr für eine Yacht bis 12 Meter Länge ist 15 DM für eine Durchfahrt. Bei Yachten von mehr als 12 Meter Länge wird die Gebühr in der Hebestelle nach einer Formel berechnet, in welche Länge, Breite und Seitenhöhe des Schiffes eingehen. Die Mindestgebühr ist dann 20 DM. Papiere über die Maße des Schiffes müssen zur Hebestelle mitgebracht werden.

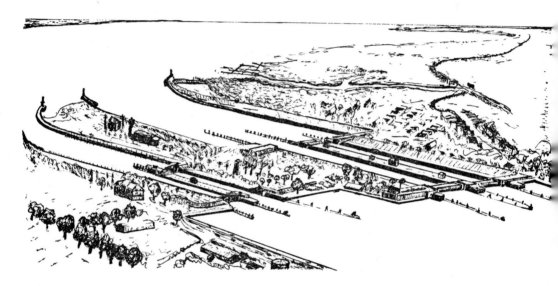

Die Schleusen des Nord-Ostsee-Kanales bei Brunsbüttel aus der Luft gesehen, d. h. vom Land auf den Elbstrom. Der fließt nach rechts oben in Richtung zur See. Links am Horizont ist das Niedersächsische Elbufer. Vorn links liegt das Paar der Alten Schleusen. Vorn rechts sind die großen Neuen Schleusen. Zwischen den Schleusenpaaren ist die Schleuseninsel mit Radarturm und den Masten für die Lichtsignale. Rechts unten im Bild der Nord-Ostsee-Kanal mit dem Kanalhafen.

Abzweigungen: Bei km 40,5 zweigt der kurze G i e s e l a u - K a n a l nach Norden ab. Er schafft eine Verbindung zur E i d e r . Das ist eine sehr nützliche Abkürzung für eine Fahrt von der Ostsee in das Gebiet der Halligen und ein ruhiger schöner Liegeplatz außerdem. — Bei km 85,5 ist über Schleuse Strohbrück Verbindung mit den Holsteinischen Seen.

Die Schleusen und das Einschleusen

Bei meinen ersten Fahrten durch den Nord-Ostsee-Kanal habe ich vor dem Durchschleusen meist nennenswertes Herzklopfen gehabt. Eigentlich ohne Grund.

Nur an den beiden Enden des Kanales sind Schleusen: bei Kiel-Holtenau und bei Brunsbüttel. Zwei Schleusenpaare gibt es dort: Die beiden „Alten Schleusen" und die beiden

„Neuen Schleusen". Die Anordnung bei Brunsbüttelkoog zeigt die Skizze. Bei Kiel-Holtenau ist es ganz ähnlich. Dort liegen jedoch die kleineren Alten Schleusen an der Nordseite. Die Art des Betriebes der Schleusen ist in Brunsbüttel und Kiel-Holtenau die gleiche. So beschreibe ich hier die Einfahrt bei Brunsbüttelkoog stellvertretend für beide.

Einschleusen bei Brunsbüttel: Das Anlaufen ist auf Seite 137 beschrieben. Die Lage der Vorhäfen vor den Schleusen zeigt der Plan auf Seite 137. In den Vorhäfen darf ein Sportboot nicht festmachen. Man muß auch wissen, daß es bei Starkwind aus westlicher Richtung sehr unruhig in den Vorhäfen ist. Schutz findet man dort nicht. Man muß also, ohne dabei die Berufsschiffe zu stören, auf der Elbe auf und ab laufen, bis man in die Schleusen einlaufen darf.

Alte Schleusen, Neue Schleusen: Die alten Schleusen liegen in Brunsbüttel an der Südseite. Sie sind kleiner. Dort hat man meist Küstenmotorschiffe oder mittelgroße Frachter als Mitschleuser. Bei der ersten Durchfahrt durch den Kanal würde ich wohl lieber in die alten Schleusen einlaufen. — In die sehr großen neuen Schleusen laufen die großen Frachtschiffe ein. Ist ein solches Großschiff oder mehrere mittelgroße drinnen, so kann man mit einem Sportboot fast immer als letztes Boot zusätzlich einlaufen (Einlaufe-Signale siehe unten). Man fährt dann neben den großen Schiffen weit nach vorne und macht das Boot (da die hohen Schiffswände nicht ersteigbar sind) an der gegenüberliegenden Seite an den großen, schwimmenden Holzfendern fest, die da wie Schlengel liegen.

Eines aber darf man bestimmt n i c h t tun: nämlich h i n t e r einem der großen Schiffe festmachen und dort warten, bis beim Auslaufen dessen Schrauben zu drehen anfangen! —

Auch in den alten Schleusen sollte man möglichst so festmachen, daß man beim Öffnen der Schleusentore als erstes Boot ausläuft, ehe die dicken Schiffe mit ihrem Schraubenwasser Turbulenz in der Schleuse erzeugen. In der alten Schleuse wird man meist neben einem Kümo festmachen. Nur müssen dessen Bordwände ersteigbar sein, denn einer von der Crew muß an Land, die Kanalgebühren zu bezahlen.

Einlaufe-Signale: Die sind jetzt recht kompliziert geworden. Früher wurde am Schleuseneingang ein Arm gesenkt, wenn man hereindurfte und gehoben, wenn nicht. Das war ganz plausibel. Heute geht es wie folgt:

„Z u f a h r t z u m N o r d - O s t s e e - K a n a l": So heißt ein Gebiet vor den Schleusen-Vorhäfen. Der Plan auf Seite 134 zeigt es. Die Tonnen „24/NOK" und „25/NOK" begrenzen es. In diesem Gebiet darf man sich überhaupt nicht aufhalten, außer 1) man will in den Kanal einlaufen u n d 2) die Signalmasten auf den Schleuseninseln der Alten Schleusen oder der Neuen Schleusen zeigen die Lichtsignale

    ○ weiß
    ○ grün

E i n f a h r t i n V o r h ä f e n u n d S c h l e u s e n : Die ist nur gestattet, wenn an dem auf der Mittelmauer der jeweiligen Schleuse stehenden Signalmast das Lichtsignal gezeigt wird

    ○ weiß
    ○ grün

Manchmal wird neben diesen beiden Lichtern noch ein weißes Licht gezeigt. Dann soll man in der Schleuse nicht an der Mittelmauer festmachen, sondern an der gleichen Seite der Schleuse, an der das weiße Licht stand.

Ich wasche meine Hände in Unschuld. Ich hab's auch mehrmals lesen müssen, bis ich's verstand. Ich hab mir dann schließlich eingeprägt: „W e i ß ü b e r G r ü n". In der Praxis ist's Gottlob halb so schlimm, wie auf dem Papier.

Bezahlen der Kanalgebühren: Das habe ich immer als den etwas kritischen Punkt empfunden. Der Schiffer muß an Bord bleiben. So muß also ein cleveres Mitglied der Besatzung (bei größeren Yachten mit Schiffspapieren) an Land entern. Er muß sich sehr sputen, um vor Beendigung des Schleusens alles erledigt zu haben. Und man sollte vereinbaren, daß der Mann im Kanalyachthafen an Bord genommen wird, wenn das Boot aus der Schleuse auslaufen muß, ehe er zurück ist.

Für die Kanalgebühren gibt es zwei Instanzen: Zuerst muß an der „H e b e s t e l l e" die Gebühr bezahlt werden. Die Hebestelle liegt zwischen den neuen Schleusen. Danach muß der Passageschein im Büro des S c h l e u s e n m e i s t e r s abgegeben werden. — An der Hebestelle muß man, wenn man sie gefunden hat, oft warten. Auch das Häuschen des Schleusenwärters muß man erst finden. Da man die Schleusen nur über die jeweils geschlossenen Tore passieren kann, gibt es bei geöffneten Toren oft erhebliche Umwege. Deshalb soll der Mann für das Bezahlen „clever" sein, denn er muß rasch „schalten". — Schleust man durch die alten Schleusen, so kann das Ticket für eine Yacht bis 12 Meter Länge an den Zeitungskiosken gelöst werden. Dort kostet es DM 15,50. Dann muß man es nur noch zum Schleusenmeister bringen.

Auslaufen: Öffnen sich die Schleusentore, so sollte ein Sportboot nach meiner Meinung möglichst als erstes auslaufen. Deshalb ist es auch gut, sich schon beim Einlaufen in die Schleuse weit nach vorne zu verholen. Man sollte aber wohl nicht auslaufen, ehe das Schleusentor ganz offen ist, außer, der Schleusenmeister hat Anweisung gegeben. Haben Frachter, die vor einem auslaufen, in der Schleuse turbulentes Wasser geschaffen, so sollte man wohl möglichst ein wenig warten und jedenfalls sehr aufmerksam steuern.

Das Fahren im Kanal

Die Kanalstrecke ist alle 500 Meter mit Kilometertafeln bezeichnet. Die Ziffern im Plan entsprechen den Kilometerangaben. — Etwa alle 6 bis 10 Kilometer hat der Kanal besonders breite Stellen, sogenannte „W e i c h e n". Sie sind für das aneinander Vorbeifahren besonders großer Schiffe bestimmt. In den Weichen stehen Pfahlreihen (mit denen ein Sportboot nichts anfangen kann). Außerdem werden Weichensignale (Lichtsignale) gezeigt.

Weichensignale: Sie haben meist für Sportboote keine Bedeutung. Nur wenn 3 rote Lichter übereinander an den Signalmasten einer Weiche gezeigt werden, muß auch ein Sportboot in der Weiche anhalten (ich würde meist außerhalb der Pfahlreihe ankern). Ö l h a f e n B r u n s b ü t t e l (km 4): Werden da zwei rote Lichter nebeneinander gezeigt, muß man solange warten.

Für den Rudergänger: Sportboote sollen hart am rechten Ufer fahren. Das meint 10 bis 15 Meter Distanz, sofern nicht irgendwo durch Schilder oder Tonnen größerer Abstand gefordert wird. — Kommen einem große, tiefgeladene Schiffe entgegen, so machen die neben sich eine Senkung des Wasserstandes um $1/4$ bis $1/2$ Meter. Das sieht etwas beängstigend aus, macht aber keine Schwierigkeit. Etwas unangenehmer ist es, wenn ein schweres Schiff überholt. Hier muß der Rudergänger sehr aufmerksam fahren. Ich würde die Fahrt etwas zurücknehmen, um den „Kollegen" rascher vorbei zu lassen.

Segeln, Schleppen, sonstige Tips: Segelboote finden oft guten Segelwind, wenn sie Richtung Ostsee fahren. Etwa auf der halben Strecke wird der Wind dann aber meist so schwach, daß er kaum noch hilft. — Auf dem Wege zur Nordsee kann einem in der Westhälfte des Kanales ein Nordwestwind oft nützen. — Beim Segeln muß, wie schon gesagt, der Motor mitlaufen. — Segelboote mit kleinerem Hilfsmotor schauen oft nach einer Schleppgelegenheit aus. Oft sind kleinere Küstenschiffe dazu bereit. Den Schlepplohn soll man vorher ausmachen. 25 bis 40 DM habe ich für mein 4-Tonnen-Boot meist bezahlen müssen. Oft muß man aber recht lange warten, ehe man einen Schleppwilligen findet. — Treideln ist nur im Notfalle erlaubt, um im Falle einer Havarie einen Liegeplatz aufzusuchen.

B e i   D u n k e l h e i t   darf ein Sportboot nicht fahren. Als „Dunkelheit" gilt, wenn die Kanalbeleuchtung eingeschaltet ist. Das ist z. B. vom

1. Mai	bis 15. Mai	21 Uhr
1. Juni	bis 15. Juli	22 Uhr
1. August	bis 15. August	21 Uhr
1. September	bis 15. September	20 Uhr

Man darf nur an den dafür vorgesehenen Stellen liegen. Die Fahrt muß man entsprechend planen.

Häfen und Liegeplätze für Sportboote   (Plan S .144)

In den Hafenanlagen für die Handelsschiffahrt dürfen Sportboote nicht festmachen. Vor allem aber soll man im Kanal selbst nie an Stegen oder Brücken festmachen. Dicke Schiffe bewirken eine erhebliche Senkung und Hebung des Wasserstandes zusammen mit Sog und einer Art kleiner Brandungswelle.

Yachthafen Brunsbüttel (km 0): Das ist ein fast stets überfüllter Yachtstützpunkt gleich innerhalb der Brunsbütteler Kanalschleusen an der Nordseite des Kanales. Versetzboote machen Schwell. Gute Fender sind zweckmäßig, zumal man in Päckchen liegt. — Toiletten, Waschraum, Lebensmittel. So nett der kleine Hafen unter Bäumen ist, an den 220 Meter Stegen liegen oft über 80 Yachten. So taugt er nur zum Übernachten oder Einkaufen.

Burgerau-Hafen (km 17): Dieser kleine Hafen an der Westseite des Kanales ist nicht mehr offiziell Liegestelle. Man ist nur 1 Kilometer von dem Städtchen Burg entfernt, das mit seinem sächsischen Burgwall, der Böckelnburg, und der Kirche aus dem 12. Jahrhundert schon von Interesse ist.

Weiche Dükerswisch (km 21,5): An der Brücke in dieser Weichenstelle können Yachten für die Nacht festmachen. Zum Einkaufen etwa 3 Kilometer.

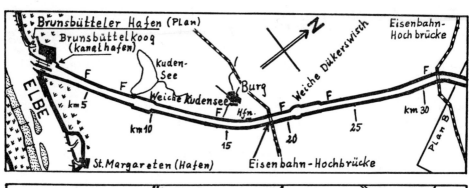

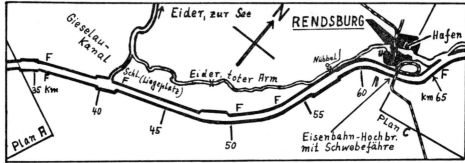

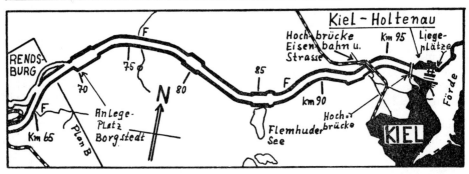

Gieselauschleuse (km 40,5): Im Gieselau-Kanal, der bei km 40,5 nach Norden abzweigt, sind sehr ruhige, einsame Liegeplätze. Das Einlaufen wird auf Seite 210 beschrieben.

Rendsburger Yachthafen (km 66): Ruhige, freundliche Liegeplätze an den Clubstegen dicht beim Zentrum der Stadt. Man verläßt den Kanal zwischen km 66 und 67 und biegt nach Westen in den ehemaligen Lauf der Eider ein. Der führt etwa 2 km weit bis vor die Club-Stege. Die wirklich eindrucksvolle Gastfreundschaft ging soweit, daß wir Abends gefragt wurden, ob wir morgens frische Brötchen wollten und wieviele. Die standen morgens neben den Festmacheleinen.

Borgstedter Enge (km 70): Das ist der amtliche Name für die Liegeplätze im Borgstedter See. Die Zufahrt ist 2 Kilometer östlich der Autobahn-Hochbrücke. Man biegt nach Norden aus dem Kanal heraus, fährt in einem Nebenarm des Kanales etwa 700 Meter weit westwärts und trifft dort auf große Steganlagen bei der Siedlung Lehmbeck.

Kiel-Holtenau (km 98): I n n e r h a l b der Kanalschleusen kann man für kurzen Aufenthalt oder für die Nacht an der Kaje an der Nordseite des Kanales dicht bei den alten Schleusen längsseits gehen. Zuweilen ist Schwell von Versetzbooten. A u ß e r h a l b   d e r   K a n a l s c h l e u s e n : Dort ist gleich nordwärts der Ausfahrt aus der alten Schleuse der freundliche Liegeplatz für durchreisende Sportboote. Da sind wir denn auf der Ostsee, dem gezeitenlosen Binnenmeer, das mir, weil alles so einfach ist, meist schon nach ein paar Wochen etwas langweilig wurde.

I. Die Elbe von Brunsbüttel bis Cuxhaven

Distanzen: Vom Schleusentor Brunsbüttel bis Fährhafen Cuxhaven sind 18 Meilen, 43 bis Feuerschiff „Elbe 1", 55 bis Helgoland, knapp 300 bis England oder Norwegen. — Der Tidenstrom läuft kräftig. Vernünftigerweise muß man die Fahrt mit dem Tidenstrom machen. — Cuxhaven ist gut zu erreichen, auch Insel Neuwerk; doch bis Feuerschiff „Elbe 1" (nur 4½ Stunden mitlaufende Strömung) wird die Strömung einen Segler wohl niemals begleiten. So ist der traditionelle Absprungplatz für die Fahrt aus der Elbmündung Cuxhaven und meist nicht Brunsbüttel.

Starkwind aus westlicher Richtung, zumal aus Nordwest, macht die Fahrt auch für ein seegehendes Boot grob. Für nicht seegehende Boote ist es dann eindeutig zu hart. Bei westlichem Wind von Sturmstärke kann ein Sportboot nicht fahren. — Besondere navigatorische Schwierigkeiten wüßte ich im Hauptfahrwasser nicht. Beim Kreuzen kann man nach Norden zumeist weit über den Tonnenstrich hinausfahren, meistens bis an die Kante der Watten. Doch sehr beachten muß man im Bereich zwischen Otterndorf und Altenbruch den trockenfallenden M e d e m g r u n d ! (Siehe S. 147 sowie Plan).

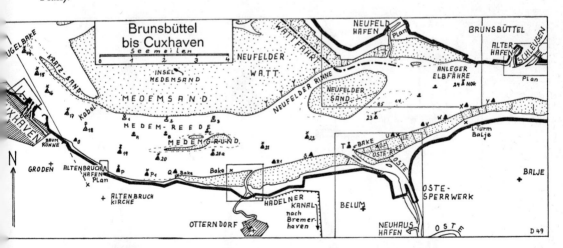

Nebel: Das Aufkommen von dichtem N e b e l kann ernste Verlegenheit bringen, nicht allein wegen der anderen Schiffe, auch wegen der Tonnen, die mit 3 bis 4 (5) Knoten „durchs Wasser fahren". Da an der Südseite des Flusses Buhnen bis ins tiefe Wasser vorgebaut sind, hilft dort das Lot nichts. Ich würde bei dichtem Nebel wohl stets aus dem Fahrwasser heraus nach Norden drehen und mit dem Lot in der Nähe der Wattkanten einen Ankerplatz suchen.

Häfen zwischen Brunsbüttel und Cuxhaven sind vor allem das reizende O t t e r n - d o r f und A l t e n b r u c h . Ferner die O s t e mit ihren Häfen und Liegeplätzen. — Vernünftige A n k e r p l ä t z e gibt es in der Elbe nicht mehr. Vorzügliche sind in der Oste. — Das Watt und die Häfen am holsteinischen Ufer (N e u f e l d e r H a f e n und F r i e d r i c h s k o o g) werden auf Seite 202 beschrieben.

Fluchthäfen: Macht Starkwind eine Weiterfahrt unmöglich (das geschieht vor allem, wenn Südwestwind auf Nordwest umspringt und sich verstärkt), dann ist die Mündung der Oste der traditionelle Fluchthafen. Nach Otterndorf würde ich bei wirklichem Sturm nicht einlaufen. (Das E i n l a u f e n ist schwierig. Drinnen liegt man dann gut.)

Beschreibung des Fahrwassers   (Plan S. 145, auch 134)

Bei den Kanalschleusen von Brunsbüttel sind die wichtigsten und weit erkennbaren L a n d m a r k e n Schornsteine, Industrieanlagen und Rauch; näher gekommen, der Radarturm zwischen den Schleusen sowie die Molenköpfe zwischen den Schleusen mit den Leuchttürmen darauf. Brunsbüttel elbaufwärts fahrend anzusteuern, bietet keine Schwierigkeit.

Elbabwärts führt das Fahrwasser etwa in Südwestrichtung auf das S ü d u f e r der Elbe zu. Dort ist ziemlich breites Watt mit Buhnen darauf. An Landmarken sind der Leuchtturm Balje, das Unterfeuer und Oberfeuer Oste-Riff und die Leuchtbake auf der Spitze des Leitdammes Oste-Riff wichtig. Die drei letzten sind auf dem Spezialplan „Ostemündung" auf Seite 148 eingezeichnet. Nach Norden zu kann man hier über die Tonnenlinie weit hinausfahren. Nach Süden zu soll man sich in der Tonnenlinie halten

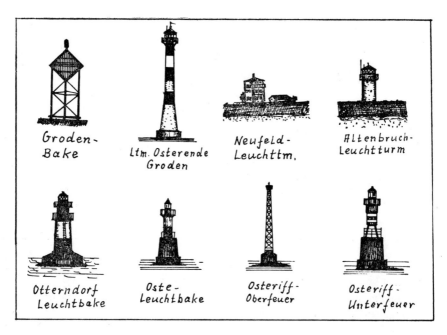

Groden-Bake   Ltm. Osterende Groden   Neufeld-Leuchttm.   Altenbruch-Leuchtturm

Otterndorf Leuchtbake   Oste-Leuchtbake   Osteriff-Oberfeuer   Osteriff-Unterfeuer und die mit weißen Tonnen bezeichneten Buhnenköpfe beachten. — Das Einlaufen in die O s t e wird auf Seite 149 beschrieben.

Hat man die Leuchtbake O s t e - R i f f passiert, so sieht man hinter dem Deich den Kirchturm von Otterndorf und weiter im Westen den Kirchturm von Altenbruch mit zwei Spitzen. Im tiefen Wasser der Elbe steht am Südrande des Fahrwassers die auffällige steinerne L e u c h t b a k e O t t e r n d o r f (Skizze auf Seite 146). Etwa 0,5 Seemeilen östlich von ihr ist die Zufahrt zum Otterndorfer Hafen und dem Hadeler Kanal.

Der Medemgrund beginnt nördlich der Leuchtbake Otterndorf und erstreckt sich insgesamt 3 Seemeilen in west-östlicher Richtung. Er ist ein sehr veränderlicher Mittelgrund im Elbstrom. Derzeit fällt er 2 Seemeilen lang trocken, und zwar an den höchsten Stellen bis 1,3 Meter über Kartennull! So muß man zwischen den Tonnen 19 und 21 vermeiden, den Tonnenstrich wesentlich nach Norden zu überschreiten. Grundberührung auf dem Medemgrund sollte man des Dampferschwelles wegen vermeiden.

M e d e m r i n n e heißt der meist mehr als 5 Meter tiefe, $^3/_4$ Seemeile breite Arm der Elbe nördlich von Medemgrund. Medemrinne ist nicht regelrecht betonnt. Doch liegen drei flache rote Tonnen „Medemreede" mit Zylindertoppzeichen an der Nordseite und drei flache schwarze Tonnen „Medemreede" mit Kegeltoppzeichen an der Südseite. Bei guter Sichtigkeit würde ich Medemrinne zwischen Neufelder Sand und Cuxhaven ebenso gerne wie das Hauptfahrwasser befahren.

A m H a u p t f a h r w a s s e r der Elbe blickt bei Altenbruch-Hafen der breite, weiße Leuchtturm Altenbruch mit seinem schwarzen Lampenhaus über den Deich. Westlich von Altenbruch biegt der Elbstrom nach Nordwesten. Hier führt das tiefe Fahrwasser sehr dicht am Südufer entlang. Viele Buhnen sind vorgebaut. Die Strömung versetzt auf diese Buhnen. Ich denke, daß ein Sportboot elbaufwärts wie elbabwärts fahrend diesem Südufer besser fernbleibt. Ich würde hier an der Nordseite des Fahrwassers, vielleicht sogar dicht außerhalb des Tonnenstriches fahren. Zwischen den Tonnen 17 bis 18 ist der vielen Kabel wegen Ankerverbot.

Die Einfahrt zum A l t e n H a f e n von Cuxhaven ist durch den sehr auffälligen Radarturm nicht zu verfehlen. Zu den jetzigen Yachtliegeplätzen im F ä h r h a f e n muß man noch 1000 Meter weiter flußabwärts fahren. — Doch vielleicht reichen Tide und Tageslicht, statt Cuxhaven die I n s e l N e u w e r k zum Fahrtziel des Tages zu machen?

Die Oste und ihre Häfen   (Plan S. 145 und S. 148)

Der Fluß Oste ist ein kleines Fahrtrevier für sich. Vor allem aber ist sie der traditionelle Fluchthafen. Denn schon mehr als ein Yachtschiffer hat festgestellt, daß die Elbe bei stürmischem West oder starkem bis stürmischem Nordwest ein so grobes Revier ist, daß man die Fahrt nach Cuxhaven nicht fortsetzen kann. Es gibt mehrere kleine Häfen. Außerdem ist in der 100 bis 200 Meter breiten Oste gut zu ankern.

Die Oste kommt von weit her: aus den Mooren der Lüneburger Heide. Bei B r e m e r - v ö r d e (Plan Seite 96) begegnet sie an der Seeschleuse das erste Mal der Tide. Bei Hochwasser 2½ bis 4 Meter tief, führt sie von da durch bergiges Geestland. H i m m e l - p f o r t e n , H e c h t h a u s e n , O s t e n liegen am Wege. Viele sind Plätze alter Bur-

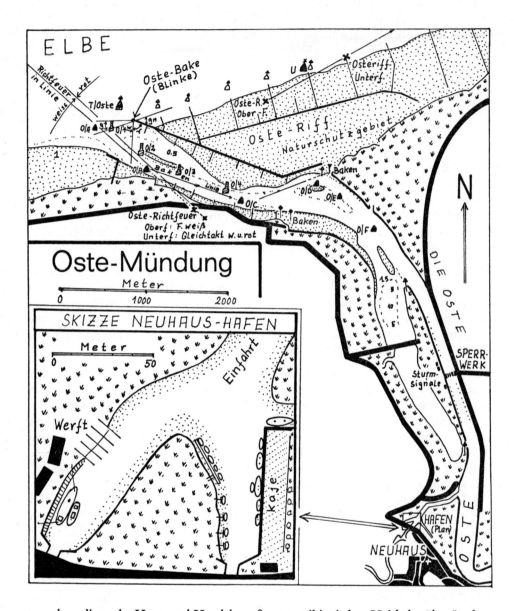

gen, denn die uralte Heer- und Handelsstraße vom wikingischen Haithabu über Itzehoe nach Bremen lief hier.

14 Seemeilen oberhalb der Mündung ist bei O s t e n die letzte feste Brücke mit 4,8 Meter Durchfahrtshöhe bei H.W. Zwischen Deichen läuft die Oste 60 bis 120 Meter breit, später breiter, zur Elbe. Ziegeleien mit kleinen Ladehäfen sind am Ufer. Alle Hochspannungsleitungen sind 24 Meter hoch. Ab L a a k (kleiner Hafen) ist die Oste nun auch bei N.W. mehr als 2½ Meter tief. 100 bis 200 Meter breit läuft sie an G e v e r s d o r f (Yachtanleger) und N e u h a u s (Hafen) vorbei durch das Sturmflutsperrwerk. Das liegt 2½ Seemeilen vor der Mündung in der Elbe. Seewärts vom Sturmflutsperrwerk ist die Oste betonnt, etwa ½ Kilometer breit und wegen wan-

dernder Bänke nur mit Aufmerksamkeit zu befahren. Befeuert ist nur die Mündung. Küstenmotorschiffe befahren die Oste ganz emsig. Dennoch ist sie ein stiller, handiger und liebenswerter Fluß, der ganz zu Recht von vielen Yachten besucht wird.

Einlaufen von der Elbe (Plan S. 145, 148): Aufmerksamkeit ist nötig, zumal bei schlechtem Wetter oder weniger als halber Tide. An der Südseite und vor allem an der Nordseite reicht Watt mit Leitdämmen darauf weit in den Elbstrom hinein. Die Wattzunge an der Nordseite heißt O s t e - R i f f . Die Steindämme können bei hohem Wasser überflutet sein. Auf der Spitze des langen Leitdammes an der Nordseite steht die L e u c h t b a k e Oste-Riff.

A n s t e u e r u n g s t o n n e ist die schwarz-rote Bakentonne „T-Oste". Das ist gleichzeitig die Fahrwassertonne T der Elbe. Läuft man in die Oste ein, so soll die Tonne an Backbord bleiben. Es folgen rote Spierentonnen an der Backbordseite und schwarze Spitztonnen an Steuerbord. Die Tonnen warnen vor veränderlichen Bänken in der Oste-Mündung, die bei N.W. teilweise trockenfallen. Im tiefen Fahrwasser sind aber auch bei N.W. 2 bis 3 Meter Wassertiefe. Drei Richtlinien werden nacheinander a) durch die Richtfeuer, b) durch schwarze Rautenbaken und c) durch rote Dreiecksbaken bezeichnet, wie der Plan es zeigt. — V e r ä n d e r u n g e n in der Oste-Einfahrt sind nicht ganz selten!

N a c h t s ist das Einlaufen bei voller Dunkelheit oder schlechtem Wetter recht schwierig. Ich würde darauf eingerichtet sein, am Ende der Mündungsbefeuerung zu ankern, wenn nicht ausreichend Mondlicht ist. — Richtfeuer bezeichnen den äußeren Teil der Einfahrt (Plan). Das Oberfeuer ist fest weiß. Das Unterfeuer gibt Gleichtaktfeuer weiß mit rotem Warnsektor, der von Osteriff und der äußeren Bank in der Einfahrt freihält. — Kurz nachdem das Quermarkenfeuer der Osteriff-Bake von weißen zu roten Blinken gewechselt hat, muß man die Richtfeuerlinie nach Backbord verlassen. — Ist es zu dunkel, um vorsichtig nach Sicht von Land und Tonnen weiterzufahren, muß man ankern. Man liegt geschützt. Ankerlicht ist wichtig.

Das Sturmflutsperrwerk, 1970 fertiggestellt, liegt 2½ Seemeilen oberhalb der Ostemündung (Plan). Es hat fünf Öffnungen. Die mittelste, 22 Meter breit, hat eine Klappbrücke. Die Durchfahrtshöhe unter ihr ist bei mittlerem Hochwasser etwa 5,8; bei N.W. etwa 8½ Meter. Ein Pegel zeigt sie genau. Für Schiffe mit höherem Mast muß die Brücke öffnen (2 lange Töne). Der Brückendienst ist besetzt von 4 bis 23 Uhr im Sommerhalbjahr und 6 bis 21 Uhr im Winterhalbjahr. Das Sperrwerk schließt nur bei Hochwasserständen etwa 1 Meter über Normal. Zum Festmachen sind sehr viele Pfähle da. Für eine Yacht stehen sie etwas weit auseinander. So macht man am besten an einem anderen Schiff längsseits fest.

Neuhaus-Hafen ist ein typischer und urgemütlicher Sielhafen beim Ort Neuhaus (Plan). Die Zufahrt erfolgt aus der Oste knapp 1 Seemeile flußauf vom Sperrwerk durch den Hafenpriel. Dessen Beginn ist manchmal nicht ganz leicht zu sehen. Ein Dalben stand an der Backbordseite. Der Hafenpriel fällt bei N.W. weitgehend trocken. Ab halber Tide kann man einlaufen. Vor dem Deich teilt sich der Hafenpriel (Plan). Im rechten Arm ist eine Werft mit Schlipp. Im linken ist eine etwa 60 Meter lange Kaje. Da liegen Küstenfrachter, Yachten und allerhand andere kleine Fahrzeuge. An einem dieser Schiffe oder an der Kaje direkt macht man längsseits fest. Etwa ½ Meter Wasser bleibt bei N.W. an der Kaje stehen. Es ist weicher Mud. — Schwimmstege gegenüber der Kaje sind meist von einheimischen Booten besetzt. — Ein ruhiges, typisches Siel-hafenleben spielt sich nahe Hochwasserzeit ab. Bei Niedrigwasser schläft der kleine Hafen. Meist sind nur zwei oder drei Fahrtyachten hier, doch selbst Yachten aus Schweden habe ich in Neuhaus schon getroffen. — D i e O r t s c h a f t ist ein großes Dorf, fast schon ein Flecken. 1404 gegründet, war hier eine „Schlickburg" der Bremer Erzbischöfe. Später hat ein berühmter Sohn von Neuhaus, Carl Peters, die frühere Kolonie Deutsch-Ostafrika gegründet. — Liegt man eingeweht, kann ein Fußmarsch zur Wingst sehr schön sein, dem „Deutschen Olymp": Geestberge von 74 Meter Höhe, ehemalige Insel an der Elbmündung; vom Aussichtsturm phantastischer Rundblick.

Geversdorf, 3 Seemeilen flußaufwärts vom Sperrwerk, hat einen 40 Meter langen Schwimmsteg im Fluß in tiefem Wasser. Der wird vom Ufer durch einen urwalddichten Schilfstreifen getrennt und liegt so ganz einsam-still für sich am ruhigen Fluß. Durch-quert man den Schilfurwald auf einem Holzsteg, so findet man nahebei einen kleinen Kaufladen und ebenso kleines Restaurant. Alles übrige im nahen Geversdorf, selbst eine Werft. Der lange, schöne Schwimmsteg mit Trinkwasser darauf ist Stützpunkt der Kreuzerabteilung des DSV.
Doch wir, auf unserer Reise elbabwärts zur Nordsee, haben Odysseus Verweilen bei den Lotosessern warnend vor Augen und kehren aus der sanften Oste schleunigst in die rauhere Elbe zurück. Kurs nach Cuxhaven — doch nur, um im reizenden Otterndorf und im Hafen von Altenbruch erneut aufgehalten zu werden.

Otterndorf (Plan S. 145 und S. 151)

Schon als Junge war ich eine Leseratte. Und Bücher vom Wasser mußten es sein. So las ich im 8. oder 9. Lebensjahr das erste Mal von Otterndorf. Zwei Seebären schnackten da auf der Elbe. Der eine zeigte auf die Kirchtürme von Otterndorf hinter dem Deich und meinte: „Da hat Voß seine ,Luise' gedichtet". Und der andere fragte zurück: „So? Wo war sie denn leck?". Doch dann kam heraus, daß die „Luise" kein Schiff war, das kalfatert werden mußte, sondern ein Roman; und Johann Heinrich Voß Dichter (nicht Kalfaterer) und Schulrektor in Otterndorf. Und daß er dort das erste Mal die „Odyssee" und „Ilias" von Homer in Versen ins Deutsche übersetzt hat. Wenn wir uns an Homer-ischen Helden begeistern oder an der Odyssee, der „Segelanweisung für's Mittelmeer", so gewiß an dem Text, der vor knapp 200 Jahren in Otterndorf an der Niederelbe ent-stand.

O t t e r n d o r f ist eine Kreisstadt mit 8000 Bewohnern zwischen grünen Wiesen am kleinen Fluß Medem 2 Kilometer vom Außenhafen. Otterndorf ist auch heute noch eine nette Stadt. Doch bevor der Autoverkehr begann, es mit Lärm zu durchpulsen und „gleichzuschalten" war Otterndorf bezaubernd. Der Hafen am Fluß, alte Speicher, an-sehnliche Handelshäuser; am Rathausmarkt das „Kranichhaus", 1669 von Hamburger Kaufmann als Handelshaus erbaut, heut Heimatmuseum. — Doch der Fortschritt hat den größeren Teil des Zaubers von Otterndorf wohl zerstört. Es liegen auch keine Schuten und keine Yachten mehr im Fluß. Doch die Erinnerung an jenen Mann mit der markanten Nase, der den Otterndorfer Buben Latein beibrachte, die Worte von der „rosenfingrigen Eos", der Morgenröte, fand, der Odysseus, Agamemnon und Athene in Hexametern sprechen ließ und der uns allen mehr als jeder andere die Sehnsucht zum

Mittelmeer ins Herz gepflanzt hat, die läßt sich aus Otterndorfs Straßen nicht wegwischen.

Yachten liegen heute beim Elbdeich in dem freundlichen kleinen T i d e h a f e n oder dem tidefreien K a n a l h a f e n in dichten Päckchen. — Auch der H a d e l n e r K a n a l nach Bremerhaven nimmt hier seinen Ausgang.

Einlaufen: Den Tidehafen, die Schleuse und den Kanalhafen erreicht man aus der Elbe durch einen Außenpriel. Er beginnt reichlich ¹/₂ Seemeile östlich von der auffälligen steinernen Leuchtbake Otterndorf, die am Südrand des Elbfahrwassers in tiefem Wasser steht. Eine kleine unauffällige Leuchtbake steht direkt in der Einfahrt. Stangen sind an der Westseite, und eine Bake mit Kegeltoppzeichen steht auf der Westspitze des Grünlandes (Plan). In dieser Rinne sind bei Niedrigwasser etwa ³/₄ Meter Wassertiefe. — Innerhalb des grünen Deichvorlandes teilt sich die Rinne: Backbord geht es zum Hadelner Kanal, steuerbord zu den Schwimmstegen des Tidehafens.

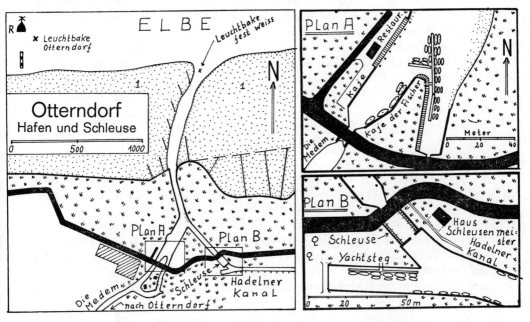

Otterndorfer Hafen (Plan): Das ist der Tidehafen vor dem Deich. Der westliche Arm wird auch Kutterhafen genannt. Da sind einmal 50 Meter Kaje (Fischer) und an zwei anderen Stellen 20 und 30 Meter. Doch vor allem liegen Schwimmstege aus. — Fischer liegen im Hafen und vor allem Yachten. — Die Wassertiefe an den Kajen ist unterschiedlich. Einmal hatte ich bei N.W. mehr als 1¹/₂ Meter, an einer anderen Stelle saß ich nahezu trocken. Der mittlere Tidenhub ist 2,8 Meter.

S c h w i m m s t e g e liegen, wie der Plan zeigt, im östlichen Arm und in der Vereinigung beider Hafenschläuche. Da liegen am Wochenende bis zu 100 Yachten in dichten Päckchen. Ist es doch einer der beliebtesten Wochenendhäfen der Hamburger — und zweifellos zu Recht. Denn es ist ein hübsches Stückchen unserer Erde: die Bäume hinter dem Deich, der lachende Yachthafen am Kanal binnendeichs, der Blick vom Deich auf den Elbstrom und nicht zuletzt das Restaurant direkt über dem Hafen.

Kanalschleuse: Sie liegt am Südost führenden Arm. Abenteuerlich genug beginnt sie mit einem Tunnel unter dem Deich. Ist man aus dem Tunnelschlund hinter dem Deich wieder zum Tageslicht aufgetaucht, dann findet man sich in einer sehr breiten freundlichen Schleusenkammer wieder. Da können mehr als 10 Yachten gleichzeitig schleusen. — Den Mast muß man vor dem Deich gelegt haben. Dazu stehen Pfähle vor der Schleuseneinfahrt, an denen man zur Not kurzfristig festmachen, doch nicht längere Zeit liegen kann. Durchfahrtshöhe wie im Hadelner Kanal (s. unten), nur bei Niedrigwasser vielleicht etwas mehr. Schleusungszeiten siehe Fußnote.

Liegeplätze binnen: Im Kanal liegen Sportboote an beiden Seiten des Ufers sowie am Steg in dem kleinen Nebenarm. Etwa 50 Yachten oder mehr sind dann im Sommer versammelt. Man liegt ruhig im Grünen und wird vom Schleusenmeister Kahlsdorf und seiner Gattin freundlich regiert und mit Trinkwasser und Eis am Stiel versorgt. Zur Elbe ausschleusen kann man zu den Schleusungszeiten (Fußnote).

Hadelner Kanal: Amtlich heißt er S c h i f f a h r t s w e g E l b e - W e s e r. Er führt nach Bremerhaven und wird von Yachten s e h r v i e l befahren. Eigentlich finde ich das schade, denn die Wattfahrtroute ist viel interessanter. D a t e n : Von Otterndorf bis Bremerhaven 62 Kilometer. Tiefgang bis 1,5 Meter (außer in sehr trockenen Sommern), Höhe bis 2,8 Meter (außer nach sehr langem Regen), Breite bis 5 Meter. Schiffe bis 35 Meter Länge können passieren. Vier Schleusen gibt es, wovon eine meist offen steht. 6 km/std ist die Höchstgeschwindigkeit. Berappen muß man u. a. bei Steinau und bei Bederkesa.
Die Einzelheiten der Kanalfahrt werden in Band II beschrieben.

Altenbruch-Hafen   (Plan S. 145 und S. 152)

Der kleine Hafen liegt 3 Seemeilen oberhalb Cuxhavens. Das Oberfeuer Altenbruch, weiß mit schwarzer Lampe, ist seine weit sichtbare Landmarke. Eine schwarze Stange mit Kegeltoppzeichen markiert die Steuerbordseite der Einfahrt (Plan).
Der Hafen fällt weitgehend trocken. Am flachsten (praktisch trockenfallend) ist die Barre in der Einfahrt. Eine Rinne hat Stangen an Steuerbord. Dicht vor dem Siel liegen rechts und links Schlengen, die eine etwa 35, die andere 50 Meter lang. Dort bleibt bei Niedrigwasser etwa ½ Meter Wasser stehen, dicht vor dem Siel 1 Meter. Der Grund ist harter Sand. So ist bei Kielschiff eine Leine vom Mast zum Land nötig. — Beim Fest-

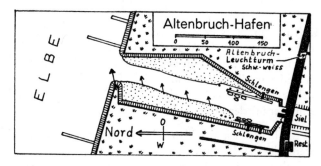

---

*) D i e S c h l e u s u n g s z e i t e n zum Hadelner Kanal in Otterndorf (auch wichtig für die im Kanal liegenden Sportboote!) sind wochentags, auch samstags, durchgehend von 7 bis 18 Uhr, aber abhängig von der Tide! (nämlich etwa bei mittlerem Wasserstand, meist etwa 1½ Std. nach N.W. bis etwa 2 Std. vor H.W., aber etwas wechselnd). An Sonntagen und Feiertagen wird zweimal 1½ Stunden lang geschleust. Und zwar beginnend 2 Stunden nach H.W. und 2 Stunden nach N.W. — Außerhalb der Dienstzeit wird gegen erhöhte Gebühr bis 21 Uhr geschleust, w e n n der Wasserstand es erlaubt und man sich 1 Std. vor Dienstschluß angemeldet hat. Telefon ist: (0 47 51) 170.

machen des Bootes soll man reichlich Fender und gute Leinen legen, denn Großschiffe auf der Elbe machen tüchtigen Sog.

Einsam im Grünen und interessant durch den vor der „Hafentür" passierenden dichten Schiffsverkehr der Elbe ist dieser Hafen. Nett ist das kleine Restaurant auf dem Deich, wo man Trinkwasser bekommt (und nicht nur!) — Der kleine Badeort Altenbruch liegt 20 Minuten landein. Soviele Leute haben mir von der wunderschön ausgestatteten Kirche erzählt! Doch auch diesmal war ich nur im Hafen und kenne die beiden spitzen Kirchtürme nur als Landmarke. Ich bin zerknirscht und entschuldige mich damit, daß der kleine Hafen Altenbruch mit seinen 20 Yachten und seinen Aale fangenden Kleinfischern mir so sehr gefiel.

Cuxhaven   (Plan S. 145, 157, 171 und 154)

Auffällig genug liegt Cuxhaven mit seinen Masten und Türmen, Häusern, Kränen und Rauch an der Biegung des Stromes. Es ist der letzte Hafen für große Schiffe an der Mündung der Elbe. — Für den Wasserfahrer kommen von den verschiedenen Häfen der Stadt nur zwei infrage: der A l t e H a f e n im Zentrum der Stadt und die Yachtstege im F ä h r h a f e n. — Die Mehrzahl der Yachten liegt zweifellos im Fährhafen. Doch wer mit einer Fahrtenyacht nach Cuxhaven kommt, um die Eigenart der Stadt kennenzulernen, der sollte vielleicht doch den Alten Hafen vorziehen. Er ist weniger schön, doch er ist typisch, und man liegt im Zentrum all dessen, was Cuxhaven ausmacht. Yachten von mehr als 10 bis 12 Meter Länge sollten wohl stets in den Alten Hafen einlaufen.

G e p l a n t sind tiefgreifende Veränderugen: Entfernung von „Alte Liebe" und Seebäderbrücke, gemeinsame Einfahrt für Alten Hafen und Fischerhafen und Umbau der Häfen im Innern.

Das Bollwerk „Alte Liebe" von Cuxhaven vom Elbstrom her gesehen. Rechts hinter dem Radarturm steht Leuchtturm Cuxhaven, links der Windstärkenanzeiger. Die Einfahrt zum Alten Hafen befindet sich links neben dem Bildrand.

Yachtliegeplätze im Fährhafen   (Plan S. 154)

1000 Meter n o r d w ä r t s vom Radarturm (Skizze) liegt in grüner Umgebung der Fährhafen mit seiner breiten Einfahrt. Im Hafen sind an der Backbordseite die Anleger

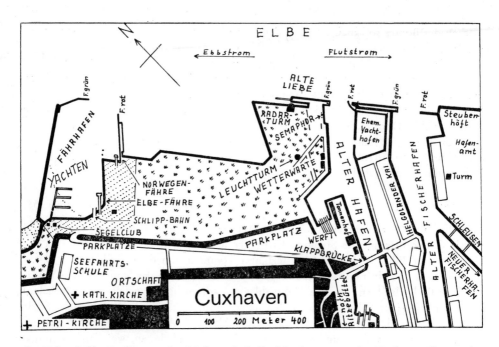

der Fährschiffe. Im Innern des Hafens sind die Schwimmstege der Yachten. Sie wurden 1973 eingerichtet. Drei Schlengel sollen ausgelegt werden (siehe Plan), so daß dann 160 Plätze verfügbar sind. Die Liegeplatzsorgen in Cuxhaven sollten damit zunächst aufhören. — Die Anlage gehört zur Seglervereinigung Cuxhaven. An Land sind Toiletten, Waschraum und Aufenthaltsraum, im Fährgebäude Gaststätte und Kiosk.

An den Schlengeln liegen die Yachten mit Bugleinen (oder Heckleinen) an Moorings. Elastische und zuverlässige Leinen soll man legen, denn der Schwell der Großschiffahrt steht in den Hafen. Bei starkem Ostwind auch recht häßlicher Seegang. Doch wird das etwas besser werden, wenn die Einfahrt zum Fährhafen auf die vorgesehene Breite von 180 Meter zugebaut ist. — Für Yachten von mehr als etwa 11 Meter Länge ist der Manövrierraum zwischen den Schlengen und den vielen Mooringbojen zu eng. Die können, solange keine anderen Plätze geschaffen sind, besser im Alten Hafen festmachen. — Eine Trailerablaufbahn ist nahebei neben der Anlegebrücke der Elbfähre. Zum Ortskern Cuxhavens sind etwa 10 Minuten Weg.

Der Alte Hafen

Seine Einfahrt liegt direkt südlich vom Radarturm und der Alten Liebe (Skizze). B e i m E i n l a u f e n muß man auf die oft s e h r stark quer zu der 65 Meter breiten Einfahrt setzende Strömung achten. Sie neigt dazu, Boote zu drehen. Man muß einen langen Ton geben, ehe man ein- oder ausläuft. Einlaufende Fahrzeuge haben Vorfahrt!

D e r H a f e n s c h l a u c h ist etwa 100 Meter breit. Der erste schmale Abzweig nach Backbord führt in den Außenhafen. Dort war früher der Yachthafen. Jetzt ist er gesperrt. — Der breite Abzweig nach Steuerbord führt in den Lotsenhafen. Da liegen Feuerschiffe und Lotsenschiffe und dies und das mehr. Mit einer großen Yacht würde ich versuchen, da längsseits einen Platz zu finden. — In der Fortsetzung des Alten

Hafens sind rechts der Tonnenhof, links Fischerkaje. Wenn man da längsseits Platz findet, ist's gut. Nur mit den Fischern ist's so eine Sache. Zuweilen laufen die nachts um 4 Uhr aus.

Hinter der Klappbrücke ist für Motorboote ohne hohen Mast der beste Platz. Für Segler muß die Brücke geöffnet werden, was bei dem Straßenverkehr ein ziemliches Drama bedeutet. Hinter der Brücke liegt man ruhig, wenn auch in Werft- und Industriumgebung. Es gibt einen Schwimmsteg.
Beim Alten Hafen sind Werften, Kräne, Zollabfertigung (Zollkaje 1 im Alten Hafen), Seekarten (Georg Bening, Neue Reihe 4) und Kompaß-Kompensierung. — Mittlerer Tidenhub ist 2,9 Meter.

Die Alte Liebe: Das Interessanteste an Cuxhaven ist und bleibt wohl der Elbstrom, diese große „Rollbahn" des Weltverkehrs. 85 000 Seeschiffe passieren dort pro Jahr in dem 800 Meter breiten Fahrwasser vor den Bollwerken der Stadt. Das Bollwerk südlich des Alten Hafens ist die S e e b ä d e r b r ü c k e . Hinter ihr war früher der Yachthafen. War er auch eng, so doch voll Romantik. So übernehme ich die alte, heut nicht mehr zutreffende Beschreibung:
. . . Jedes vorbeifahrende Frachtschiff schickt eine gehörige Portion Schwell zwischen den bei Ebbe unheimlich hohen Baumstämmen hindurch, die das Hafenbollwerk tragen. Die Holzpontons, an denen die Boote liegen, ächzen und stöhnen dann, und alles dümpelt erheblich. Das Erste, was man tun soll, ist, die etwas glitschigen Holztreppen auf das hohe Bollwerk hinaufzusteigen, das an den Elbstrom grenzt. Gleichgültig, ob es noch hell oder schon dunkel ist, es ist immer schön. Da steht man auf der hohen Holzplattform etwa 8 Meter über dem meistens unglaublich schnell dahinströmenden, rauhen Wasser des Elbstromes. Und was immer an Fahrzeugen darauf fährt, zieht dicht an dem Bollwerk vorbei. Die Fischerboote, die Kümos, die mittelgroßen und die ganz großen, fetten, schweren Frachter und wohl auch mal ein Passagierschiff. Ein nie abreißender Strom von Schiffen. Eine der großen Rollbahnen des Weltverkehrs. Lotsen wechseln. Die Signalstation morst nachts die ausfahrenden Schiffe um Namen und Bestimmungsort an und die meisten morsen zurück. Die Welt der Leuchttürme und Tonnen stiftet beim Anfänger vollkommene Verwirrung. Und unten rauscht der Seeschlag gegen die hundert Baumstämme, auf denen diese Holzplattform in der reißenden Strömung steht. Was Wunder, daß man sich in diesen Balkon zur großen Welt verliebt. Wann immer ich in Cuxhaven mit meinem Boot Station gemacht habe, ist mein erster und mein letzter Weg der auf das Bollwerk gewesen. So ist es mir auch ganz recht, daß mein jetziges Boot „Alte Liebe" genannt worden ist. Jede der beiden Bedeutungen dieses doppelsinnigen Namens ist mir gleich lieb.

Die „ A l t e L i e b e " und die W e t t e r s t a t i o n : Doch das ist nicht alles am Hafen. Der nächste Weg wird über die Klappbrücke des Alten Hafens auf die Nordseite führen, wo der Leuchtturm steht und der Radarturm und als das Wichtigste, die Wetterstation. Dort hängen der Seewetterbericht und die Wetterkarte, und wenn man aus der Elbe kommend auf das Seerevier hinaus will, ist die Wetterlage für die weitere Planung das Allerwichtigste. Dort ist auch die echte „Alte Liebe", jenes Bollwerk, das auf dem mit Steinen gefüllten und dort versenkten Wrack der Bark „Olivia" gegründet ist. Der Volksmund hat aus „Olivia" „Alte Liebe" gemacht. Immerhin ist dieses Bollwerk nun bald 250 Jahre alt. 1732 wurde es gebaut. Die Schiffe nach Helgoland legen dort an. Der fast 34 Meter hohe Radarturm hat diesem Stück des Hafens ein neues Gesicht gegeben. Die Lotsenstation ist da. Und der berühmte, nun auch schon betagte Windanzeiger, der Stärke und Richtung des Windes bei Helgoland und bei Borkum den ausfahrenden Schiffen mitteilt.

Welch langer Weg ist's, der die Siedlung „Kuckeshaven" an der Mündung des kleinen Flüßchens von einem Sielloch allmählich zu einem kleinen Hafen und dann zu dem großen Vorhafen Hamburgs gemacht hat, in dem die Auswandererschiffe und Transatlantik-Liner ihre Reisen begannen! Und wenn die Entwicklung weitergeht und Neuwerk wirklich zum Superschiff-Hafen Hamburgs wird, dann wird das Gesicht Cuxhavens sich wohl nochmals wandeln.

  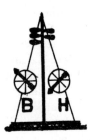

Die drei Wahrzeichen Cuxhavens: a) die Kugelbake, b) der Radarturm beim Bollwerk „Alte Liebe", c) der Semaphor.

Absprungplatz für die Fahrt aus der Elbmündung heraus ist Cuxhaven für Yachten; für die Fahrt westwärts zur Weser (Band II), für die Fahrt nordwärts nach Friedrichskoog oder Büsum (Seite 180f) oder durchs Hauptfahrwasser zum Feuerschiff „Elbe 1" und von dort, wenn man mag, in die weite Welt. Neue Reviere liegen vor uns, die „wirkliche" See. — Und da es hier schon so viele unnötig verfrühte Ausfahrten gab, erwähne ich auch dies nochmal: Die Strömung kentert erst etwa 2 Stunden n a c h Hochwasser bzw. nach N.W.

Der deutsche Ewer, früher das gängige Frachtschiff auf der Niederelbe und im Küstenverkehr.

III. Die Außenelbe und die hohe See

In diesem Kapitel werden beschrieben: Das Hauptfahrwasser der Außenelbe bis Feuerschiff „Elbe 1", die Fahrt nach Helgoland, das Fahren auf der offenen See und die Fahrtrouten zu Zielen im Norden. Schließlich noch Neuwerk, Scharhörn und der Wattrand am Südufer des Hauptfahrwassers. — Helgoland selbst, die Routen nach Westen, zur Weser, Jade, Ostfrieslands Inseln sind Sache von Teil II „Elbe bis Ijsselmeer".

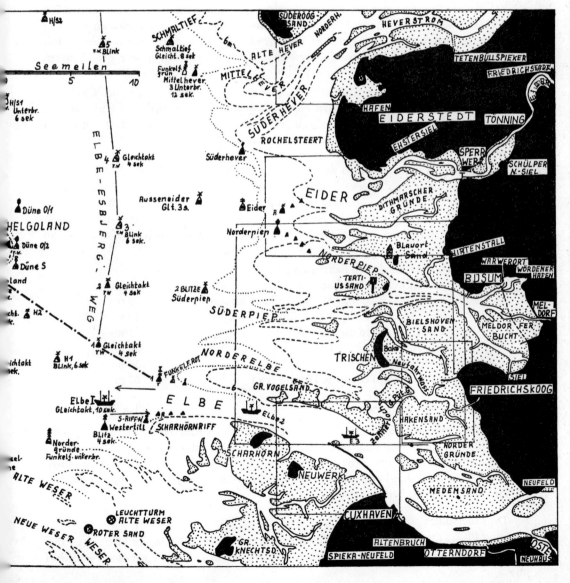

A. Das Hauptfahrwasser der Außenelbe bis „Elbe 1"

Eine L a n d k a r t e läßt die offene See bei Cuxhaven beginnen. Doch die S e e k a r t e zeigt, daß der Elbstrom von Cuxhaven noch 20 Meilen (40 Kilometer!) zwischen „Ufern" läuft. Freilich sind diese „Ufer" bei Hochwasser überflutet. Im Außenteil auch bei Niedrigwasser. Es sind Watten und Sände.

Vom Standpunkt der Navigation und der vollen Bewegungsfreiheit beginnt also offene See erst bei den 6 Meter-Linien von Großvogelsand und Scharhörnriff. Für die Großschiffahrt 5 Seemeilen später bei Feuerschiff „Elbe 1".

Doch Seegang der gröbsten Sorte kann schon bei Feuerschiff „Elbe 3" beginnen. Er ist bei Starkwind oder Sturm weit häßlicher und weit gefährlicher als der Seegang der offenen See. So taugt das Hauptfahrwasser der Außenelbe, so harmlos es nach der Seekarte aussieht, nur für seefeste Boote. Und auch für die nicht bei jedem Wetter.

Doch an den beiden Seiten des Hauptfahrwassers liegen weite Wattengebiete mit kleinen Häfen und zahllosen Fahrwassern. Das ist die Region, in der die kleineren Boote zuhause sind.

Das Hauptfahrwasser der Außenelbe beschreibt einen großen Bogen: bei Cuxhaven zieht es nach Nordwesten, hat man Neuwerk querab, biegt es nach Westen; zwischen Scharhörn und „Elbe 1" zieht es nahezu gerade gen Westen. Es ist zwischen den beiden Tonnenreihen mehr als 1 Seemeile breit, seewärts von Scharhörn bis 2 Meilen. Zwischen den Sänden und Watten ist es meist noch ein gutes Stück breiter.

Die W a s s e r t i e f e zwischen den beiden Tonnenreihen ist mehr als 10 Meter. Doch hat sich nördlich von Neuwerk neuerdings ein Mittelgrund aufgebaut, der N e u e L u e c h t e r   G r u n d. Noch sind mehr als 5 Meter Wassertiefe bei N.W. über ihm. Warten wir Sportschiffer ab, ob er wachsen will. Die Großschiffahrt wird jedenfalls auf verkehrsgetrennten Wegen nördlich (auslaufend) und südlich (einlaufend) um ihn herumgeführt.

Distanzen sind von Cuxhaven Fährhafen

bis Abzweig Zehnerloch	5 sm
bis Ende Leitdamm (Westspitze Mittelgrund)	8 sm
bis Feuerschiff „Elbe 2" (nördlich Scharhörn)	14 sm
bis Fahrwassertonne „1" oder „A"	21 sm
bis Feuerschiff „Elbe 1"	25 sm
bis Helgoland	36 sm
bis Hörnum, Pellworm, Husum etwa	60 sm

Bezeichnung des Fahrwassers   (Plan Seite 157, 171)

Die große Distanz zum Festland und die Krümmung des Fahrwassers erlauben es nicht, die Elbe an ihrer Mündung mit Leuchttürmen zu bezeichnen. So sind als „schwimmende Leuchttürme" drei Feuerschiffe in der Mitte des Fahrwassers vor Anker gelegt. Die Ränder des Fahrwassers sind mit Tonnen bezeichnet. Landmarken sind für das Anlaufen der Elbe fast bedeutungslos.

Die Feuerschiffe

Drei Feuerschiffe liegen in je 9 Seemeilen Abstand voneinander in der Mitte des Fahrwassers. Sie können an beiden Seiten passiert werden. Vom innersten Feuerschiff

„Elbe 3" bis zur Hafeneinfahrt Cuxhaven sind 7 Seemeilen. Bei Tage kann man vom Deck eines Sportbootes von einem Feuerschiff aus sehr selten das nächste erkennen, und auch dann bei guter Sicht bestenfalls nur die hohen, schlanken Masten. Nachts ist dagegen von einem Feuerschiff das Feuer des nächsten meist zu sehen.

Alle Feuerschiffe auf der Elbe sind rot und tragen an den Seiten mit großen, weißen Buchstaben ihren Namen: „Elbe 1", „Elbe 2", „Elbe 3". Feuerschiff „Elbe 1" ist oft der Punkt für die Ansteuerung der Elbe oder für den Absprung zum Zielort, wenn man nach See zu ausfährt. Es liegt etwa 4 Seemeilen nordwestlich vor Scharhörn-Riff. Dort kreuzt auch das schwarze Lotsenschiff, das mit seinem Motorbeiboot Lotsen

Feuerschiff „Elbe 1"

an die einfahrenden Schiffe abgibt und von den ausfahrenden aufnimmt. Es ist interessant, dem zuzuschauen. — „Elbe 3" liegt zwischen Gelbsand und Mittelgrund. Wegen der Strömung verdienen alle Feuerschiffe respektvollen Abstand. Ihre Signale sind:

Namen	Kennzeichen	Kennung des Feuers	Weitere Signale
„Elbe 1"	Schwarzer Ball	Gleichtakt, 10 sek.	Funkfeuer Nebelsignal
„Elbe 2"	Schwarzer Kegel	2 Blinke in Gruppen	Nebelsignal
„Elbe 3"	Schwarzes Stundenglas	4 Blinke in Gruppen	Nebelsignal

Wer erinnert sich noch, daß 1936 das Feuerschiff „Elbe 1" in einer Sturmsee, die zur Grundsee auflief, gekentert und mit Mann und Maus versunken ist? Ein Schiff, stark gebaut und keiner anderen Aufgabe, als da vor Anker zu liegen. Ein amerikanischer Frachter, der „President", fuhr nicht weit entfernt vorbei. Auf der Brücke war man Zeuge des Unterganges. Doch wer kann helfen, wenn Sturm auf einem Gewässer wie diesem ist? —

Riesige Gigantentonnen sollen anstelle der Feuerschiffe einmal ausgelegt werden. Eigentlich schade; sind es doch, wenn man von See einkommt, gern begrüßte Symbole des näherkommenden Landes.

Die Betonnung   (Plan S. 171, 157)

Tonnen liegen an beiden Seiten des Hauptfahrwassers. A n d e r S ü d s e i t e sind schwarze Spitztonnen mit den fortlaufenden Buchstaben des Alphabetes. Ihr Abstand ist durchschnittlich 1 Seemeile. Etwa alle 2 Seemeilen liegt eine Leuchttonne. — Die e r s t e F a h r w a s s e r t o n n e ist Tonne „A" (nicht „A 1" oder „A 2"). Sie liegt 4 Seemeilen ostwärts von Feuerschiff „Elbe 1". Um die Elbe nach Süden zu v e r l a s -

s e n , mag dies bei handigem Wetter der richtige Platz sein (nicht früher! Cave Scharhörnriff!). Doch wenn ich die Elbe von Süden oder Südwesten a n s t e u e r e , wähle ich mir die Tonne „Scharhörnriff-N" als Ziel. Die liegt 1¼ Seemeile WSW der ersten Fahrwassertonne und gibt mir mehr Sicherheitsabstand vom Scharhörnriff.

An der Nordseite des Hauptfahrwassers liegen rote Tonnen mit Ziffern. Alle 2 Seemeilen oder noch enger liegt eine Leuchttonne. Alle geben rotes Feuer. — Die e r s t e F a h r w a s s e r t o n n e „1" (es gibt auch „1a" und „1b") liegt 4 Seemeilen ONO von Feuerschiff „Elbe 1". Bei handigem Wetter kann ich aber die Tonnenreihe nach Norden auch schon 4 Seemeilen früher bei Tonne „2" verlassen.

Meist fahre ich mit einem Sportboot auf der Außenelbe an einer der beiden Tonnenreihen entlang. Fast überall ist auch a u ß e r h a l b der Tonnenreihe 200 Meter breit oder mehr genügend tiefes Wasser.

Landmarken   (Plan S. 157 und S. 171)

Sie sind an der Außenelbe spärlich. Die erste ist I n s e l S c h a r h ö r n , etwa 11 Seemeilen ostwärts von „Elbe 1". Das Land von Scharhörn ist niedrig und schlecht zu sehen. Doch eine Wohnbaracke auf Pfählen und ein Radarturm stehen auf der Insel. S c h a r h ö r n b a k e steht nordwestlich der Insel am Fahrwasser (Skizze). — Das nächste ist Insel N e u w e r k mit seinem massigen Turm. Bei klarem Wetter ist Neuwerks alter Leuchtturm weit von See her zu sehen. Die beiden Baken auf Neuwerk und der Radarturm sind weniger auffällig. — Auf M i t t e l g r u n d stehen drei Baken (Plan Seite 171). — Bei D u h n e n sind auffällige Hotels. Von C u x h a v e n kommen Rauch, Häuser, Schornsteine und Kräne in Sicht. Die K u g e l b a k e ist nicht so auffällig, doch der R a d a r t u r m am Bollwerk Alte Liebe ist ein wichtiger, auffälliger Punkt. — Vom holsteinischem Ufer ist gewöhnlich vom niedrigen Deck einer Yacht nichts zu sehen. Es sind schließlich auch 8 Meilen bis dort.

Soll man auch das gut erhaltene Wrack der „ O n d o " auf Gelbsand zu den Landmarken rechnen? Seit 10 Jahren hat noch keine Bergungsfirma Erfolg gehabt. Von der auseinandergebrochenen „Fides" ist jedes Jahr weniger zu sehen. — Kommt der Bau des projektierten T i e f w a s s e r h a f e n s bei Neuwerk in Gang, dann wird es dort Landmarken im Überfluß geben.

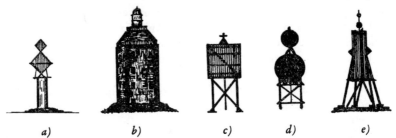

Landmarken im Bereich der Außenelbe: a) die neue Scharhörnbake, b) der Leuchtturm von Neuwerk, c) Neuwerk-Nordbake (20 m über H.W.), d) Neuwerk-Ostbake (24,5 m über H.W.), e) Kugelbake bei Cuxhaven (oberer Ball 28,4 m über H.W.).

Der Leitdamm   (Plan S. 157, 171)

Er ist für ein Sportboot ein Hindernis (und Ärgernis) ersten Ranges. Von der Kugelbake bei Cuxhaven erstreckt sich, wie der Plan auf Seite 171 zeigt, ein Steindamm im

Bogen 6 Seemeilen weit seewärts. Er endet auf dem Mittelgrund südlich vom Feuerschiff „Elbe 3". Er liegt also an der Südseite des Hauptfahrwassers.

Sichtbar ist der Leitdamm nur nahe Niedrigwasser. Dann ragt er etwa ½ (bis 1) Meter über den Wasserspiegel. Außerhalb der Niedrigwasserzeit ist er überflutet. Dann erkennt man seinen Verlauf an den charakteristisch geformten Baken, die jeden Kilometer auf ihm stehen (siehe Plan). Der Damm hat mehrere Querbuhnen. — Ein Sportboot mäßigen Tiefganges kann den Leitdamm nahe Hochwasserzeit kreuzen. Doch habe ich selber es nie getan, ohne mich vorher nach seiner Höhe bei den Cuxhavener Seglern erkundigt oder ihn mir bei Niedrigwasser angesehen zu haben. Denn man kann nicht wissen, ob Bauarbeiten ihn verändern. — Will man den Leitdamm nicht kreuzen, dann muß man ihn runden, wenn man Neuwerk und das südelbische Wattenrevier erreichen will. Das bedeutet, 8 Seemeilen in dem Hauptfahrwasser der Elbe zu fahren.

Tidenströmung

Die Strömung im Fahrwasser der Elbmündung ist stark. Mit einem Sportboot m u ß man seinen Zeitplan nach der Tide machen. Belohnt wird man bei gutem Wetter durch schöne und sehr rasche Fahrten. — Die Richtung der Strömung folgt bei „Elbe 1" und landwärts davon im wesentlichen der Richtung des Fahrwassers. Die Geschwindigkeit der Strömung ist aber von Ort zu Ort verschieden. Für die 4 wichtigsten Stellen im Hauptfahrwasser habe ich in der folgenden Tabelle zusammengestellt, wann die Strömung dort auszulaufen und wann sie einzulaufen anfängt. Außerdem ist die volle Geschwindigkeit der Strömung bei auslaufendem und bei einlaufendem Wasser angeführt.

Wie die Tabelle zeigt, ist stets der auslaufende Strom der stärkere. Er läuft zur Springzeit bei Cuxhaven 5 und Scharhörn fast 4 Knoten! Die einlaufende Strömung

Ort	Kentern der Strömung	Auslaufender Strom			Einlaufender Strom		
		Geschwindigkeit (sm/Std.) Spring Nipp		Zeitpunkt der stärksten Strömung	Geschwindigkeit (sm/Std.) Spring Nipp		Zeitpunkt der stärksten Strömung
„Elbe 1" (2,5 sm östl. vom Feuersch.)	H.W. Helgoland Ausl.: +1 h 25 m Einl.: —5 h 10 m	1,5	1,2	H.W. Helg. +4 h 15 m	1,6	1,2	H.W. Helg. —2 h 40 m
Nördlich von Scharhörn (½ sm nordöstl. Bake)	H.W. Cuxhaven Ausl.: +0 h 05 m Einl.: —5 h 10 m	3,8	2,6	H.W. Cuxh. +3 h 45 m	2,6	2,2	H.W. Cuxh. —3 h 30 m
Querab Neuwerk (4,7 sm NNO von Leuchtturm)	H.W. Cuxhaven Ausl.: +0 h 10 m Einl.: —5 h 0 m	3,5	2,7	H.W. Cuxh. +4 h 30 m	2,3	1,7	H.W. Cuxh. —3 h 20 m
Cuxhaven-Reede (1 sm nördl. vom Leuchtturm)	H.W. Cuxhaven Ausl.: +1 h 10 m Einl.: —3 h 45 m	5,0		H.W. Cuxh. +4 h 20 m	2,9		H.W. Cuxh. —1 h 35 m

Tidenströmung in der Außenelbe: Die erste Spalte gibt den Zeitpunkt für das Kentern der Strömung an. Ausl. = Beginn des auslaufenden Stromes, Einl. = Beginn der einlaufenden Strömung, bezogen auf Hochwasser bei Helgoland bzw. Cuxhaven. Die beiden folgenden Spalten bezeichnen die Geschwindigkeit der stärkeren Strömung in sm/std. zur Springzeit und zur Nippzeit. Außerdem ist der Zeitpunkt angegeben, wann die Strömungsgeschwindigkeit am größten ist. —

erreicht „nur" 2 bis 3 Knoten. Nahe „Elbe 1" ist die Strömung dann mit 1,5 Knoten schon wesentlich handiger. — Daß auch der Wind Stärke und Dauer der Strömung mit beeinflußt und das Unterschiede zwischen dem Nordufer und dem Südufer sind, darf nicht vergessen werden.

Drei Dinge sind besonders wichtig:

1. W e n n   m a n   v o n   C u x h a v e n   n a c h   „ E l b e   1 "   a u s l ä u f t ,   h a t   m a n   n u r   e t w a   5   S t u n d e n   l a n g   m i t l a u f e n d e   S t r ö m u n g ! (Einlaufend begleitet einen der Strom auf der gleichen Strecke über 7 Stunden). Das bedeutet, daß man trotz der schiebenden Strömung oft sehr in Zeitnot kommt, wenn man gegen auflandigen Wind herauskreuzen muß. Auch einem motorgetriebenen Schiff nimmt der hohe, steile Seegang bei frischem oder starkem auflandigem Wind sehr viel Fahrt. Man muß also zum frühest möglichen Zeitpunkt in Cuxhaven auslaufen, am besten bereits kurz v o r Beginn der auslaufenden Strömung.

2. A n   d e r   S ü d s e i t e   d e s   E l b f a h r w a s s e r s   b e g i n n t   d e r   e i n l a u f e n d e   S t r o m   f r ü h e r   a l s   a n   d e r   N o r d s e i t e . Seewärts von Scharhörn macht der Unterschied fast eine Stunde aus! Landwärts von Scharhörn ist es etwa 1/2 Stunde. — Das bedeutet, daß man bei auflandigem Starkwind an der Südseite des Fahrwassers oft schon sehr viel ruhigeres Wasser und einlaufende Strömung findet, während an der Nordseite der Strom noch ausläuft und steile, hohe See steht. Einlaufend wie auslaufend kann man davon oft vorzüglich Gebrauch machen. — An der Grenze dieser Strömungsstriche gibt es S t r o m k a b b e l u n g e n und weiße Schaumstreifen. Das sieht aus, als ob dort See auf flachem Grund brandet.

3. B e s o n d e r s   d e r   e i n l a u f e n d e   S t r o m   s e t z t   r a s c h   m i t   v o l l e r   S t ä r k e   e i n und behält fast während der ganzen Dauer seine volle Geschwindigkeit bei.

Navigation auf der Außenelbe   (Plan S. 10, 157, 171, 191)

Anlaufen der Elbmündung von See: Läuft man von See her Feuerschiff „Elbe 1" an, braucht man bei mäßiger Sichtigkeit sehr saubere Navigation. Denn von Jade-Weser wie von Norden her versetzt die Strömung quer zum Kurs. Natürlich hat man das Hilfsmittel der Funkpeilung. Doch habe ich dies meist als ein unsportliches Hilfsmittel aufgefaßt und viel mehr Freude daran gehabt, „Elbe 1" auch bei diesigem Wetter ohne dies trotzdem zu finden. Loten dagegen ist ja eine der „klassischen" Navigationshilfen. Mir hat es viel Spaß gemacht, es bei schlechter Sichtigkeit mit zu benutzen (obwohl man vor der Elbmündung nicht sehr viel damit anfangen kann). — Kein Zweifel, daß vor der Elbmündung bei diesigem Wetter auch ein Erfahrener in Verdrückung kommen kann.

Die Elbmündung ist ja ein Seegebiet gefährlicher Art durch die Sände, die mit steilen Kanten weit seewärts liegen. Scharhörnriff und Konsorten. Grundberührung hier ist Strandung mit aller Aussicht, sein Schiff und bei Schlechtwetter sein Leben zu verlieren. Hier habe ich mir nie erlaubt, weniger als 4 Meter Wasser unter dem Kiel zu haben. Trockenfallen und Wattfahrtscherze gibt es in der Elbmündung nicht. Frühestens im Neuwerker Fahrwasser und jedenfalls in den Nebenfahrwassern kann man daran wieder denken.

So ist man bei diesigem Wetter meist ganz froh, wenn man erst einzelne, dann immer mehr und schließlich den nicht abreißenden Strom von Frachtschiffen sichtet, die in Ost-Westrichtung (Nordseite) oder West-Ostrichtung (Südseite) fahren, und zwischen denen, unauffällig wie ein kleines Küken zwischen lauter fetten Hennen, das kleine Feuerschiff selbst zu erkennen ist. Oft ankern sehr große Tanker vor der Elbe. —
Bei klarer Sicht und handigem Wetter habe ich meist n i c h t das Feuerschiff ange-steuert! Sondern, von Süden kommend, Tonne „Scharhörnriff-N", von Norden kom-mend, Tonne „1".

Navigation im Hauptfahrwasser: Ist man erst einmal im Hauptfahrwasser der Außen-elbe, dann findet (machen wir uns doch nichts vor) praktisch meistens keine richtige Navigation mehr statt, weil man den vielen Schiffen nachfährt — zumal bei Nacht. Doch sollte man wohl stets den eigenen Schiffsort genau kennen (ich denke an Nebel). Vor allem aber muß man genau navigieren, wenn man kreuzt. Oft kann man ja weit über den Tonnenstrich hinausfahren. Aber das erfordert alle Vorsicht, um dabei nicht auf die meist steile Kante der Sände zu geraten.

Warnung vor Tonnen: Die „fahren" ja bei der starken Strömung mit kräftiger, oft rauschender Bugwelle voll böser Absicht durch das Wasser auf ein bei flauem Wind schlecht manövrierendes Segelschiff zu. Mehr als einmal ist es mir passiert, daß meine jungen Mitsegler, die ich derlei gern möglichst selbständig machen lasse, sich verkalku-lierten und nur das rechtzeitige Anspringen des Motors die Situation rettete. Man kann es wirklich nicht oft genug sagen:

> In Strömungsgewässern bedeutet die Richtung des Schiffes gar nichts. Nur die Frage zählt, „ob die Pei-lung steht". „Steht" sie, statt zu wandern, ist Alarm-stufe 1.

Nebel: Man fährt auf der Außenelbe, und dichter Nebel kommt auf. Ich habe es dort noch nicht erlebt, habe aber oft darüber nachgedacht. Ich denke, ich würde lotend an den Rand des Elbbettes und dann auf der 6 Meter-Linie (beschickt um den Wasser-stand) landwärts fahren. Die 6 Meter-Linie läuft recht gerade, liegt außerhalb von Ton-nenreihe und Großschiffsverkehr und hat als Nebenarme das Neuwerker Fahrwasser an der Südseite und Zehnerloch an der Nordseite. In einem von beiden würde ich an-kern. — Ganz stille müßten alle an Bord sein, wenn man aus dem tiefen Fahrwasser auf die 6 Meter-Linie zuhält, damit man die Bugwelle der Tonne hört, falls eine im Wege liegt.

Nachts: Von See einkommend, fährt eine Yacht wohl meist nach der Reihe der Leucht-tonnen an der Seite des Hauptfahrwassers. Die Feuerschiffe sind mehr eine orientie-rende Hilfe. Die Hecklichter der vielen Schiffe (und die Dampferlichter der entgegen-kommenden) sind ja so bequem, nach ihnen zu fahren. — Landwärts von „Elbe 3"

Feuerschiff kann man ab Tonne K die R i c h t f e u e r B a u m r ö n n e benutzen (Plan Seite 171). Meist fährt man am rechten Rand des Leitsektors Gleichtakt weiß des Unterfeuers dicht an der Grenze zu den Begrenzungssektoren (1 Blitz an der Westseite, 2 Blitze an der Ostseite des Leitsektors).

Seegang, Befahrbarkeit bei Starkwind, Schwerwettersegeln

In der Außenelbe kann man ungefähr auf den scheußlichsten Seegang treffen, der in der Nordsee vorkommt. Und zwar vor allem bei e i n e r Situation, nämlich: Wind aus West oder Nordwest u n d auslaufend Wasser. Sobald die Strömung kentert, ist das Schlimmste vorbei.

Bei West- oder Nordwestwind von einiger Stärke (bei Windstärke 5 beginnt es, bei 6 oder mehr ist es phänomenal!) läuft einem auslaufendem Boot s t e i l e , h o h l e , o f t b r e c h e n d e S e e entgegen, die ich bei Windstärke 6 auf etwa 3 Meter Höhe schätze. Doch nicht die Höhe ist's, sondern die Steilheit! Der Bug haut tief ins Wasser, ein scharf gebautes Schiff nimmt grünes Wasser über, und jedenfalls kommt, wenn schon nichts zu Bruch geht, die Fahrt aus dem Schiff. Beim Bergen des Klüvers ist meine Crew auf dem Netz des 3 Meter langen Klüverbaums oft bis Oberkante Unterlippe in den Teich eingetaucht worden (was keinem geschadet hat, doch unvergeßliches Erlebnis war). — Wenn das Schiff sehr stark gebaut ist, mag es sich auf der Außenelbe bei auslaufend Wasser bis 7 Windstärken kreuzend am Wind halten können. Doch geht durch die hohle, brechende See soviel Fahrt aus dem Schiff, daß man bis zum Kentern der Tide nicht aus der Elbmündung herausgekreuzt ist. Hat der Tidenstrom mit 3 oder 4 Knoten erst einmal einzulaufen begonnen, dann kommt man gegen Wind u n d Strömung sowieso keinen Meter mehr über Grund voran.

Befahrbarkeit der Außenelbe: Ich denke so:

N i c h t v o l l s e e f e s t e S p o r t b o o t e , Jollenkreuzer beispielsweise oder leichte Motorboote, sollten das Hauptfahrwasser der Elbe seewärts von Cuxhaven auch bei ruhiger Wetterlage nur als Durchfahrtsgewässer benutzen, um in Wattfahrwasser zu gelangen. Nordöstlich von Scharhörn sollte wohl die ä u ß e r s t e Fahrtgrenze sein, auflandiger Wind Stärke 4 wohl die Wettergrenze. Sowieso ist es schlimm genug, daß man durch den Bau des Leitdammes bis Leitdamm-Ende auf dem Hauptfahrwasser fahren m u ß , um die südlichen Wattengebiete zu erreichen.

B e d i n g t s e e f e s t e B o o t e (das sind wohl die meisten, die einem heute als seefest verkauft werden), sollten sich für die Ausfahrt durch die Außenelbe auf See einen Tag mit stabiler Wetterlage wählen. Ist schon West- oder Nordwestwind, dann doch nicht über 4 bis 5.

M i t v o l l s e e g e h e n d e r Y a c h t würde ich bei Nordwest (oder West) Stärke 5 noch auslaufen, wenn das Boot einwandfrei instand und die Crew erfahren ist. Bei Nordwest oder West 6 würde ich drinnenbleiben, außer es ist ein erprobtes Schwerwetterboot und der Schiffer weiß, was er tut. Bei 7 Windstärken oder mehr aus West oder Nordwest ans Auslaufen zu denken, ist witzlos.

Für diese Aussage hole ich mir eine Autorität zu Hilfe und zitiere aus dem Nordsee-Handbuch des DHI:

„Stürmische nordwestliche Winde verursachen vor allem bei Ebbstrom in der durch Sände eingeengten Elbmündung den höchsten Seegang. Der starke gegen den Seegang gerichtete Strom läßt steil auflaufende Brecher und schwere Grundseen entstehen, die sehr gefährlich werden können. Schwächere Schiffe sollten bei solchen Verhältnissen möglichst nicht ein, oder auslaufen."

„Schwächeres Schiff" meint hier z. B. ein Küstenmotorschiff mit einigen hundert PS. Für eine Yacht braucht der Wind nicht „stürmisch" zu sein, um die Außenelbe ungenießbar zu machen.

Schwerwettersegeln auf der Außenelbe

Gegen West auslaufend: Ich denke, da spürt ein erfahrener Schiffer von selber, wann es zuviel wird. Spätestens dann, wenn die ersten Dinge zu Bruch gehen. Sobald man vor dem Wind abläuft, ist aufeinmal alles nur noch halb so schlimm (denn der scheinbare Wind ist schwächer und das Schiff arbeitet weniger hart).

Von See einlaufend: An sich ist man günstiger dran, denn Wind und See kommen achterlich. Dafür weht es oft sehr viel härter. — Wenn ich es irgend einrichten kann, laufe ich bei 6 Windstärken und mehr aus West mit e i n l a u f e n d e r Strömung ein. Freilich muß man es ja zuweilen nehmen, wie es kommt. Den besten Rudergänger würd' ich bei Sturm an die Pinne oder das Rad stellen. Ganz kleines Tuch würde ich fahren, denn ein schnell laufendes Schiff begünstigt das Auflaufen von Brechern. Einen Stropp oder Sicherheitsgurt bekäme mein Rudergänger, daß er an Bord bleibt, wenn mal ein Wellentier über das Heck bricht. Und der Schiffer behielte die Hände frei und den Kopf für die Navigation klar. — Am häßlichsten ist es zwischen „Elbe 1" und „Elbe 3". Seewärts davon und landwärts davon wird es besser.

Bei stürmischem Ostwind (auch Starkwind reicht schon) ist die Außenelbe bei einlaufend Wasser weit gröber als man denkt. Da ist man von See kommend oft froh, die Fahrt bei Neuwerk enden zu lassen.

Überhaupt Neuwerk: Schon mehr als ein Elbschiffer hat die Außenelbe bei westlichen Winden zu grob gefunden und umdrehen müssen. Warum dann, statt nach Cuxhaven zurück, nicht lieber nach Neuwerk?

Gutwetter: Das muß schließlich auch gesagt sein: an sehr vielen Tagen ist die Mündung der Außenelbe das liebste und freundlichste Gewässer, das man sich denken kann.

B. Die hohe See

Hat man Feuerschiff „Elbe 1" erreicht, dann liegt die Welt vor einem offen!

250 Seemeilen nach Gt. Yarmouth in England, ebensoviele bis Mandal in Norwegen, 420 bis zu Edinburgs Hafen Leith in Schottland. Macht doch mal diese Reisen, wenn ihr mit dem Fahren in Tidengewässern vertraut geworden seid. Aber macht sie anders, als die meisten es tun: Fahrt sie nicht nach einem lange vorher gemachten Plan, fahrt

sie nach der Wetterlage! Ist mit südlichen Winden zu rechnen (Wetterkarte zeichnen, ein Tief nordwestwärts h o c h im Norden) dann nach Norwegen rauf. Ist Hochdrucklage mit Ostwind, ohne daß Tiefs auf Irland oder Schottland losziehen: ab nach England. Weht es in Cuxhaven hart aus West, dann wollten die Götter es nicht; dann gibt es Wattfahrt. —

Wozu haben wir denn ein seegehendes Schiff. Und wozu haben wir uns auf früheren Fahrten an der Nordseeküste (statt in Häfen rumzugammeln) das nötige Handwerkszeug angelernt? Doch, um die große Freiheit, die einem ein seegehendes Schiff gibt, nun auch zu nutzen. Wozu sind wir durch intensives Lernen an unserer Küste nun zu „Könnern" herangewachsen, wenn nicht, um uns von der Unfreiheit vorgeplanter Reisen freizumachen?

Fahren auf der hohen See

Es ist ja anders als der Laie glaubt. Hat man auf der offenen See erst einmal 50 oder besser 100 Seemeilen zwischen sich und jeder Küste, dann wird mit dem rechten Schiff unter den Füßen, wenn man nicht gerade Regatta fährt, alles sehr, sehr einfach. Es gibt keine ernsten Gefahren. Es sind kaum noch Entscheidungen zu fällen. Es ist vor allem vollkommen klar, daß man Sturm draußen abzureiten hat. Dafür eben braucht man die große Distanz zur Küste. So sind 3 oder 5 Tage, die ich je nach Wind und Wetter zum Beispiel nach England oder in der Biskaya auf hoher See war, stets die sorgenfreiesten Tage gewesen. Die Bordroutine von 4 Stunden Schlafen und 4 Stunden Wache lullt einen ein. Sähe man es nicht im Logbuch, man wüßte nicht, wie die Zeit vergangen ist. — Aufmerksamkeit erfordern dann wieder die Annäherung an die Küste, der Landfall und das Einlaufen in den Hafen.

Doch Abstand zur deutschen Küste muß man gewinnen. Es ist ja das so außerordentlich Ungünstige an diesem Teil der deutschen Nordseeküste, daß Südweststurm wie Nordweststurm (nur diese zählen hier ernsthaft) auflandig sind. Der Südwest bringt meistens sehr schlechte Sicht, der nachfolgende Nordwest böigen Sturm mit sehr hoher See. Von „Schutz suchen an der Küste" ist da keine Rede. Vielmehr rasch weit, weit weg von dieser bei Sturm so verzweifelt ausweglosen Legerwallküste. Mindestens 70 Seemeilen, besser 100. Soweit jedenfalls, daß das Boot beigedreht oder lenzend oder, wenn es arg ist, vor Topp und Takel Seeraum genug hat, den Sturm auf tiefem Wasser und in bequemer Lage zum Seegang abzureiten. Man ist ja immer wieder erstaunt, wie gut ein Boot mit Stürmen fertig wird, wenn man nicht den Ehrgeiz oder die blanke Not hinter sich hat, gegen den Sturm ansegeln zu wollen (oder zu müssen).

Um es nochmal ganz klar zu sagen: die gefährliche Zone an der deutschen Nordseeküste reicht bis etwa 100 Seemeilen seewärts der Bänke und Inseln. Entweder soll man durch diese Zone hindurchfahren so rasch es geht oder man soll so dicht wie möglich an der Küste bleiben und dann v o r Eintreffen von schlechtem Wetter wieder in geschützten Gewässern sein. Da Hochseefahrt außerhalb dieser 70 oder 100 Meilen nicht das Thema ist, beschäftigt uns die küstennahe Fahrt.

Die Großschiffsrouten: Heute fährt die Großschiffahrt nicht mehr beliebige Wege über die offene Nordsee, sondern überwiegend auf festgelegten Routen. Die sind sogar betonnt. Leider sind diese Großschiffswege im letzten Jahrfünft unausgesetzt verändert worden. Auch der Plan auf S. 54 in Band II, 1. Aufl. stimmt schon wieder nicht mehr, da 1973 der alte Elbe-Humber-Weg aufgehoben und durch einen Tiefwasserweg („TW") für sehr tiefgehende Schiffe ersetzt wurde. Ich denke aber, daß nun das jahrelange Hick-Hack zur Ruhe gekommen ist.

N a c h   W e s t e n führen der Elbe-Weg (Tonnen „E") zum Feuerschiff „Deutsche Bucht". Ferner der Großschiffsweg Deutsche Bucht (mit Verkehrstrennung). Seine Tonnen sind „DB" bezeichnet. Sie sind Sache von Band II. Bei Hochseefahrt würde ich sie meiden.

N a c h   N o r d e n führt der Elbe-Esbjerg-Weg, nach Nordwesten der Helgoland-Weg (siehe unten).

Gezeitenströmung

Macht man wirkliche Hochseefahrt, ist also Tag und Nacht auf See, so kann einem die Gezeitenströmung meist egal sein. Denn was sie einen 6 Stunden in der einen Richtung versetzt, schiebt sie einen in den nächsten 6 in der anderen wieder zurück. — Der Küstenfahrer freilich muß mit der Strömung leben, wie der Fisch mit dem Wasser. — **D e m   K ü s t e n f a h r e r** sind zeichnerische Angaben über Gezeitenströmung nicht genau genug. Ist doch auch im Gezeitenatlas der Nordsee das Zahlenwerk das Wichtigste. Nicht weniger als 40 000 Zahlen stehen dort! In diesem Buch folgen die wichtigsten Angaben später im Text.

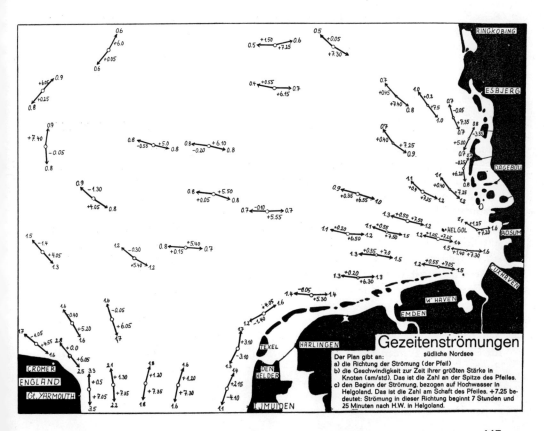

Gezeitenströmungen
südliche Nordsee

Der Plan gibt an:
a) die Richtung der Strömung (der Pfeil)
b) die Geschwindigkeit zur Zeit ihrer größten Stärke in Knoten (sm/std). Das ist die Zahl an der Spitze des Pfeiles.
c) den Beginn der Strömung, bezogen auf Hochwasser in Helgoland. Das ist die Zahl am Schaft des Pfeiles. +7.25 bedeutet: Strömung in dieser Richtung beginnt 7 Stunden und 25 Minuten nach H.W. in Helgoland.

Aus der Elbe nach Helgoland   (Plan S. 157)

13 Seemeilen ist die Distanz von „Elbe 1" bis Helgoland (37 Seemeilen von Cuxhaven).
Helgoland Insel und Düne, Ansteuerung, Häfen, Reede werden in Band
II beschrieben. Dort sind die Pläne und Skizzen. Dort findet man auch die Überlegungen
beim Anlaufen von Helgoland bei Dunkelheit, Nebel, Sturm und alle Daten für die
Planung der weiteren Fahrt nach Westen und Süden. Hier nur die Zufahrt bis zur
Hafeneinfahrt bzw. Ansteuerungstonne.

Die Strömung wird einem nach Auslaufen aus der Elbe mit Tidenstrom nun wohl
entgegensetzen; maximal mit 1 bis 1,8 Knoten. Den Seegang findet man auf dem nun
tiefen Wasser sehr viel handiger als in der Außenelbe. Erst unmittelbar bei Helgoland
kann er steiler sein, doch wohl nie bösartig wie auf der Außenelbe.
Von „Elbe 1" würde ich bei ruhiger See und guter Sicht rw. 324° Kurs direkt
auf die Hafeneinfahrt absetzen. — Bei schlechteren Bedingungen aber rw. 320° erst zur
Ansteuerungstonne.

Aus der Elbe kommend nach Helgoland würde ich meist gar nicht erst bis zum
Feuerschiff „Elbe 1" laufen. Sondern: An der roten Tonnenreihe der Nordseite der
Außenelbe bis zur letzten Fahrwassertonne „1" (nicht 1a oder 1b). Von Tonne „1" 5
Seemeilen rw. 300° bis Tonne 1 des Elbe-Esbjerg-Weges. Von da bei gutem Wetter
rw. 310° zehn Seemeilen bis direkt vor die Hafeneinfahrt. Sonst 9 Seemeilen rw.
304° bis zur Ansteuerungstonne.
Bei schlechter Sichtigkeit und ohne Funkpeiler an Bord werde ich den Kurs wohl über
die beiden rotweißen Leuchttonnen des Helgoland-Weges H/1 und H/2 legen. Dann
sind zwischen Tonnen keine größeren Distanzen als 4 Seemeilen.

Von „Elbe 1" zu Fahrtzielen im Norden

Der Elbe-Esbjerg-Weg   (Plan S. 157, 229, 295)

Vom Feuerschiff „Elbe 1" bis zum Graadyb nach Esbjerg ist dieser Weg knapp 90 Seemeilen lang. Er ist im Abstand von 4 bis 5 Seemeilen mit Leuchttonnen bezeichnet.
Die Tonnen sind rot-weiß und fortlaufend numeriert, beginnend mit „1" vier Seemeilen nördlich von „Elbe 1" und endend mit „12" fünf Seemeilen südlich von Graadyb-
Tonne 2. Dieser Elbe-Esbjerg-Weg führt auf mehr als 10 Meter tiefem Wasser. Er ist
nicht stark befahren. Einer Yacht auf größerer Reise nach Norden kann er durchaus
nützlich sein. Bestimmt würde ich ihn fahren, wenn ich bei starkwindigem oder stürmischem Wetter auf dem Wege nach Süden bin, denn an jeder Tonne kann ich die Querversetzung durch Wind und Strömung kontrollieren. Selbst wenn ich die Tonnenreihe
verliere, bin ich weit genug von den Bänken entfernt, um nicht unmittelbar in Gefahr
zu sein.
Auch für Routen von Helgoland zu den Zielen an Nordfrieslands Küste sind die Tonnen des Elbe-Esbjerg-Weges wichtig. Ich würde meine Kurse wohl immer so legen, daß
ich eine dieser Tonnen treffe und meinen Schiffsort daran kontrollieren kann. Trifft
der Navigator sie präzis, so kann er einen Punkt für sich buchen. Trifft er sie beispielsweise ½ Seemeile entfernt, so lernt er daraus, daß er den Tidenstrom oder die Abdrift
(oder beide) verschätzt hat.

Für kurze Küstenrouten, von Cuxhaven nach Büsum, von Büsum zur Eider zum Beispiel wäre es aber ein ganz unnötiger Umweg, etwa bis zu den Tonnen des Elbe-Esbjerg-Weges zu fahren (außer aus Spaß an der Freud).

Die Ansteuerungstonnen   (Plan S. 157, 229, 295)

Vor allen Zufahrten von See zum Wattenrevier liegen Ansteuerungstonnen dicht seewärts der 10 Meter-Linie. Es sind Leuchttonnen, wenn das Seegat befeuert ist, sonst Bakentonnen. Alle Einzelheiten über sie hören wir noch bei dem betreffenden Seegat.
Die Ansteuerungstonnen bilden von Süden nach Norden ebenfalls eine Art von Tonnenreihe. Ich würde sie benutzen, wenn ich relativ kurze Strecken auf See von Süden nach Norden (oder umgekehrt) fahren will und danach zum Land einlaufen. Bei wirklich langer Fahrt auf See nach Norden ist der Distanzgewinn gegenüber dem Elbe-Esbjerg-Weg nicht sehr groß. Man muß bedenken, daß die großenteils quer versetzende Strömung bei den Ansteuerungstonnen schon stärker läuft. Sie muß bei der Kursfestsetzung unbedingt berücksichtigt werden (alle Einzelheiten bei den betreffenden Seegaten). Außerdem steht man dichter bei den Bänken. Verfehlt man eine Tonne, so ist man rasch in kritischer Lage. Selten würde ich bei solcher Fahrt die 10 Meter-Linie nach Land überschreiten, ohne sicheren Schiffsort zu haben, und die 6 Meter-Linie bestimmt nicht. Es dürfte keine schlechte Sichtigkeit sein. Und auflandiger Starkwind oder Sturm dürften nicht zu erwarten sein. Dann würde eine solche s e h r k ü s t e n n a h e F a h r t a u f o f f e n e r S e e bei mir etwa folgendermaßen aussehen:

Küstennaher Fahrweg nach Norden	Distanz dazwischen	Distanz von Cuxhaven	Zielort an Land	Zum Zielort	
				Distanz ab Anst.-tonne	Distanz ab Cuxhaven
Elbe-Hauptfahrwasser bis Tonne „1"	—	22	—	—	—
Süderpiep Anst.-Tonne	7	29	Büsum	20	49
Außeneider Anst.-Tonne	6	35	Eidersperrwerk	22	57
Mittelhever Anst.-Tonne	9	44	Pellworm (Husum)	18 (28)	62 (72)
Schmaltief Anst.-Tonne	3	47	Amrum	16	63
Landtief Anst.-Tonne	7	54	Amrum	13	67
W-Vortrapptief Anst.-Tonne	4	58	Hörnum (Sylt)	12	70
Theeknobsrinne Anst.-Tonne	10	68	Hörnum	8	76
Lister Tief Anst.-Tonne	19	87	List (Sylt)	10	97
Graadyb Tonne „O"	22	109	Esbjerg	9	118

Navigation ohne Tonnenhilfe: Bei wirklicher Hochseefahrt natürlich. Doch bei Küstenfahrt besser nicht. Auf anderen Meeren gern. Doch nicht „im nassen Dreieck" der Deutschen Bucht. Alle meine Mitsegler, die mit Ostsee-Erfahrung von „Elbe 1" oder Helgoland auf der Seekarte einen kühnen Bleistiftstrich direkt bis zu der gewünschten Ansteuerungstonne zogen und den Kompaßkurs danach machten, haben — nun, zwar nicht Schiffbruch erlitten, doch die Tonne verfehlt.
Es ist nun mal ein Strömungsgewässer mit viel schlechter Sichtigkeit. Deshalb Navigation auch auf See von Tonne zu Tonne. Selbst dabei kann man sein blaues Wunder erleben und merken, wieviel man noch zu lernen hat.

Kürzere Routen: Mache ich nicht Fahrt auf offener See, sondern die üblichen Tages-routen „außen herum", dann fahre ich ganz anders. Das ist nicht nur kürzer, sondern vor allem sicherer. Diese Fahrten werden uns später beschäftigen.

Einige Fahrtenziele

B ü s u m ist das ideale Tagesziel von Cuxhaven. Es ist mit ständig mitlaufendem Tiden-strom in wunderbar rascher Fahrt zu erreichen. 50 Seemeilen, wenn man den Weg aus-fährt. Man kann ihn bei handigem Wetter bis auf etwa 42 Meilen verkürzen (siehe Seite 198). — Die Zufahrt nach Büsum ist gut befeuert. Auch anbrechende Dunkelheit kann einem also nichts anhaben. Überdies ist Büsum nett. Viel mehr darüber später.

Z u r E i d e r m ü n d u n g : Warum nicht? 57 Meilen bis zum Eidersperrwerk. Auch hier läßt sich bei handigem Wetter Distanz einsparen (Elbe bis Tonne „2" → Norder-elbe-Anst.-Tonne (Plan S. 157, 180) → Tonne A der Süderpiep → Tertiussand-W → An-steuerungstonne (Plan Seite 191) → Tonne A der Eider). — Auf dieser Reise muß man achten, daß man mit der Tide auskommt und auch mit dem Tageslicht. Zwar ist die Eider befeuert, doch etwas trickreich. Daß die Barre nicht bei jedem Wetter und jeder Tide taugt, hören wir noch.

C u x h a v e n z u m H a l l i g m e e r : Fährt man die Route aus, sind es 62 sm bis Pellworm und 72 bis Husum. Kürzt man sie wie oben beschrieben ab, dann 55 bzw. 65. Das k a n n mit den Tiden gerade noch auskommen (und auch mit dem Tageslicht).
Aber dann darf auch gar nichts in Quere geraten. Man darf nicht vergessen, daß von „Elbe 1" bis zur Ansteuerungstonne der Süderhever etwa 20 Seemeilen gegen schräg von vorn kommenden, wenn auch nicht sehr starken Tidenstrom zu laufen sind. Hat man dann noch ungünstigen Wind (und hemmenden Seegang), so wird man sehr wahr-scheinlich im Heverstrom die Tide verpassen. Die Fahrt gegen den Tidenstrom wird einem viel Zeit kosten, und wahrscheinlich wird es Nacht. Pellworm ist im Dunkeln meistens nicht anzulaufen (S. 234, 289), die Fahrt nach Husum ist länger und im Dun-keln auch nicht immer ganz einfach (S. 266, 289, 276). Zum Glück hat man bis zur An-steuerungstonne der Süderpiep oder der Eider die Möglichkeit, das Unternehmen „Halligmeer an einem Tag" abzubrechen und nach Büsum oder in die Eider einzu-schlüpfen.

V o n C u x h a v e n n a c h H ö r n u m a u f S y l t : (Plan S. 157 und 229) 70 See-meilen sind es. Wahrscheinlich würde ich in Cuxhaven (abhängig natürlich von der Tide) schon in der Nacht losgehen. Oder Nachmittags. Dann stehe ich bei Beginn der Dunkelheit am Ende der Fahrwassertonnen der Elbe. Von da ist die Fahrt nach den Leuchttonnen im Dunkeln viel leichter als bei Tage. Spätestens bei Tonne 3 würde ich auf den Elbe-Esbjerg-Weg einscheren.

Diese Überlegungen für die Fahrtenplanung beziehen sich auf das gesegelte Boot, so wie ich die Routen auf meinem knapp 10 Meter langen Kielschwerter erlebte. Fast immer hat man einige Strecken aufzukreuzen. Bringt man auf einer solchen Fahrt einen Durch-schnitt von 5 Knoten auf dem förderlichen Fahrtweg zustande (durch die Kreuzstrek-ken ist's durch Wasser mehr), dann war es keine schlechte Reise. — Alle diese Fahrten lassen sich **in Helgoland** unterbrechen und so in zwei gleich lange Teilstrecken zerlegen (siehe Helgoland, Band II).

C. Häfen im Revier der Außenelbe

Tiefwasserhäfen sind nur C u x h a v e n und H e l g o l a n d. Watthäfen sind an der Südseite N e u w e r k, S p i e k a - N e u f e l d und — schon dicht an der Weser — D o r u m e r s i e l. Der Zugang zu diesen Häfen ist durch den Leitdamm für ein nicht voll seefestes Sportboot erheblich erschwert und mit Risiko belastet worden. Das ist ein Jammer, denn südlich vom Leitdamm findet man ein für kleine Boote sehr günstiges und wunderbar einsames Revier.

Am nördlichen Ufer der Außenelbe liegen die Sielhäfen N e u f e l d und F r i e - d r i c h s k o o g. Zu denen fahren wir später.

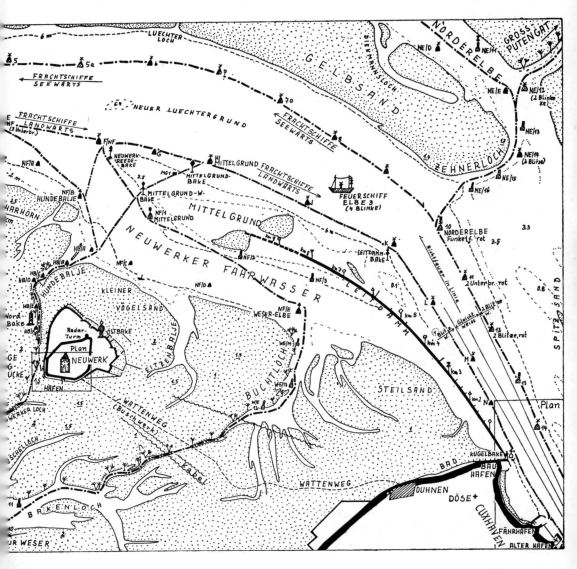

Neuwerk   (Plan S. 171, 174)

Neuwerk ist eine nette, bescheidene, ganz in sich versponnene kleine Insel, 9 Kilometer vor dem festen Land. Etwa 100 Bewohner hat das Eiland. Ungefähr 2 Kilometer ist der Durchmesser des hochwasserfreien Grünlandes, etwa 1000 Meter der des sturmflutsicher eingedeichten Landes. Bei Niedrigwasser kann man zu Fuß oder mit dem Pferdefuhrwerk zum Festland bei Duhnen.

In einer knappen Stunde läuft man auf dem Deich um die Insel herum. Innerhalb des Deichgürtels wird Ackerbau betrieben. Vor dem Deich ist Weideland. Der größte Teil davon hat einen Sommerdeich. Im Ostteil sind Lahnungen weit vorgebaut. Die Insel hat im Westteil A n l e g e b r ü c k e n . Ein Steindamm davor gibt Schutz vor Seeschlag. Außerdem gibt es an der Südseite ein kleines, sehr, sehr flaches Hafenbecken für Boote, den B a u e r n h a f e n . Doch das Wahrzeichen Neuwerks ist der sehr breite, hohe Steinturm.

Die kleine Insel hat einen ganz eigenen Charakter. Ich denke, es liegt am Fehlen des Touristentrubels. Wenn 100 stille Feriengäste bei den Bauern oder in dem kleinen Hotel an der Südseite wohnen, dann ist das viel. So ist es nett, etwa 2 Stunden vor Niedrigwasser an der Südseite die Abfahrt der Pferdefuhrwerke zu beobachten, und etwa 3 Stunden später ihre Rückkehr mit Sack und Pack, mit Post und Lebensmitteln und einigen Feriengästen. Danach gehe ich gern zu dem kleinen, armen Friedhof der heimatlosen Seeleute östlich vom Bauernhafen. Die sind im Lauf der Jahrhunderte dort angetrieben worden. Das jüngste Grab war das eines 19jährigen Studenten. Ober er um die Welt segeln wollte? — Schön ist es auch, einen windstillen Abend in dem schweren Gebälk einer der großen Baken zu verträumen. Lautlos ziehen die großen Schiffe auf dem Elbstrom nach Hamburg. Und fällt die Dämmerung, so erwacht eine Welt von Lichtern in den Leuchttürmen an der Küste und auf dem Meer. Hat man Glück, so kann man das Feuer von Helgoland sehen.

Alles auf Neuwerk wird von dem vierkantigen, fast 40 Meter hohen S t e i n t u r m überragt. Die Hamburger Kaufleute ließen ihn vor 650 Jahren erbauen, als es mit der Seeräuberei an der Elbmündung überhand nahm. Das „neue Werk" hieß er, „Niewark", und danach die Insel. Nach dem Vorbild der starken Burgfriede oder Donjons der mittelalterlichen Ritterburgen ist er erbaut. Und die Hamburger haben gründliche Arbeit geleistet. Fast 3 Meter sind die Mauern im Unterteil stark. 1,5 Meter sind es oben. Acht Stockwerke hat er. Man kann heraufsteigen und man sollte es auch unbedingt tun, am besten bei Niedrigwasser. — Ein Fähnlein Hamburger Söldner hielt den Turm besetzt. Und in ihrem langen Leben haben die dicken Mauern unglaublich viel erlebt. Belagerungen und auch Zeiten, wo Seeräuber und zumal Störtebecker ihn benutzten. Bei der engen Verquickung der damaligen Häuptlingsherrschaften mit dem Seeraub ist das weniger absonderlich als es uns heute vorkommt. Zu Napoleons Zeiten waren französische Soldaten darauf und wachten über die Einhaltung der Handelssperre mit England. Als die Franzosen abzogen, haben sie den Turm zu sprengen versucht. Aber die schweren Mauern barsten nicht. Seit 1814 ist er Leuchtturm (vorher war auf einer Feuerblüse neben dem Turm ein offenes Feuer). Ein gemütliches kleines Restaurant ist im Turm, und der Grog ist gut.

Wattwanderung nach Scharhörn: Dann lockt ein Fußmarsch nach S c h a r h ö r n . Mit dem Boot kann man dort nicht hin. Hin und zurück sind 12 Kilometer Weg, und man muß das Wandern gewohnt sein. Abmarsch an der Südwestspitze der Insel etwa 3 Stunden nach H.W. Meistens sind eine ganze Menge Menschen auf dem gleichen Weg unterwegs, und bei Westwind vor allem Inselbewohner mit Pferdefuhrwerken, wegen Strandgut. Vielleicht sollte man vereinbaren, daß man einem Wagen aufsitzen kann. Von der geraden Linie nach Scharhörn muß man während der ersten 2 Kilometer etwas nach Westen abweichen. Schöner ist es, wenn die Tiden so liegen, daß man während einer Hochwasserzeit auf Scharhörn bleiben kann. Paßt das nicht, dann muß man mit der Zeit gut haushalten, denn 2 Stunden nach N.W. muß man wieder bei Neuwerk sein.

Insel Neuwerk bei Niedrigwasser vom Duhner Watt aus gesehen. Der Deichring läßt die flache Insel höher erscheinen als sie in Wahrheit ist. Hoch ragt der breite Steinturm über das Watt. — Im Vordergrund sind auf dem Wattboden die letzten Fahrspuren des Pferdefuhrwerkes zu sehen, das täglich bei Niedrigwasser von der Insel zum Festland fährt. Niedriges Buschwerk markiert den Wattenweg.

Schollentreten: Schließlich verknüpft sich mit Neuwerk noch die Erinnerung an jenen jungen Mann, der sich auf „S c h o l l e n t r e t e n" spezialisiert hatte. Er lief barfuß bei Niedrigwasser in den Prielen entlang, langsam und tief versonnen, wie ein Philosoph. In der Hand hatte er einen Stock, der vorn einen langen Nagel trug. Und von Zeit zu Zeit blieb er stehen, steckte mit viel Gefühl den Stock zwischen den Zehen hindurch in den Sand und griff dann die so festgenagelte, im Sand eingegrabene Scholle. Er hat unser Boot mit den frischesten je gegessenen Schollen versorgt, und dieses in einer knappen Stunde. Doch er muß ein Genie gewesen sein. Ich habe es auch versucht und auch gut gespürt, wie die Scholle im Sand unter den Zehen zappelt. Aber entweder habe ich mir dann den Nagel in die Zehen gepiekt oder die Scholle war weg. Meine Ausbeute war bescheiden.

So ist diese kleine Insel ein netter, urtümlicher Platz auf freundlichem Watt. Ich wundere mich immer wieder, wie wenig Sportboote man trifft. Wird es mit dem geplanten Tiefwasserhafen Hamburgs Ernst, dann ist sowieso wohl die ganze Idylle mit einem Schlag vorbei. — Will man Neuwerk schon im Hause erleben, so lese man das nette Buch von Hans Leipp: „Der Nigger von Scharhörn".

Der Westanleger (Nige-Ooge-Brücke)   (Plan S. 171, 174)

An der Südwestseite der Insel sind zwei starke Anlegebrücken aus Holz etwa 30 Meter weit vorgebaut. Ihr Kopf reicht in den hier nur noch ganz flachen Priel. Der Kopf der einen Brücke ist etwa 30 Meter breit, abgewinkelt, der der anderen ist 6 bis 8 Meter breit. Die Brückenköpfe dienen für das Fährschiff sowie die Fahrzeuge des Wasser- und Schiffahrtstraßenamtes. An den Seiten der Brücken finden Sportboote aber wohl immer Platz. — Etwa 80 Meter von den Brücken entfernt ist westwärts parallel zum Ufer eine Steinschüttung gelegt worden. Sie ragt über Hochwasserhöhe und gibt den beiden Brücken bei westlichen Winden ausreichenden Schutz vor Seeschlag.

Am Kopf der beiden Brücken war bei meinen letzten Besuch auch bei N.W. reichlich 0,5 Meter Wasser. Kommt man bei fallendem Wasser an, so kann man wohl auch am Kopf der Brücken festmachen. Bei Niedrigwasser und nachts stört einen dort niemand. Aber bei steigendem Wasser kommen spätestens ab halber Tide Fähr- und Arbeitsschiffe an. Dann muß man Platz gemacht haben. Liegt man an der Längsseite der Brücke, dann muß man beachten, daß Strom setzt. Bei steigendem Wasser nach Süden,

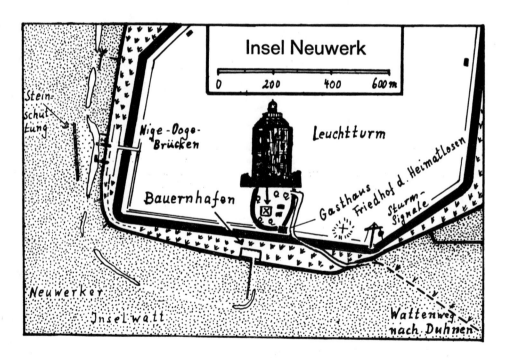

bei fallendem nach Norden. Er drückt das Boot entweder an die Brücken heran oder von ihr weg. Nicht gefährlich stark, aber doch sehr spürbar. Man sollte gute Leinen legen und gute Fender. Am besten ist es, wenn neben einem anderen Fahrzeug längsseits liegen kann. Ich würde — wenn möglich — zuerst am Kopf der Mole anlegen und bei einem Schiffer der Berufsfahrzeuge fragen, wo man am besten festmacht. — Bei Niedrigwasser fällt man an den Seiten der Brücken trocken. Zum Priel hin ist der Grund nur ganz flach geneigt. Es ist hartes Sandwatt. Boote mit Kiel sollten eine Leine vom Mast zur Brücke legen. — Man muß wissen, daß nur etwa 15 Meter von der nördlichen Brücke entfernt parallel zur Brücke eine Buhne liegt, die etwa ab halber Tide überflutet ist. Von ihr muß man frei bleiben. 1,5 Meter Tiefgang kann das Boot haben, mit dem ich noch nach Neuwerk fahren würde. — A n l a u f e n : Seite 177, 178.

Der Bauernhafen

Dieses sehr flache, kleine Becken liegt gut geschützt an der Südseite der Insel. Es kommt nur für kleinere Fahrzeuge bis etwa 0,6 Meter, höchstens 1,0 Meter Tiefgang infrage. Es ist ein quadratisches Becken und etwa 20 mal 50 Meter groß. Meistens liegen mehrere kleine Boote darin, aber man findet wohl stets einen Platz. An der Westseite der Hafenzufahrt reicht eine Buhne etwa 150 Meter weit in das Watt. — Etwa 2¹/₂ Stunden nach Hochwasserzeit ist der Bauernhafen trockengefallen. Dann liegt man unbehelligt von Tide oder Seegang ruhig auf dem weichen Grund. Für flachgehende Boote, wie Jollenkreuzer, flachgehende Kielschwerter und Motorboote ist der Bauernhafen ein sehr schöner Platz.

A n l a u f e n des Bauernhafens erfolgt von Süden her über das Watt. Oder durch die Hundebalje von Norden an den Nige-Ooge-Brücken vorbei um die Südwestecke der Insel herum. Dort ist aber sehr hohes Watt. Mit meinem 1 Meter tiefgehenden Boot habe ich an Tagen mit niedrigen Tiden da nicht passieren können.

Spieka-Neufeld   (Plan S. 157, 175)

Das ist ein kleiner Sielhafen mit einer Flotte von 8 oder 10 großen Krabbenfischerbooten und 120 Meter Kaje 7 Seemeilen südwestlich der Kugelbake von Cuxhaven. Mit tiefgehender Yacht erreicht man ihn aus dem Wattfahrwasser Weser-Elbe (Band II). Flachgehende Boote fahren meist quer über das Watt.

Für kleinere Boote mit mäßigem Tiefgang ist Spieka-Neufeld kein übeler Urlaubsplatz, einfach und urwüchsig. Bis 80 Zentimeter Tiefgang sehr leicht anzulaufen, bis 1,2 Meter bei Hochwasser noch gut. Der größte Kutter der Granatfischerflotte hat 1,4 Meter Tiefgang. Der muß bei Ostwind manchmal „Schlickrutschen" machen, um 1 Stunde nach Hochwasser an seinen Liegeplatz zu kommen. — Der Hafen liegt im grünen Deichvorland. Ein geräumiger Campingplatz ist am Watt. Der Spiekaer Seglerverein hat sich etwa 20 Liegeplätze geschaffen. Und für Ortsfremde war in dem langen Hafenschlauch mit ein paar Pfählen und Planken leicht Liegeplatz zu machen. Durchreisende Fahrtenyachten liegen längsseits an einem nicht auslaufenden Fischerboot oder

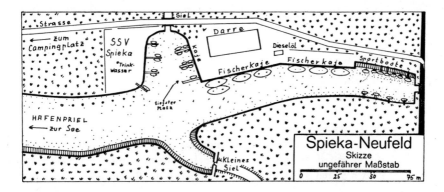

beim Club. — Natürlich fällt bei Niedrigwasser alles trocken. Man lebt mit der Tide. Doch was mich angeht: ich fühle mich in diesen kleinen von der Massenzivilisation noch verschonten Sielhäfen zwischen all den „Gustavs“, den Fischern und den Wasser-Vernarrten aus dem Binnenland, die mit ihren Schlauchbooten, Jollen und anderen Untersätzen ihre „kleine Seefahrt“ zum großen Erlebnis machen, äußert wohl und „zuhause“.

Dorumersiel wird in Band II beschrieben. Hier nur folgendes: Der Hafen mit seinen 20 großen Fischerbooten ist neuerdings vergrößert und seine Kaje verlängert worden. Für einheimische und ortsfremde Boote wurde reichlicher Liegeplatz geschaffen. Eine durchreisende Fahrtenyacht macht entweder an der Kaje direkt oder längsseits an einem Fischer fest. Im Hafen wurde gebaggert. Er wird aber gewiß wieder auf die übliche „Normaltiefe“ von etwa $2^{1}/_{2}$ Meter Wasser bei H.W. zuschlicken. Leine vom Mast zum Land kann beim ersten Trockenfallen nicht schaden.
Die Zufahrt wurde begradigt. Stuvkopfpricken an der Westseite (einlaufend Steuerbord) in 6 bis 8 Meter Abstand zu lassen. Große Strandhalle ist weit sichtbares Hafensymbol. — Grüße, braver, gastfreundlicher „Narval“ aus den Niederlanden!

D. Das Wattenrevier zwischen Elbe und Weser

Riesig groß, vollkommen einsam, von See her praktisch unzugänglich, ungenießbar auf den seewärtigen Teilen, doch ein friedliches Wattenrevier dort, wo hohe Watten liegen. Das etwa sind die Stichworte für das große Wattengebiet zwischen Elbe und Weser.

H ä f e n sind Neuwerk, Spieka-Neufeld und Dorumersiel. Fahrwasser, und zwar ein sehr wichtiges, ist das W a t t f a h r w a s s e r W e s e r - E l b e , vorzüglich betonnt und beprickt. Große Fischerflotten sind hier zu Hause. Und für kleinere Sportboote wird dieses einsame schöne Wattengebiet ein immer öfter besuchtes Urlaubsziel. Es profitiert davon, daß sowenige es kennen.
Die Region gehört in Band II und wird dort beschrieben. Nur die Watten und Fahrwasser direkt an der Elbe, N e u w e r k e r F a h r w a s s e r u n d N e b e n a r m e , werden hier besprochen.

Gezeiten: Die mittlere Hochwasserhöhe bei Hochwasser Spring (Nipp in Klammern) ist nahe Scharhörn 3,1 (2,7) Meter, im Dorumer Tief, also nahe Spieka-Neufeld und Dorumersiel, 3,2 (3,0) Meter. Zur Weser fahrend hat man, weil dort Hochwasser früher ist, etwa um $^{1}/_{2}$ Stunde „kürzere Tide“.

Das Neuwerker Fahrwasser und seine Nebenarme   (Plan S. 171)

Das Neuwerker Fahrwasser war früher ein Arm des Elbstromes. Durch den Leitdamm, der von der Kugelbake bis zum Mittelgrund reicht, wird er jetzt vom Hauptfahrwasser getrennt.
Das Neuwerker Fahrwasser ist tief und breit. Es kann bei schlechtem Wetter für ein kleineres Sportboot sehr grob sein, wenn auch der Seegang hier nicht die zerstörende Gewalt hat, die er auf dem Hauptfahrwasser annehmen kann. — Neuwerker Fahrwasser ist an beiden Seiten betonnt. Die Tonnen haben die Bezeichnung „NF“. Schwarze

Spitztonnen sind an der Südseite. Rote Spierentonnen stehen an der Nordseite. Weiter ostwärts geben die Baken des Leitdammes die Grenze zum Elbstrom an. — Am Eingang in das Neuwerker Fahrwasser sind auf dem Westausläufer des Mittelgrundes drei Baken gesetzt worden (Plan Seite 171). Sie unterscheiden sich durch ihre Toppzeichen.

Einlaufen: Von See kommend zweige ich bei der Elbtonne „E/NF" nach Südosten in das Neuwerker Fahrwasser ab. Da folge ich der Reihe der schwarzen Tonnen NF/A, NF/B usw. — Von Cuxhaven kommend muß ich den Leitdamm seewärts runden: 6 Seemeilen im Hauptfahrwasser der Elbe bis zur Tonne „H/Mittelgrund".

Fischer- und Lotsenboot aus dem Neuwerker Revier nach einer Zeichnung von J. M. David, 1804.

Von dort südwestwärts an den Baken „Mittelgrund" (Rautentoppzeichen) und „Mittelgrund-W" vorbei. Die kleine Tonne MG 1 liegt da am Wege. Ist Bake Mittelgrund-W passiert, bin ich im tiefen Neuwerker Fahrwasser. Dieser Weg über Mittelgrund ist bei N.W. derzeit etwa 3 Meter tief. Nur mit sehr tiefgehender Yacht würde ich bei ungünstigen Wetterbedingungen weiter westwärts ausholen.

Zwei Fahrwasser gibt das Neuwerker Fahrwasser ab: die Hundebalje zur Insel Neuwerk und das Wattfahrwasser Weser-Elbe zur Weser. Dazwischen sind Sände. Nahe Cuxhaven und Duhnen ist auf diesen Sänden Badebetrieb.

Hundebalje ist die betonnte Zufahrt nach Neuwerk. Sie wird auf S. 178 beim Anlaufen der Insel besprochen. Mehr als 1,6 Meter Tiefgang sollte ein Boot dort wohl nicht haben. Einlaufend Wasser ist von H.W. Cuxhaven —4 h 45 m bis —1 h 0 m. Auslaufenden Strom findet man etwa von H.W. Cuxhaven —0 h 30 m bis + 5 h 0 m. Bei Nippzeit etwa 1 Knoten, bei Springzeit etwa 1,5 Knoten als größte Geschwindigkeit.

Eitzenbalje läuft ostwärts von Neuwerk in das Watt und ist unbezeichnet. Sie ist nett zum Trockenfallen bei gutem Wetter.

Das Buchtloch ist ein wichtiger Nebenarm des Neuwerker Fahrwassers. Denn durch das Buchtloch läuft die mit Tonnen und Pricken bezeichnete Wattfahrt von der Elbe zur Weser. — Buchtloch hat eine Ansteuerungstonne „NF/E — Weser-Elbe" mit Kegeltoppzeichen (Plan S. 171). ½ Meile südlich von ihr beginnen die Reihen der Pricken und Tonnen der Wattfahrt zur Weser. Buchtloch hat auch bei Niedrigwasser fast überall mehr als 2 Meter Wassertiefe. Es gibt einen sehr guten **Ankerplatz** ab. Ich habe meist in der Gegend der jetzigen Tonne WE/12 gelegen. Vor allem ist man für diesen Ankerplatz dankbar, wenn man durch die Wattfahrt von der Weser gekommen ist und nun bei auslaufendem Wasser und vielleicht auch noch Dämmerung keine Lust mehr hat, die immerhin noch 13 Seemeilen gegen Strömung die Elbe hoch bis Cuxhaven zu laufen.

Anlaufen von Neuwerk

12 Seemeilen sind von Cuxhaven bis zur Nige-Ooge-Brücke. Auch von Häfen weit elbaufwärts ist Neuwerk gut zu erreichen, da die Reise gut mit der Strömung in Einklang steht. Hat man es so eingerichtet, daß man eine Stunde nach Niedrigwasser (also mit Ende der auslaufenden Strömung) an der Westseite des Mittelgrundes steht, dann ist es genau recht. Dann trägt einen die steigende Tide durch die Hundebalje bis zur Insel. Tiefgehende Boote werden oft in der Hundebalje ankernd noch etwas warten müssen. — Auch w e n n m a n v o n S e e k o m m t und einem der Tidenstrom in der Elbe bereits entgegensetzt oder es in Kürze tun wird, ist das Anlaufen von Neuwerk günstig. Freilich darf das Wasser noch nicht zu weit gefallen sein.

Z u f a h r t durch die Hundebalje (Plan S. 171, Beschreibung S. 177). Die schwarzen Tonnen und Pricken bleiben einlaufend an Steuerbord.

U m v o n N e u w e r k n a c h C u x h a v e n zu fahren, lege ich in Neuwerk bei steigendem Wasser ab, sobald das Boot aufgeschwommen ist. Meistens reicht es aus, 2 Stunden vor Hochwasser in Fahrt zu sein. In der Hundebalje muß man gegen die (nicht sehr starke) einlaufende Strömung fahren. In Cuxhaven kommt man mit dem Rest der einlaufenden Strömung an.

Scharhörn   (Plan S. 157, 171, 191)

Diese Sandinsel ist unbewohnt — abgesehen vom Vogelwärter und einigen Arbeitern. Sie trägt auf Pfählen eine Wohnbaracke. Ein Radarturm ist da. Die (neue) Scharhörnbake steht von der Insel entfernt am Hauptfahrwasser der Elbe. — Scharhörn hat keine Anlegemöglichkeit. Ich wüßte auch nicht, wie man mit Boot von Tiefgang dorthin könnte. Flachgehende Boote mögen bei Hochwasser von Neuwerk her über das Watt fahren. — Ich bin von Neuwerk zu Fuß nach Scharhörn gegangen (Seite 172). Rundum ist fast überall hartes Sandwatt. — Die Insel ist Naturschutzgebiet und einzelne Besucher sind — wie es heute leider an so vielen der schönsten Stellen unserer Nordseeküste ist — ungern gesehen.

Westlich und nördlich von Scharhörn ist ungesundes Gebiet: Sandriffe mit stark strömenden, unbezeichneten Rinnen, d e m S e e s c h l a g a u s g e s e t z t. Dort soll man nicht fahren. Selbst als einigermaßen Erfahrener mit geeignetem Boot war ich nie ohne ernstes Herzklopfen dort. Von See würde ich in die unbezeichneten Seegaten N o r d e r t i l l und W e s t e r t i l l niemals einfahren. — S c h a r h ö r n l o c h führt zwischen Scharhörn und dem Scharhörn-Riff von der Elbe in die Nordertill. Ich bin einmal vom Nordertill aus daran vorbeigefahren und habe die spärlichen Pricken an der Westseite auf der Robbenplate gesehen und die schwarze Spitztonne an der Nordseite und allerhand Masten und Schiffsreste. Und ich bin der festen Meinung, daß dort ein Sportboot nichts zu suchen hat. Die Strömung ist stark.

Ein Wort über „T r e i b s a n d“ oder „M a h l s a n d“. Was ist das? Die Sände im Bereich der Elbmündung bestehen überwiegend aus einem besonders feinkörnigem, grauem Sand. Kommt ein Schiff auf diesen Sänden fest, so läuft der Gezeitenstrom um das Hindernis mit großer Kraft herum. Er wirbelt den feinen Sand auf, spült ihn unter Bug und Heck des Schiffes fort und häuft ihn in Strömungslee mittschiffs zu einem Berg. Bei einem Frachtschiff schweben dann, wenn das Wasser fällt, Bug und Heck des schweren Fahrzeugs ohne Unterstützung frei, und oft zerbricht das Schiff. Hält es stand, so hindert die Sandbank mittschiffs meistens das Abschleppen. Liegt das Wrack einige Zeit da, sinkt es in den von der Strömung weggewirbelten Sand immer tiefer hinein, bis nur noch Masten oder Aufbauten herauschauen. Die sind gemeint, wenn da auf der Seekarte steht: „zahlreiche Wrackreste". Einer gestrandeten Yacht wird wohl „nur" der mittschiffs aufgeworfene Sandberg zu schaffen machen. — Zu Fuß kann man auf Treibsand laufen wie auf jeder anderen Sandbank auch.

E. Das Wattfahrwasser zwischen Elbe und Weser   (Teil II)

Immer wieder wundere ich mich, wie unbekannt doch der Weg über das Watt zur Weser ist. Dabei ist er gut bezeichnet, bietet keine besonderen Schwierigkeiten und kann von Booten mit 1,5 Meter Tiefgang gefahren werden. Bei Westwindlage würde ich die Wattfahrt auch noch mit einem Boot größeren Tiefganges machen. Bei Ostwindlage ist ja die Fahrt durch das Hauptfahrwasser der Elbe für seegehende Boote mit Tiefgang einfach. — Für kleinere, nicht voll seefeste Boote ist die Wattfahrt zwischen Elbe und Weser sowieso der zu empfehlende Weg.

Meine Meinung ist, daß man mit geeignetem Boot den Weg durch die Wattenfahrwasser nahezu bei jedem Wetter machen kann. Das letzte Mal beispielsweise sind wir im Herbst von Finnland zurück gekommen und haben ihn bei 8 Windstärken aus West (Stationsmeldung) gesegelt. Am Abend haben wir uns dann bei den Schwarzen Gründen trockenfallen lassen. Als wir nach hoch und trocken gut ausgeschlafener Nacht aufwachten, pfiffen draußen 9 Windstärken im Rigg. Einer von der Crew hat das da im Sturm ruhig auf dem Watt liegende Boot photographiert. Und später hat „Die Yacht" dieses Bild mal auf ihre Titelseite gesetzt. Aber daß das Boot dort in vollem Herbststurm liegt, darauf ist niemand gekommen. Nur wer genau hinschaut, sieht das Tauwerk an den Nagelbrettern waagerecht ausgeweht. — Wir jedenfalls haben unser drittes und letztes Reff eingebunden und sind nach Aufschwimmen des Bootes mit schnaubender Fahrt nach Bremerhaven gelaufen, denn einer meiner Crew mußte zur Bundeswehr zurück. — Kaum nötig zu sagen, daß für ein Auslaufen durch das Hauptfahrwasser der Elbe auch nicht die geringste Chance gewesen wäre.

Die Wattfahrt führt über drei Wattenhochs. Die Distanz vom ersten bis zum letzten Wattenhoch ist etwa 17 Seemeilen (20 Seemeilen von der Ansteuerungstonne Buchtloch bis zum Wurster Arm der Weser). Die Häfen Spieka-Neufeld, Dorumersiel und Wremertief liegen am Wege. — Irgendwo las ich, man solle für die Fahrt einen Lotsen nehmen. Ich meine, wer Elbe-Weser-Wattfahrwasser nicht selber fahren kann, sollte auf keinem Wattfahrwasser der Nordsee fahren.

Genaue Beschreibung der Wattfahrt zur Weser und Pläne stehen in Band II. Inzwischen sind noch mehr Tonnen ausgelegt worden. Dadurch wird die Fahrt noch leichter. — Die östliche Zufahrt durch Neuwerker Fahrwasser steht hier auf der Seite 177 beschrieben.

IV. Außenelbe bis zur Eider

Op und dol! Jetzt segeln wir nach Norden. Nach Büsum zuerst und zur Meldorfer Bucht. Danach zur Eider. Und dann, eine ganze volle Urlaubsreise lang, in das Gebiet der Halligen.

Hier geht es zuerst von der Außenelbe nordwärts bis zur Norderpiep: Das ist eine Region der vielfältigsten Fahrwasser zwischen breit sich erstreckenden Sänden. Eine Wattfahrtroute führt dicht unter Land; andere laufen teils über See, teils durch Küstenfahrwasser. — Die wichtigsten Häfen sind F r i e d r i c h s k o o g, B ü s u m und M e l d o r f. Doch auch N e u f e l d ist nett, und ein paar kleine Hafenplätze gibt es außerdem.

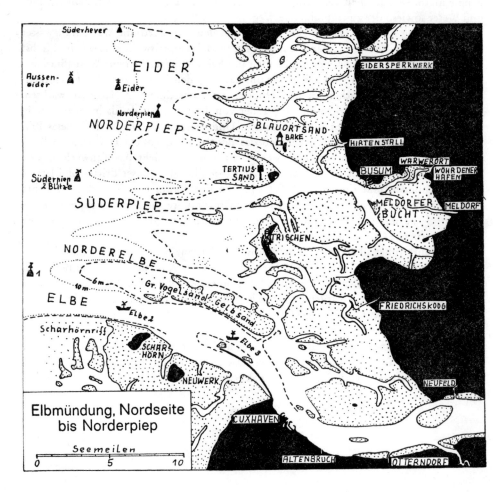

Insgesamt ist die Region arm an Ortschaften und Menschen. Verglichen mit der Elbe gibt es wenig einheimische Boote, alles mitgezählt, ein halbes Tausend. Herrschten in der Elbe Frachtschiffsverkehr und Hektik, so hier die Natur. Außer Fischerbooten wird man wenig anderen Schiffen begegnen. Das Hinterland ist Dithmarschen, reiches Bauernland mit reicher Geschichte.

Navigatorisch will die Region ernster genommen werden, sobald man das geschütztere Wattenrevier verläßt und den Rinnen zu ihren seewärtigen Öffnungen folgt. Da m u ß eine Fahrt nach Wetter, Tide und Tageslicht gut durchgeplant sein. Doch das landwärtige Wattengebiet und das Trockenfallen auf Wattenhochs und in geschützten Rinnen ist wie überall. Die Weite des Reviers kann einem wunderbare Eindrücke bringen. — Ich war meist hier, wenn ich nicht einen vollen Urlaub, sondern nur eine Woche lang Zeit hatte . . . und denke gern daran zurück.

Drei große Seegaten dringen von Westen her tief in dieses breite Wattengebiet: die N o r d e r e l b e, die S ü d e r p i e p und die N o r d e r p i e p. Zwischen diesen großen Seegaten hat die Brandung drei hochwasserfreie Sände aufgeworfen. Der südlichste ist die unbewohnte I n s e l   T r i s c h e n mit einigen Dünen darauf. Weiter nördlich liegt der T e r t i u s s a n d. Und im Norden der B l a u o r t - S a n d. Bis 20 Seemeilen von der Deichlinie reichen die Ausläufer dieser Sände als Bänke seewärts.

Im Außenteil der Seegaten ist ungeschütztes Gebiet. Doch ostwärts der Sände verzweigen sich die großen Seegaten. Da sind die geschützten Priele und die Wattfahrwasser, welche kleine Fahrzeuge benutzen sollten, um die Eidermündung oder das Meer der Halligen zu gewinnen.

Insel Trischen und die Sände

Insel Trischen   (Plan S. 191 und 180)

Kann man ihn wirklich Insel nennen, diesen unbewohnten, nur im Mittelteil durch flache Dünen über Sturmfluthöhe liegenden Sandrücken? Etwa 4 Kilometer lang und kaum 1000 Meter breit ist der hochwasserfreie Teil. Die hohe Buschsand-Rettungsbake (Skizze) ist die einzige Landmarke. — Dies ist der Rest einer einstmals großen und von Bauern bebauten Insel. Man hat früher versucht, Trischen einzudeichen, doch das Meer war anderer Meinung. So ist es heute verlassenes, steriles Gebiet. Lange Zeit noch Wohnplatz für Einsamkeit suchende Menschen; der Dichter Gustav Frenssen hat lange hier gelebt. Jetzt ist es Vogelinsel im Mittelteil. Offiziell braucht man eine Erlaubnis, sich auf Trischen aufzuhalten.

Dicht an der Südseite von Trischen führt die tiefe Wattrinne N e u f a h r w a s s e r vorbei. Dort sind fast immer Fischerboote nach Friedrichskoog unterwegs. Mit einem tiefgehenden Boot würde ich bei gutem Wetter hier ankern, wenn ich einen Blick auf das Eiland werfen will. Aber zum Trockenfallen würde ich mich lieber in den F l a c k - s t r o m legen. Der läuft an der Nordseite von Trischen vorbei. Mit einem flachgehenden Boot würde ich mich auf dem Wattenhoch dicht an der Ostseite der Insel trockenfallen lassen. Da bin ich gegen westliche Winde geschützt wie in einer Bucht. An Nippzeit würde ich dabei denken, und an Ostwind, der das Wasser weniger hoch steigen läßt. Mit Trinkwasser würde ich mich eingedeckt haben und mit allem anderen auch. Es ist eine Robinson-Insel. — An ihrer Seeseite würde ich ein Festkommen vermeiden.

S c h i e ß w a r n g e b i e t ist auf Bielshövensand und im Südteil der Meldorfer Bucht. An den Tagen, für die Schießübungen angekündigt sind, darf man dort nicht fahren. Einzelheiten Seite 207 und Pläne Seite 191 und 205.

Tertiussand ist ein 1 Kilometer langer, ½ breiter, hochwasserfreier (doch nicht sturmflutfreier) Sand westlich von Büsum. Er liegt am Zusammenfluß von Süderpiep und Norderpiep. — Die alte Tertiussand-Leuchtbake ist zerstört. Eine neue, 16 Meter hohe Bake (Skizze), die aber weder leuchtet, noch als Rettungsbake dient, steht auf dem Watt fast 1 Seemeile westlich vom Sand. — Tertiussand ist für ein flachgehendes Boot geschützt genug, sich an der Ostseite bei ruhigem Wetter trockenfallen zu lassen. Mit meinem Boot von 1 Meter Tiefgang habe ich oft gern gewollt, aber mich nie getraut. Es liegt doch recht offen im Bereich tiefen und bei Westwinden unruhigen Wassers.

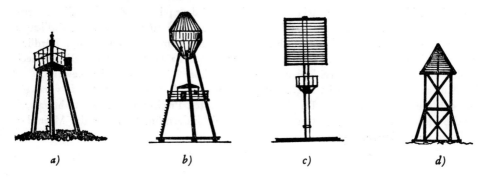

a)   b)   c)   d)

Baken zwischen Elbe und Eider: a) die Leuchtbake auf dem Leitdamm bei Friedrichskoog. Im Verhältnis zu den anderen Baken ist sie viel zu groß gezeichnet. b) Buschsand-Rettungsbake. Sie steht auf der Insel Trischen. c) Tertiussand-Bake, 16 Meter hoch. d) Blauortsand-Bake

Blauortsand heißt ein breiter Wattrücken zwischen Norderpiep und Eidermündung (Plan S. 191, 180). Ein etwa 2 Kilometer langes Stück dieses Wattrückens ist höher als mittleres Hochwasser. Dicht westlich davon steht die 20 Meter hohe B l a u o r t s a n d - B a k e (Skizze).
Der Wattrücken Blauortsand ist bis 2 Meter über Kartennull hoch. Daß bedeutet, daß dort bei Nippzeit etwa 1 Meter, bei Springzeit etwa 1,3 Meter Wasser stehen. Da muß man sich denn nach Tiefgang seines Bootes, Mondphase und Windrichtung seinen eigenen Vers darauf machen, ob und wann man den Sand anlaufen kann.

A. Die Häfen

Auf unserer Reise aus der Elbe heraus besuchen wir die Häfen in der Reihenfolge, wie sie an unserem Wege liegen: das stille, kleine N e u f e l d , dann den Fischerhafen F r i e d r i c h s k o o g , schließlich B ü s u m , den großen Fischerhafen mit seinen vielen Yachten. Danach machen wir einen Abstecher nach M e l d o r f . Schließlich werfen wir noch einen Blick auf die ganz kleinen, halb vergessenen Häfen und Sielplätze W ö h r d e n e r H a f e n , W a r w e r o r t und H i r t e n s t a l l .

Neufelder Hafen   (Plan S. 180 und S. 183)

Amtlich ist es kein Hafen mehr. Für Sportboote und Kleinfischer ist Neufeld deshalb
nur um so netter. Der örtliche Club unterhält die über 200 Meter lange Kaje, an der
man längsseits festmacht. Für Gastboote ist wohl immer Platz, und selten müssen einmal zwei nebeneinander liegen. Der Ort besteht nur aus einer Häuserzeile, die da unter
Bäumen halb auf, halb hinter dem Deiche hockt. Da sind Gaststätten und kleine Ge-
schäfte. Viele Kleinfischer (keine Krabbenfischer) beherbergt der Hafen. Er wird mit
Recht von vielen Kennern als einer der ruhigsten und nettesten bezeichnet. Manche
verbringen ihren ganzen Urlaub da.
Die Wassertiefe an der Kaje ist bei Hochwasser 2 bis 2½ Meter. Bei Niedrigwasser
bleibt nur in einer Rinne etwas Wasser stehen. Der Boden des Hafens ist hart. So muß
eine Yacht mit Kiel eine Leine vom Mast zum Land gehen. Mit Yachten von mehr
als 1,5 Meter Tiefgang würde ich nach Neufeld wohl nicht einlaufen.

Z u f a h r t : Von Brunsbüttel aus sind etwa 5 Seemeilen Fahrt. Man folgt der Deichlinie des nördlichen Elbufers bis zum auffälligen Anleger der Elbfähre (Plan S. 145 und
183). Von dort aus habe ich 2 Seemeilen weit West gesteuert und dabei Sorge getragen,
nicht auf das Neufelder Watt oder bei niedrigem Wasserstand auf die dem Watt vor-
liegende Bank gesetzt zu werden (Plan unten). Auf der Spitze dieser Bank sollen, wie es
der Plan zeigt, Pricken stehen. Doch ist darauf kein absoluter Verlaß. Aber 2 Seemeilen
westlich vom Fähranleger faßt man die reichlich besteckte Prickenreihe der Neufelder
Rinne auf. Die setzt sich in das Außentief des Neufelder Hafens fort.

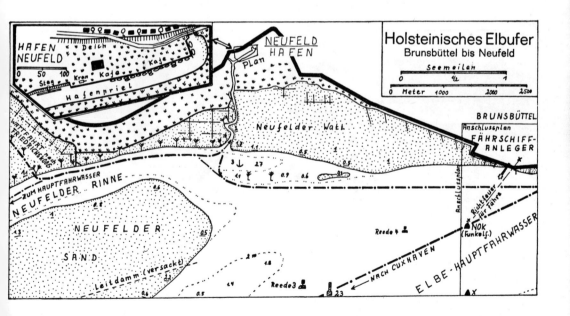

D a s A u ß e n t i e f hat bei Niedrigwasser ½ bis ¼ Meter Tiefe. Für die Befahrbarkeit haben sich die Neufelder Fischer folgende Regel gemacht: Mit einem Boot von
1 Meter Tiefgang Einlaufen nicht früher als 3 Stunden vor H.W., Auslaufen nicht später

als 2½ Stunden nach H.W. — In der Rinne stehen Pricken an der Backbordseite. Die Rinne macht einige scharfe Krümmungen. Sie läuft 1000 Meter durch hohes Watt, dann 1000 Meter durch grünes Deichvorland, das dicht mit Schafen und weißen Gänsen bevölkert ist. Dann ist man da. Bei der Kaje ist der Hafenschlauch 25 bis 30 Meter breit.

Ein unbekannter Sielplatz mit Sportbooten darin ist zwischen Neufeld und Friedrichs-koog in der Nähe des Bullenloches. Eine Prickenreihe führt hin. Zu dumm, daß die Tide es mir nicht erlaubte, ihn auszukundschaften.

Friedrichskoog   (Plan S. 184, 191, 205)

Das ist ein etwa 800 Meter langer Sielhafen mit mehr als 60 großen Krabbenfischer-Booten. Der Hafen liegt ja so günstig: das große Wattengebiet nördlich der Elbe ist direkt „vor der Tür". Sehr früh laufen die Fischerboote aus. Mit steigendem Wasser kommen sie zwischen Mittag und Spätnachmittag wieder ein. — Für Sportboote auf der Wattfahrt von der Elbe nach Büsum ist Friedrichskoog eine wichtige Zwischen-station. Es kann von Schiffen mit mehr als 2 Meter Tiefgang um Hochwasserzeit ange-laufen werden. Mit 1,2 bis 1,5 Meter Tiefgang kann man etwa 2 bis 3 Stunden nach Niedrigwasser herein. Drinnen bleibt bei N.W. (je nachdem, wann gebaggert wurde) 1 bis ½ Meter Wasser stehen. Der mittlere Tidenhub ist 3,1 Meter). Der Hafen hat ein Sturmflutschutztor, das bei Wasserständen etwa ½ Meter über mittleren Hochwasser geschlossen wird.

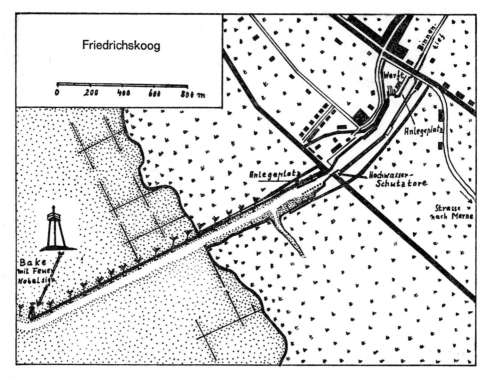

D i e Z u f a h r t bildet eine 1,5 Kilometer lange Wattrinne (Plan S. 184, 204 und 205). Ein Leitdamm ist an der Nordseite. Sein Kopf trägt eine 7 Meter hohe, dreibeinige Bake mit fest weißem Feuer von 6 sm Sichtweite für ein Sportboot. Dort werden auch **Nebelsignale gegeben** (● ● — ● , alle 30 Sekunden). — An der Nordseite der Rinne stehen Pricken. Direkt vor dem Hochwasserschutztor ist an der Nordseite ein 80 Meter langer A n l a g e s t e g . Da kann man liegen, sieht aber nichts vom Hafen. Jedenfalls macht man dort fest, wenn bei hoher Tide die Hafentore geschlossen sind.

D e r I n n e n h a f e n hat an beiden Seiten 600 Meter lang Kajen oder Böschungen. Die sind ab Nachmittag mit Fischerbooten dicht belegt. Am besten macht man an der Backbordseite in der Nähe der Werft fest. Da ist ein 100 Meter langer S c h w i m m - s t e g , der den einheimischen Yachten gehört. Man findet aber auch immer Fischerfahrzeuge, die nicht auslaufen (das sind z. B. solche, die keine Netze aufgeriggt haben). An denen kann man längsseits festmachen. — Dieselöl und Trinkwasser im innersten Hafenteil dicht vor dem Siel.
Kran, Werft, Schlipp, Einkaufsmöglichkeit, Treibstoff. Der Hafen ist als Granatfischerhafen typisch wie wenige andere. Freilich ist er keine Marina. Es gibt frische Krabben, Räucheraal und für ein durchreisendes Sportboot ganz gewiß immer auch genug Liegeplatz.

Z u m A n l a u f e n durch die verschiedenen Wattrinnen siehe Seite 198 f.

Büsum   (Plan S. 157, 182, 186, 188, 191)

D e r O r t Büsum mit 6000 Bewohnern hat sich von einer stillen, etwas verträumten Stadt zu einem menschenreichen Seebad gewandelt. Es gibt zwar noch jenen kleinen Platz bei Kirche und Rathaus, wo in den dichten Baumkronen die Spatzen ihr Spatzengezänk halten. Es gibt auch noch den netten rot-weißen Leuchtturm aus dem Märchenbuch. Auch die kleine Kutterwerft ist noch da, wo man die Wirbelsäule, die Rippen und hier und da auch schon die mit Haut bedeckten Körper werdender Fischkutter wachsen sieht. Da wohnt man gewissermaßen ihrem embryonalen Vorleben bei, ehe sie geboren dann im Wasser ihr eigentliches Dasein beginnen. Doch es war kein Kutter in Bau. Fischerboote sind derzeit weniger gefragt. Und mehr und mehr wird das typische Büsum aufgezehrt vom Einheitstrubel des Seebades von heute.
Büsum ist noch immer der bedeutende und an Kuttern reiche Fischerhafen. Garnelen und Schollen sind die Beute. Es hat über 1 Kilometer benutzbare Kaje, und für ein Boot auf Wanderfahrt wird es immer ein nicht auslaufendes Schiff geben, an dem man längsseits festmachen kann.

Der Hafen von Büsum ist ein geräumiger Tidehafen mit vier Becken (Plan). Eine Hochwasserschutzschleuse ist in der Hafeneinfahrt, wird aber nur bei Hochwasser $1/2$ Meter über normal geschlossen. Bei Niedrigwasser können Schiffe bis 3 Meter Tiefgang einlaufen.

D i e E i n f a h r t liegt zwischen zwei 250 Meter langen hohen Molen. Ständig laufen Fischer ein oder aus. Man muß einen langen W a r n u n g s t o n geben, ehe man zwischen die Molen eindreht. Die vor den Molenköpfen quer laufende Strömung muß sehr respektiert werden.

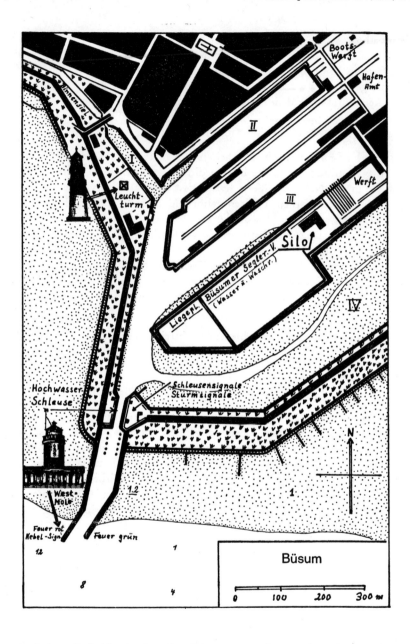

Ist man zwischen die beiden Molen eingefahren, so muß man als nächstes auf die E i n -
f a h r t s i g n a l e zum Hafen achten. Es ist nicht gestattet, daß in der ziemlich schmalen Hochwasserschleuse Fahrzeuge aneinander vorbeifahren. Wird über dem Schleusentor rotes Licht gezeigt, so muß man zwei lange Töne geben. Bleibt es rot, so will erst
ein anderes Fahrzeug auslaufen. Dann nimmt man die Fahrt aus dem Schiff. Wenn
nötig, kann man an den Pfählen festmachen. Gewöhnlich wird aber gleich nach dem
Auslaufen des anderen Fahrzeuges Grün gezeigt, und man kann einlaufen. — In der
Schleusendurchfahrt kann bei mittlerem Wasserstand kräftige Strömung stehen.

Im Hafengebiet fallen Becken I und IV trocken. In Becken II und III sind bei NW. meistens 2,5 Meter Wassertiefe. Ich bin aber da an manchen Stellen nahe der Kaje auch schon trockengefallen oder jedenfalls nahezu. Ich habe diese Stellen als trockenfallend eingezeichnet. Sind sie gerade wieder tief gebaggert, dann um so besser.

Yachtliegeplätze des Büsumer Seglervereins sind an der Südseite des Hafenbeckens III. Wasserhahn, Toilette, Waschraum, doch selten freier Liegeplatz. — Mit einer Yacht auf Wanderfahrt würde ich mir im Becken II einen Platz längsseits an einem nicht auslaufenden Fischer oder anderen Schiff suchen. An der Nordseite ist es näher zur Stadt. — Mit einer sehr großen und tiefgehenden Yacht würde ich an die Nordseite des Beckens III gehen.
Es gibt eine Werft für Holzboote und eine für eiserne Schiffe. Die und auch der Seglerverein haben ein Schlipp. Schiffsausrüstung ist da. Aber man muß wissen, daß Büsum im wesentlichen Fischerhafen und kein Yachthafen ist. Treibstoff und Kräne. Sturmwarnungen. Bei Nebel wird auf der Westmole alle 30 Sekunden das Schallsignal ▬ • gegeben. Der Tidenhub zur Springzeit ist 3,5 Meter, zur Nippzeit 2,7 Meter. Landmarken sind außer dem rot-weißen Leuchtturm der hohe Silo im Hafen und vor allem ein unglaubliches, etwa 25 Stockwerk hohes Hochhaus etwa 1 Kilometer westlich vom Leuchtturm.

Meldorfer Hafen   (Plan S. 187, 188, 157)

Der kleine stille Meldorfer Hafen liegt ganz im Innern der Meldorfer Bucht und damit sehr aus dem Weg. Leider hat er alle Aussicht, mit Fertigstellung des geplanten neuen Deiches in Vergessenheit zu fallen zugunsten eines neuen Hafens im neuen Deich.

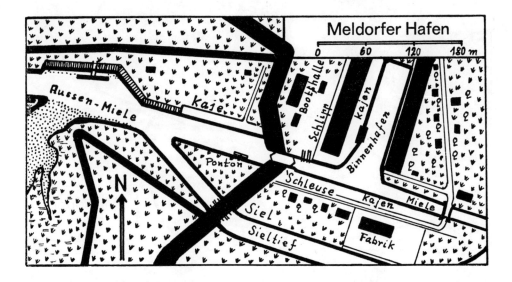

Meldorfer Hafen ist im Ostzipfel der Meldorfer Bucht in der Mündung des kleinen Flüßchens Miele. 1½ Seemeilen tief liegt er im Grünland (Plan). Wo der Deich den Fluß kreuzt, ist eine Schleuse. Sie trennt Innenhafen und Außenhafen. Im Innenhafen

187

ist eine brummende und Dampf zischende Papierfabrik. Doch seit die ihren Rohstoff statt per Schiff über Landstraße bekommt, ist der Innenhafen verfallen. Für eine Fahrtenyacht kann man ihn streichen. Um ein Boot sicher unterzubringen, mag er taugen.

Der Außenhafen ist ein 50 Meter breiter Hafenschlauch. Ein nicht nutzbarer Nebenarm zweigt vor dem Deich zu einem Siel ab. Im Hauptarm liegen vor der Schleuse rechts die Schwimmstege des Meldorfer Seglervereins. Links ist eine 150 Meter lange Kaje. An beiden kann man liegen. Die Tiefe ist bei N.W. etwa 1 Meter, der Grund weicher Mud. Mittlerer Tidenhub 3,2 Meter.

Überfüllt war es bei meinem letzten Besuch (1973) mit etwa 30 Yachten nicht. — In dem ganz kleinen Hafenort ist ein Restaurant. Doch lockt ja 2 Kilometer landein die sehr bemerkenswerte Stadt Meldorf.

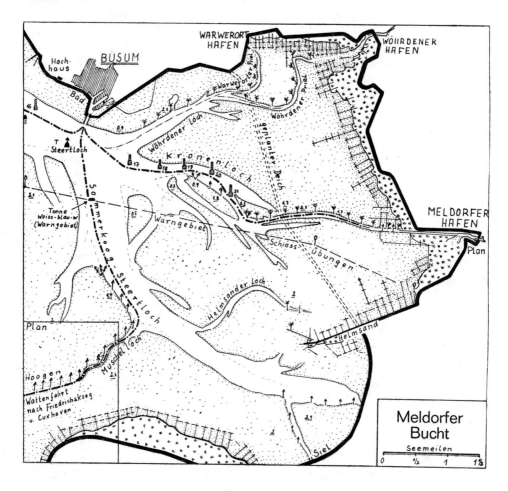

Anlaufen kann man Meldorf von See direkt oder von Büsum. Der Plan auf Seite 198 gibt eine Orientierung. — Von Büsums Molenköpfen habe ich die knapp 1 Seemeile südost liegende rote Tonne 17 angelaufen. Das ist die erste Tonne im Kronenloch. Dies ist mit roten Tonnen an seiner Nordseite und vereinzelten Pricken Besen abwärts

an der Südseite bezeichnet. Kronenloch hat einen recht steilen Rand an der Nordseite.
— Hinter der letzten Tonne 21 setzt sich die Bezeichnung der Nordseite mit Pricken
fort. Später soll hier einmal der neue Deich sein. — Je weiter ich ostwärts zum Grünland komme, desto flacher wird es. Schließlich ist bei N.W. nur noch 1/2 bis 1/4 Meter
Wasser. Mit tiefgehender Yacht kann man also erst 2 bis 3 Stunden nach N.W. einlaufen.
Befeuerung gibt es nicht. Leuchtturm Büsum und Riesenhochhaus in Linie geben eine
ganz nützliche Standlinie ab. — Mit Veränderungen durch Deichbau muß man rechnen.

Stadt Meldorf liegt 2 Kilometer landein vom Hafen. Doch soll man den Weg nicht
scheuen. Das alte Meldorf ist sehr typisch. Man spürt den Abglanz der Zeit, da es
Hauptstadt der freien Dithmarscher Bauernrepublik war. Nach 1447 ist dann Heide
Hauptort geworden.

Meldorf liegt auf dem ersten Geesthügel, der sich aus flachem Marschland erhebt. Inmitten sehr alter Häuser ist auf der Hügelkuppe ein großer Marktplatz. Da steht der
„Dom der Dithmarscher", eine sehr große Kirche aus dem 13. Jahrhundert.
Der Name „Dom" ist ja sonst Bischofssitzen vorbehalten. Man meint, daß er sich
aus der Zeit herleitet, als Meldorf um 1060 für die Dithmarscher Bauernrepublik
Bischofssitz werden sollte. — Deckenmalerei und Schnitzwerk der Kirche gehören zu
den Sehenswürdigkeiten in Schleswig-Holstein. Wahrscheinlich steht die Kirche auf dem
gleichen Platz, wo 814 oder 824 eine Holzkirche errichtet wurde, eine der ersten
christlichen Kirchen im holsteinischen Raum überhaupt.
Liegt man in Meldorf eingeweht, so mag der Schiffer mit seiner Crew einen Fußmarsch
zu dem Ringwall der Marienburg aus dem frühen Mittelalter machen. Natürlich wird
jemand dann maulen und sagen: „Das gibt es auch auf Insel Föhr". Und so wird der
Schiffer sich dann kaum noch trauen, im Wald nach dem Bronzezeitgrab zu suchen.
Aber dann sollte er halt ein anderes Zeitalter aufsuchen und seine Crew zur „Dusend-
düwelswarf" führen. Das ist von Meldorf aus die Landstraße nach Heide 4 Kilometer,
dann hart backbord, etwa 3 Kabellängen weit. Bei der Warft der Tausend Teufel haben
die Dithmarscher Bauern nach tagelangem Regen (das kennen wir ja) das glänzend aus-
gerüstete Ritterheer des Dänenkönigs Johann, das da auf dem verschlammten Deich
weit auseinandergezogen entlangkam, so gut wie völlig vernichtet. Als „Schlacht bei
Hemmingstedt" haben wir es in der Schule „gehabt".

Wöhrdener Hafen, kleiner Handelshafen der Segelschiffszeit, liegt im Nordzipfel der
Meldorfer Bucht tief hinter Lahnungen (Plan Seite 188). Man erreicht ihn durch Wöhr-
dener Priel (Pricken an Backbord). Natürlich findet man drinnen nichts „Besonderes".
Doch gerade um solcher Entdeckungsreisen willen macht Seefahrt mir Spaß.

Warwerort Hafen, dicht östlich von Büsum, ist ein von Lahnungen sehr gut geschütztes
Siel mit einer Steinkaje von 15 und anderer von 25 Meter Länge. An den Kajen bleiben
1 bis 1/2 Meter Wasser stehen. Doch da die Kajen eine Unterwasserstufe haben, würde
ich das Boot mit einer Querleine auf Abstand halten. Es gibt noch eine längere, trockenfallende Holzkaje, vor der kleinere Boote vor Heckanker liegen. Beim Einlaufen bleibt
Stange mit Andreaskreuz Steuerbord. — Der Mikrohafen taugt nur für kleine und
mittelgroße Yachten, hat deshalb noch genug Platz. — Das kleine Dorf Warwerort hat
etwas stillen Badebetrieb. Restaurant und Kaufladen direkt hinter dem Deich.

Hirtenstall, in Luftlinie 3 sm nordwestlich von Büsum auf hohem Watt (Plan S. 191) ist wirklich das Ende der Welt. Kein Baum, kein Strauch, keine Menschenseele. Tief zwischen Deichen läuft eine Schlickrinne zu drei sehr mageren Sielen. Das ist alles. Ein Auto mit aufgeschultertem Kajak traf ich. — Wollte ich mich hier einnisten, würde ich mir eine Planke und 4 Pfähle mitnehmen. Gut geschützt ist es.

Geplante Häfen sind in dem Deich über der Meldorfer Bucht. Lassen wir uns überraschen.

B. Zufahrten von See und die Fahrwasser

Die Norderelbe, die Süderpiep und die Norderpiep sind die großen Einlässe von See in dieses Revier. Die Norderelbe teilt sich in mehrere große Priele auf. Die bilden den Übergang zu den Wattenfahrwassern. — Die Seemündung der drei großen Seegaten ist schwieriges und manchmal gefährliches Gebiet. Nur seefeste Boote sollen sie befahren. Was über die Ansteuerung von Seegaten auf Seite 283 gesagt wird, gilt auch hier.

Landmarken: Kommt man von See, so sieht man am ehesten die Baken auf T r i s c h e n , auf T e r t i u s s a n d oder B l a u o r t s a n d (Skizze S. 182). Es muß aber klares Wetter sein, wenn man sie erkennen soll, e h e man die Ansteuerungstonnen passiert hat. Dichter unter Land sind der G e t r e i d e s i l o und noch mehr das neue H o c h h a u s bei B ü s u m sehr auffällig. Beide sind sehr weit zu sehen und können bei klarem Wetter von der Elbe bis in die Eider hinein ein nützlicher Orientierungspunkt sein. Auch der L e u c h t t u r m v o n B ü s u m ist gut zu erkennen. Schließlich sind nachts an Land noch Lichter und Feuer der Ö l r a f f i n e r i e bei Meldorf zu sehen. — Von See einlaufend, m u ß man aber die Ansteuerungstonnen auffinden und darf sich nicht auf Landmarken verlassen.

Die Norderelbe   (Plan S. 180 und S. 191)

Das ist ein sehr breites und tiefes Seegat, das nördlich vom Großen Vogelsand und vom Gelbsand etwa parallel zum Hauptfahrwasser der Elbe nach Osten führt. Nördlich vom Gelbsand verzweigt die Norderelbe sich: Nach Süden zu stellt das Z e h n e r l o c h eine Verbindung zum Hauptfahrwasser der Elbe her. Nach Nordosten zu führen N e u - f a h r w a s s e r und das G r o ß p u t e n g a t in die Wattengebiete vor dem Hafen Friedrichskoog. Nach Norden geht B u s c h s a n d - F a h r w a s s e r ab und macht kurze Verbindung in die Süderpiep nach Büsum.

D e r S e e g a n g ist in der Norderelbe bei auflandigem Wind genauso unfreundlich und bei Sturm gefährlich wie im Hauptfahrwasser der Elbe. Es kommt erschwerend hinzu, daß die Norderelbe durch die spärliche Betonnung und das Fehlen von Schiffsverkehr navigationsmäßig schwieriger ist. Vor allem von See einlaufend muß man seiner Position zuverlässig sicher sein. Die S t r ö m u n g e n sind etwa 2,5 Knoten bei Springzeit und bis 2 Knoten bei Nippzeit. Sie sind schwächer als auf der Elbe. — Auf der Fahrt nach Norden kann die Wegersparnis erheblich sein. Doch mit einem nicht voll seefesten Boot würde ich durch die Wattfahrwasser laufen oder bei gutem Wetter den Weg durch das Zehnerloch und Großputengat nehmen (siehe unten). Auf Veränderun-

gen dieser Fahrwasser und damit der Betonnung muß man gefaßt sein. Für die N a c h t -
f a h r t liegen an den Krümmungen des Fahrwassers in seinem inneren Teil einige
Leuchttonnen aus. Ich könnte mich aber nur unter günstigsten Bedingungen von Wetter
und Tide zur Nachtfahrt entschließen.

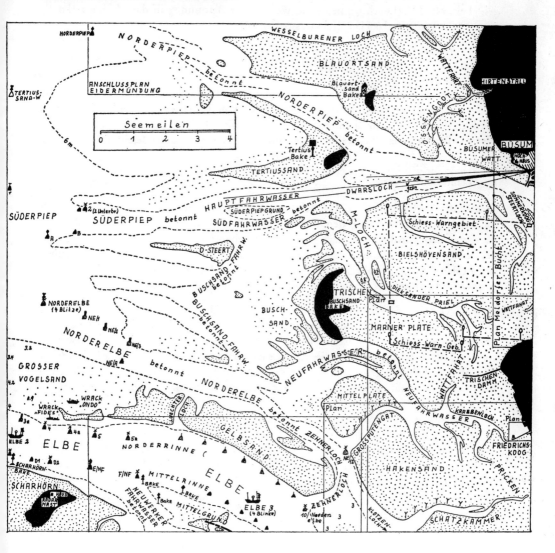

B e t o n n u n g : Ansteuerungstonne ist die rote Leuchttonne „Norderelbe" mit Stundenglas-Toppzeichen (Plan S. 157, 191). Sie gibt eine Gruppe von 4 Blitzen. Ihre Position
ist etwa 4 Seemeilen nordwärts vom Feuerschiff „Elbe 2" und etwa 1½ Seemeilen
nordwärts vom Nordrand des Großen Vogelsandes. — Die Fahrwassertonnen beginnen etwa 1 Seemeile OSO von der Ansteuerungstonne. Sie sind mit „NE" bezeichnet.
Im Außenteil der Norderelbe überwiegen rote Tonnen an der Nordseite, im inneren
Teil liegt streckenweise beidseitige Betonnung. Die Distanz von Tonne zu Tonne ist
selten größer als 1 Seemeile.

Abzweigungen mit Fahrwasserteilungstonnen beginnen 8 Seemeilen landein von der Ansteuerungstonne. Bei „NE/8" zweigt nach Norden ab das B u s c h s a n d - F a h r - w a s s e r, bei „NE/9" (Leuchttonne) nach Nordosten N e u f a h r w a s s e r, bei „NE/12" (Leuchttonne) nach Nordosten das G r o ß p u t e n g a t. Die Norderelbe geht bei „NE/14" (Leuchttonne) ohne Wechsel der Betonnung in das Z e h n e r l o c h über. Das mündet in das Hauptfahrwasser der Elbe.

Die Nebenarme der Norderelbe

Die Norderelbe teilt sich in verschiedene Fahrwasser auf. Jedes dieser Fahrwasser ist Bestandteil und Teilstrecke des reichen Netzes von Fahrtrouten, welche das Gebiet nördlich der Elbe durchziehen. So beschreibe ich diese Fahrwasser hier ausführlich und verweise bei der Zusammenstellung der Fahrtrouten dann auf diese Beschreibung.

Das Zehnerloch   (Plan S. 191, 171)

Das ist die Verbindung vom Hauptfahrwasser der Elbe zur Norderelbe. Es ist somit die wichtigste Zufahrt zu all den Wattfahrwassern und Küstenfahrwassern nördlich der Elbe, also auch für die Fahrt nach Büsum. Das Zehnerloch ist tief (derzeit über 6 Meter bei N.W.) und gut betonnt. Doch Lage, Tiefe und Betonnung des Zehnerlochs haben sich in den letzten 15 Jahren mehrfach verändert und werden es wohl auch weiterhin tun. — Ich beschreibe es aus der Elbe heraus in Richtung nach Norden.

D i e T o n n e n des Zehnerlochs haben die Buchstaben „NE", denn die Betonnung geht in die der Norderelbe über. Im Hauptfahrwasser der Elbe bin ich von Cuxhaven am östlichen roten Tonnenstrich der Elbe entlang nordwärts gefahren. Fahrwasser- tonne 10 der Elbbetonnung ist die A n s t e u e r u n g s t o n n e des Zehnerlochs (daher sein Name). Fahrwassertonne 10 trägt die Aufschrift „10/Norderelbe". Von dort bin ich Nordnordostkurs gelaufen (an Stromversetzung denken). ³/₄ Seemeile entfernt sah ich Tonne NE/16, die erste Tonne des Zehnerlochs. Dicht ausgelegte rote Spierentonnen schlossen sich nordostwärts, später nordwärts an. — Zwischen NE/16 und NE/13 ist das Zehnerloch etwa 300 Meter breit. An der Nordseite liegt das trockenfallende Watt G e l b s a n d; an der Südseite kann man derzeit über den Tonnenstrich hinaus- kreuzen. Da die Meeresgötter es eingerichtet haben, daß im Zehnerloch fast immer nach Südwesten setzende Strömung läuft, war ich darüber ganz froh. — Zehnerloch geht in die N o r d e r e l b e über. Dort zweigen ab: bei Tonne NE/12 Großputengat, Tonne NE/9 Neufahrwasser, Tonne NE/8 Buschsandfahrwasser.

N a c h t s möchte ich nach den spärlichen Leuchttonnen im Zehnerloch nur bei ruhigem Wetter fahren.

Neufahrwasser   (Plan S. 191, 205)

Das ist ein fast 10 Seemeilen langer Wattenstrom. Er beginnt in der Norderelbe nörd- lich von Gelbsand. Er endet nach großen Bögen bei Friedrichskoog. Dabei führt er an der Südspitze der Insel Trischen vorbei. Es ist ein wichtiges Fahrwasser für Sportboote (Route D im Plan auf Seite 198). Östlich der Insel Trischen ist der 200 bis 500 Meter breite Wattenstrom vor Nordsee-Seegang geschützt. Seine Mündung in die Norderelbe kann aber bei auflandigem Starkwind oder Sturm über alle Erwartung grob und bei schlechten Tidenverhältnissen dann nahezu unpassierbar sein. Bei auflandigem Starkwind würde ich seinen Westteil meiden und durch das Abkürzungsfahrwasser G r o ß - p u t e n g a t fahren. — Neufahrwasser ist überwiegend sehr tief. Aber bei der Barre am Eingang aus der Norderelbe sind bei N.W. wechselnd meistens nur etwa 1¹/₂ bis 2¹/₂ Meter Wassertiefe. Und bei der Einfahrt F r i e d r i c h s k o o g wird es bei N.W. etwa 1 Meter flach (Einfahrt Friedrichskoog, Seite 205).

B e t o n n u n g   u n d   P r i c k e n : Neufahrwasser ist mit schwarzen Tonnen mit Rauten-Toppzeichen gut und dicht betonnt. Die Tonnenreihe beginnt in der Norderelbe bei der Fahrwasserteilungstonne „NE/9 — Neufahrwasser". Die schwarzen Tonnen werden auf dem Weg in Richtung auf Friedrichskoog an Steuerbord gelassen. Da das Fahrwasser schmal ist, bin ich, wenn ich anliegen konnte, genau von Tonne zu Tonne gefahren. Wo ich kreuzen mußte, habe ich ständig gelotet. Ostwärts von der Insel Trischen sind dann Pricken auf der Wattkante der M a r n e r   P l a t e . Die B u s c h - s a n d - B a k e auf der Insel Trischen ist eine gute Landmarke. Einzelheiten seines Verlaufes und der Lage seiner Mittelgründe ändert Neufahrwasser oft!

N a c h t s reicht die eine Leuchttonne zum Fahren nicht aus. Aber es sind sehr oft Fischerboote nach Friedrichskoog oder von dort zur See unterwegs. So ist es wohl kein Unglück, wenn man von Dunkelheit ö s t l i c h von der Insel Trischen überrascht wird. Westlich von Trischen möchte ich aber ganz gewiß nicht bei Dunkelheit im Neufahrwasser sein.

V e r z w e i g u n g e n : Von Süden tritt das G r o ß p u t e n g a t heran. Nach Norden zweigt das Wattfahrwasser P u t t s c h i p p l o c h ab (S. 205), nach Süden das W a t t - f a h r w a s s e r   n a c h   N e u f e l d (S. 203, 204). Neufahrwasser endet bei der dreibeinigen Leuchtbake des Leitdammes von F r i e d r i c h s k o o g (Seite 182).
Das Fahren in diesem Wattenstrom mit seinen Nebenarmen habe ich in nettester Erinnerung. Ich meine, daß ostwärts der Insel Trischen auch kleine, nicht voll seefeste Boote ein gutes Revier finden.

Das Großputengat   (Plan S. 191, 171, 204, 205)

Das ist eine nur 2¹/₂ Seemeilen lange Wattrinne zwischen dem Hakensand und der Mittelplate. Auf dem Wege von Cuxhaven nach Friedrichskoog oder Büsum erspart es einem die Norderelbe und den seewärtigen Teil von Neufahrwasser. Mit einem kleinen, nicht voll seefesten Boot würde ich wohl immer die Abkürzung durch das Großputengat fahren. Wenn ich eine schwere, tiefgehende Yacht bei schon fallendem Wasser zu führen habe, würde ich dagegen wahrscheinlich den seewärtigen Weg über die Ansteuerungstonne „Neufahrwasser" bevorzugen, obwohl er 6 Seemeilen länger ist.

D i e   W a s s e r t i e f e war bei Niedrigwasser in der tiefen Fahrrinne größer als 1¹/₂ Meter. Etwa 200 Meter breit ist die Rinne zwischen den Watten im Nordteil. In der Mitte und im Südteil ist sie breiter, doch Mittelgründe sind möglich. Sollte man nahe Niedrigwasser festkommen, so ist es in dieser durch hohe Watten geschützten Rinne

wohl niemals ein Unglück. — Ich habe mit meinem 1 Meter tiefgehenden Schiff Großputengat auch bei N.W. ohne Schwierigkeit befahren.

B e z e i c h n u n g : An der Südeinfahrt beginnt es mit der roten Leuchttonne NE/12
im Zehnerloch. Die habe ich an ihrer Westseite gerundet. Nordwärts davon stehen
Pricken. Die bezeichnen die Nordwestseite des Großputengat. Etwa 40 Meter Abstand
habe ich bei N.W. von ihnen gehalten. — Am Nordende bei Einmündung in Neufahrwasser biegt Großputengat auf Ostrichtung. Eine Barre von 1 bis 1½ Meter Wassertiefe bei N.W. liegt an der Einmündung. Neufahrwasser selbst ist dann tief. — Man
kann südostwärts zum Hafen F r i e d r i c h s k o o g oder ostwärts ins P u t t s c h i p p -
l o c h Richtung Büsum fahren (Plan Seite 205).

Buschsand-Fahrwasser   (Plan S. 191, 198)

Das ist ein betonnter Gutwetter-Abkürzungsweg aus der Norderelbe in die Süderpiep
und von da nach Büsum (Route C im Plan). Er führt über die seewärts von Insel
Trischen gelegenen Bänke hinweg. Die Wassertiefe wechselt, ist aber bei N.W. überwiegend 2 bis 3 Meter (nur hinter dem Wattrücken D-Steert waren auch schon nur
1 Meter bei N.W.).

W e t t e r b e d i n g u n g e n : Buschsand-Fahrwasser taugt nicht bei frischem oder stärkerem auflandigem Wind. Es ist ja nach See zu fast ungeschützt. Bei schlechtem Wetter
würde ich es nicht befahren. Und auch bei gutem Wetter würde ich darauf bedacht sein,
möglichst 1 Meter Wasser unter dem Kiel zu haben. Ich würde es ungern bei schlechter
Sicht, ungern bei weniger als halber Tide, bestimmt dann nicht bei fallendem Wasser
und nur mit einem seegehenden Boot befahren. Kurz, es ist mir unsympathisch, wenn
ich auch zugeben muß, daß die Wegeinsparung beträchtlich ist.

B e t o n n u n g : Ansteuerungstonne in der Norderelbe ist die Tonne „NE/8-Busch-
sand". In unregelmäßiger Folge liegen dann schwarze Spitztonnen aus (stets an der
Seeseite) und rote Spierentonnen (an der Landseite). Alle Tonnen tragen vor der sonstigen Bezeichnung den Buchstaben B.

V e r l a u f : Buschsand-Fahrwasser führt von der Ansteuerungstonne in der Norder-
elbe zuerst etwa 3 Seemeilen nordwest (bis Tonne B/3), dann 1 Seemeile nord (bis
Tonne B/2), danach etwa nordost, später nord. Dabei zieht es an der Ostseite des
trockenfallenden Sandes D-Steert vorbei. Dort ist bei der Tonne B/A die flachste Stelle.
1973 hatte sie bei N.W. nur etwa 1,2 Meter Wasser, d i c h t an der schwarzen Tonne
B/A ist es am tiefsten. — Das Fahrwasser endet bei der Ansteuerungstonne „SF/B-
Buschsand" im Südfahrwasser der S ü d e r p i e p . — Die Betonnung von Buschsand-
Fahrwasser wird zuweilen etwas verlegt. Die Strömung setzt fast überall quer.

Die Süderpiep   (Plan S. 180, 191, 157)

Das ist ein wichtiges, großes Seegat. Es führt zwischen Insel Trischen und Tertiussand
hindurch 16 Seemeilen lang auf Büsum zu. Das Fahrwasser ist im äußeren Teil etwa
1 Seemeile, innen oft weniger als ½ Seemeile breit. — Die Süderpiep ist eine der sehr
wenigen Zufahrten von der Nordsee, die keine Barre hat, sondern im Außenteil überall
tiefes Wasser. So ist sie eine wichtige Schlechtwetter-Einfahrt. Allerdings ist sie bei
dickem Wetter viel schwieriger anzusteuern als die Elbe.

Die Süderpiep ist beidseitig betonnt und auch befeuert. Die Nachtfahrt hat mir bei klarem Wetter nie Schwierigkeiten gemacht. Bei schlechtem Wetter stelle ich mir jedoch die Nachtfahrt im Außenteil heikel vor.

Betonnung: Als „Ansteuerungstonnen" sind 3 Tonnen zu beschreiben. Komme ich von Süden, so würde ich die innerste der drei, die schwarze Fahrwassertonne A anlaufen. Komme ich von Norden, so würde ich die erste rote Fahrwassertonne 1 ansteuern. Die eigentliche „Ansteuerungstonne", die sehr weit auf See liegt, würde ich nur auf dem Wege von Helgoland anlaufen. — Derzeitige L a g e d i e s e r T o n n e n : Die Ansteuerungstonne „Süderpiep" liegt weit auf See, nämlich 13 sm westlich von Tertiussand. Es ist eine rote Heultonne und Leuchttonne (2 Blitze alle 9 Sek.) mit einer roten Spierentonne als Ortstonne nahebei. — Die erste r o t e Fahrwassertonne ist eine Bakentonne mit „T" als Toppzeichen und der Aufschrift 1. Sie liegt 2,5 Seemeilen OSO von der Ansteuerungstonne. Sie ist 2,5 Seemeilen vor die anschließende Reihe roter Fahrwassertonnen seewärts vorgezogen. — Die erste s c h w a r z e Fahrwassertonne ist wohl am besten beschrieben, wenn man sagt, daß sie 2 Seemeilen nördlich der Leuchttonne „Norderelbe" liegt. Denn von dieser geht man meistens aus, wenn man von der Elbe her in die Süderpiep einläuft.

Fahrwasser: Ein Mittelgrund liegt in der Süderpiep. Außerdem gibt es ein flaches Gebiet dort, wo Süderpiep und Norderpiep zusammenfließen:

S ü d e r p i e p g r u n d : Er liegt südlich von Tertiussand. Bei Niedrigwasser ist es an den flachsten Stellen 1/2 Meter tief. Zwei Fahrwasser sind da betonnt: D a s H a u p t - f a h r w a s s e r führt an der Nordseite von Süderpiepgrund. Die Betonnung läuft ohne Unterbrechung durch. Es ist befeuert, doch die Fischer laufen bei Tage lieber im Süd- fahrwasser. — D a s S ü d f a h r w a s s e r ist beidseits betonnt, doch nicht befeuert. Die Tonnen tragen die Bezeichnung „SF". Aus dem Südfahrwasser zweigt das Busch- sand-Fahrwasser ab. — F a h r w a s s e r t e i l u n g s t o n n e n : Die seewärtige ist die rot-schwarze Bakentonne „F/Süderpiepgrund" mit Ball und Kegel. — Die landwärtige liegt südlich von Tertiussand-Bake. Sie trägt Ball und Raute und als Aufschrift „L/Sü- derpiepgrund".

Ein d i r e k t e r W e g von der Süderpiep zur Norderpiep ist derzeit von Tonne 10 der Süderpiep in Ostnordost-Richtung zur 2 Seemeilen entfernten Tonne N/N der Norderpiep auch bei Niedrigwasser befahrbar.

B a n k ö s t l i c h T e r t i u s s a n d : Da hat sich zwischen Süderpiep und Norderpiep ein Sand aufgebaut, der bei Niedrigwasser sogar stellenweise trockenfällt. Fährt man in den betonnten Fahrwassern, so stört er einen nicht. Die Süderpiep wird betonnt an seiner Südseite vorbeigeführt. Dieser Teil des Fahrwassers wird D w a r s l o c h ge- nannt. An der Nordseite läuft die betonnte Norderpiep. Bei Tonne „13/Norderpiep" endet der Sand und man kann frei zur Norderpiep wechseln. Diese Region ist recht veränderlich. — 4 Seemeilen weiter ostwärts liegen die Molen von B ü s u m .

N a c h t s ist das Einlaufen in die Süderpiep bei guter Sichtigkeit und handigem Wetter nicht besonders schwer. — Im Außenteil muß man nach den Leuchttonnen fahren. Die sind etwa 3 Seemeilen voneinander entfernt. — Südwestlich von Tertiussand faßt man den Leitsektor von Büsum-Leuchtturm auf. Das ist ein Feuer mit 2 Unterbrechungen alle 15 Sekunden. Der Leitsektor ist weiß; rot begrenzt nach Norden, grün nach Süden. — Im Dwarsloch führt der Leitsektor über flache Teile des Mittelgrundes. Da muß man 2 Seemeilen lang bei weniger als halber Tide von Tonne 12 ab (4 Blitze) auf der Grenze zwischen grünem und weißem Sektor fahren (Änderungen sind möglich). — Zwei Seemeilen vor Büsums Molen passiert man Leuchttonne R (Blitz). Von dort ab oder kurz danach verläßt man den Leitsektor und hält direkt auf die Molenfeuer von Büsum zu (rot und grün, jedes mit 2 Unterbrechungen).

Gezeitenstrom: Im Außenteil der Süderpiep ist die volle Geschwindigkeit des einlaufenden Stromes etwa 2,3 (1,7) Knoten, die des auslaufenden 2,8 (2,4) Knoten. Östlich von Tertiussand findet man einlaufend 2,0 (1,4), auslaufend 2,2 (1,6) Knoten als volle Strömungsgeschwindigkeit. Vor den Molen von Büsum sind einlaufend etwa 3 Knoten, auslaufend 2,5 Knoten Strom. Der einlaufende Strom beginnt im A u ß e n t e i l der Süderpiep etwa 45 Minuten v o r N.W. in Büsum und endet in Büsum mit H.W. Der auslaufende Strom fängt bei Büsum erst etwa 30 Minuten n a c h H.W. an und endet im Außenteil etwa bei N.W. Büsum. Die Strömung setzt in Richtung des Fahrwassers. — Auch bei den Ansteuerungstonnen läuft die Strömung im wesentlichen ostwärts und westwärts (das ist beim Fahren von Nord-Süd-Kursen also quer setzender Strom!).

Die Norderpiep   (Plan S. 180, 191, 157, 221)

Dieses große Seegat führt zwischen Tertiussand und Blauortsand auf Büsum zu. Vor Büsum vereinigt es sich mit der Süderpiep. Durch die Norderpiep nimmt man ja meistens seinen Weg, wenn es von Büsum zur Eider oder ins Halligmeer geht.

Die Barre: Innerhalb der Barre ist die Norderpiep tief. Doch auf der Barre sind wechselnd etwa 4 (bis manchmal nur 3) Meter Wassertiefe. Landwärts der Barre läuft die Norderpiep manchmal nur 500 Meter breit zwischen flachen Bänken. Doch ist sie da sehr gut und dicht betonnt. — Auf der Barre ist nahe Niedrigwasser und zumal bei auslaufendem Wasser schon bei mäßig bewegtem Meer tüchtige Grundsee und bei hohem auflandigem Seegang schlicht Brandung. Die Barre erfordert Respekt. — Ich selber hätte mit seegehendem Schiff bei auflandigem Wind bis zu „knappen" 5 Windstärken wohl noch keine Bedenken, die Barre bei jedem Wasserstand zu kreuzen. Bei Windstärke 5 und 6 müßte günstige Tide sein (einlaufend, mindest 2 Stunden nach N.W.). Bei mehr als 6 Windstärken würde ich wohl immer durch die Süderpiep laufen. — Mit nicht voll seefestem Boot bevorzuge ich die Wattfahrt.

Ansteuerungstonne ist eine schwarze Bakentonne mit Rautentoppzeichen und der Aufschrift „Norderpiep". Alle folgenden Fahrwassertonnen tragen, wenn sie an der Südseite liegen, die Aufschrift „N" und den fortlaufenden Buchstaben sowie ein Rautentoppzeichen. An der Nordseite sind rote Spierentonnen „N" mit Nummer. Leuchttonnen gibt es nicht. Die Norderpiep kann man n a c h t s nicht befahren.

Das Fahrwasser der Norderpiep ist recht veränderlich. Derzeit läuft es gerade und unkompliziert, daß es eine Freude ist: die ersten 2 Seemeilen von der Ansteuerungstonne ostwärts, dann mit schwachen Biegungen ostsüdost. Die Tonnen liegen durchweg weniger als 1 Seemeile auseinander. Einlaufend sind Blauortsand-Bake und Tertius-Bake gute Landmarken, später das Hochhaus bei Büsum. — Östlich von Tertiussand vereinigt sich die Norderpiep mit der Süderpiep. Ich würde mich dort an der Nordseite des Fahrwassers am Strich der roten Tonnen halten. — B ü s u m liegt 16 Seemeilen landein von der Ansteuerungstonne und 6 Seemeilen von Tertiussand.

Gezeitenströmung: A u f S e e nordwärts der Tonne „Tertiussand-W" ist die volle Stromstärke einlaufend etwa 1,6 (1,2) Knoten Ost. Der auslaufende Strom setzt etwa 300° mit 1 Knoten. I n d e r N o r d e r p i e p westlich von Tertiussand sind einlaufend 1,7 (1,5), auslaufend aber 2,9 (2,2) Knoten Stromgeschwindigkeit. Z w i s c h e n Büsum und Tertiussand sind einlaufend 2,0 (1,4), auslaufend 2,2 (1,6) Knoten. Der auslaufende Strom endet im Außenteil des Seegates etwa bei N.W. Büsum.

C. Routen nach Norden über See und durchs Watt

Zwei Absprungplätze kommen für die Fahrt aus der Elbe nach Büsum, Eider und Halligmeer infrage: erstens Cuxhaven, zweitens Brunsbüttel (oder Neufeld).

Cuxhaven: Mit einem s e e g e h e n d e n Boot, das m e h r als 1,2 Meter Tiefgang hat, würde ich wohl meist Cuxhaven als Absprungplatz wählen und dann je nach Lust und Wetter eine der Routen laufen, die in der Tabelle unter A bis E aufgeführt sind. — Führt man e i n n i c h t s e e g e h e n d e s B o o t , so muß man wissen, daß es von Cuxhaven aus keine reine Wattfahrt gibt. Mindestens streckenweise läuft man in recht wenig geschützten Gewässern. So würde ich mit einem nicht seegehenden Boot Cuxhaven nur bei guter Wetterlage als Absprunghafen wählen. Und dann auch nur für die Route E und F in der folgenden Tabelle. Mit einigen Bedenken bei Ostwindlage vielleicht auch noch die Route D.

Brunsbüttel oder Neufelder Hafen: Von hier aus führt dicht am holsteinischen Ufer der Elbe reine Wattfahrt in geschützten Gewässern bis zur Eider. Von der Eidermündung aus kann man dann zur Fahrt in das Halligmeer starten.
Kommt man mit seinem Boot die Elbe herunter und will die Wattfahrt machen, dann gibt es keinen Grund, erst nach Cuxhaven zu laufen und sich dem dichten Schiffsverkehr und dem Risiko zu groben Wetters auszusetzen.
Zuerst wird die Gesamtheit der Routen von Cuxhaven besprochen. Danach die Wattfahrt am holsteinischen Ufer.

Fahrtrouten von Cuxhaven nach Büsum

Die Tabelle auf S. 199 gibt eine Übersicht. Am besten studiert man sie gemeinsam mit dem folgenden Plan.

Routen von Cuxhaven nach Büsum über See

Das sind die Routen A, B und C der Tabelle. Die auf diesen Wegen benutzten Fahrwasser sind mit ihrer Betonnung, Tiefe und ihrer Befahrbarkeit alle schon beschrieben worden. So brauchen hier nur noch Stichworte gegeben zu werden. Alle drei Strecken taugen nur für seegehende Fahrzeuge.

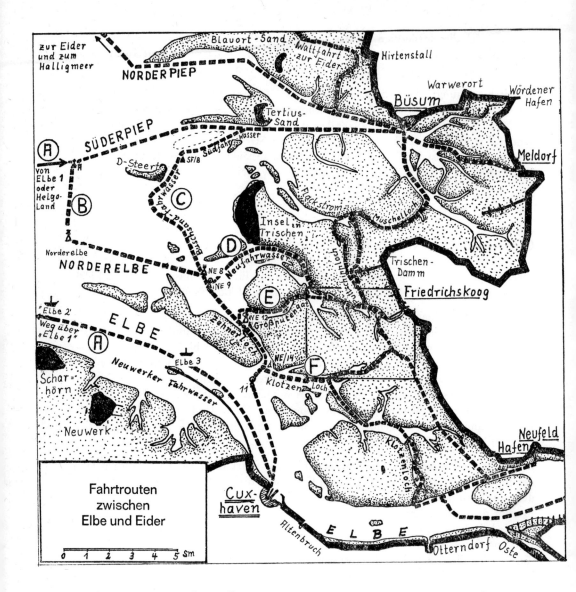

Fahrtrouten
zwischen
Elbe und Eider

Cuxhaven — Büsum über „Elbe 1" (Route A)   (Plan S. 157)

Diese Fahrt wird in ihren drei Hauptabschnitten auf S. 158 f, 170 und 209 besprochen. Sie ist 45 Seemeilen lang. Man sollte sie mit der Tide machen. Man hat überall tiefes Wasser. Wenn einem nicht ein zu kräftiger Nordwest die Freude verdirbt, ist es, mit der Tide gelaufen, eine sehr schöne Reise. Unterwegs darf es auch dunkel werden.

Cuxhaven — Büsum durch die Norderelbe (Route B)   (Plan S. 157, 191)

Die Distanz ist mit 37 Seemeilen etwas kürzer. Die geringsten Wassertiefen sind im Zehnerloch (derzeit über 5 Meter). Falls man aber glaubt, bei Westwind oder Nordwestwind besseres Fahren zu haben als im Hauptfahrwasser der Elbe auf Route A, so

Route	Weg über	Charakterisierung	Distanz (sm) bis	
			Büsum	Fried-richskoog
A	Elbe (Hauptfahrwasser) — Feuerschiff „Elbe 1" — Süderpiep — Büsum	Seefahrt	45	—
B	Elbe — Zehnerloch — Norderelbe — Süderpiep — Büsum	Seefahrt	37	—
C	Elbe — Zehnerloch — Buschsand-Fahrwasser — Süderpiep — Büsum	Seefahrt in Küsten-fahrwassern	29	—
D	Elbe — Zehnerloch — Tonne „NE/9-Neufahrwasser" — Neufahrwasser — Friedrichskoog oder Wattfahrt nach Büsum	Wattfahrt mit 2 schlecht geschütz-ten Strecken	30	23
E	Elbe — Zehnerloch — Großputen-gat — Friedrichskoog oder Watt-fahrt bis Büsum	Wattfahrt, aber wenig geschützt auf einer Strecke	24	17
F	Elbe — Klotzenloch — Schatz-kammer — Nordergat — Frie-drichskoog oder Wattfahrt bis Büsum	Wattfahrt, aber wenig geschützt auf einer Strecke	24	17

hat man sich gründlich getäuscht. Bei starkem, auflandigem Wind bieten nur die Routen E und F und mit Einschränkung D ruhigeres Wasser. Der Z e i t p l a n sollte sich nach der Tide richten, d. h.: Ablegen in Cuxhaven etwa 1½ Stunden nach H.W.

D e r   W e g : Im Hauptfahrwasser der Elbe nahe dem roten Tonnenstrich bis zum Abzweig des Z e h n e r l o c h s (S. 192). Im Zehnerloch bis in die N o r d e r e l b e (S. 190). Die Norderelbe seewärts bis zur A n s t e u e r u n g s t o n n e   „N o r d e r-e l b e ". Von dort bin ich 2 Seemeilen weit Nordkurs gelaufen bis zur Fahrwassertonne A der S ü d e r p i e p. (Dabei kreuzt man den Ausläufer einer Bank mit etwa 5 bis 6 Meter Wassertiefe bei N.W.) Dann in der Süderpiep (S. 194 f) ostwärts. Vorbei an Tertiussand bis B ü s u m .

Cuxhaven — Büsum durch Buschsand-Fahrwasser (Route C)   (Plan S. 191, 198, 171)

Das ist mit 29 Seemeilen der kürzeste Außenweg (die Wattenwege sind noch kürzer). Diese Route würde ich bestimmt nicht bei schlechtem Wetter fahren. Im Buschsand-Fahrwasser ist an der Stelle mit der geringsten Wassertiefe wechselnd meistens 1 Meter Wasser bei N.W. Ich würde das Buschsand-Fahrwasser bei auflandigem Wasser frühestens ab 2 Stunden nach N.W. und bei ablaufendem Wasser bis längstens 3 Stunden nach H.W. befahren.

D e r W e g : Im Fahrwasser der Elbe bis zum Z e h n e r l o c h wie bei Route B. Dann aber Einlaufen in das B u s c h s a n d - F a h r w a s s e r (Ansteuerungstonnen, Verlauf und Befahrbarkeit S. 194). Buschsand-Fahrwasser mündet in das S ü d f a h r w a s s e r d e r S ü d e r p i e p (S. 195). In der Süderpiep läuft man dann ostwärts bis B ü s u m . — Z e i t p l a n : Einen Vorteil kann man Buschsand-Fahrwasser nicht absprechen: Man kann oft länger ausschlafen. Da man im Buschsand-Fahrwasser doch bei steigendem Wasser fährt, genügt es, etwa 1 Stunde vor N.W. in Cuxhaven abzulegen.

Wattfahrt Cuxhaven—Friedrichskoog—Büsum

Drei Fahrwege stehen zur Verfügung (D, E und F der Tabelle). Alle drei münden in das Wattfahrwasser, das am holsteinischen Ufer der Elbe entlangführt. Nur bis zu dieser Einmündung (das ist meistens dicht vor Friedrichskoog) werden sie hier beschrieben. — Die Fahrt kann in Friedrichskoog enden oder, wenn Tide und Tageslicht es erlauben, nach Büsum fortgesetzt werden. Die Distanzen zu beiden Orten gibt die Tabelle. —

Durch Zehnerloch und Neufahrwasser (Route D)　　　　　　(Plan S. 198, 191, 171)

Dies ist die längste und am wenigsten geschützte der drei Routen. Bis zum Beginn der Wattfahrt nahe Friedrichskoog werden nur recht breite und auch bei N.W. mehr als 2 Meter tiefe Rinnen befahren. Die größere Distanz ist meistens kein Hindernis, da man die Fahrt vernünftigerweise mit Tidenströmung macht und dann bis nahe Friedrichskoog meist mitsetzende Tide hat. Gegen diese Route spricht frischer oder starker westlicher Wind. Dann kann es im seewärtigen Teil vom Zehnerloch und Neufahrwasser sehr grob sein, zumal wenn Strom gegen Wind steht. Mit einem nicht seefesten Boot würde ich diese Route nur mit Bedenken fahren und den anschließend beschriebenen Weg durch das Großputengat vorziehen*).

Z e i t p l a n u n g : Ablegen würde ich in Cuxhaven etwa 2 Stunden vor N.W. (es hängt vom Wetter ab und von der Geschwindigkeit des Bootes). Jedenfalls möchte ich bis kurz nach N.W. die 11 Seemeilen bis zur Fahrwasserteilungstonne „NE/9-Neufahrwasser" zurückgelegt haben. Dann mit auflaufendem Wasser durch das Neufahrwasser. Wenn das Tageslicht reicht, kann die Fahrt über das Watt mit steigender Tide bis Büsum fortgesetztwerden.

D e r W e g : Von Cuxhaven aus würde ich mich am roten Tonnenstrich des Elbfahrwassers halten, bis ich nach etwa 4¹/₂ Seemeilen die Tonne „10/Norderelbe" treffe. Von dort (wie auf S. 192 beschrieben) durch das Z e h n e r l o c h . Im Zehnerloch wird mir streckenweise die Strömung entgegen setzen. Das Zehnerloch verlasse ich nach etwa 6,5 Seemeilen bei der Fahrwasserteilungstonne „NE/9-Neufahrwasser". Von dort fahre ich das Fahrwasser N e u f a h r w a s s e r in Ostrichtung auf Friedrichskoog zu (vergleiche Seite 192 f).

Entweder laufe ich nach F r i e d r i c h s k o o g ein (S. 184) oder mache durch das Wattfahrwasser P u t t s c h i p p l o c h die Wattfahrt nach B ü s u m (S. 206 f).

---

*) Ihr Kanufahrer, die Ihr das reizende Buch von Rittlinger kennt („Amphibische Reise"). Er und das Avekle, die sind diese Route gefahren. Dann kam das Gewitter! Und durch die tolle Brandung hindurch sind sie dann auf Trischen gelandet. Da sieht man es, daß die Route D nicht für kleine Boote taugt. — Wer aber die „Amphibische Reise" noch nicht kennt, der soll sie sich rasch besorgen.

Durch Großputengat nach Friedrichskoog oder Büsum (Route E)
(Plan S. 198, 171, 191, 205, 188)

Es ist fast der gleiche Weg wie Route D, doch mit dem wichtigen Unterschied, daß die seewärtigen Teile vom Zehnerloch und vom Neufahrwasser durch den Abkürzungsweg Großputengat gespart werden. Bei kräftigem Nordwestwind macht das einen Unterschied wie Tag und Nacht. Mit einem nicht seefesten Boot würde ich von Cuxhaven aus vor allen anderen Routen am liebsten die durch das Großputengat fahren, um in die Wattfahrwasser am holsteinischen Ufer hineinzuschlüpfen. — Das kaum 3 Seemeilen lange Großputengat ist auf Seite 193 ausführlich beschrieben.

D e r W e g : Am roten Tonnenstrich der Elbe bis zur Tonne „10/Norderelbe". Von da in das Z e h n e r l o c h . Im Zehnerloch bin ich aber nur etwa 3½ Seemeilen weit gefahren bis zur Tonne NE/12. Die habe ich Steuerbord gelassen und bin auf die 500 Meter nordwärts davon beginnenden Pricken des G r o ß p u t e n g a t zugefahren. Die Pricken habe ich auf der Fahrt nach Friedrichskoog oder Büsum auf der Backbordseite gelassen, war Niedrigwasserzeit, in etwa 40 Meter Distanz. Nach 2½ Seemeilen Fahrt im Großputengat in Nordostrichtung fand ich mich im N e u f a h r w a s s e r . Je nach Lust, steigender Tide und genug Tageslicht ging es durch das Puttschipploch nach Büsum weiter. Sonst zu den Räucheraalen nach Friedrichskoog.

Z e i t p l a n u n g : Ich würde in Cuxhaven so ablegen, daß ich die Abzweigung des Großputengates bei Niedrigwasser erreicht habe. Da paßt es mit der Strömung am besten, und kleine Boote haben zwischen den trockengefallenen Watten ruhiges Wasser. 8 Seemeilen sind von Cuxhaven bis zum Abzweig des Großputengates zu fahren. Überwiegend setzt die Strömung mit, nur im Zehnerloch läuft sie oft ein Stück weit entgegen. Je nach der Art des Bootes wird also 1½ oder 2 Stunden vor N.W. die Zeit sein, in Cuxhaven die Leinen loszuwerfen.

Durch das Klotzenloch nach Friedrichskoog (Route F)   (Plan S. 204)

Knapp 9 Seemeilen lang ist die Fahrt von Cuxhaven nach Friedrichskoog, wenn man mit f l a c h g e h e n d e m Boot nahe Hochwasserzeit i n L u f t l i n i e quer über Fahrwasser und Watten fährt. Bei ruhigem Wetter kann man das machen. Bei westlichem oder nordwestlichem Wind würde ich es mir gründlich überlegen, denn über den langen Anlaufweg des Elbstromes kommt oft sehr tüchtiger Seegang an, der über Spitzsand und der Westkante von Medemsand zu brechender oder gar brandender See aufläuft. — Mit einem Boot von Tiefgang würde ich mich in das unberechenbare veränderliche und Seegang ausgesetzte Gebiet der Spitzsände und des Klotzenloches ungern hineinbegeben. Einmal bin ich dort gefahren und habe auf der großen unbezeichneten Wasserfläche mit ihren seltsamen Strömungsflecken ein höchst unheimliches Gefühl gehabt.

Bei starkem Nordwest- oder Westwind   (Plan S. 204, 145)

Da steht man nun mit einem nicht voll seefesten Boot in Cuxhaven, will nach Friedrichskoog oder Büsum und kann nicht fahren, weil das Hauptfahrwasser der Elbe zu grob ist. Was tun?
Ich fahre „durch die Hintertür" wie folgt: Elbaufwärts bis nahe Neufeld, dann Wattfahrt. Sobald das Wasser bei Cuxhaven kräftig einläuft, also etwa 2½ Stunden nach

N.W., fahre ich im Elbe-Hauptfahrwasser flußaufwärts. Dann kommen Strömung, See-gang und Wind von achtern. Die Wellen sind lang und brechen selten. Ostwärts vom Medemgrund fädele ich mich im Schutze von Neufelder Watt in die Neufelder Rinne ein. Aus der Neufelder Rinne beginne ich (mutmaßlich 1½ Stunden vor Hochwasser) die Wattfahrt. Da bei starkem Nordwest die Tide hoch aufläuft, habe ich auf dem Watt Wasser genug. Das sind bis Friedrichskoog 20 Seemeilen Fahrt und ist besser, als in Cuxhaven gammelnd abzuwarten, daß der Westwind enden möge. — Frischt es auf der Elbe stärker auf, als ich voraussah, laufe ich in die Oste oder nach Neufelder Hafen. Und u n t e r   a l l e n   U m s t ä n d e n bin ich aus dem Hauptfahrwasser ver-schwunden, e h e die Strömung kentert und ausläuft. Denn dann wird es dort schlag-artig ungesund.

D. Wattfahrt zwischen Elbe und Eider

Vorbemerkungen, Übersicht über Etappen

Ich finde, es ist viel zu wenig bekannt, daß man in geschützten Wattfahrwassern von der Elbe bis zur Mündung der Eider fahren kann. Der Tiefgang kann bis Büsum 1,2 bis 1,4 Meter sein, zwischen Büsum und der Eider 1 bis 1,2 Meter.

M i t   n i c h t   v o l l   s e e f e s t e m Boot würde ich diese Routen immer bevorzugen. Es erspart einem den dichten Schiffsverkehr im Hauptfahrwasser und das Risiko, durch zu groben Seegang aufgehalten zu werden. Mit nicht voll seefestem Boot würde ich meist schon von Brunsbüttel ab im Wattenschutz der holsteinischen Küste fahren.

M i t   s e e f e s t e m   B o o t würde ich die Wahl der Routen vom Tiefgang und vom Wetter abhängig machen. Mit Schiff von mehr als 1 Meter Tiefgang würde ich bei stetiger Wetterlage oder bei Ostwindlage bis Cuxhaven laufen und dann eine der von dort beschriebenen Routen wählen. Doch bei Starkwind aus West oder Nordwest wäre meine Entscheidung eindeutig für Wattfahrt mit Neufeld, Friedrichskoog oder Büsum als mögliche Etappen.

A n f a h r t : Die Wattfahrt selbst beginnt dicht westlich vom Hafen Neufeld. Man wird sie etwa 2 Stunden vor Hochwasser antreten. So steht einem für die Zufahrt von elbaufwärts gelegenen Häfen die ganze Zeitspanne auslaufenden Wassers zur Anfahrt zur Verfügung. Hamburger Yachthafen bis Friedrichskoog oder Büsum an einem Tage zu fahren, ist keine Illusion.

Wasserstand auf dem Watt: Die mittlere Hochwasserhöhe über Kartennull bei Spring-zeit (Nippzeit in Klammern) ist bei

Cuxhaven	3,1	(2,9) Meter
Scharhörn	3,2	(2,9)
Trischen, Südostseite, Friedrichskoog	3,4	(3,1)
Trischen, Nordostseite	3,6	(3,3)
Büsum und Meldorfer Bucht	3,6	(3,3)
Blauortsand	3,5	(3,2)

Etappen: Für kleinere, langsamere Fahrzeuge kann die Wattfahrt in kleine Etmale zerlegt werden (Tabelle). Diese starke Unterteilung einer Reise ist fast niemals nötig. Doch es ist tröstlich zu wissen, daß ein Unterschlupf nicht weit entfernt ist. Meist wird man an einem Tag zwei oder drei solcher Etappen fahren. — Die durchlaufende Fahrt ist weit kürzer als die Summe der Wege von Hafen zu Hafen.

Ausgangshafen	Zielhafen	Distanz		
		bei Fahrt in den Wattrinnen	für flachgehende Boote	bei durch-laufender Fahrt von Brunsbüttel
Brunsbüttel	Neufelder Hafen	6 sm	6 sm	—
Neufelder Hafen	Friedrichskoog	20 sm	13 sm	17 sm
Friedrichskoog	Büsum	15 sm	11 sm	27 sm
Büsum	Hirtenstall	6 sm	5 sm	32 sm
Hirtenstall	Eidersperrwerk	10 sm	7 sm	40 sm

Schießübungsgebiet: Im Südteil der Meldorfer Bucht und auf einem Wattengebiet östlich der Insel Trischen ist ein Areal für Schießübungen vorgesehen. Sie sind nicht allzuoft. An den Aushängekästen „Nachrichten für Seefahrer" sind die Daten angegeben. Man soll sie sich notieren, denn an Tagen mit Schießübungen darf man sich in dem bezeichneten Gebiet nicht aufhalten. Das kann bei der Wattfahrt von Friedrichskoog nach Büsum zu „Umleitungen" zwingen (Vorschläge Seite 207).

B e z e i c h n u n g des Warngebietes: Es stehen auf dem Watt Stangenbaken mit Kugel. Sie tragen einen blauen Streifen auf weißer Grundfarbe. In den Fahrwassern ist die Grenze durch blau-weiße Tonnen bezeichnet. Ausdehnung des Gebietes siehe Plan Seite 191, 188 und 205.

W a r n u n g e n : Sind Schießübungen vorgesehen, so werden bei den Hochwassertoren der Häfen Friedrichskoog, Büsum und Meldorf gezeigt: bei Tage ein roter Ball mit zwei Kegeln darunter, in der Nacht ein rotes Licht mit zwei weißen darunter.

Neufelder Hafen bis Friedrichskoog   (Plan S. 204)

Knapp 10 Seemeilen lang führt die Fahrt über Watt, und zwar überwiegend nicht durch Rinnen, sondern über das Hohe. Ich denke, daß der Tiefgang bei normalem Hochwasser etwa 1,2 Meter sein kann. Ich nenne anschließend eine Tiefwasserroute nach Friedrichskoog, die man fahren kann, wenn frischer Ostwind einem die „Tide stielt".

Z e i t p l a n : Für die Wattenfahrt muß man sich strikt an die Tide halten. 2 Stunden vor H.W. würde ich sie mit einem Boot von einigem Tiefgang beginnen, 2½ oder 3 Stunden vor H.W. mit flachgehendem Boot.

D e r W e g : Von Brunsbüttel bis vor die Hafeneinfahrt von N e u f e l d wurde die Route schon beschrieben (S. 183, Plan S. 145, 183). Von Neufeld Hafeneinfahrt fahre ich

in der tiefen Neufelder Rinne 2 Seemeilen weit westwärts. Pricken stehen an der Nordseite der Neufelder Rinne. Strömung läuft entgegen. Südwest von der Deichhuk zweigt
aus der Neufelder Rinne eine Prickenreihe nach Nordwesten ab. Sie bezeichnet die
W a t t f a h r t ü b e r N e u f e l d e r W a t t . Pricken bleiben Steuerbord. Ich fahre
2¹/₂ Seemeilen in nordwestlicher Richtung.

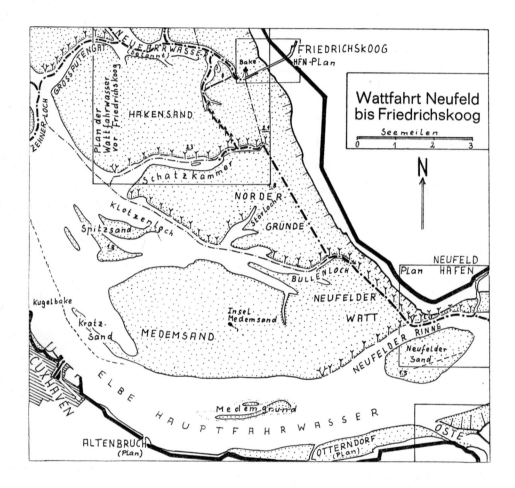

Im B u l l e n l o c h biegt die Prickenreihe erst in westliche, dann südwestliche Richtung. Wo sie südliche Tendenz bekommen, habe ich das Bullenloch verlassen und bin
wieder quer über das Watt gefahren. N o r d e r g r ü n d e heißt das Watt hier. Wenn
ich die 5 Seemeilen entfernte Bake auf Friedrichskoog-Leitdamm sehen konnte, habe
ich fast auf sie zugehalten, doch 10° westlicher gesteuert, um Abstand vom Grünland zu
halten. Sah ich die Bake nicht, bin ich 225° gelaufen. Doch den Abstand zum Grünland habe ich mindest ¹/₂ Seemeile sein lassen.

Nach 3¹/₂ Seemeilen Fahrt auf den Nordergründen traf ich auf die Prickenreihe, die den
Priel S c h a t z k a m m e r bezeichnet (Plan S. 204 und S. 205). Knapp 2 Seemeilen
waren noch bis zur Friedrichskoog-Leuchtbake. Nun mußte ich mich entscheiden. Hatte

ich ein flachgehendes Boot von 80 Zentimeter oder weniger Tiefgang, war die Tide normal und noch im Steigen, dann bin ich über das hohe Watt F r a n z o s e n s a n d direkt auf die Leuchtbake Friedrichskoog zugelaufen. War ich mir meiner Sache hinsichtlich Wassertiefe nicht sicher, dann lieber durch die bezeichnete Wattfahrt über den H a k e n - s a n d (Stangen, Besen abwärts an der Westseite bis zum N o r d e r g a t. Peilte

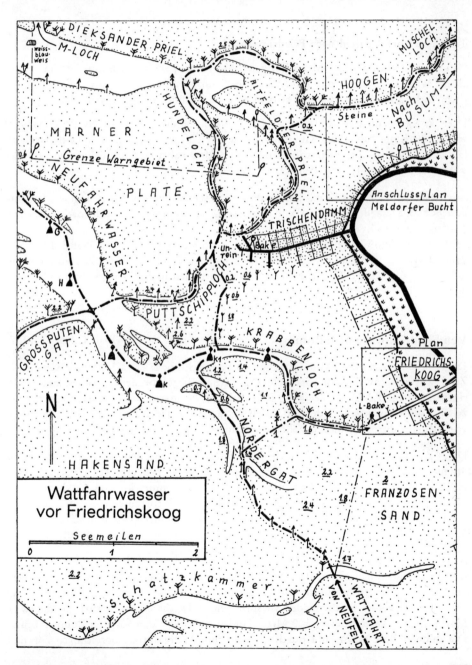

Wattfahrwasser vor Friedrichskoog

die Leuchtbake Ost, dann bin ich über das dort flachere Watt auf die Leuchtbake zugefahren. Stand mir auch dafür das Wasser schon zu niedrig, dann vom Nordergat in
das betonnte K r a b b e n l o c h und durch die Fischer-Zufahrt zum Hafen (Friedrichskoog: Seite 184).
Reichten Tide, Tageslicht und Unternehmungsgeist, dann ging es vom Krabbenloch
nach B ü s u m weiter. Das wird unten beschrieben.

Tiefwasserfahrt Neufeld nach Friedrichskoog   (Plan S. 204)

Sie taugt für Yachten bis 2 Meter Tiefgang. Manchmal paßt sie auch mit der Tide besser
als die Wattfahrt: Z e i t p l a n : Ablegen in Brunsbüttel oder Neufeld 1 bis 3 Stunden
nach Hochwasser. Tageslicht muß reichen bis etwa 3 Stunden nach Niedrigwasser.

D e r   W e g : Von Brunsbüttel das Hauptfahrwasser der Elbe abwärts. Von Neufeld
Hafen durch die Neufelder Rinne ins H a u p t f a h r w a s s e r   d e r   E l b e . Der auslaufende Tidenstrom trägt uns in wunderbar rascher Fahrt seewärts (Nur wenn frischer
westlicher Wind steht, wird die Fahrt sehr naß!).

Wir passieren C u x h a v e n , halten uns am roten Tonnenstrich bis Tonne „10/Nor-
derelbe", 5 Seemeilen seewärts von Cuxhaven. Ist es jetzt 1 Stunde nach örtlichem
Niedrigwasser, so ist es gerade recht.
Mit auflaufendem Wasser steuern wir durchs Z e h n e r l o c h (S. 192, Plan S. 171, 191),
dann durch G r o ß p u t e n g a t ins N e u f a h r w a s s e r und im betonnten Neufahrwasser zum Hafen Friedrichskoog. Etwa 3 Stunden nach Niedrigwasser sollten wir
dort sein.

Von Friedrichskoog nach Büsum   (Plan S. 205, 188, 157)

15 Seemeilen für ein Boot von Tiefgang von Friedrichskoog. Etwa 20 von Cuxhaven. —
Zwei Wattenhochs sind zu passieren. Das flachere liegt vor dem Trischendamm. Mit
einem Boot bis 1,2 Meter Tiefgang führe ich zur Nippzeit, bis 1,4 Meter zur Springzeit bei sonst normalem Tidenhub. Stielt Ostwind die Tide, dann würde ich mit Boot
von Tiefgang durch Buschsand-Fahrwasser laufen.

D e r   Z e i t p l a n richtet sich nach dem Wattenhoch vor dem Trischendamm. Eine
Stunde vor H.W. würde ich da am liebsten passieren. Das bedeutet, etwa 3 Stunden vor
H.W. in Friedrichskoog die Leinen loszuwerfen. — Komme ich von Cuxhaven oder
Neufeld und stehe vor der Frage, die Fahrt nach Büsum fortzusetzen, dann würde ich
mit einem Boot von einigem Tiefgang wohl nicht weiterfahren, wenn die Tide zu fallen
begonnen hat. Zumal auf diesem Stück Weg die Strömung immer zur Elbe hinsetzt.
Nach Norden kommt man langsamer voran als man wünscht.

Der Trischendamm liegt auf dem Weg. Das ist eine Steinbuhne mit mehreren Neben-
buhnen 2 Seemeilen nördlich von Friedrichskoogs Leuchtbake. Trischendamm ragt
etwa 1½ Seemeilen weit von der vorspringenden Deichkante westwärts in das Watt
hinein. Eine Bake steht etwa 300 Meter landeinwärts von den äußeren Buhnenköpfen.
Die Buhnenköpfe selbst sind durch Stangen mit Andreaskreuz bezeichnet. Vor dem

Trischendamm kann recht kräftige Strömung sein. Das Watt vor dem Trischendamm und 0,5 Seemeilen seewärts davon ist an der Spitze des Trischendammes unrein. Da fahre ich, wenn das Boot tief geht oder der Wasserstand niedrig ist, langsam.

Der Weg: Mit flachgehendem Boot würde ich bei genügendem Wasserstand nach Passieren der Leuchtbake Friedrichskoog direkt auf die Spitze des Trischendamms zuhalten. Den Damm würde ich mindest 200 Meter vor den Buhnenspitzen passieren. Nordwärts vom Trischendamm würde ich Nordost steuern, bis ins Sommerkoog-Steertloch. Dann im Sommerkoog-Steertloch nordwärts auf Büsum zu, dessen Riesen-hochhaus gewiß schon in Sicht ist.

Mit Boot von Tiefgang würde ich in den bezeichneten Rinnen bleiben. Die Einfahrt zur Wattfahrt Puttschipploch hat sich nach Westen verlagert (Plan). Man muß wissen, daß hier eine sehr veränderliche Region ist. — Von Friedrichskoogs Hafen-ausfahrt würde ich derzeit im betonnten Krabbenloch westwärts fahren bis zur Tonne J. Von dort aus etwa nordwärts bis zur Einfahrt Puttschipploch. Puttschipploch ist mit Stangen Besen abwärts bezeichnet. Die stehen, nach Büsum fahrend, an der Backbord-seite. — Ostwärts und dann nordwärts führen sie 500 Meter vor dem Trischendamm vorbei, machen dann einen scharfen Knick auf den Trischendamm zu und führen danach im Altfelder Priel nordwärts.

Eine Seemeile nordwärts vom Trischendamm zweigt aus dem Nordwest führenden Priel eine Reihe von Stangen nach Nordosten ab. Die führt auf das zweite Wattenhoch Hoogen. Von Hoogen führt die Reihe der Stangen ins Muschelloch (Plan S. 205 und 188 links unten). Muschelloch geht in das breite Sommerkoog-Steertloch über. Das führt, wie der Plan zeigt, nordwärts auf das meist schon gut sichtbare Büsum zu.

Routen bei Schießübungen   (Plan S. 191, 188, 205)

Die beschriebene Wattfahrt nach Büsum führt durch das Schießübungsgebiet. Die Gren-zen zeigt Plan S. 191, 188 und 205. Ist aus den Warnsignalen bei Friedrichskoog oder in anderen Häfen aus den Nachrichten für Seefahrer zu ersehen, daß Schießübungen stattfinden, kann man diese Wattfahrt nach Büsum nicht machen. Andere Wege sind:

Buschsand-Fahrwasser: Von Friedrichskoog durch Neufahrwasser westwärts 11 See-meilen bis zur Tonne NE/9 in der Norderelbe. 600 Meter westlich davon liegt die Tonne „NE/Buschsand". Von dort durch Buschsandfahrwasser (S. 191, 194) in die Süderpiep. Durch die Süderpiep (S. 191, 194) nach Büsum. Natürlich ist das ein Riesenumweg. Die Strecke taugt auch nur für seefeste Boote. 3 Stunden vor Niedrigwasser ginge ich in Büsum los.

Nicht voll seefeste Boote: Auf Buschsand-Fahrwasser würde ich mich nicht einlassen. Sondern ich führe wie folgt: Von Friedrichskoog im Neufahrwasser bis 1½ Seemeile östlich von Insel Trischen. Wo jetzt Tonne F liegt, würde ich Neufahrwasser verlassen und mit Nordkurs über die Marner Plate laufen. Da stehe ich im Flackstrom. Das Kreuzen des Wattes erfolgt kurz vor Hochwasser. — Von der weiß-blau-weißen Begrenzungstonne des Schießgebietes laufe ich nordwärts in das sog. M-Loch hinein. Das hat Pricken an der Ostseite, einzelne Stangen an der Westseite. M-Loch mündet zwischen Tonne M und N in die Süderpiep. In der ostwärts nach Büsum (Plan S. 191).

Von Büsum zum Meer der Halligen (Pellworm oder Husum)   (Plan S. 157)

Distanzen: Von Büsum nach Pellworm durch die Süderhever sind 45 Seemeilen zu fahren; erlaubt das Wetter den Abkürzungsweg über Rochelsteert, dann 41 Meilen. — Von Büsum nach Husum durch die Süderhever sind 54 Seemeilen (50 bei Gutwetterabkürzung über Rochelsteert). Stellt man die Tidenströme in seinen Dienst, so sollten diese Entfernungen bei 12 Stunden ständig schiebender Strömung leicht zu schaffen sein.

Zeitplan: Der soll sich vernünftigerweise nach der Tide richten. In zweiter Linie auch nach dem Tageslicht, denn Pellworm wie Husum sind im Dunkeln nicht oder schwierig anzulaufen (S. 234, 289, 276). Ob Mond ist oder nicht, kann dafür wichtig sein. Ich hätte keine Hemmung, für diese Fahrt meine Crew auch morgens um 3 Uhr aus den Federn zu scheuchen, wenn es nicht anders geht. Denn nichts ist unschöner, als in den großen Seegaten die Tide verpaßt zu haben und sich dann gegen Strömung von 3 Knoten vorwärts quälen zu müssen. — Bei gutem Mondlicht mag man es vielleicht auf ein nächtliches Einlaufen in Pellworm ankommen lassen.

Ablegen würde ich also in Büsum bei Hochwasser und nicht später (jedenfalls mit einer normalen Fahrtenyacht). Rechnerisch mag es 1 oder 2 Stunden nach H.W. vielleicht noch angehen, doch noch nie hat mir eine Zeitreserve geschadet. Jedenfalls sollte man mit Beginn einlaufenden Wassers die Ansteuerungstonne „Süderhever" bereits mehrere Meilen hinter sich haben. Dann kommt man etwa 1 oder 2 Stunden vor Hochwasser bei steigendem Wasser am Zielhafen an.

Der Weg: Auslaufen aus der Norderpiep (Plan S. 157, 191, 221). Bei handigem Wetter habe ich die Norderpiep bei der letzten roten Fahrwassertonne N/1 verlassen, habe 1 Seemeile 340° gesteuert (bei starkem Strom um Stromversetzung beschickt) bis zur Fahrwassertonne A der Eider (Leucht- und Glockentonne, schwarz). Hier habe ich mich dann entscheiden müssen, ob ich den 4 Seemeilen kürzeren Gutwetterweg über Rochelsteert laufen konnte. Wenn ja, bin ich Nordkurs gelaufen. Beschrieben wird dieser Abkürzungsweg auf Seite 227 genauer.

Wenn ich aber nicht mit Tide und Tageslicht in Zeitdruck war, dann bin ich doch meistens die 4 Seemeilen mehr bis zur Ansteuerungstonne „Süderhever" gefahren (und bei höherem Seegang sowieso). Von der Tonne A der Eider zur Ansteuerungstonne „Süderhever" bin ich 5 Seemeilen weit 325° gelaufen. War noch auslaufend Wasser (wie es sein sollte) so hatte ich auf diesem Stück mitsetzenden Strom, wenn auch meist nur 1 Knoten. — Die Fahrt auf der Süderhever wird auf Seite 287 beschrieben. — Meist wird es eine sehr schöne Reise geben. Doch kann hier, wenn der Zeitplan durcheinandergerät, eine Schwierigkeit zu der anderen kommen, als ob es verhext wäre.

Von Büsum zur Eider

Die **Fahrt über See** beschreibe ich auf Seite 224. Nachdem wir dann die Eidermündung besser kennen, nützt uns auch die Routenbeschreibung mehr. Auch **die Wattfahrt** von Büsum zur Eider kommt erst auf Seite 225 dran.

Von Helgoland nach Büsum   (Plan S. 157, 191)

Das wird, falls man sich nicht gerade einen Tag mit Ostwind ausgesucht hat, fast immer eine sehr schöne Fahrt. 35 Seemeilen; unabhängig vom Tageslicht; ohne Barre oder flaches Wasser auf dem Weg. Nur soll man es einrichten, die Fahrt auf der fast 20 Meilen langen Süderpiep m i t dem Tidenstrom zu machen. 20 Seemeilen lang 2½ Knoten mit oder gegenan zu haben, macht einen Unterschied, der sich sehen läßt.

Z e i t p l a n : Ablegen in Helgoland so, daß man die ersten 20 Seemeilen hinter sich hat, wenn in Büsum Niedrigwasser ist.

D e r W e g : Von Helgolands Hafen (Band I, Seite 33) zur Tonne „Düne/S". Von da zur Tonne 2 des Dampferweges (rw. 102°, 7 sm). Weiter zur Heultonne „Süderpiep" (rw. 94°, 7 sm). Von dort in die beidseits betonnte Süderpiep. Deren Verlauf: S. 194 f, Büsum: Seite 186.

V. Die Eider und ihr Seerevier

Bei der Eider machen wir es einmal ganz anders: da nach dem Bau des großen Eider-Sperrwerkes die bisherige Einführung in das Revier doch nicht mehr stimmt, lasse ich sie einfach weg. Wir nehmen unser Boot und b e f a h r e n die Eider. Vom Nord-Ostsee-Kanal bis zur See. Dabei lernen wir am besten, was mit ihr los ist. — Und wer mit seinem Boot in der Ostsee zu Hause ist, dem rate ich, es einmal genauso zu machen.

Und, Ihr Schiffer, sagt mir doch nichts gegen das Fahren auf stillen Flüssen! Solchen, die die Hektik der Berufsschiffahrt noch nicht verdorben hat. Noch immer ist solche Flußfahrt für alle meine Mitsegler ein eindrucksvolles Erlebnis gewesen. — Daß man sich später auch die Seeluft um die Ohren wehen läßt, bringt die Fahrt auf der Eider von ganz alleine mit sich.

Ich würde für das Fahren auf der oberen Eider für die Nacht keinen Hafen suchen, sondern ankern. Ich würde, wenn mein Schiff Segel hat, segeln — auch wenn an vielen Stellen gekreuzt werden muß. Glaubt mir, es wird euch gefallen.

A. Von der Ostsee bis zum Eidersperrwerk

D i e Q u e l l e der Eider ist irgendwo bei Kiel. Und ihr Oberlauf bis zur Stadt Rendsburg ist zum Nord-Ostsee-Kanal verarbeitet worden. Erst ab Rendsburg „gibt" es also heute eine Eider. Der Zugang zur Eider erfolgt aber nicht bei Rendsburg, sondern 20 Kilometer weiter westlich. Da verbindet der kurze G i e s e l a u - K a n a l den Nord-Ostsee-Kanal mit der Eider (Plan Seite 96).

Kiel-Holtenau bis zur Seeschleuse Nordfeld (Plan S. 96 und S. 144)

Nord-Ostsee-Kanal: Über die Fahrt darin berichtet Seite 139 f. Von Kiel-Holtenau bis zum Abzweig des Gieselau-Kanales sind 57 km, von Brunsbüttel 40 km. Nahe Kilometertafel „41" passiert man (von Osten kommend) zuerst die Fährstelle Oldenbüttel. Gleich dahinter und noch vor der Weiche Oldenbüttel zweigt dann unauffällig der schmale Gieselau-Kanal nach Norden ab. In den biegt man ein.

Der Gieselau-Kanal ist nur 3 Kilometer lang. Er verbindet den Nord-Ostsee-Kanal mit der Eider. Er ist ein schmales, stilles Gewässer, und wer aus dem Hafengedränge der Ostsee kommt, kann hier bei der Schleuse das erste Mal ganz stille L i e g e p l ä t z e im Grünen finden. Doch hüte man sich, etwa schon dort „hängenzubleiben".

D i e S c h l e u s e liegt 1½ Kilometer vom Nord-Ostsee-Kanal entfernt. Wie alle folgenden Schleusen der Eider ist sie 65 Meter lang, 9 breit und 2,7 tief. Wochentags wird von 6 bis 21 Uhr geschleust, Sonntags im Sommer von 7 bis 11 Uhr. Während der Betriebszeit war Schleusen bislang kostenlos.

Der tote Arm nach Rendsburg: Wo der Gieselau-Kanal auf die Eider trifft, führt ein 23 Kilometer langer toter Arm ostwärts zurück nach Rendsburg. Er hat dort k e i n e Verbindung zum Nord-Ostsee-Kanal. In diesem toten Arm, der ja für die Fahrt zur Nordsee keine Bedeutung hat, sind drei feste Brücken mit 4,2 Meter Durchfahrtshöhe bei Kilometer 15,5; 4,1 und 1. Die Wassertiefe von früher 1,5 Meter ist durch allerhand Wasserpflanzen bestimmt nicht mehr vorhanden. — Das stört uns nicht, denn diesen ostwärts führenden Arm fahren wir sowieso nicht.

Die Eider bis Nordfeld ist gezeitenfrei. Sie ist ein gemächlich ziehender Fluß, meist etwa 100 Meter, manchmal bis 200 Meter breit. Die Tiefe ist für Küstenmotorschiffe bis 2,7 Meter Tiefgang bestimmt. Masten brauchen nicht gelegt zu werden. Da sehr wenig Verkehr ist, kann man segeln. Eingeschlossen Seeschleuse Nordfeld gibt es zwei Schleusen. 55 Kilometer trennen uns von der Einmündung des Gieselau-Kanales bis zur ersten Berührung mit Tide bei der Seeschleuse Nordfeld. Einzelne Tonnen sind ausgelegt. Die roten bleiben f l u ß a b fahrend an Steuerbord. Kilometertafeln sind an den Seiten des Flusses. Wo rot-weiße Tafeln stehen, laufen Fähren. Dort darf nicht überholt werden. (Sowieso soll man die Eile spätestens mit Verlassen des Nord-Ostsee-Kanales unauffällig über Bord gleiten lassen).

km 23: Einmündung des G i e s e l a u - K a n a l s . Man fährt nahezu in Richtung des Kanals weiter, also nach Nordwest.

km 26: S c h l e u s e b e i L e x f ä h r . Bei der Schleuse ist eine Straßenklappbrücke. Schleusenzeiten wie im Gieselaukanal. Man kann bei der Schleuse festmachen. Eine Anlegestelle ist in Bau.

km 37: H o h n e r F ä h r e . Restaurant. Zeltplatz. Kurz danach von Norden Einmündung des kleinen Flusses Alte Sorge. Die Eider macht einen scharfen Knick nach Südwest.

km 43: An der Nordseite liegt der kleine Ort T h i e l e n direkt am Fluß. Man kann einkaufen.

km 46: Straßenklappbrücke P a h l h u d e . Dort ist eine etwa 60 Meter lange Kaje, an der auch Küstenschiffe anlegen. Hoher Getreidesilo.

km 50: Fähre. Ortschaft B a r g e n liegt direkt am Fluß. Später starke Biegungen der Eider.

km 52: An der Westseite liegt direkt am Fluß die kleine Siedlung D e l v e . Man kann anlegen.

km 61: Ort und Fähre S ü d e r s t a p e l . Das ist eine ganz stämmige Ortschaft. Der Fluß wird nun breit.

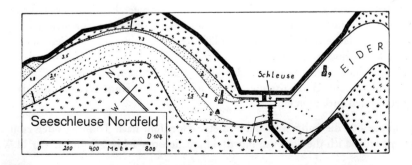

km 78: S e e s c h l e u s e   N o r d f e l d . Hat man durchgeschleust, so ist man im Ge-
zeitengebiet. Also vor dem Schleusen prüfen, wie es mit der Tide steht und wo
man für die Nacht hin will. Seewärts von Nordfeld kann starke Strömung sein,
wenn die Siele der Eider geöffnet sind. Ob es die erste Begegnung ist, die das
Schiff und der Schiffer mit dem Atmen eines Weltmeeres haben?
5 Kilometer flußab lockt das reizende F r i e d r i c h s t a d t . Doch erst müssen
wir uns um die Tide kümmern.

Die Eider von Nordfeld bis zum Eidersperrwerk

Der Flußlauf nimmt seewärts der Seeschleuse Nordfeld ganz anderen Charakter an
(Plan Nordfeld, S. 211). B e i   N i e d r i g w a s s e r ist die Flußrinne zunächst nur 60
bis 80 Meter breit (später mehr). Hochliegende Wattkanten begrenzen sie. Die Wassertiefe bei N.W. ist zwischen Nordfeld und Friedrichstadt meist mindest 2 Meter. Doch
zwischen Friedrichstadt über Tönning bis zum Eidersperrwerk gibt es Stellen mit nur 1
Meter Wassertiefe. Eine Yacht mit Tiefgang sollte dort also wohl von 2 Stunden vor
bis 1 Stunde nach örtlichem N.W. nicht fahren.

Z u r   H o c h w a s s e r z e i t ist die ganze Breite des Flußbettes bis zum Grünland mit
Wasser gefüllt: 200 bis 400 Meter; seewärts Tönnings mehr. — Von den Grünlandufern
sind Buhnen vorgebaut und an den Köpfen bezeichnet. Wo nötig, ist auch die Wattkante bezeichnet. Fahrwassertonnen gibt es oberhalb Tönnings nur an wenigen Stellen,
danach wie Sand am Meer. — Auf N a c h t f a h r t würde ich mich oberhalb Tönnings
nicht einlassen. Seewärts von Tönning würde ich mir etwas Mondlicht wünschen, um
keine unbefeuerte Tonne umzurennen.

Die Strömung: Die Seeschleuse Nordfeld hat Siele, durch die das Flußwasser abläuft.
Das beginnt etwa bei halber Tide und ist zur Niedrigwasserzeit am stärksten. Nach
Regenperioden kann dann in der Nähe der Seeschleuse erhebliche Strömung sein. —
Der einlaufende Tidenstrom beginnt einige Zeit n a c h dem örtlichen Niedrigwasser.
Das Kentern des Stromes erfolgt sehr rasch, und zwar um so rascher, je dichter man bei
der Seeschleuse ist. Gleichzeitig steigt das Wasser sehr schnell, etwa um $1/2$ Meter in fünf
Minuten. — Wie stets bei Flüssen ist stromaufwärts die Zeitspanne auslaufenden Was-
sers länger. Nach reichlichem Regen kann bei Friedrichstadt der einlaufende Strom auf
4 Stunden verkürzt sein, der auslaufende aber 8 Stunden anhalten.

Die Bore: Dieses Phänomen gibt es meines Wissens nur auf der Eider und auf der Seine
in Frankreich. Gesehen habe ich es leider nie. Immer wenn ich da war, fand sie nicht
statt. Es bedeutet, daß das schnelle Ansteigen des Wasserstandes sich zu einer sich überschlagenden Brandungswelle ausbildet. Die kommt dann gefährlich laut rauschend daher.
Aber wenn sich nicht gerade ein offenes Boot von der Seite anrollen läßt, passiert
weniger, als das laute Rauschen erwarten läßt. Auf der Seinemündung jedenfalls, wo die
Bore an 2 Meter hoch werden kann, lassen sich die Fischer mit ihren Booten davon nicht
sonderlich beeindrucken. Auf der Eider kommt eine Bore nur zu ausgeprägter Springzeit vor und wenn nach anhaltendem Ostwind Westwind eingesetzt hat, der das Wasser
besonders schnell auflaufen läßt.

Zeitplanung: Für die Fahrt von der Schleuse Nordfeld nach Tönning oder zum Eidersperrwerk würde ich die Schleuse Nordfeld am liebsten 1 bis 2 Stunden vor H.W. ver-

lassen. Will man nur bis Friedrichstadt fahren, ist man in seiner Zeitplanung freier. —
Von Tönning nach Nordfeld laufend, würde ich in Tönning etwa 2 bis 3 Stunden vor
H.W. ablegen. Erkundigen sollte man sich, wann die Eisenbahnbrücke nicht öffnen
kann.

Die Brücken: Kurz vor Friedrichstadt bei km 83 ist eine S t r a ß e n k l a p p b r ü c k e.
Durchfahrtshöhe bei geschlossener Brücke etwa 5,6 Meter bei mittlerem Hochwasser.
Die Brücke öffnet auf Signal wohl immer rechtzeitig. — Eine E i s e n b a h n d r e h -
b r ü c k e ist bei km 85 dicht seewärts von Friedrichstadt. Ihre Durchfahrtshöhe bei
mittlerem Hochwasser ist knapp 4 Meter. Es ist gar nicht sicher, daß sie auf Signal
öffnen kann. So muß man sich darauf einrichten, das Boot gegen die Strömung zu
drehen und zu warten, bis sie öffnet. Die nördliche Durchfahrtsöffnung der Drehbrücke
ist gesperrt. Kommen sich zwei Schiffe entgegen, so muß das Schiff warten, das gegen
den Strom läuft. Festmachen vor der Brücke kann man nicht. Ich würde die Öffnungs-
zeiten bei der Schleuse Nordfeld erfragen oder auf dem Eidersperrwerk, wenn ich von
See komme. — Die S t r a ß e n k l a p p b r ü c k e 300 Meter flußaufwärts von Tönning
hat 5,6 Meter Durchfahrtshöhe bei mittlerem Hochwasser.

Die Häfen an der unteren Eider sind nett. Werfen wir die Leinen los und steuern sie an!

Friedrichstadt   (Plan S. 214)

Friedrichstadt, 3 Seemeilen seewärts von Nordfeld, 12 Seemeilen flußauf von Tönning,
mit 3500 Bewohnern, wird nicht umsonst von rund 300 Fahrtenyachten pro Jahr angelaufen. Tidefreie Liegeplätze und die ausgeprägte Eigenart der kleinen Stadt, die bisher noch keinen Massentourismus kennt, machen es zu einem lockenden Fahrtenziel.
Der Ort nennt sich „Die Stadt der Rosen und Linden". Ich meine aber, daß es ganz
einfach eine kleine Stadt aus Holland ist: von Wassergräben umgeben, früher noch mit
Grachten in den Straßen, und durch niederländische Bauweise geprägt.
In den ersten Jahren des 30jährigen Krieges wurde der Ort von niederländischen Kauf-
leuten erbaut. Durch Versprechen religiöser Toleranz warb man Siedler. Aber die
Schwungkraft der Gründung hat sich später doch an der Härte der Realität gestoßen.
— Immerhin ist die „Alte Münze" nun fast 350 Jahre alt. Das Paludanus-Haus wurde
1637 erbaut. Das Rathaus hat seine alten Formen — alles niederländischer Renaissance-
Stil. Wenn unsere Nordseereise uns in die Niederlande geführt haben wird, treffen wir
ihn wieder. Auch auf das Altarbild des Rembrandt-Schülers Jürgen Ovens in der Luthe-
rischen Kirche ist der kleine Ort stolz. — Und wie in den Niederlanden überall, so ist
hier in Friedrichstadt der Wasserfahrer kein lästiger, sondern ein gern begrüßter Gast.

Der Hafen ist die frühere Mündung des Flusses T r e e n e in die Eider. Es gibt einen
Vorhafen, eine Schleuse und tidefreie Innenhäfen.

D e r V o r h a f e n ist knapp 50 Meter breit und 200 Meter lang. Eine schwarz-rot-
schwarze Backentonne bezeichnet die Wattkante und bleibt einlaufend an Steuerbord.
Die Wassertiefe bei N.W. ist 1½ bis 2 Meter. Der mittlere Tidenhub ist 2,7 Meter. An
Pfählen mit Steg an der Steuerbordseite kann man vor der Schleuse festmachen.

D i e S c h l e u s e ist 50 Meter lang und 9 Meter breit. Sie wird von Sonnenauf- bis
-untergang bedient, also etwa bis 18 oder 20 Uhr. Bei sehr niedrigem Wasserstand wird
manchmal nicht geschleust. Nach stärkerem Regen kann zur Niedrigwasserzeit kräftige

Strömung aus den Sieltoren neben der Schleuse durch den Vorhafen laufen. — Für die Nacht kann man im Vorhafen liegen, doch nicht tagsüber für längere Zeit. 2 DM kostet das Schleusen. Der Schleusenmeister, der auch die Segler der Kreuzerabteilung betreut, ist einer der nettesten Friesen, die man sich denken kann, und allein der Blick aus dem Fenster seines Schleusenhauses ist es wert, zu ihm heraufzusteigen.

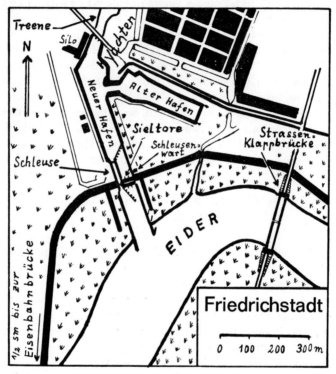

D e r   B i n n e n h a f e n besteht aus zwei Becken und aus dem Lauf der Treene. — Der N e u e   H a f e n ist 350 Meter lang, 60 breit und 2,7 tief. Gelegentlich kommen Küstenmotorschiffe, um Düngemittel oder Getreide zu laden. Im neuen Hafen ist an der Steuerbordseite nicht weit von der Straßenbrücke ein Holzsteg für Yachten. Er ist vom Segelclub Friedrichshafen betreut und hat Toilette, Wasser und Strom. Das ist der bevorzugte Platz für Fahrtenyachten. Ist er besetzt, findet man in dem ruhigen Hafen auch anderswo Platz. — Boote mit weniger als 2 Meter Höhe sollten unter der Straßenbrücke hindurch in den Lauf der T r e e n e einfahren. Da sind die meisten Boote des Friedrichstädter Segelclubs und das Clubhaus. — Der A l t e   H a f e n mit seiner unfreundlich-hohen Kaje ist weniger einladend, hat aber unbenutzten Platz im Überschuß. — Es gibt einen Kran, Reparaturmöglichkeit, Treibstoff, Sturmwarnungen.

Die Wikinger haben Eider und Treene zu einem wichtigen Handelswege des frühen Mittelalters gemacht. Das ging so: Wikingerschiffe aus den Ländern des Nordens trafen sich bei der befestigten Handelsstadt H a i t h a b u in der Schlei bei Schleswig. Da wurden die Waren ausgeladen, die Schiffe auf Rollen oder Schlitten gesetzt und 18 Kilometer über den schmalen Landrücken gezogen, der die Ostsee von der Treene trennt. Bei Hollingstedt wurden die Schiffe in die Treene eingesetzt. Treene-abwärts ging die Fahrt, und wo wir jetzt unsere Leinen belegt haben, steuerten die Wikingerboote in die Eider. Dann Eider abwärts zur Nordseeküste. Und dort in Wattfahrt zu den Häfen der flämischen Küste oder den Cinque Ports an der Südküste Englands. — Treene und Eider waren der „Nord-Ostsee-Kanal" des 9., 10. und 11. Jahrhunderts.

Das bekannteste Wikingerschiff der Treene-Eider-Fahrt ist das Nydam-Schiff (in Schleswig). 23 Meter lang, 3,2 breit und „wattgängig", wie alle Wikingerschiffe. Seinem Wesen nach ein Ruderschiff. Der Mast mit quergeriggtem Segel diente nur bei Wind achterlicher als Backstagsbrise. Gesteuert wurde mit einem Riemen, einer Art von großem Paddel, das an der Steuerbordseite des Schiffes angelascht wurde (weshalb Seeleute heut Steuerbord sagen, wenn sie rechts meinen). — In den südenglischen Häfen Cinque Ports, einer Handelsgemeinschaft ähnlich der Hanse, vollzog sich im 9. bis 11. Jahrhundert schrittweise die Ausgestaltung des Wikingerschiffes zur Kogge.

Tönning

(Plan S. 217 und S. 96, 216)

6 Seemeilen landein vom Eidersperrwerk und 12 flußab von Nordfeld ist Tönning mit 5000 Bewohnern die wichtigste Ortschaft der Eidermündung. Der Hafenschlauch unter Bäumen inmitten behäbig-alter Handelshäuser gibt eines der charaktervollsten und schönsten Hafenbilder weit und breit. — Eine Fahrtenyacht kommt zum Übernachten immer unter. Doch für längeres Liegen ist der Hafen zu voll.

Tönning war wichtige Festungsstadt und hatte seine große Zeit. Doch nach der Belagerung und Eroberung durch die Dänen 1714 wurden die Wälle zerstört. Zu dieser Zeit ist auch der barocke Kirchturm an Stelle des früheren aufgesetzt worden. Er will gar nicht recht in diese nordische Landschaft passen. Aber die Kirche ist nett. Auch ihr Inneres. Auch das Stadtbild hat Charakter. Ich mußte an Alt-Lübeck denken, als ich die alten Giebelhäuser sah. Aber es ist doch sehr viel bescheidener, ländlicher alles. — So richtig hat die Stadt am „Goldenen Zeitalter" vor 200 Jahren wohl nicht teilgehabt, wenn auch ein langes Packhaus, in der Walfang- und Handelszeit 1783 erbaut, noch am Hafen steht. Lange Zeit wurden auch Rinder nach England exportiert für „Ham and Eggs". Aber alles in allem schreitet das Leben langsam in Tönning. Und das hat entschieden auch sein Gutes.

Der Hafen ist ruhig und urgemütlich. Ein schmaler Hafenschlauch, weiße Fischerboote, grüne Bäume, alte Backsteinhäuser, keine Hektik und kein Autolärm. Fischernetze auf den Kajen, und in der Luft der unverwechselbare Geruch von Granatfischerbooten. — Daß freilich der Hafen wenig Liegeplatz für Yachten hat, wer will das leugnen.

Der Hafen ist ein 35 Meter breiter, 500 Meter langer, gewinkelter Kanal, überwiegend mit Eisenspundwand an den Seiten. Er fällt praktisch trocken. Nur im äußersten Abschnitt mag $1/2$ bis 1 Meter Wasser stehen bleiben. Der Grund ist weicher Mud. — L i e - g e p l ä t z e : Man muß sich arrangieren. Mit einer großen Yacht würde ich im äußeren Abschnitt an der Steuerbordseite festmachen. Vielleicht kommt niemand, der einen wegschickt. — Mit einer kleineren oder mittelgroßen Yacht würde ich mich in den Innenteil verholen und da an der Backbordkaje direkt oder an einem anderen Schiff längsseits gehen. Doch darf das „Päckchen" dort nicht zu dick werden, denn die Fischer müssen drehen können. — Flachgehende Boote liegen wohl am besten im innersten Teil des Hafens nahe der weiß gestrichenen Holländerbrücke zwischen Pfählen und Brücke. — Bestimmt n i c h t festmachen soll man im zweiten und dritten Hafenabschnitt an der Steuerbordseite. Die gehört den Fischern und die brauchen sie auch. — E i n l a u f e n kann man meist schon 1 bis 2 Stunden nach Niedrigwasser.

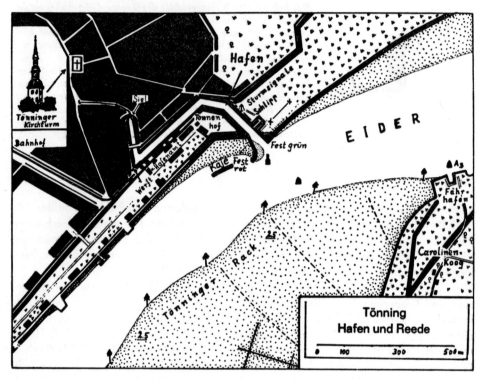

Trinkwasser tagsüber in Fischereigenossenschaft oder im Tonnenhof. 4-t-Kran; gute Trailerablaufbahn nahe Hafeneinfahrt; Dieselöl; Benzin von Landtankstelle. Yacht-werft ist im Innern des Hafens mit Schlipp. Sturmwarnungen nahe Hafeneinfahrt. Hafenfeuer fest rot und grün.

In der Eider vor dem Hafen ist eine 160 Meter lange K a j e gebaut worden. An der Westseite dieser Kaje sind S c h w i m m s t e g e des Tönninger Yachtclubs. Unruhig ist es bei Südwestwind. Und aufmerksam muß man belegen, damit kein Schaden entsteht, wenn die Fischerflotte, full speed auslaufend und einlaufend, ihren Schwell dorthin schickt.

A n k e r n kann man vor Tönning vorzüglich. In allen Häfen der Welt wird viel mehr geankert als in Deutschland.

Die Eider zwischen Tönning und Eidersperrwerk

5 Seemeilen lang und eine breit ist diese Region. Seitdem das Eidersperrwerk sie von der See abschließt — und wieder nicht abschließt, denn Gezeiten laufen ja herein und her-aus — ist es ein Zwitterding. Bei N i e d r i g w a s s e r ein 150 bis 400 Meter breiter

Fluß mit kräftiger Strömung, an einzelnen Stellen nur 1 (oder gar nur ¾) Meter tief und dicht betonnt. B e i H o c h w a s s e r z e i t ein breiter See. Doch steht auf den Watten meist nur 1½ bis ¾ Meter Wasser und zuweilen noch weniger. So muß man Navigation mit der gleichen Sorgfalt betreiben, als ob es kein Sperrwerk gäbe.

Der Lauf des F a h r w a s s e r s wird durch den Plan gezeigt. Die dicht betonnte Fahrrinne verändert Lage und flache Stellen häufig. Mit Yacht von Tiefgang würde ich 2 Stunden vor N.W. bis 1 Stunde danach nicht mehr fahren. Zu längerem ruhigen A n k e r n hat mir der nunmehr tote Eiderarm dicht südlich vom Sperrwerk gefallen. — An H ä f e n gibt es außer Tönning und dem Vorhafen des Sperrwerkes nur Schülper Neuensiel. Liegeplätze für Sportboote binnen vom Sperrwerk an der Nordseite werden diskutiert (siehe Plan).

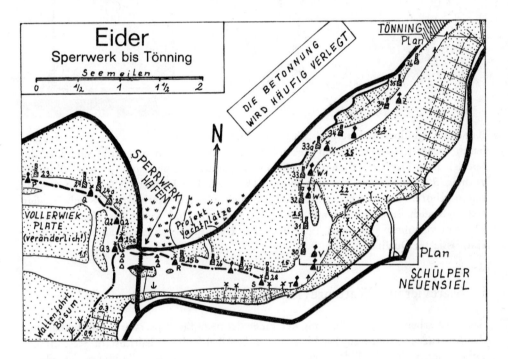

Schülper Neuensiel   (Plan S. 157, 217 und S. 218)

Dieser kleine stille Sielhafen liegt an der Südseite der Eider auf halbem Wege zwischen dem Eidersperrwerk und Tönning. Ein neuer Deich ist da gebaut worden und ein neues Schöpfwerk. Der Hafen wurde seewärts verlegt und hat eine neue, 90 Meter lange Kaje erhalten.

D i e Z u f a h r t erfolgt aus der Eider zwischen Tonne W und V (Lage der Tonnen und Wassertiefe können sich ändern). Eine Wattrinne führt ostwärts. Stangen mit Andreaskreuz bleiben steuerbord. Einzelne Pricken stehen backbord. Einlaufen kann man mit flachgehendem Boot 1 Stunde nach Niedrigwasser, mit 1,2 Meter Tiefgang 2 Stunden danach. — An der Kaje fand ich Wassertiefen laut Plan. Doch da alles noch recht neu war (1973), kann es sich ändern. Ich würde vor Niedrigwasser mit Kielboot eine Leine

vom Mast zu einem der Pfähle der Kaje legen. — Kleine Sportboote haben sich trockenfallend auf der Westseite des Hafenschlauches eingenistet. Einkaufen kann man im nahen
Dorf.

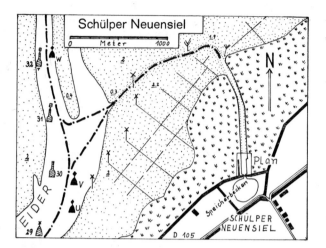
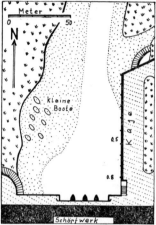

Rund um Schülper Siel ist nur „Gegend". Tiefes, echtes D i t h m a r s c h e n : fruchtbares, flaches Land mit einzeln stehenden Gehöften. Blumen und Kohl sind hier die
Spezialitäten. Das Dorf S c h ü l p 2 Kilometer landein ist berühmt für seine Blumen-
zuchten. 5 Kilometer landein liegt W e s s e l b u r e n. Der Dichter Hebbel ist in Wessel-
buren geboren. Die Kirche ist kurios. Doch mein Großstadtfreund stellte unbefriedigt
fest, daß auch dieses wieder nur eine Kleinstadt sei. Und weder das kleine Hebbel-
Museum versöhnte ihn, noch am Abend der Deichspaziergang mit Sonnenuntergang
erstklassigster Qualität.

B. Seerevier und Wattenrevier der Eider

Seit 1972 arbeitet in der Mündung der Eider das neue Eidersperrwerk. Lief früher von
der Ansteuerungstonne auf See bis zu der ersten Brücke bei Friedrichstadt Seeschiffahrt
unbehelligt, so hat das Eidersperrwerk davon 15 Seemeilen und alle Häfen abgeschnit-
ten. — Das Sperrwerk kann man durch eine Schleuse passieren. Drinnen laufen auch
noch Ebbe und Flut, und derzeit wird nur bei Tiden über normalem Hochwasserstand
geschlossen. Doch ist's danach halt doch irgendwie „binnen" und nicht mehr die See.
Das Seegebiet vor dem Eidersperrwerk ist kleiner geworden und hat nunmehr (außer
dem Schleusenvorhafen des Sperrwerkes) keinen Hafen mehr. Auch das kleine Ehstersiel hat aufgehört, Hafen zu sein. So hat sich das Seegebiet der Eider erheblich einge-
schränkt. Ich bedaure das, denn mit seinen 5 charaktervollen Häfen war es bislang ein
lohnendes Revier.

Das Eidersperrwerk   (Plan S. 157, 217, 221 und 219)

Da hat also der Mensch einen 2¹/₂ Seemeilen langen Damm über den Trichter der Eidermündung gebaut. Da Wasser heraus und Schiffahrt herein müssen, hat er ein sehr großes

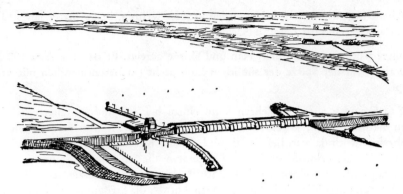

Das Eidersperrwerk von See her aus der Luft gesehen. Links die Schleuse mit ihren beiden Vor-
häfen. Rechts die fünf großen Wehre, jedes davon 40 Meter breit. Vor und hinter den Wehren ist
Sperrgebiet.
Normalerweise sind die Wehre geöffnet, so daß Ebbstrom und Flutstrom laufen.

Siel eingefügt und eine Schleuse. In kalter Betonpracht, mit Kunstgummi verklebt und
mit Bitumen übergossen, liegt es nun da und macht, daß Seeschiffahrt im eigentlichen
Sinne hier endet.

Das Siel im Sperrwerk hat fünf je 40 Meter breite Öffnungen, die durch eindrucksvolle
Schütze verschlossen werden können. Durch das Siel läuft zur Zeit noch bei Flut das
Wasser ein und bei Ebbzeit wieder heraus. Dabei entstehen sehr hohe Strömungsge-
schwindigkeiten, wie man sie bisher nur in Nordschottland oder dem Raz du Seine der
Bretagne kannte. Annäherung an die Sieltore ist verboten; je eine Reihe rot-grüner
Tonnen warnt binnen wie buten. — Die Schiffahrtsschleuse liegt an der Nordseite der
Siele. Ein Vorhafen liegt buten davor, ein anderer binnen. Autoverkehr läuft auf einer
Klappbrücke über die Schleuse.

Das Sperrwerk dient dem Hinterland, indem es Sturmflut fernhält und Deichbaukosten
spart. Als Bauwerk ist es eine recht eindrucksvolle Einrichtung. Wer sich die ursprüngliche Freude an technischem Menschenwerk noch bewahrt hat, mag sich daran begeistern. Doch da wir nachgerade erfahren, daß Technik nicht nur die Natur, sondern den
Menschen gleich mit besiegt, hatte ich gemischte Gefühle: wer will leugnen, daß die
deutsche Nordseeküste wieder um ein Stück ihrer Urtümlichkeit, der Vielfalt ihrer
Fahrwasser und der Freiheit, sich darin zu bewegen, ärmer geworden ist?

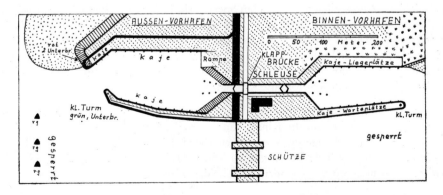

Die Schleuse liegt direkt nördlich von den großen Wehren, ist 60 Meter lang, 13 breit und 3,2 tief. Derzeit wird Tag und Nacht geschleust.

Der äußere Vorhafen wird durch Plan und Skizze gezeigt. Er hat 2 je etwa 150 Meter lange Kajen. Auf der Spitze der südlichen Mole steht ein Betontürmchen mit breitem Pilzkopf.

D i e S t r ö m u n g aus den Wehren kann einem bei Zu- und Einfahrt erheblich zu schaffen machen. Sie ist, soweit ich sehen konnte, am stärksten in der zweiten Hälfte der Ebbzeit. Als ich da war, lief sie gut und gerne 6 Knoten (Springzeit). Manche sprechen von 7 Knoten. Amtlicherseits wird angeraten, die Schleuse bei Stauwasser zu passieren, was nun freilich einem segelnden Schiff, das anderen Gesetzen unterliegt, etwas zuviel abverlangt. — Mir scheint am unangenehmsten die Strömung, die einem aus den Sielen e n t g e g e n läuft. Da ein segelndes Schiff sowieso m i t Tidenströmung fahren wird, vermeidet es die unangenehmste Zeit meist von allein. — D i e W a s s e r t i e f e im größeren Umkreis des Sperrwerkes ist stark veränderlich geworden.

D i e W a s s e r t i e f e im Hafen soll eigentlich bei N.W. 3^1/$_2$ Meter sein. Doch fand ich viel weniger: an der Nordkaje wechselnd ^{1}/$_2$ bis 1^1/$_2$ Meter, an der Südkaje 2 bis 3 Meter. Man muß wohl abwarten, wie es sich in der neuen Anlage einspielt und jedenfalls selber loten. — Hafenfeuer steuerbord unterbrochen grün, backbord 2 Unterbrechungen rot. Ich habe den Hafen noch nicht bei Schlechtwetter erlebt, denke aber, daß man bei stärkeren Winden höchst unruhig liegt.

Der Binnenvorhafen hat zwei etwa 150 Meter lange Kajen. Bei N.W. fand ich 1 bis 2 Meter Wassertiefe an der Nordkaje, mehr als 2 an der Südkaje. — V e r s o r g u n g außer Trinkwasser gibt es nicht.

Andere Häfen

B i n n e n vom Sperrwerk liegen Tönning, Schülper Neuensiel und Friedrichstadt. Auch sind Liegeplätze hinter dem Sperrwerk geplant. — Doch seewärts vom Sperrwerk gibt es keine Häfen mehr, und das ist sehr schade. Ob kleinere Yachten sich in E h s t e r s i e l einrichten werden? Ob abenteuerlustige Seelen mit flachem Boot in den Rinnen nahe beim Leuchtturm St. Peter Unterkunft finden? Oder im Priel bei Vollerwiek vor Mooring liegen?

Ehstersiel liegt 4 Seemeilen seewärts vom Sperrwerk. Es hat zwar keine Kajen, doch vor dem Siel vollkommen geschützt 2 mal 25 Meter Steinböschung. Vor dem Siel bleibt bei Niedrigwasser mehr als 1 Meter Wasser stehen. Mit zwei Vorleinen nach rechts und links und Heckleine zum Siel sollten mittelgroße und kleine Yachten hier gut liegen können. Der Platz ist nicht ohne Reiz. Ein paar Zelte stehen im Sommer auf einem erhöhten Holzlagerplatz neben dem Siel. Keine Kaufläden.

Z u f a h r t erfolgt durch eine trockenfallende Wattrinne aus dem Hauptfahrwasser der Eider. Bei Tonne 17 begann die Rinne. Eine rotweiße Stange stand an ihrem Anfang, danach vereinzelte mickerige Pricken an Steuerbord. Die Wattrinne ist steilwandig und gekrümmt. Bis halber Tide ist sie gut zu sehen. Danach wird es für einen Fremden schwieriger. Er muß mit tiefgehendem Boot beidseits loten.

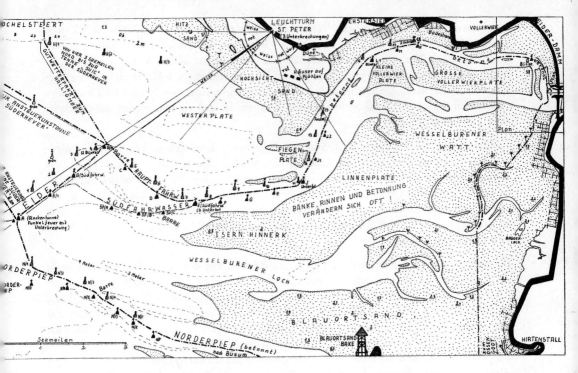

Wattenrevier und Tidenhub

Das Wattenrevier ist nicht mehr sehr groß, doch könnte es mir für ein kleineres Boot gefallen. Etwas Vorsicht verlangt es auf den seewärtigen Seiten der Watten bei starkem Wind aus Südwest (Wattenbrandung).

Hochwasserhöhe über Kartennull ist unter durchschnittlichen Verhältnissen bei Springzeit (Nippzeit in Klammern) bei St. Peter und auf der Linnenplate 3,3 (3,0) Meter, nahe Vollerwiek 3,4 (3,1 Meter), und bei Tönning (falls nicht das Sperrwerk die Verhältnisse geändert hat) ebenfalls 3,4 (3,1) Meter. Eideraufwärts bis Nordfeld war der Tidenhub bislang fast wie in Tönning.

Anlaufen von See durch das Hauptfahrwasser   (Plan S. 157 und 221)

Bei ruhigem Wetter und guter Sichtigkeit ist die Einfahrt von See in die Eider leicht. Schon bei mäßig schlechtem Wetter kann sie aber recht häßlich sein, denn die Barre ist flacher als bei den anderen Seegaten zwischen Elbe und Eider. Landmarken sind zu weit entfernt, als daß man sie bei weniger guter Sicht zu sehen bekommt. So muß man nach den Tonnen navigieren. Das Lot nützt einem hier nur als Warnung vor zu flachem Wasser, denn die Tiefenlinien laufen gänzlich konfus (siehe Plan). Die Fahrwasser ändern sich oft, und die Tonnen werden dann angepaßt. — Niemand soll sich nun abhalten lassen, von See zur Eider zu fahren. Nur bei auflandigem Starkwind oder schlechter Sicht würd' ich's verschieben.

Das Hauptfahrwasser läuft von den Außenbarren etwa 5 Seemeilen ostwärts. Dann biegt es hinter dem sehr veränderlichen Sand Fiegenplate nordwärts und zieht im Bogen

221

dicht unter Land. Seinen jetzigen Verlauf (1973) zeigt der Plan. Es hat aber auch Zeiten gegeben, wo es südlich der V o l l e r w i e k - P l a t e n lief. Auf Änderungen muß man gefaßt sein. Die W a s s e r t i e f e innerhalb der Barre ist oft über 6 Meter bei N.W. und meist nicht flacher als 2 Meter. Doch derzeit ist eine nur etwa 1 Meter tiefe Stelle südlich von Vollerwiek. Wahrscheinlich verschwindet sie wieder. — N e b e n f a h r w a s - s e r waren früher mit Pricken bezeichnet. Wie schade, daß sie neuerdings unbezeichnet sind. — N a c h t f a h r t ist möglich.

Landmarken sind von Nord nach Süd der dicke runde Leuchtturm S t . P e t e r (nordwestlich von ihm sind auffällige Hotels), die spitzturmige Kirche von T a t i n g, die Kirchen von V o l l e r w i e k und T ö n n i n g. Ein schlanker, 90 Meter hoher Funkmast ist bei Garding. Steht man innerhalb der Barre, dann sieht man auch das E i d e r s p e r r - w e r k mit Kontrollturm und den dunklen Schützen. Südlicher sind bei klarem Wetter das Riesenhochhaus von B ü s u m sowie die Baken auf B l a u o r t s a n d und T e r - t i u s s a n d zu sehen.

Betonnung: D r e i A n s t e u e r u n g s t o n n e n sind vor der Eider. Die äußerste heißt „Außeneider". Es ist eine schwarz-rote Leuchttonne, etwa 10 Seemeilen westlich vom „Isern Hinnerk". Die würde ich mit einem Sportboot nur auf dem Weg von Helgoland anlaufen (Plan S. 157). — Reichlich 3 Seemeilen ostwärts davon liegen zwei schwarzrote Tonnen mit der Aufschrift „Eider" und Doppelkreuz als Toppzeichen. Auch die würde ich auf küstennaher Fahrt auslassen. Weitere 3 Seemeilen östlich liegt als erste Fahrwassertonne und innerste Ansteuerungstonne die schwarze Glockentonne „A", und dicht dabei eine schwarze Leuchttonne (Funkelfeuer) mit Unterbrechung). Die m u ß man zuverlässig aufgefaßt haben, ehe man sich ans Einlaufen macht. Sie liegt auf etwa 7 Meter Wassertiefe. Bänke beginnen 0,5 Seemeilen ostwärts. Lotet man (um Wasserstand beschickt) weniger als 6 Meter Wassertiefe, so hat man sie verfehlt und m u ß westwärts halten, bis der Schiffsort klar ist. (In dieser Region liegen durchschnittlich alle 2 Seemeilen außerhalb der 6-Meter-Linie Tonnen vor den Bänken aus.)

D i e F a h r w a s s e r t o n n e n: Das Hauptfahrwasser der Eider ist gut und dicht beidseitig betonnt. Rote Spierentonnen, viele davon mit Zylindertoppzeichen, liegen an der Nordseite. Sie tragen Nummern. Schwarze Spitztonnen, viele mit Rautentoppzeichen, liegen an der Südseite und sind mit Buchstaben fortlaufend bezeichnet. Leuchttonnen liegen an den wichtigeren Krümmungen des Fahrwassers etwa alle 2 bis 3 Seemeilen.

Gezeitenströmung: S e e w ä r t s d e r e r s t e n F a h r w a s s e r t o n n n e „A" setzt der einlaufende Strom ostwärts, der auslaufende westwärts. 1 bis 1,2 Knoten ist seine größte Geschwindigkeit. Beim Kentern dreht er. — O s t w ä r t s v o n d e r F i e g e n - p l a t e setzt der Strom nach Nordost bzw. Südwest. Der einlaufende Strom erreicht 2 Knoten zur Springzeit, 1,5 Knoten bei Nippzeit. Der auslaufende Strom ist schwächer: 1,5 bzw. 1,2 Knoten. Nahe beim E i d e r s p e r r w e r k ist die Strömungsgeschwindigkeit unregelmäßig und zeitweilig sehr erheblich. Das ist plausibel, denn das Wasser, das bislang über die ganze Breite von zwei Seemeilen ausströmen konnte, muß das nun in 5 Öffnungen von 40 Meter Breite tun. Zeitweilig kann der Strom dort 6 Knoten laufen! — Nahe T ö n n i n g liefen bislang 2 bis 3, im Extremfall 4 Knoten Strömung. Ich vermute, daß es nach dem Sperrwerksbau weniger ist. — Quer zu den Fahrwassern kann die Strömung dann setzen, wenn die Watten überflutet sind und wo das Fahrwasser in

Nord-Süd-Richtung läuft. Wichtig für Nachtfahrt, wo einem die Kontrolle von Querversetzung durch die unbefeuerten Tonnen fehlt!

Die Barren: Sie liegen 1 bzw. 2 Seemeilen WNW von der Westspitze der Bank Isern Hinnerk (Plan). H a u p t f a h r w a s s e r : Die Barre des Hauptfahrwassers hat bei N.W. derzeit 3 Meter Wassertiefe (zeitweise auch nur 2½). So macht auflandiger Seegang nahe Niedrigwasserzeit bald Grundsee und bei höherem Seegang auch Brandung. Einlaufen würde ich bei ruhiger See auch bei Niedrigwasser, wenn die Tide schon einzulaufen begonnen hat. Bei Windstärke 5 auflandig müßte mindest halbe Tide und einlaufend Wasser sein. Bei 6 Windstärken auflandig ginge ich nur bei mindest ⅔ Tide einlaufend über die Barre und bei mehr Wind überhaupt nicht mehr, sondern durch Norderpiep, weht es schlimm, durch Süderpiep, denn dann hört sowieso der Spaß auf. S ü d f a h r w a s s e r ist ein nützlicher betonnter Abkürzungsweg. Doch seine Barre hat bei N.W. nur 1½ Meter Wasser. Bei ruhigem Meer würde ich hier frühestens bei halber Tide passieren und bei günstiger Tide nur bis höchstens 5 auflandigen Windstärken.

Nachtfahrt: Die amtlichen Handbücher raten ab, nachts ortsfremd in die Eider einzulaufen. Ich schließe mich an. Allerdings liefe ich selber ohne größere Bedenken ein, wenn ruhiges Meer ist, gute Sichtigkeit, passende Tide und etwas Mondlicht, um keine unbefeuerte Tonne umzurennen. Zur Mittsommerzeit würde ich sogar auf den Mond verzichten, denn da bleibt in diesen nördlichen Regionen genug Widerschein der „Mitternachtssonne" am Horizont.

Im Leitsektor des Leuchtturmes St. Peter (3 Unterbrechungen weiß zwischen rot und grün) würde ich etwa 55° laufen (um Tidenstrom beschickt). Von Fahrwassertonne A (Funkelfeuer mit Unterbrechung) 2½ sm bis zum Fahrwasserknick bei Tonne 4 (2 Blinke). Von dort 2½ sm ostsüdost bis Tonne E (3 Unterbrechungen). Weitere 2½ sm etwa 80° bis Tonne J (unterbrochenes Feuer). Dann knapp 2 sm etwa 20° bis Tonne 14 (Funkelfeuer). Von dort knapp 2 sm 40° bis Tonne L 1 (Blinke). Bei Nordwestwindlage würde ich da ankern. Bei Südwestwind führe ich noch 1 sm 65° bis Tonne 18 (2 Unterbrechungen) und ankerte südlich von ihr auf passender Wassertiefe.

Für „Alte Hasen" ist solches Stück Nachtfahrt ein navigatorischer Leckerbissen (an Querversetzung denken; innerhalb der Barre hilft das Lot sehr; Kurse nur als Anhalt). Beginner sollten sich den Leckerbissen für später aufheben.

Nebenfahrwasser   (Plan S. 221)

Nordloch, früher eine betonnte Durchfahrt dicht am Hochsicht-Sand entlang nach Westen, war schon bei der letzten Auflage des Buches so kümmerlich geworden, daß ich es nur mit Bedenken noch nannte. Nunmehr ist es gänzlich versandet. — Meist bilden sich solche Fahrwasser später wieder neu.

Südfahrwasser ist ein Abkürzungsfahrwasser bei der Außenbarre (Plan). Es ist betonnt; doch auf seiner Barre sind bei N.W. nur 1½ Meter Wasser. So ist es in erster Linie ein Gutwetterfahrwasser für Boote, die aus der Eider heraus um die Bank Isern Hinnerk herum nach Süden in die Norderpiep nach Büsum wollen. Schwarze Tonnen mit der Bezeichnung „SF" stehen an der Südseite.

Die letzte Seitentonne ist SF/A. Doch nur bei ruhigem Meer und m i n d e s t h a l b e r T i d e würde ich schon hier auf Südsüdwest-Kurs gehen. Dann treffe ich nach 2 Seemeilen auf die Seitenbetonnung der Norderpiep. Je ungünstiger Tide und Wetterbedingungen, desto weiter hole ich nach Westen aus.

Wie man es nicht machen soll, hat mir kürzlich ein Seglerfreund aus einer nicht fernliegenden Küstenstadt erzählt. Er wußte natürlich von der Bank Isern Hinnerk, war aber an dem Tage in „gar-nich-um-kümmern-Stimmung" und kam prompt darauf fest. Nun ist das dort an der Kante der offenen See kein „Festkommen", sondern schlicht Strandung. Doch hatte sich mein Freund dafür einen Tag mit Ostwind gewählt, hat ein starkes und nicht tiefgehendes Schiff und kam bei steigend Wasser leidlich unversehrt wieder ab, so wie es im Einführungskapitel für „Strandung ohne starke Brandung" beschrieben wurde. — Obwohl mein Freund ein alter Seefuchs ist; in die Glieder gefahren ist ihm das Erlebnis erheblich. Somit: Vorsicht vor den seewärtigen Sänden!

Fahrt über Fiegenplate und Hochsichtsand: Da flitzen nahe Hochwasserzeit bei gutem Wetter Gleitboote über die Sände und Bänke. Spricht man hinterher mit den Schiffern, so sind sie meist erstaunt, daß man dies für gefährlich hält. Vielleicht müssen wir „Dickschiffleute" umlernen (vielleicht aber auch nicht). Ich meinerseits würde dort nur mit tausend „wenn und aber", Ententeich, flachgehendem Boot, steigend Wasser — meistens aber wohl gar nicht fahren.

Routen über See   (Plan S. 157 und 221)

Von Helgoland zur Eider

Von Helgoland zur Eider (oder umgekehrt) ist bei passendem Wind eine schöne, bequeme Tagesfahrt. 31 Seemeilen bis zum Sperrwerk, 37 bis nach Tönning. Nicht fahren kann man die Route bei starkem westlichen Wind, weil einem dann die Eiderbarre Schwierigkeiten schafft. Kommt unterwegs mehr als Windstärke 6 auf, muß man auf Norderpiep, Süderpiep oder Süderhever „umschalten".

Z e i t p l a n u n g : Maßgeblich ist die Barre der Eider. Ich würde die 18 Seemeilen von Helgoland bis zur Eiderbarre dann abgelaufen haben wollen, wenn dort etwa halbe Tide und einlaufend Wasser ist. Bei ruhigem Meer kann es einem aber auch gleich sein (siehe Passieren der Eiderbarre). D e r W e g : Navigation von Tonne zu Tonne. Der Kurs muß um die quer versetzende Strömung beschickt werden. — Von Helgoland, Tonne „Düne S" zur Tonne 3 des Elbe-Esbjerg-Weges (8 sm, rw. 70°). Von da zur Tonne „Außeneider" (6 sm, rw. 74°). Danach zur Tonne „Eider" (3¼ sm, rw. 105°) und dann das betonnte Hauptfahrwasser bis zum Sperrwerk.

Elbmündung zur Eider

Von Büsum über See zur Eider   (Plan S. 157, 180 und 221)

Die Distanz zwischen Büsum und Tönning ist 37 Seemeilen. Kann man es einrichten, während der g a n z e n Reise mitlaufende Tide zu haben, gibt es eine rasche Fahrt. Doch westlicher Wind, vor allem Nordwest, beeinflußt die Zeitplanung. Sind mehr als 5 Windstärken aus Nordwest oder West, würde ich die Reise verschieben.

D e r   W e g : Aus Büsum durch die Norderpiep seewärts, bis man bei der letzten Fahrwassertonne „N/1" steht. Das sind etwa 14 Seemeilen Fahrt. Danach läuft man 1 Seemeile NNW bis zur Fahrwassertonne A der Eidermündung. Danach geht es in östlicher Richtung in die Eider hinein, und zwar wohl immer durch das tiefere Hauptfahrwasser, wie auf Seite 221 f beschrieben.

Z e i t p l a n u n g : Meist sind die Barre der Eider und die Seegangsverhältnisse darauf maßgebend, wie man die Zeitplanung macht. Bei ruhigem Meer ist es natürlich das günstigste, sich allein nach der Strömung zu richten. Dann würde ich etwa 1 bis 2 Stunden nach Hochwasser in Büsum ablegen, bei Niedrigwasser auf der Barre der Norderpiep stehen (das Wasser läuft noch eine Zeit n a c h Niedrigwasser aus), bei Beginn einlaufenden Wassers auf der Barre der Eider sein und dann mit einlaufender Strömung meinetwegen bis nach Friedrichstadt fahren. Das ist strömungsmäßig herrlich. Doch hinsichtlich Seegang und Wassertiefe passiere ich die beiden Barren zu ungünstiger Zeit. — Ist auflandiger Wind und Seegang von Belang, muß ich anders disponieren, um bei günstigerer Strömung und günstigerem Wasserstand auf den Barren zu sein. Zum Beispiel: Etwas später ablegen, die Barre der Norderpiep 2 bis 3 Stunden nach Niedrigwasser kreuzen (dann läuft mir zwar Strömung entgegen, ist aber viel handigere See), etwa 4 Stunden nach N.W. über die Barre der Eider gehen und mit dem Rest des einlaufenden Wassers vielleicht doch noch bis Tönning getragen zu werden.

Z i e l h ä f e n : Tönning und Friedrichstadt sind die schönsten und wichtigsten Eiderhäfen. 6 Seemeilen vor Tönning muß man durch das Eidersperrwerk durchschleusen. Soll es am nächsten Tag zum Halligmeer weitergehen, so kann man vielleicht für die Nacht in einem der Vorhäfen des Eidersperrwerkes liegen oder binnen vom Sperrwerk in der Eider ankern.

Von Büsum über das Watt zur Eider   (Plan S. 191 und 221)

Auf dieser Strecke liegt der Blauortsand, ein verhältnismäßig hoher Wattrücken. Ich denke, daß man die Wattfahrt zur Eider bei Nippzeit mit Booten bis 1,0 Meter und bei Springzeit bis 1,2 Meter Tiefgang machen kann (Hochwasserstand bei durchschnittlichem Springhochwasser ist 3,5 bis 3,6 Meter über Kartennull). Wasserstandsvorhersage zu hören, kann bei Ostwindverdacht nützlich sein. — Stielt Ostwind einem die Tide, so würde ich mit einem Boot von Tiefgang „außen herum" fahren.

Z e i t p l a n u n g : Zwei Wattenhochs liegen auf dem Weg, durch 6 Meilen getrennt. 1½ Stunden vor H.W. möchte ich vor dem ersten stehen. Das ist von Büsum 6 sm entfernt. Davon sind 3 gegen auflaufenden Strom von etwa 2½ Knoten zu fahren. So hängt es von der Art des Bootes ab, wann man in Büsum ablegt. — Will ich nicht gegen Strömung fahren, so gehe ich 1 Stunde vor N.W. in Büsum weg, laufe mit dem Rest auslaufender Strömung in der Norderpiep bis zum Ossengoot und warte dort vor Anker das Steigen des Wassers ab. Etwa 3 Stunden nach N.W. gehe ich ankerauf und fahre das Ossengoot mit auflaufendem Strom.

Der Weg: Nach Auslaufen aus Büsum fahre ich in der N o r d e r p i e p westwärts. Ich würde mich dicht an der Reihe der roten Tonnen halten. Dann ist die Prickenreihe des Ossengoot am besten zu sehen.

D a s O s s e n g o o t ist ein Wattfahrwasser, das etwa 3 Seemeilen westlich von Büsum von Norden her in die Norderpiep mündet. Lage und Tiefe der Mündung des Ossengoot sind veränderlich. Meistens ist die mit Pricken an ihrer Westseite bezeichnete Einmündung zwischen Fahrwassertonne 14 und 15 der Norderpiep. Das Ossengoot zieht erst nordwärts, dann ostwärts (Pricken an Backbordseite) und endet dicht unter Land bei dem kleinen Siel H i r t e n s t a l l (Seite 190).

Ich habe das Ossengoot ½ Seemeile vor dem Deich verlassen und bin von da quer über das Watt schnurstracks Nord gefahren (Plan S. 191, 221). Manchmal war da der 7 sm entfernt voraus stehende Kirchturm von Vollerwiek schon zu sehen. Zuweilen kam ich hier fest und mußte noch etwas auf das weitere Steigen des Wassers warten. Hier ist hohes Watt.

Drei Seemeilen nach Verlassen des Ossengoot habe ich dann die Reihe der Pricken getroffen, die den nördlichen Ausläufer des W e s s e l b u r e n e r L o c h s an der Seeseite bezeichnet (Plan S. 221). Die Pricken führen in Biegungen nordwärts und ostwärts auf das zweite Wattenhoch. Das ist niedriger als das erste. Die Prickenreihe läuft dann dicht unter Land an Lahnungen und Buhnen vorbei. Stangen mit Andreaskreuz stehen zuweilen auf den Buhnenspitzen und bleiben Steuerbord. Dann führt das Wattfahrwasser vor dem E i d e r s p e r r w e r k in den tiefen Lauf der Eider hinein.

Ein zweiter Wattenweg, etwa 1 Seemeile westwärts der Blauortsand-Bake, war früher mit Pricken bezeichnet. Er führte auf tieferem Wasser in das Wesselburener Loch hinein. Ich finde es schade, daß diese alten Fahrwege der Segelschiffszeit heute nicht mehr bezeichnet sind. Ein cleverer Schiffer freilich wird sich seinen Weg mit dem Lot suchen.

Das Wesselburener Loch und seine Nebenarme sind eine einsame Welt ganz für sich. In seinem inneren Teil ist es hinter den hohen Watten gut geschützt, um dort zu ankern oder trockenzufallen. Wäre das nichts? Statt sich in vollen Häfen herumzuärgern, mit Proviant und Wasser versehen einfach einmal eine Woche in der Einsamkeit der Watten zu sein!

Von der Eider zum Halligmeer

Das ist von Süden die letzte Etappe vor dem Halligmeer, dem so zauberhaft schönen und gerade für kleine Boote so günstigen Revier. Doch gerade hier gibt es ein kurzes Stück weit keine Wattfahrt. — Gottlob ist die Strecke, die nicht in Wattenschutz liegt, nur kurz und nicht schwierig zu fahren. Sie führt flachgehende Boote verhältnismäßig dicht an den Seebadestränden von St. Peter und Ording vorbei. Da sind Hotels und Landmarken genug.

Distanzen: F ü r S e e f a h r t y a c h t e n sind vom Eidersperrwerk nach Husum 46, Tetenbüllspieker 39, Pellworm 38 Meilen. Das ist die Route über die Ansteuerungstonne der Süderhever. — Bei handigem Wetter kann man meist über den Rochelsteert fahren. Das spart 5 Seemeilen ein. Bei leidlich ruhigem Meer kann man die Fahrt so planen, daß man überall mitlaufenden Tidenstrom hat.

F ü r f l a c h g e h e n d e B o o t e sind für die Fahrt über Rochelsteert auf 2½ Meter Wasser vom Eidersperrwerk bis zum Hafen der Tümmlauer Bucht 23, bis Hallig Süderoog 28, bis Pellworm oder Tetenbüllspieker 33 Meilen zu fahren. Startet man in Ehstersiel, sind es 4 Meilen weniger. — Wer bei Ententeichwetter 1½ Stunden vor Hochwas-

ser quer über Fiegenplate und Westerplate hinweg und dann 1 Kilometer vom Badestrand St. Peter und Ording vorbeisteuert, hat von Ehstersiel bis Tümmlauer Bucht 14, bis Süderoog 19, bis Pellworm oder Tetenbüllspieker 24 Seemeilen Fahrt.
Ist es auch kurz, es ist großenteils k e i n e Wattfahrt. Nicht voll seefeste Boote m ü s - s e n ruhiges Wetter abwarten. Bei auflandigem Wind würde ich mir mit einem Jollenkreuzer nicht mehr als 4 Windstärken wünschen, bei ablandigem nicht mehr als 5. Muß man warten, so wird man dafür im Halligmeer reichlich belohnt.

Routen für tiefgehende Yachten: Der Weg führt zur Eider heraus und zur Süderhever wieder herein. Bei ruhigem Meer kann man ständig Strömung mitlaufen haben. Freilich passiert man dann die Eiderbarre nahe Niedrigwasserzeit. — Bei frischem oder starkem auflandigem Wind muß man es deshalb anders einrichten. — Bei ruhigem Wetter lege ich in Tönning etwa 1/2 Stunde nach Hochwasser ab. Im Eidersperrwerk 2 bis 3 Stunden nach H.W.

T i e f w a s s e r r o u t e : Eiderabwärts bis zur Fahrwassertonne B/1, wo der Fahrwasserknick ist. Ich sehe keinen Grund, bei der jetzigen Fahrwasserführung und Wassertiefe in der Eiderbetonnung weiter zu fahren. Von B/1 setze ich Kurs auf die 5 Seemeilen nordwestwärts liegende Ansteuerungstonne „Süderhever" ab (Plan S. 157, 229). Von da laufe ich in der betonnten Süderhever ins Halligmeer ein (Seite 287).

G u t w e t t e r r o u t e : Sie läuft genauso Eider abwärts bis zur Fahrwassertonne B/1. Von dort laufe ich nordwestwärts bis zur roten Spierentonne H/1 2 1/2 Meilen entfernt. Die bezeichnet den Südrand der Bank Rochelsteert. Von H/1 laufe mit Nordkurs über die Bank Rochelsteert hinweg. Da treffe ich nach 3 1/2 Seemeilen auf die Tonnenreihe der Süderhever. In die biege ich nordostwärts ein. — Auf der Bank Rochelsteert fahre ich bei Niedrigwasser auf 2 1/2 bis 3 Meter Wassertiefe. Ich kann diese Route also nicht bei groben Wetter fahren. Je weiter ich auf der Bank Rochelsteert nach Westen aushole, desto tiefer das Wasser. Ich achte darauf, nicht nach Land versetzt zu werden. Ist die 8 Seemeilen voraus stehende Süderoog-Bake in Sicht, so kann ich sie zur Ansteuerung benutzen.

Gutwetterfahrt für nicht voll seefeste Boote: Ich würde, solange nicht wieder ein Fahrwasser nördlich der Fiegenplatte bezeichnet ist, die gleiche Strecke fahren, wie sie oben als Gutwetterroute für Seefahrtsyachten beschrieben ist. — Ist wieder ein Fahrwasser wie das frühere Norderloch bezeichnet, dann bei ruhigem Meer natürlich wohl dies.
Unterwegs liegt die **Tümmlauer Bucht** mit ihrem kleinen Hafen. Sie bedeutet natürlich einen Umweg, ist aber doch ein nützlicher Zufluchtsplatz auf halben Weg (Seite 266 f).

VI. Das Meer der Halligen

Einleitung

Hier kommen wir nun in das seltsamste Gebiet der deutschen Nordseeküste. Nirgendwo sonst in Europa ist derlei zu finden.

Vor 2000 Jahren hat Plinius, Oberinspektor im römischen Hafen Messina, über das Leben im Gebiet der heutigen Halligen wie folgt berichtet:

> *„Dort wohnt das arme Volk (der Chauken) auf Hügeln oder auf gemäß den höchsten Fluten aufgeschütteten Anhöhen, auf welchen es Hütten baut. Wenn die Flut ringsum alles mit Wasser bedeckt, gleichen sie Schiffern. Wenn sich das Wasser wieder verlaufen hat, sind sie wie Schiffbrüchige. Sie machen um ihre Hütten auf Fische Jagd, die mit dem Meere fliehen. Sie können kein Vieh halten und nicht von Milch leben wie ihre Nachbarn. Erdschollen, die sie mit den Händen ausgraben, werden mehr von der Luft als durch die Sonne getrocknet. Mit dieser Erde (gemeint ist Torf) kochen sie ihre Speisen und wärmen damit ihre vom Nordwind erstarrten Körper. Ihr Getränk ist nur Regenwasser, das sie in Gruben vor dem Hause aufbewahren."*

Das Meer der Halligen: Das Meer der Halligen, wie ich es nenne, ist ein kleines Randgebiet der Nordsee, ein Nebenmeer des Nebenmeeres, eine kleine Welt für sich. Es ist etwa 60 Kilometer lang und 30 Kilometer breit. Die Insel Sylt schließt es nach Norden und Nordwesten von der Nordsee ab. Die Insel Amrum und drei große, hochwasserfreie Sände scheiden es nach Westen von der offenen See. Im Süden liegt die Halbinsel Eiderstedt, im Osten das Festland. Die Nordsee hat nur durch drei große Seegaten Zutritt. In diesem kleinen Meer liegen fünf Inseln mit ihren Inselhäfen. Es gibt 9 Kleininseln, die Halligen, von denen viele ebenfalls Liegeplätze haben. 6 Häfen sind am Festland. Und manche namenlosen Sieltiefs und Halligpriele oder Vorlandpriele. Dies reicht vollkommen aus, einen während einer Urlaubsdauer vollauf zu beschäftigen. Kein Gebiet unserer Nordsee ist so reich gegliedert. — Das Halligmeer ist ein überaus schönes Fahrtgebiet und ein sehr lohnendes Urlaubsziel. Es ist vor allem auch ein Gebiet, wo kleine, nicht voll seefeste Boote, die man mit dem Trailer transportieren kann, durchaus ein brauchbares Revier vorfinden. Auch Kajaks können sich hier gut bewegen. Es ist noch immer eine sehr einsame Landschaft. Man wird keine Schwierigkeiten haben, seinen Sielplatz für sich ganz alleine zu finden, wenn man ihn sucht. Es gibt aber auch belebtere Häfen und sogar drei mit tiefem Wasser. — Erinnern wir uns noch, daß der Juli Nordfriesland ruhigeres und trockneres Wetter beschert als den ostfriesischen Inseln.
Doch man muß wissen: e s i s t k e i n B i n n e n s e e. Einstellung auf die Eigenarten der Wattfahrt und gute Vorbereitung jeder Tagesfahrt sind hier genauso nötig, wie an der Nordseeküste überall. Was es anderen Revieren voraus hat, sind: die kurzen Distanzen, der Reichtum an Inseln, die vielen geschützten Liegeplätze, die vielen kleinen Häfen, die menschenleere Einsamkeit und die Eigenart der Halligen. Auch die menschliche Besonderheit des nordfriesischen Menschenschlages gehört hierher.

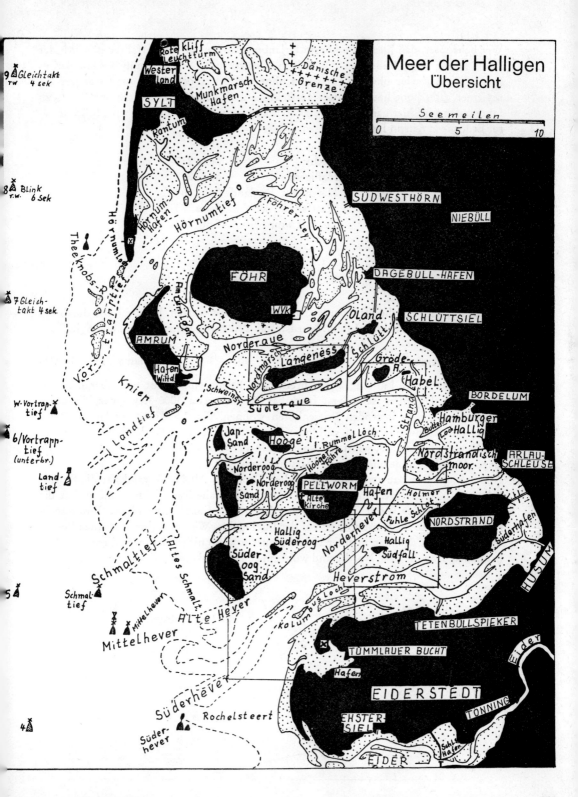

Meer der Halligen
Übersicht

Seemeilen

0   5   10

Wer behauptet, daß hier das schönste Urlaubsgebiet für den Wasserfahrer nördlich der Elbmündung liegt, findet bei mir keinen Widerspruch. — Man muß wissen, daß es (gottlob) ein Revier ohne Marinas und ohne viel Sportbootbetrieb ist. Doch wer ein reviergerechtes Boot hat u n d wer versteht, es nach den Gegebenheiten der Natur zu fahren, der wird hier ganz auf seine Kosten kommen. Er wird dies seltsame Stück unserer Erde nie in seinem Leben vergessen.

Gliederung:

Inseln:	Seite 230
Halligen:	Seite 245
Häfen am Festland	Seite 264
Wattfahrwasser	Seite 273
Zufahrt von See	Seite 283

A. Die Inseln

Unsere Neugier auf die Halligen lassen wir noch etwas warten. Unsere Reise durch das Halligmeer beginnt bei den Inseln: Nordstrand, Pellworm, Föhr, Amrum und Sylt.

Insel Nordstrand   (Plan S. 229, 277, 231)

D i e I n s e l ist 10 km lang, 7 km breit, rund herum eingedeicht und überall flaches Marschland. Die Insel ist äußerst fruchtbar. Sie hat etwa 3000 Bewohner, die überwiegend in einzeln liegenden Friesenhöfen wohnen. Ein 2,5 Kilometer langer Steindamm mit Autostraße darauf verbindet Nordstrand mit dem Festland. So ist Husum der Hauptort. Die Insel selbst hat keinen. Ein Berliner würde sagen: „Es ist nichts als Gegend!" Sehr schöne und typische Marschenlandschaft.
Alle belangvollen Bauwerke auf der reichen Großinsel Alt-Nordstrand hat die Sturmflut von 1634 zerstört. Nur im Ort O l d e n b ü l l, nahe Strucklahnungshörn, hat die Sturmflut auf einer Warft eine Kirche aus dem 13. Jahrhundert verschont. Ihre Kanzel ist fast 400 Jahre alt. Sonst aber ist auf der Insel meines Wissens nichts, was einen Besuch besonders lohnt. Da man in einer Urlaubsdauer sowieso nicht alles im Halligmeer sehen kann, mag man die Insel Nordstrand wohl am ehesten auslassen.

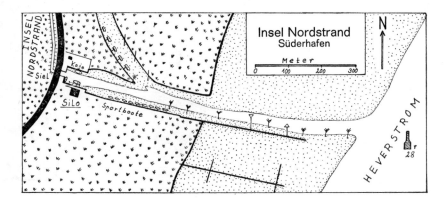

Häfen und Watten: Die Insel hat zwei kleine Häfen: S ü d e r h a f e n gegenüber von Husum und S t r u c k l a h n u n g s h ö r n im Westen. — Weiches Schlickwatt überwiegt an der Festlandsseite von Nordstrand. Da sind auch viele Lahnungen weit vorgebaut. Hartes, zum Trockenfallen einladendes Sandwatt ist im Westen der Insel in Richtung auf H a l l i g S ü d f a l l. Dort, wo jetzt dieser breite Wattrücken ist, lag das sagenumwobene R u n g h o l t, der größte und reichste Ort unter den 50 Kirchdörfern, die bei der Marcellus-Flut im Jahre 1362 vom Meer überrannt worden sind.

Süderhafen ist ein stiller Sielhafen, in den nur selten ein kleines Frachtschiff einläuft und Düngemittel bringt oder Getreide holt. Eine 800 Meter lange Zufahrtsrinne führt aus dem Heverstrom in den Hafen (Plan S. 229, 230). Sie ist bei N.W. nur etwa ½ Meter tief und schmal. Pricken stehen an der Südseite. 8 Meter Abstand von ihnen war die beste Entfernung. — Etwa 150 Meter vor dem hohen auffälligen Getreidespeicher beginnt Holzkaje. Dort liegen hoch trockenfallend zahlreiche Sportboote. Eine etwa 20 Meter lange Kaje mit Pfählen und tieferem Wasser (¼ bis ½ Meter bei N.W.) ist direkt unter dem Getreidespeicher. Dicht bei der Sielöffnung ist tieferes Wasser. Eine 30 Meter lange Kaje an der Nordseite fällt trocken, ist aber oft der günstigste Platz. Schließlich gibt es noch einen trockenfallenden Nebenarm, der mit kleineren Sportbooten belegt ist. Süderhafen ist ein ruhiger Platz ohne besonderen Hafenkomfort. Es gibt Trinkwasser. Kleinere Yachten überwiegen. Es ist gut geschützt auch bei stürmischem Wetter, bei Regen freilich wohl auch etwas trostlos. Einlaufen kann man mit flachgehendem Boot auch bei Niedrigwasser. Mit meinem 1 Meter tiefen Boot bin ich 1½ Stunden nach N.W. hereingekommen. Auf die anfangs quer zur Rinne setzende Strömung muß man achten.

Strucklahnungshörn liegt an Nordstrands Nordwestspitze. Er ist ein kleiner Fährhafen nach Pellworm, beherbergt Granatfischerboote, einen Seenotrettungskreuzer, doch nur wenige Sportboote. Es ist eng, recht voll, nicht übermäßig attraktiv und durch den Autoverkehr zur Fähre auch keine Idylle der Ruhe mehr. Bei starkem Nordwestwind kann Strucklahnungshörn ungemütlich sein. So ist der Hafen wohl mehr zum Übernachten geeignet als für längeren Aufenthalt. Immerhin ist er einer der wenigen Häfen mit tiefem Wasser.

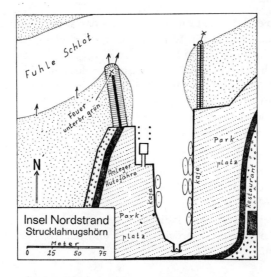

Die Zufahrt erfolgt durch den breiten, betonnten und mit Pricken bezeichneten Priel Fuhle Schlot (Plan Seite 277). Etwa 2 Meter Wassertiefe sind im Priel bei N.W. bis zur Hafeneinfahrt. — Im Hafen steht bei N.W. etwa 1 Meter, stellenweise auch etwas weniger Wasser. Insgesamt hat Strucklahnungshörn jetzt fast 200 Meter Kaje. Doch den größten Teil brauchen die Fischerboote. Ein Sportboot findet aber wohl immer noch Platz. Am ungestörtesten vom Schiffsverkehr liegt man wohl ganz innen dicht bei den Toren des kleinen Sieles. — Es gibt ein Restaurant, Trinkwasser, das nötigste an Lebensmitteln beim Fährrestaurant oder in Norden (2 Kilometer), doch reichlichere Auswahl erst in Oldenbüll (3 Kilometer). — Bei starkem oder stürmischem Nordwest- und Nordwind steht nahe Hochwasserzeit kräftiger Schwell in den Hafen. Der trichterförmige Bau des Hafens verstärkt ihn sehr. Steht stürmischer Nordwest zu erwarten, würde ich deshalb nach Pellworm wechseln. Sonst lange, gute Vorleinen legen und evtl. einen Anker querab, um das Boot von anderen Schiffen frei holen zu können. Strucklahnungshörn ist ein guter Absprungplatz zur Fahrt nach der Hallig N o r d - s t r a n d i s c h m o o r. Ist besonders tiefe Ebbe zu erwarten (Springzeit und Ostwind), dann findet man im Watt etwa 1½ Seemeilen WSW die S p u r e n   v o n   R u n g h o l t.

Norderhafen, 1 Seemeile Nordost von Strucklahnungshörn, besteht seit der Deicherhöhung nicht mehr.

Insel Pellworm   (Plan S. 229, 234, 288)

Insel Pellworm ist flach und fruchtbar, eine reine Marscheninsel, ein Überrest der früheren Großinsel Alt-Nordstrand. Bis 1,5 Meter liegt das Land u n t e r der Hochwasserlinie. So braucht die Insel einen Ring ungewöhnlich hoher, stark befestigter Deiche. — Etwa 9 Kilometer lang und breit ist Pellworm. Die 3000 Einwohner leben meist weit verstreut in großen Friesenhäusern. Es gibt keinen Hauptort. Am ehesten kann noch das Dorf Tammensiel beim Hafen als eine Art von „Zentrum" gelten. Die Insel atmet Ruhe. Die Dinge gehen im Gleichmaß und in bedächtigem Gang. Kühe grasen auf satten Wiesen. Singvögel und Spatzen machen in den Bäumen einen höllischen Spektakel. Da es keine rechten Sandstrände gibt, ist die Insel kein Seebad und wird von Sommergästen nicht überschwemmt.

Die Turmruine der Alten Kirche ist das Wahrzeichen Pellworms (Skizze S. 280). Wichtige Landmarke für Wattenfahrer an der Westseite der Insel. Auch von Land aus lohnt sie einen Besuch. Im Inneren der Kirche sind der sehr alte Altar von 1460 und die noch 60 Jahre ältere Kanzel. Draußen liegt der bescheidene Friedhof der Heimatlosen — vom Meer angeschwemmte Seeleute. — Leider ist es weit vom Hafen Pellworm. Hat man sich erkundigt, wann Autobusse laufen, so kann man eine oder beide Strecken fahren. Näher ist es vom Anleger Hooger Fähre. — In der Inselmitte ist noch die reich ausgestattete „Neue" Kirche von 1622.

Häfen, Watten, Fahrtrevier (Übersichtsplan S. 229, 288): Pellworm hat nur einen Hafen. Der liegt an der Ostseite der Insel. An der Nordwestspitze gibt es noch den Anleger Hooger Fähre. Von dort läuft das Fährboot zur nahen Hallig Hooge. An der Westseite von Pellworm ist schönes, hartes Sandwatt, über das bei Niedrigwasser Pferdefuhrwerke zur Hallig Süderoog fahren, der Hallig der Jungens. Als hochwasserfreie Sände und Wellenbrecher liegen Japsand, Norderoog-Sand und Süderoog-Sand etwa 4 sm westwärts von Pellworm.

Das Fahrtrevier um Pellworms Hafen liegt günstig. Für Tagesfahrten zu Hallig Süderoog, Südfall oder Nordstrandischmoor, bei denen Yachten mit größerem Tiefgang nicht gut liegen, ist Pellworm-Hafen ein guter Ausgangspunkt. Auch kann man sich hier für Halligfahrten mit Lebensmitteln versorgen.

Das Runden von Pellworm an der Ostseite durch das Fahrwasser „Der Strand" (S. 278) ist auch tiefgehenden Yachten leicht möglich. Damit hat man Zugang zu allen Häfen und Liegeplätzen des Wattenstromes Süderaue, also den Halligen Hooge, Oland, Langeneß und Gröde-Appelland. Und ebenso zu den Häfen der Inseln Amrum und Föhr. Durch das Fahrwasser Rummelloch (S. 279) können Boote bis 1,2 Meter Tiefgang von der Ostseite Pellworms an seine Nord- und Westseite gelangen.

Pellworm an der Westseite zu runden, also zwischen Pellworm und der Hallig Süderoog zu passieren, würde ich je nach Spring- oder Nipptide und Windrichtung nur mit Booten bis 1,4 Meter Tiefgang unternehmen. Mehr über dieses sehr einsame und sehr schöne Revier zwischen Pellworm und den seewärtigen Sänden zeigt der Plan auf Seite 288. — Wie schade, daß die großen Sände Süderoogsand, Norderoogsand und Japsand Naturschutzgebiet sind (ausgenommen das Hallig Hooge gegenüberliegende Stück von Japsand). — Der Meermann Ecke Neckepenn regiert in dieser Region, und die spukhaftesten Wattengeschichten spielen im Bereich des Rummelloches. Ein Farbtupfen an menschlichem Leben wird durch die Hallig der Jungens, Süderoog, an der Südseite dieses Gebietes gesetzt. Bei Niedrigwasser ist der Wattenweg zwischen Hallig Hooge und Japsand von Menschen belebt, nahe Hochwasserzeit läuft Fährverkehr zwischen dem Anleger Hooger Fähre auf Pellworm und dem Südostanleger von Hallig Hooge.

Pellworm-Hafen ist ein 200 Meter langer, 50 Meter breiter, deichumgebener Hafenschlauch an der Ostseite der Insel. Er liegt etwa 1 Seemeile vom tiefen Wasser der Norderhever entfernt und wird durch eine Rinne erreicht, die bei N.W. nahezu trockenfällt. Nahe Hochwasserzeit können Yachten bis etwa 2 Meter Tiefgang einlaufen. Doch der Hafen fällt trocken bis auf eine flache Rinne in der Mitte. — Der innere Teil des Hafenbeckens ist auf beiden Seiten etwa 80 Meter weit mit Eisenkaje ausgestattet. Dort liegen Fischerboote und Frachtfahrer. Längsseits neben einem nicht auslaufenden Wattenfrachter liegt man oft gar nicht schlecht. — Der äußere Teil des Hafens hat geböschte Wände mit Stegen. Tiefer gehende Yachten liegen oft an der Nordseite, flachgehende Sportboote meist an der Südseite. Da ist auch der Anleger der Autofähre. Erweiterung des Hafens ist geplant. — Wird, meist nach stärkerem Regen, im Hafen durch Öffnen des Sieles gespült, so läuft starke Strömung.

Beim Hafen sind Restaurants. Es gibt Trinkwasser. Einkaufen kann man in Tammensiel ein paar hundert Meter nordwärts vom Hafen. Da ist auch eine kleine Motorenwerkstatt. Treibstoff aber nur mühsam von Landtankstelle. — Alles in allem ist Pellworm trotz der Autofähre noch ein ruhiger Hafen, und das Friesensprichwort: „Gott schuf die Zeit, von Eile aber hat er nichts gesagt", gilt hier noch.

Einlaufen: Aus dem Wattenstrom Norderhever führt eine über 1 Seemeile lange Wattrinne zum Hafen (s. Hafenplan S. 234 u. Plan S. 277). Ausgangspunkt ist für tiefgehende Yachten oder bei Niedrigwasser die Leuchttonne „6-Pellworm". In etwa ½ sm Abstand liegt NNW-wärts davon eine schwarze Fahrwassertonne „P/A". Vor hier aus beginnt der Hafenpriel. Im Frühsommer ist darin bei N.W. oft weniger als ½ Meter Wasser. Im Hoch- und Spätsommer, wenn die Autofähre den Schlick mobilisiert hat,

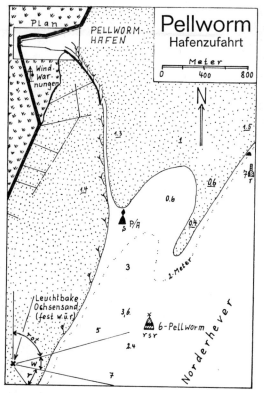

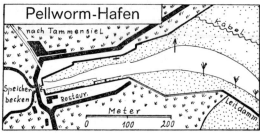

ist wohl überall ½ Meter Tiefe. Die Pricken stehen an der Westseite der Rinne. Anfangs sind etwa 20 Meter, später 8 bis 10 Meter Distanz zu den Pricken richtig. Der Priel ist eng. Sind die Watten überflutet, so kann die Strömung im äußeren Teil quer setzen. Etwa 700 Meter vor dem Hafen beginnt an der Westseite ein Leitdamm. Sein Außenteil kann bei H.W. überflutet sein. Doch kennzeichnen Pricken seinen Verlauf. — Im Hafen selbst ist bei tiefem Niedrigwasser nur in der Spülrinne in der Mitte des Hafenbeckens tieferes Wasser. Boote bis zu 1 Meter Tiefgang werden sich bei Niedrigwasser zwar oft bis in das Hafenbecken hineinmogeln können, bekommen dort dann aber manchmal eine Zeitlang noch keine Verbindung zum Land. Etwa 2 Stunden nach Niedrigwasser ist das Einlaufen mit Booten bis 1,2 Meter Tiefgang meist gut möglich.

Einlaufen nachts: Die Norderhever ist von See her bis zur Leuchttonne „Pellworm" befeuert. Die Hafenzufahrt selbst ist unbefeuert. — In einigermaßen heller Nacht und bei steigendem Wasser und gutem Wetter würde ich wohl auch im Dunkeln versuchen, nach Pellworm einzulaufen. Ist es mir aber zu dunkel oder ist schlechtes Wetter, dann würde ich auf Reede vor der Hafeneinfahrt ankern. Dabei würde ich mich lotend und mit Hilfe der Leuchtbake Ochsensand soweit vor die Hafeneinfahrt bringen, wie es ohne Risiko möglich ist. Am besten liegt man wohl dicht südlich der Tonne P/A. Ist's auch bei starkem Südwestwind unruhig, so doch weniger als in der stark strömenden Norderhever.

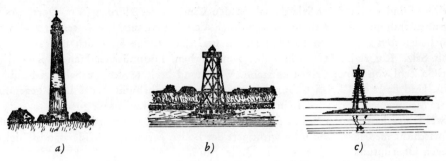

a)   *b)*   *c)*

Die Leuchtfeuer von Pellworm: a) Pellworm-Leuchtturm, b) Pellworm-Unterfeuer und c) Ochsensand-Leuchtbake.

Hooger Fähre heißt der Fährschiffsanleger an Pellworms Nordwestseite. Das Fährschiff nach Hallig Hooge macht dort fest. Es ist kein Hafen in üblichem Sinne und taugt nur für Boote, die trockenfallen. Bei starkem Nordwestwind liegt man bei der nur 2 Seemeilen entfernten Hallig Hooge besser. — Hooger Fähre ist nur für flachgehende Boote geeignet. Dafür liegt man inmitten des sehr einsamen, weiten Revieres im Schutze der drei großen Sände. Sandwatt überwiegt. Die drei Halligen Süderoog, Norderoog und Hooge sind nahebei, und das Rummelloch mit seinen Verzweigungen führt einen nahe Hochwasserzeit hin, wo man mag (Seite 279).

Wie Insel Nordstrand, Pellworm und die Halligen entstanden

Ehe wir zu den Geestinseln Föhr und Amrum fahren, die Reste von Eiszeitablagerungen sind, wollen wir mehr über das Halligmeer hören.

Um Christi Geburt, als Plinius „die armen Chauken" auf ihren aufgeschütteten Erdhügeln beschrieb, konnte man mit einer römischen Kriegsgaleere noch nicht nach Pellworm oder Nordstrand fahren. Die Inseln und Halligen gab es damals in ihrer heutigen Form noch nicht. Statt dessen ausgedehntes flaches Moorland. Ein Gürtel von Sanddünen lag zur See hin davor. Der war an einigen Stellen durchbrochen. Bei hohen Fluten drang dort die See ein und überschwemmte das flache Moorland. Dann zogen die Chauken sich auf die Hügel zurück, die sie aufgeschüttet hatten. Aber darum lag kein Watt mit Sand und Schlick, sondern zäher, verfilzter Moorboden. Der ließ nicht zu, daß das Wasser breite und tiefe Stromrinnen spülen konnte, deren reißende Strömung das Land fortschwemmte. Das Meer drang auf das Moor, aber es floß ohne Landverlust wieder ab. Es durchtränkte dabei den Moorboden mit Salz. So wuchs kein rechtes Gras, und die armen Chauken konnten keine Rinder halten, wie ihre Nachbarn im Innern des Landes.

Die Sache mit dem Salztorf: Im frühen Mittelalter kamen die Friesen, die inzwischen dort eingewandert waren, auf eine Idee: Sie begannen, systematisch die Moorschicht abzustechen und zu Torf zu trocknen. Denn erstens war der Boden u n t e r dem Moor fruchtbar. War die Torfschicht weg, dann ließ sich Landwirtschaft betreiben. Vor allem aber taten sie es zur Salzgewinnung. Sie laugten die Asche des Torfes mit Seewasser aus und dampften diese konzentrierte Salzlösung auf Torffeuer zu Salz ein. Das wundert uns? Aber wir haben ja heute keine Vorstellung mehr davon, welch unglaublich seltener und teurer Stoff Salz damals in den Ländern des Nordens war. Dort, wo die Sonnenstrahlung nicht ausreichte, Salz durch Verdunsten aus Meerwasser zu gewinnen. So belieferten die Friesen Norddänemark und das heutige Schweden und Norwegen mit Salz. R u n g h o l t wuchs dabei zum reichen, hochmütigen Handelsplatz. Eine große Zahl von Kirchdörfern entstand. Wohlstand breitete sich am Salztorf-Raubbau aus. Und da nach Christi Geburt bis etwa zum 12. Jahrhundert das Land gegenüber dem Meeresspiegel sich wieder ein wenig hob, ging zunächst alles sehr gut.

Zwei Dinge hatte ja der Salztorf-Abbau zur Folge: Das Land wurde um die Dicke der Torfschicht niedriger. Und noch wichtiger: der Boden verlor seine Widerstandsfähigkeit gegen Überflutungen. Als mit dem 13. Jahrhundert wieder eine Senkung des Landes begann, kam Unglück über das reich gewordene Land.

Die Marcellusflut 1362: Es hatte schon vorher Sturmflutschäden gegeben. Aber diese Sturmflut, „de grote Mandränke", die Marcellusflut vom 15. bis 17. Januar 1362, war eine vollständige Katastrophe. 50 Kirchdörfer gingen unter. Rungholt wurde vernichtet. Man schätzt, daß über 7000 Menschen ertranken. I n d i e s e n T a g e n e n t s t a n d d a s H a l l i g m e e r. Das verlorengegangene Land ist nie wiedergewonnen worden. Was als Land übrig blieb und nicht zu Wattflächen verwandelt wurde, waren zahllose kleine Landfetzen, die Halligen. Und eine sehr große Insel — Alt Nordstrand. Die heutige Insel Nordstrand ist nur ein Bruchstück von Alt-Nordstrand, das die heutige Insel Pellworm mit einschloß, die Hallig Nordstrandischmoor und viel weiteres Land. das heute Watt ist. Husum wurde nach Rungholts Untergang über Nacht Hafenstadt. Und der Mensch begann, durch Not getrieben, durch primitive und wenig wirksame Deiche dem Meer neue Grenzen zu setzen.

Diese Sturmflut-Katastrophe vor 600 Jahren am Marcellus-Tag hat auf die Zeitgenossen tiefen Eindruck gemacht. Sage und Geschichte haben nicht aufgehört, sich mit der plötzlichen Vernichtung blühender Dörfer und Flecken zu beschäftigen. Tatsächlich finden auch wir im Watt bei tiefem Niedrigwasser noch Reste des bewohnten Landes: Baumstümpfe, Reste von Brunnen, kleine Stücke Moor, Hausgerät und, wie manche meinen, auch die Grundrisse und Fundamente einzelner Häuser von Rungholt und anderen Dörfern.

Die zweite Mandränke, die zweite gewaltige Sturmflut, welche die Landkarte veränderte, war am 11. Oktober 1634. In einem einzigen großen Ansturm überrannte das Wasser vor allem die Insel Alt-Nordstrand. 6408 Menschen ertranken allein auf der Insel. 50 000 Stück Vieh kamen um. Was von Alt-Nordstrand übrig blieb, ist die heutige Insel Pellworm, die jetzige Insel Nordstrand und die Hallig Nordstrandischmoor.

Deichbau: Mit dem Untergang der Insel Alt-Nordstrand beginnt die Periode der intensiven Gegenwehr des Menschen. Die Deichbautechnik hatte Fortschritte gemacht. 1610 hatte der niederländische Deichbauer Johan Clausen Koth die Schiebkarre eingeführt. Es war eine Revolution, daß die Erde nicht mehr in Körben oder auf Tragen herbeigebracht wurde. Die Deichformen wurden verbessert. Den Kampf darum schildert Storm im „Schimmelreiter". Diese Erzählung m u ß man einfach gelesen haben, bevor man auf Halligfahrt geht. — So haben die eingedeichten Inseln die nächsten großen Sturmfluten überlebt. Die Sturmflut von 1825 und die sehr hohe von 1962. Von den vielen anderen hier nicht zu reden. Aber viele der nicht eingedeichten Halligen sind verlorengegangen. Man meint, daß es etwa 50 Halligen gab. Heute sind es noch 9.

So ist die Folge des Salztorfabbaues bis heute nicht überwunden. Und das Marschen-bauamt im Husum hat alle Hände voll zu tun, im Sommer die Schäden auszubessern, welche die hohen Winterfluten an dem nun nicht mehr durch eine Torfschicht gesicher-ten Boden angerichtet haben.

Insel Amrum   (Plan S. 229, 238)

10 Kilometer lang, 3 breit, 20 Meter hoch, zählt Amrum zu den kleineren Inseln. Doch ist sie reich an ganz eigenartiger Landschaft und steckt voll interessanter Dinge. Etwa 3000 Bewohner hat Amrum. Die sind stolz auf ihre Insel und haben Massentourismus zu vermeiden gewußt. — Amrum hat gute Yachtliegeplätze in tiefem Wasser und ein gut geschütztes Revier auch für kleine Boote.

An Landschafsformen hat die Insel alles, was man sich wünschen kann. An der Ostseite ist stellenweise flaches Marschland. Der ganze Mittelteil der halbmondförmigen Insel ist höher gelegenes, den Sturmfluten entzogenes Geestland. Hier liegen zwischen Heidestrecken, Feldern und kleinen Waldstücken die vielen großen Grabhügel aus der 5000 Jahre alten Besiedlung der Insel. Es folgt nach Westen zu ein Dünenwall. Und dann an der Seeseite noch die „Sahara". Das ist der Kniepsand, eine fast 10 Kilometer lange, etwa 1000 Meter breite, ganz ebene, hochwasserfreie Sandfläche. Der längste Sandstrand Europas — sagen manche. Außer dem Kurort Wittdün mit dem Hafen gibt es noch die schönen Friesendörfer N e b e l und N o r d d o r f. Alles ist gut zu er-reichen, zu Fuß meist auf Wegen, die am Wasser entlangführen, oder auch mit dem Bus. Ich mag Amrum sehr und ich denke, hier sollte der Schiffer mindestens einen Ha-fentag einlegen.

Engeres Fahrtrevier: D i e S e e s e i t e Amrums liegt voller Bänke und kann nur in den Fahrwassern befahren werden. Sie ist Seerevier, nicht Wattenrevier. Doch d i e O s t s e i t e von Amrum ist gut geschützt und auch für kleine Boote ein günstiges Revier. Tiefgehende Yachten finden gute Liegeplätze auf tiefem Wasser im Seezeichen-hafen Wittdün. Wer mag, kann sich an die ehemalige Fischermole von Steenodde legen. Oder mit Buganker und Heckleinen an die Steinschüttung zwischen Steenodde und Seezeichenhafen. — Den ehemaligen Ankerplatz der Segelschiffe zwischen Kniepsand und der Südspitze Amrums freilich hat der ständig wachsende Kniepsand verlanden lassen. — Durch das bezeichnete A m r u m t i e f und M i t t e l l o c h können Yach-ten bis 1,5 Meter Tiefgang nach Sylt gelangen. Auch für eine Fahrt zu den anderen Inseln und den meisten Halligen ist Amrum ein guter Ausgangspunkt. So ist die Insel auch als zeitweiliges Standquartier sehr gut geeignet.

Seezeichenhafen Wittdün ist der einzige regelrechte Hafen auf Amrum. Er liegt etwa 1 Seemeile von der Ostspitze der Insel entfernt in der günstigsten, geschütztesten Lage, die man sich für einen Hafen nur wünschen kann (siehe Plan).

D e r S ü d t e i l des Hafens fällt trocken. Er ist kaum benutzt, obwohl dort auf sau-berem Sandwatt reichlich guter Liegeplatz für Boote ist, die gut trockenfallen können. An der Grenze zwischen flachem Südteil und tiefem Nordteil ist eine steile Kante. —

D e r N o r d t e i l des Hafens ist tiefgebaggert. An seiner Nordseite ist die 200 Meter lange Hauptkaje für Tonnenlager, Fischer, Dienstfahrzeuge. Nur wenn man spät

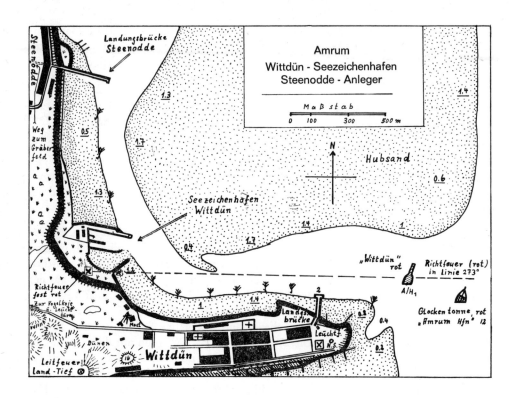

abends einläuft, mag man dort längsseits festmachen. — Etwas südlich der Hauptkaje ist ein kurzer Steg. Der soll frei bleiben. — Dicht südlich davon ist eine 80 Meter lange Holzbrücke. Seine Südseite ist der Platz für etwa 30 Yachten. Es stehen Pfähle gerammt, und man macht an diesen fest, Heck oder Bug zur Brücke. Der mittlere Tidenhub ist 2,4 Meter. Der Manövrierraum zwischen den Yachten und der flachen Wattkante mag etwa 20 Meter breit sein.

Diese Yachtliegeplätze sind ungewöhnlich angenehm und günstig. Frei von Stadt- und Straßenlärm liegt man in fast unberührter Natur. Die Männer vom Seezeichenamt sind freundlich und verständnisvoll, um so schätzenswerter, als es ja Seezeichenhafen und nicht öffentlicher Hafen ist. Jedenfalls soll man sich nach Einlaufen spontan bei ihnen melden. Das Hafengeld war 1973 1,50 DM pro Tag bzw. 9,— DM für einen Monat. Es gibt Toilette, Wasch- und Duschraum. Wasser auf der Mole. Bei westlichen Winden liegt man wie in Abrahams Schoß, bei östlichen dümpelt es während der kurzen Hochwasserstunden. — Ein schöner Platz! Dank sei den Leitern des Seezeichenamtes, daß wir ihn benutzen dürfen.

Anlaufen: Aus dem großen Wattenstrom Norderaue (Plan Seite 229). Bei der Glockentonne „12/Amrum Hfn" beginnt die Einfahrt (siehe Hafenplan). Man passiert die rote Tonne „Wittdün", läßt die Pricken der Wattkante von Wittdün etwa 50 Meter an Backbord, fährt bis dicht an den Kopf der Nordmole heran (dort steht ein Pegel) und biegt dann in den Hafen ein. Auch bei tiefem Niedrigwasser kann man mit 1,5 Meter Tiefgang einlaufen.

N a c h t s führt einen von der Glockentonne „12/Amrum Hfn" eine Richtfeuerlinie fest rot bis in unmittelbare Nähe des Hafens. Bei Niedrigwasser würde ich langsam laufen, denn die Richtfeuerlinie führt über einige flachere Stellen. Kann ich die Pricken erkennen, dann halte ich mich lieber an die.

Steenodde, 1 Kilometer nördlich vom Seezeichenhafen, war früher der Fischerort und Hafenplatz der Insel. Heute legt an der fast 300 Meter langen Mole die Fähre an und gelegentlich auch mal ein Frachtfahrer. Am Außenteil der Mole sind bei N.W. 1 Meter Wassertiefe oder mehr. Doch Molenkopf und Fährschiffplatz müssen freibleiben. Weiter innen fällt es trocken.

Zum v o r g e s c h i c h t l i c h e n G r ä b e r f e l d sind von der Mole nur wenige Minuten. Man folgt dem Weg, der in Verlängerung der Mole WNW-wärts in die Insel führt (nicht der Straße). Nach 500 Meter steht man vor den großen Grabhügeln, die so sehr an die berühmten Tumuli in der Bretagne (und vielen anderen Stellen der Welt) erinnern. Eine der Grabkammern ist offengelassen. Für die Vorgeschichtsforschung ist Amrum einer der interessantesten Plätze in Deutschland!

Wittdün, die „Hauptstadt", ist ein kleiner Badeort mit Pensionen, Kinderheimen und Hotels. Es ist nett und ruhig. Die Anlegebrücke bei Wittdün dient dem Fährschiff und ist für Yachten gesperrt. — Schön ist in Wittdün die hochgelegene Strandpromenade im Süden, von der der Blick Japsand, Hooge und Langeneß umfaßt. Schön auch die bis 30 Meter hohe Dünenlandschaft westlich vom Ort. Etwa 1 Kilometer westlich von Wittdün (500 Meter westlich vom Seezeichenhafen) liegt die alte V o g e l k o j e. Etwa 1,5 Kilometer westwärts steht der g r o ß e L e u c h t t u r m. Auch wenn man Leuchttürme schon kennt, dort sollte man hingehen. Der Blick über die Gesamtheit der Insel, auf die Zufahrt von See mit ihren Bänken und auf die Welt der Halligen ist wirklich etwas Besonderes.

Die Seemannsgrabsteine der Amrumer Seefahrer im Kirchdorf N e b e l sollte man bestimmt besuchen. Nebel liegt 1¹/₂ Kilometer von Steenodde entfernt. Der Weg führt direkt an der Ostküste von Amrum entlang, und man kommt an dem steilen Kliff vorbei, wo die See den hohen, eiszeitlichen Geestkern der Insel freigelegt hat.
Nebel hat den Chrakter des ursprünglichen Friesendorfes. Es liegt auf erhöhtem Geestgebiet, grenzt aber an die Marsch. Das Interessanteste für den Wasserfahrer sind die 80 Seemannsgrabsteine auf dem Friedhaf von Nebel. Die Seemannsgrabsteine stammen aus dem „goldenen Zeitalter" der Insel, also aus den Jahren 1670 bis 1850. Der Walfischfang und die Handelsschiffahrt hatten in dieser Zeit Reichtum auf die Inseln kommen lassen. Und es war üblich geworden, daß die Friesen, wenn sie in die Jahre kamen, sich noch zu Lebzeiten selbst um ihren Grabstein kümmerten. Der hat dann eine lange Inschrift. Sie berichtet über Lebensgang und Erlebnisse. Von Walfang sprechen die frühen Steine, von der Handelsschiffahrt die späten. Übrigens in hochdeutscher Sprache, vielleicht weil sie dem Friesen feierlicher klang als seine Alltagssprache. — Weit sind die Amrumer damals herumgekommen: „In Algier gelebt", „nach Marokko verkauft", „von Türken gefangen". Und viel zeigen die Steine von den Schiffstypen dieser Zeit. Denn meist ist es ja das eigene Schiff, das dort abgebildet wird, präzise bis in die Einzelheit. — Nach 1850 gibt es keinen Grabstein eines Schiffers mehr. Die Dampfschiffe haben die Frachtfahrt übernommen. Das goldene Zeitalter der Insel ist zu Ende.

Norddorf ist ein altes Fischer- und Seemannsdorf im Nordteil von Amrum. Heute mit vielen Kurgästen. Flachgehende Fahrzeuge können in der geschützten Bucht gut vor Anker oder Mooring liegen. Ein bei Ebbe gehbarer W a t t e n w e g führt zu der etwa 4 Kilometer entfernten Insel Föhr.

Insel Föhr   (Plan S. 229)

Insel Föhr ist die zweitgrößte der nordfriesischen Inseln. Sie war früher still und sehr schön. Heute laufen große und breite Autofähren von Dagebüll zur Insel und importieren Unruhe, Unrast und gleichgeschaltete Einheitszivilisation. Im Herbst und im Frühjahr ist es noch eine Freude, die sehr schöne und sehr interessante Insel zu Fuß zu durchwandern, in der Urlaubszeit nur noch bedingt. Föhr hat zwei Landschaftsformen: hügeliges Geestland mit viel Wald im Südteil, fruchtbares, flaches und von Gräben durchzogenes Marschland im Norden. 9000 Bewohner leben in 18 Orten, die alle in der Geest liegen, weil die bei Sturmfluten Sicherheit bot. — Wie Amrum ist Föhr eine „I n s e l d e r G r ä b e r". Wie kleine Pyramiden ragen die Grabhügel aus Bronzezeit und Eisenzeit über die Felder. Dann gibt es die L e m b e c k s b u r g, große Ringburg mit 11 Meter hohem Erdwall aus der Wikingerzeit. Viele alte Kirchen hat die Insel; der „Friesendom" in Nieblum ist die größte. Sechs Vogelkojen gibt es. Mindestens eine sollte man sich hier oder auf einer anderen Insel ansehen.

W y k an der Südostspitze der Insel ist der einzige Hafen und die „Hauptstadt" der Insel. Fast die halbe Inselbevölkerung hat sich hier konzentriert. Früher war Wyk still und voll Reiz. Heute hat es unter dem Einbruch des Massentourismus und der Autos seinen Charakter verändert, ist laut und voll Unruhe.

Das engere Fahrtrevier: An der O s t s e i t e ist Wattengebiet vielfältiger Art, von unbezeichneten Rinnen durchzogen. Gut für flachgehende Boote. Tiefgehende Yachten sollten in bezeichneten Fahrwassern bleiben. Die einsame und geschützte Region lockt zum Trockenfallen. Doch von der Linie der breiten, sehr motorstarken Autofähren nach Dagebüll soll man sich fernhalten. Es ist nicht zu glauben, mit welcher Gewalt der Schiffsschwell auf flacherem Watt zu Brandung aufläuft! — D i e S ü d s e i t e Föhrs

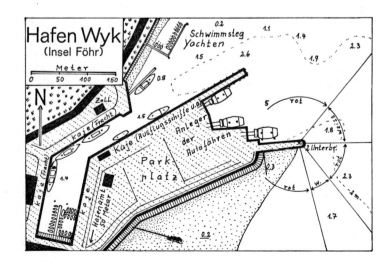

ist bei starkem Südwestwind wenig geschützt. Auch gibt es dort nahe der Insel Steine im Watt, Findlingssteine, zum Teil recht große Brocken. Im Südteil und Südwestteil von Föhr würde ich an die Inselkante auf dem Watt nur mit Vorsicht dichter als 1 sm herangehen, und mit einem schweren Boot besser gar nicht.

Der Hafen von Wyk ist als einziger Hafen der großen, sich stark entwickelten Insel voll und belebt. Auch nach seiner Vergrößerung reicht er kaum aus. Inselidylle würde ich hier nicht erwarten, jedenfalls nicht in der Hauptsaison. — Nach dem Umbau besteht der Hafen aus mehreren Abteilungen:

Der Fährhafen ist außerhalb des eigentlichen Hafen an der Ostspitze der Molen (Plan). Da sind drei Anleger für die hohen, breiten Autofähren. Yachten haben da nichts zu suchen und nichts zu finden. — Yachtstege sind an der Nordwestseite des Hafeneinganges neu eingerichtet worden. Sie sollen einmal Platz für 90 Yachten geben. Sie liegen außerhalb des eigentlichen Hafens und sind nach Osten offen. Als ich sie 1973 in Bau sah, hab ich mir meine Gedanken gemacht, ob eine Yacht, auf der die Crew an Bord lebt, bei Ostwind oder gar bei Oststurm dort nicht höchst unkonfortabel liegen wird. Die Wassertiefe bei N.W. war 1 Meter und teilweise weniger.

Die große Südkaje in der Hafeneinfahrt ist etwa 300 Meter lang. Da liegen Schiffe verschiedenster Art und vor allem die Ausflugsschiffe von Wyk. Für eine große Yacht wäre mir dies der liebste Platz. Da der innere Teil der Hafeneinfahrt weniger als 30 Meter breit ist, darf man dort keine breiten Päckchen machen. — Der Innenhafen ist 150 Meter lang und 60 breit. Seine Westseite gehört Frachtfahrern. In seinem innersten Teil sind feste Stege und auch Schwimmstege für Sportboote. Zweifellos ist hier der sicherste Platz. Meist freilich haben einheimische Boote jeden Meter besetzt. Der Innenhafen ist voll, laut und nicht besonders schön.
Die Wassertiefe im Hafen ist etwa 1½ Meter bei N.W., abhängig davon, wann zuletzt gebaggert wurde. Mittlerer Tidenhub 2,5 Meter. Kräne, Trinkwasser, Lebensmittel, Treibstoff.

Die Zufahrt zum Hafen muß mit tiefgehender Yacht bei weniger als halber Tide nach den Seezeichen erfolgen; denn südlich vom Hafen sind veränderliche flache Stellen (Seekarte). Im Fahrwasser wird man auch bei tiefem Niedrigwasser meist mehr als 1½ Meter Wasser finden.

Vogelkojen: Wenn wir auf den nordfriesischen Inseln sind, müssen wir unbedingt auch eine Vogelkoje besuchen. Auf Sylt gibt es drei Vogelkojen, auf Föhr sechs, eine auf Pellworm, eine auf Amrum und zwei auf Insel Nordstrand. Wenn meine Leser nicht wissen, was eine Vogelkoje ist: auch mir ist es jahrelang ein großes Geheimnis geblieben. Selbst der sonst unfehlbare „kleine Knaur" hat versagt. Erst als ich Insel Föhr besuchte kam ich dahinter.

Eine Vogelkoje ist eine Vorrichtung, Enten zu fangen, und zwar in unerhört großer Stückzahl. Eine gut liegende Vogelkoje fängt bis 10 000 Enten im Jahr. Und zwar zur Herbstzugzeit, Ende August bis in den späten November. — Eine Vogelkoje ist ein etwa 150 mal 150 Meter großes, umzäuntes, dicht mit Büschen bepflanztes Areal mit einem Teich in der Mitte. Lockenten sind darauf. Überdeckte Abzweigungen führen aus diesem Teich und enden trickreich schließlich in den Fängkästen.

Der Fang geht wie folgt: Die Zugenten, die zur Rast auf dem Watt niedergingen, suchen sich zur Flutzeit gern einen Süßwasserteich. So gehen sie auf dem Teich inmitten der Vogelkoje nieder, wo die Lockenten schwimmen: halbwilde Enten mit gestutzten Flügeln. Von dem Teich gehen 4 oder 6 Ausläufer ab, die Pfeifen. In die Pfeifen streut der Kojenwärter, der während der Fangzeit in einem kleinen Haus in der Vogelkoje wohnt, Futter. Die Wildenten folgen den Lockenten in die Pfeifen. Nun tritt der Kojenwärter aus seinem Versteck. Die Enten fliegen auf, flattern tiefer in die Pfeifen hinein und enden in den Fangkästen, wo der Kojenwärter ihnen das Genick umdreht. Gelernt haben die Nordfriesen diese Art des Vogelfanges von den Niederlanden. 1730 wurde auf Föhr als erste die alte Oevenumer Koje gebaut. Das Geld für die große Anlage wird von einer Art Aktiengesellschaft aufgebracht. Anteilig erhalten die Gründer den Fang. — Heute wird in den meisten Vogelkojen nicht mehr gefangen. So sind es Oasen der Ruhe. Mit ihrem Bestand an Bäumen und Büschen liegen sie wie Inseln im baumlosen Marschland.

Insel Sylt   (Plan S. 229, 295)

Sylt ist die größte deutsche Nordseeinsel. Sie ist dreizipfelig geformt und 50 Kilometer lang. Der Hindenburgdamm verbindet sie mit dem Festland und setzt der Wattfahrt ein Ende.

Die Insel Sylt hat rundweg grandiose Landschaft: bis 50 Meter hohe Dünen; eine fremdartige Welt „wie auf dem Mond". Vereinzelt Heide, im Mittelteil auch Wiesen und Marschland. Fast überall eine schöne und interessante Küste. Beim Leuchtturm Kampen das 52 Meter hohe Rote Kliff, rote Sandstein-Steilküste wie bei Helgoland. Am Morsum-Kliff alte Permzeit-Erdschichten hochgepreßt. Selbst ein kleines Braunkohlenflöz ist dabei. Alte, höchst charaktervoll gebaute Friesendörfer.

Auch archäologisch und historisch ist Sylt voll Interesse: Bronzezeit-Grabhügel, gleichalt wie die Pyramiden. Der Denghoog bei Wenningstedt. Dort auch der heute versandete Hafen der Angeln, die im 5. Jahrhundert von dort nach England fuhren. Die 1000 Jahre alte Wallburg, die Tinnumburg.

Sylt muß eine überaus eindrucksvolle Insel gewesen sein, bis in Scharen der Mensch anrückte, Asphaltstraßen, Autos, Zersiedelung und hohe Preise brachte und die Idylle zerstörte. So wirkt es seltsam genug, wenn unter all den Fremden einmal echte Sylter auftauchen: die Jungens flachsblond, mit Holzschuhen, mit Insulaner-Gesichtern und von den oft hochkarätigen Fremden deutlich verschieden.

Geprägt wird Sylt heute durch die Ansiedlung von Fremden. Gewiß bemüht man sich, die Siedlungen in das Landschaftsbild zu passen: das reetgedeckte Haus mit steilem Dach herrscht vor. Fremdkörper bleibt es dennoch. In der Ferienzeit kommt der Urlaubstourismus: mehr als 25 000 Besucher können beherbergt werden. — Leider war ich immer nur in der Ferienzeit auf Sylt — und abends von meinen Landreisen müde und enttäuscht wieder auf meinem Boot in Hörnum Hafen oder List. Ich weiß, daß die Insel sehr schön sein kann. Nur, wie man sie sich erschließt, weiß ich noch nicht. Ein Sylter von Passion müßte mir mal zur Hand gehen, wenn ich wieder da bin, auf daß ich es mitteilen kann.

Orte: W e s t e r l a n d mit 10 000 Einwohnern ist die Hauptstadt in der Inselmitte. Es hat Hochhäuser und alle Zutaten eines mondänen Seebades. Man kann es nur mit dem phänomenal teuren Inselbus, nicht zu Wasser erreichen. Ich hab mich hinterher stets gefragt, ob die Fahrt dahin nicht vertane Zeit gewesen ist. — K e i t u m im Mittelteil von Sylt hat sich die ursprüngliche Bauart des Inseldorfes erhalten. Früher war es der Hauptort von Sylt. Heute wohnt dort in schilfgedeckten Häusern „Prominenz". Das „Altfriesische Haus" ist Museum. Wirklich schön ist der Weg von Keitum am Wasser entlang nach M u n k m a r s c h , dem Yachthafen. — L i s t ganz im Norden hat einen netten Tiefwasserhafen (S. 299 f). Als Ortschaft hat es mich nicht angesprochen. — H ö r n u m ganz im Süden mit seinem Hafen ist klein und auf seinen steilen Dünen wie ein Bergdorf gebaut.

Häfen: Der Hindenburgdamm trennt das Wattenmeer südlich und nördlich von Sylt. Im südlichen Teil liegen H ö r n u m - Hafen und Yachthafen R a n t u m . Im nördlichen Teil L i s t und Yachthafen M u n k m a r s c h und nördlich davon dänische Häfen. — Einsamkeit, viel Schlickwatt und geringer Tidenhub kennzeichnen das Gebiet. — An der Ostküste Sylts muß man mit Buhnenresten bis 60 Meter vom Festland entfernt rechnen.

Hörnum Hafen ist ein Platz voll Charakter. Die hohen Dünen stoßen unmittelbar an den Hafen. Eine steile Bergwand erhebt sich, als ob es am Mittelmeer wäre. Der Hafen ist geräumig und hat tiefes Wasser. Er wird zu Recht von sehr vielen Yachten besucht. Leider ist er baufällig geworden. Er soll repariert und dabei umgebaut werden; neue Einfahrt wahrscheinlich von Süden.
Hörnums Hafen, 350 Meter lang, fast 100 breit mit breiter Einfahrt, wurde als Übungsplatz für Wasserflugzeuge gebaut. Er hat Eisenspundwand. Die weite Einfahrt und die steile Spundwand machen, daß bei Wind mit östlicher Komponente Schwell eintritt und sich zu erheblicher Höhe aufschaukelt. Viele Fender braucht man dann, elastische Leinen und seefesten Magen. Gottlob ist Ostwind ein seltener Geselle. Beim geplanten Umbau soll die Einfahrt an die Südseite gelegt werden. — Ferner ist die Eisenspundwand dabei, durchzurosten. Der Sand sackt durch die Löcher. Große Teile der Kaje sind leider gesperrt. Dennoch sind rund ein Dutzend auswärtiger Yachten hier. Wenn der Hafen wieder intakt ist, werden es bestimmt sehr viel mehr sein.
Das Wichtigste zeigt der Plan. Vor Ein- oder Ausfahrt soll man Schallsignal geben. Wasser beim (netten) Hafenmeister. Man kann ein- und ausklarieren. Treibstoff. A n - l a u f e n : Seite 292.

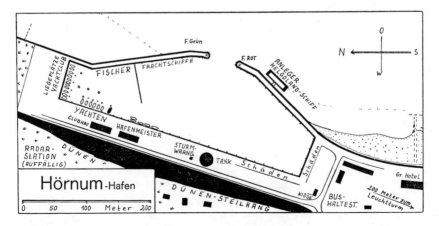

H ö r n u m ist ein ruhiger kleiner Badeort mit 1000 Bewohnern. Hier ist das Leben noch still und einfach. Ein Autobus fährt etwa stündlich vom Hafen nach Westerland, ein Schiff täglich nach Helgoland. Die steile Dünenwelt von Hönum und der Blick auf die leuchtenden Dünen der nahen Inseln Amrum und Föhr sind unvergeßlich schön.

Yachthafen Rantum liegt 6 Seemeilen nordwärts von Hörnums Hafen im nördlichsten Zipfel des Halligmeeres. Ich denke, in diesem neuen Hafen sind die meisten Sportboote Sylts. 40 bis 50, von „seegehend" über „Eigenbau" bis zur Jolle. Der Nordfriesische Seglerverein hat hier am Ausläufer des Priels R a n t u m l o h e die Schutzmole an der Südseite verlängern lassen und ein 80 Meter lange Brücke gebaut. Vielleicht wird auch an der Ostseite noch eine Mole gebaut, denn bei starkem Ost- und Südostwind steht zur Zeit Seegang unangenehm herein.

Das geräumige Hafengebiet, in dem die Schiffe vor Mooring liegen, fällt bei Niedrigwasser trocken. Nur an der Spitze der Brücke blieben zuletzt etwa ½ Meter Wasser stehen. — Aus und Einlaufen kann man ab halber Tide, tiefgehende Yachten erst etwas später. Zur Bezeichnung der tieferen Rinne hat der Club rechts und links zwei rote Bojen gelegt. — Mittleres Springhochwasser steht etwa 2,1 (Nipp 1,8) Meter über Kartennull hoch. Da die Watten nur 0,3 bis 0,6 Meter über Kartennull hoch sind, laufen Wattfahrtyachten nahe Hochwasserzeit auch quer über das Watt an. — Es gibt einen Schlipp und ein kleines, noch etwas improvisiertes Clubhaus. Alles ist (1973) noch im Werden. Die Umgebung an Land ist nicht hervorragend schön. Doch imponiert hat mir, was der Mensch alles fertig bringt, um sich Zugang zum Wasser zu schaffen.

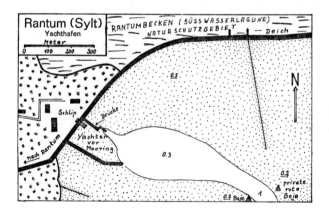

R a n t u m b e c k e n hinter dem Deich, ein 2 mal 2 Kilometer großer See, war früher Landeplatz für Wasserflugzeuge und ist heute Naturschutzgebiet; unglaublich reich an Wasservögeln im Spätsommer, wenn die Zugzeit beginnt. — Vor mehreren Jahren habe ich in der Bucht von Rantum für die Nacht geankert. Die Spukwelt des Wattes in der Dämmerung, die vielen Vögel, das leise Wiegen des Schiffes; Wer hat solche Stimmung dichter eingefangen als Theodor Storm?

> Graues Geflügel huschet
> Neben dem Wasser her;
> Wie Träume liegen die Inseln
> Im Nebel auf dem Meer.

B. Die Halligen

Die Hallig: Halligen sind Überreste von flachem Marschland, in welches bei Sturmfluten die See eingedrungen ist. Es sind etwas höhere, nicht eingedeichte Flächen von grasbewachsenem Land inmitten von Wattengebiet, das bei Hochwasser überflutet ist. Meist liegt das Land von Halligen 1 bis 1,5 Meter über Springhochwasser. Sturmfluten überspülen Halligen also. „Land unter" heißt es dann. — Das flache Grasland der Halligen wird von Gräben und kleinen Prielen durchzogen. Meist sind zum Watt hin steile Abbruchkanten. Sie sind heute fast überall durch Steinschüttungen befestigt. Dennoch kosten alle schweren Sturmfluten die Halligen etwas von ihrer Fläche. Die Februarflut 1962 beispielsweise hat den Halligen durchschnittlich 20 Meter Land an ihrer Seeseite genommen. Einige Halligen setzen auch Land an, meist an ihrer Ostseite.

Die Warften: Auf den Halligen liegen 4 bis 6 Meter hohe Erdhügel, Warften. Sie sind von den Bauern in jahrhundertlanger Arbeit angeschüttet und immer weiter erhöht worden. Darauf stehen die Höfe, oft einzeln, häufig zu zweit oder zu dritt. Die Warften ragen hoch über das flache Land der Hallig. Nähert man sich einer Hallig, so sieht man vom Boot aus zuerst nur ihre Warften. Das ist dann, als ob 10 oder 20 kleine, steile Inselchen aus dem Wasser ragen. Ein eigenartiges Bild, wie man es sonst nur vom Mittelmeer kennt (Seite 280).

Für Sportboote: Für sie sind die Halligen und ihre Umgebung ein sehr, sehr schönes Revier. Auf vielen Halligen gibt es k l e i n e S i e l h ä f e n , in die man mit Booten bis 1,2 Meter Tiefgang bei H.W. einlaufen kann. Besonders auf Hooge, Langeneß und Oland. Man muß sie sich urtümlich und primitiv vorstellen. Oft stehen ein paar Pfähle eingerammt. Meist muß man sich selber helfen. Ein langes Brett an Bord ist oft sehr nützlich, um von Bord auf die Grasnarbe zu kommen. M i t L e b e n s m i t t e l n , W a s s e r u n d T r e i b s t o f f m u ß m a n e i n g e d e c k t s e i n . Nur auf Hooge,

Eine Halligwarft, aus der Luft gesehen.

Langeness und Oland gibt es einen kleinen Kaufladen. Telefon ist auf den Halligen, mit Ausnahme von Hallig Habel, Südfall und Norderoog.

Boote mit weniger als 1 Meter Tiefgang kann man in fast allen Halligen in die P r i e l e einbringen. Das gilt besonders für Gröde-Appelland, Nordstrandischmoor und Süderoog. Auch bei den ganz kleinen Halligen ist fast immer eine B u h n e zum zeitweiligen Anlegen für kleinere Fahrzeuge geeignet. Sonst wird man das Boot auf dem Watt trokkenfallen lassen oder ankern. An einigen Halligen gibt es A n l e g e r . Die sind meist für das Fährboot bestimmt. Oft sind diese Anleger zu ungeschützt, als daß man die Nacht dort verbringen sollte. Aber oft ist nahe der Hallig ein geeigneter Ankerplatz.— Da die Distanzen nicht groß sind, kann man mit einem tiefgehenden Boot für die Nacht auch einen der Häfen des Festlandes oder der Inseln aufsuchen, wenn man an den kleinen Halligen keinen guten Liegeplatz findet.

Mit Trailerboot: Kommt man mit einem Trailerboot ins Halligmeer, so sind Husum und auch Dagebüll etwa die einzigen Plätze, um ein schweres Boot ins Wasser zu bringen. In Dagebüll sind über 200 Garagen, doch die Hafenbeschreibung will vorher studiert sein.

Bleibt zum Schluß noch zu sagen, daß es eine Landschaft wie die der Halligen in ganz Europa nicht gibt und meines Wissen auch nirgendwo sonst auf der Welt.

Das Leben auf den Halligen

Die Bewohner: Die Bewohner der Halligen treiben auf dem fruchtbaren Land Viehzucht. Sie sind Bauern, nicht Fischer. Seit Menschengedenken wohnen die Familien dort. Es sind schweigsame Menschen, und es dauert lange, ehe man mit ihnen Kontakt bekommt. Hat man ihn, so bekommt man Einblick in eine sehr seltsame Welt, lernt die Halligfriedhöfe kennen, die schilfgedeckten Bauernhäuser auf den Warften, die P e s e l darin, sieht die F e e t h i n g e , in denen das Regenwasser gesammelt wird, mit dem das Vieh getränkt wird. Man lernt, mit welcher Sorgfalt das Heu getrocknet und zu den großen Heuhaufen auf den Warften, den D i e m e n , zusammengetragen wird. Die Halligbewohner sind Friesen. Wortkarg, zuverlässig, ausdauernd, festhaltend an Besitz, mit der Fähigkeit zu klarem, logischem Denken, aber auch mit einem eigenartigen Gespür für das Übersinnliche der Dinge. Spökenkieker nennt man die.

Trinkwasser: Als erstes lernt man auf einer Hallig die Sache mit dem Wasser. Es kann auf den Halligen nicht aus Brunnen gewonnen werden. Es wäre salzig oder brakig. So sammelt man das Regenwasser. Für die Menschen wird das Wasser von den Hausdächern abgeleitet und in Z i s t e r n e n , den S o o t e n , gesammelt. Das Vieh erhält seine Tränke aus den F e e t h i n g e n . Das sind kleine Teiche, stets auf hoher Stelle der Warft, in denen Regenwasser und das Wasser der Schneeschmelze sich sammelt. Das Halliggärtchen ist meist am Feething. Oft steht Schilf am Rand. Der Feething ist meist ein kleiner, idyllischer und jedenfalls für Halligen ganz typischer Platz. Mit Wasser wird sehr sparsam gewirtschaftet. Kein größeres Unglück kann geschehen, als daß eine besonders hohe Sturmflut Salzwasser in den Feething oder in die Soot gelangen läßt. Wenn nicht sogleich vom Festland Hilfe kommt, verdursten Vieh und Mensch. So war der wichtigste Teil des Hilfeeinsatzes nach der schweren Februar-Flut 1962, mit vom Lande herangeschafften Feuerwehrpumpen das Salzwasser aus den Feethingen zu pumpen und Süßwasser heranzubringen. — Auf die großen Halligen wurden in den letzten Jahren Trinkwasserleitungen gelegt.

Die Landwirtschaft: G e t r e i d e kann auf Halligen nicht angebaut werden, weil Getreide keinen salzigen Boden verträgt. Nur wo Sommerdeiche sind, wird gelegentlich von den Halligbauern mal ein kleines Feld versucht. So kreist die ganze Halligwirtschaft um die Haltung der Tiere — meist S c h a f e — und um die Gewinnung von Heu, um die Tiere im Winter füttern zu können. Manchmal trägt die Hallig auch ein paar Rinder. Und gar nicht selten werden im Sommer von den Bauern an Land Rinder zur „Gastäsung" auf die Halligen gesandt. Sozusagen zur Sommerfrische.

Gemäß den überkommenen germanischen Bodenrecht hat bisher der Boden allen Halligbewohnern gemeinsam gehört. Seit etwa einem Jahrzehnt ist eine Aufteilung in Privateigentum vorgenommen worden. Alle sagen, daß seitdem die Bearbeitung intensiver geworden ist.

Halligwarft bei „Land unter". Vorn auf der Hallig steht der Heudiemen. Kirchwarft auf Hallig Gröde.

Schafzucht: Hochbetrieb ist auf den Halligen zur L a m m z e i t. Das ist im frühen Frühjahr. Größte Sorgfalt und Aufmerksamkeit sind nötig, daß die jungen Tiere nicht erfrieren oder in den Prielen ertrinken. Da ist nicht viel Schlaf auf den Halligen. — Im Mai und Juni ist S c h a f s c h u r. Ist man mit dem Boot früh unterwegs, kann man sie erleben. Zuerst werden die Schafe „mit Haut und Haaren" gewaschen, dann wird ihnen die Wolle genommen. Ist die „Schafskälte", jener kalendermäßig letzte heftige Kälteeinbruch, besonders hart, so kann es auch dann noch Verluste geben.

Heuernte: Lange braucht das Heu auf den Halligen zum Trocknen. Das ist gefährliche Zeit, denn ein „Landunter" jetzt kann Arbeit und Gewinn eines Jahres vernichten. Dies ist der Grund, warum auf den größeren Halligen vor allem das M e e d e l a n d, das Heuland, einen Sommerdeich hat. Das grasende Vieh kann man, wenn „Landunter" droht, meist rasch genug auf die Warft treiben. Aber das weit verteilte Heu, mit den zahllosen Rinnen und Prielen dazwischen, ist dann kaum zu retten. Überhaupt ist die Heuernte schwierig. Nur auf den größeren Halligen gibt es feste Wege und motorisierte Hilfe. Auf den kleineren wird wie in alter Zeit das getrocknete Heu auf Laken gepackt, zu großen Ballen zusammengepreßt und dann in knochenbrechender Mühe auf dem Rücken auf die Warft getragen. Dort liegt es dann in den hohen, weit sichtbaren Heuhaufen, den D i e m e n, so gut befestigt und gesichert wie es geht. Stets sind die Diemen an der sichersten Stelle der Warft, denn das Heu ist das Kapital des Halligbauern. Oft widersteht der Diemen einer schweren Sturmflut besser als das Haus.

Der Winter: Im Winter kann Eistreiben im Halligmeer jede Verbindung abschneiden. Dann müssen genug Lebensmittel auf den Halligen sein. Heute können Hubschrauber Notverbindungen schaffen. Früher mußten das „ E i s b o o t " heran und mutige

Männer. Das Eisboot ist ein leichtes, amphibisches Fahrzeug. Wo zwischen Schollen freies Wasser ist, wird es gerudert. Über Eisflächen wird es getragen. Da in harten Wintern das Eis auf Watten zu meterdicken Schollen anwachsen kann, die durch die Strömungen wie Packeis zu wüsten Eisgebirgen zusammengeschoben werden, ist dies wie eine Polarreise — und entsprechend gefährlich.

Die Ditten — und Treibholz: Seit dem Salztorf-Raubbau kann auf den Halligen nicht mehr mit Torf geheizt werden. Treibholz ist deshalb begehrt und wird fleißig gesammelt. Im übrigen hält man es wie die Beduinen in der ebenfalls brennstofflosen Wüste: man trocknet Schaf- und Kuhdung. In der Wüste heißt das „Tineff". Hier nennt man es „Ditten". Freilich muß ich berichten, daß seit einiger Zeit, aller Romantik zum Trotz überwiegend mit Öl geheizt wird.

Sturmfluten: Ist man auf einer Hallig heimisch geworden, dann hört man die Geschichten von den schweren Sturmfluten, die ja die Marksteine in der Erinnerung der Halligbauern sind. Hört, wie sie bei der Februarflut 1962 die jüngsten Kälber in die Betten des Schlafzimmers holten. Erlebt, wie, als die Bäuerin mit dem Festland telefonierte, die See die Wand eindrückte und nur ein rascher Sprung die alte Frau rettete. Wie sie auf den Boden stiegen, wie dann die Leiter abtrieb, so daß sie nicht wieder herunter konnten. Andere Bauern hatten die Wände zum Dachgeschoß des Nachbarhauses durchschlagen müssen, als das eigene Haus am Zusammenbrechen war. Da hört man, wie bei der Lehrerin, die gerade Besuch vom Festlande hatte, die Klappe zum Dachboden nicht zu öffnen ging. Da mußten sie die Sturmflutnacht auf Stühlen in der Bettkoje verbringen, die ja nicht ohne Grund so hoch in die Wände der Hallighäuser eingebaut ist.

Auf vielen Halligen sind heute S c h u t z h ä u s e r gebaut worden. Die tragen unter dem Gewand des normalen Hallighauses eine Eisenbeton-Konstruktion. — So sind bei der Sturmflut im Februar 1962, der höchsten Flut, von der man weiß, zwar schwere Schäden entstanden, doch keine Menschen ums Leben gekommen.

Langeneß (Plan S. 229, 249)

Die Hallig: Langeneß ist eine sehr große Hallig: fast 9 Kilometer lang und ½ bis 1½ Kilometer breit. Sie hat auf 20 Warften etwa 220 Bewohner. Fährt man in einigem Abstand von der Hallig, so ragen nur die Warften mit ihren Häusern und Heudiemen über den Horizont und täuschen eine Unzahl kleiner Inselchen vor. Langeneß ist durch einen Steindamm mit der Hallig Oland und von da mit dem Festland verbunden. Auf dem Damm liegen Kleinbahnschienen, es ist kein Fuß- oder Fahrweg. So ist Langeneß eine recht ruhige, von Tagesbesuchern nahezu freie Hallig. Ich mag sie lieber als das von Touristen bevölkerte Hooge. — Es gibt auf Langeneß eine Kirche, einen Kaufladen, zwei Schulen und ein paar kleine Gasthäuser für Feriengäste. Ein asphaltierte Straße führt längelang durch die Hallig.

Langeneß ist eine Viehzuchthallig. Die Weideflächen sind durch eine Steinschüttung am Halligrand gesichert. Einige Sommerdeiche schützen das Heuland und schließen meist die Sieltiefs ein. — Ist es Zufall, daß Boye Petersen, Kapitän der großen Fünfmastbark „Preußen", von Langeneß stammt und seine „Laufbahn" als 12jähriger beim Segeln in kleinem Boot von Hallig zu Hallig begann?

Liegemöglichkeiten auf Langeneß sind für ein reviergerechtes Boot zahlreich wie Sand am Meer. Ich kann nur einige beschreiben. Darüberhinaus findet man a n d e r S ü d - s e i t e der Hallig hinter den wie kleine Hafenmolen vorgebauten Buhnen vorzügliche Plätze, dort trockenfallend zu verweilen. Buganker und Heckleine wäre meine Methode. Auf Schutz gegen Südwest würde ich achten. Gegen Nordwest schützt die Hallig. Bei starkem Ostwind bleibt der Wasserstand niedrig. Dennoch will Ostwind respektiert sein. Ich würde mir Buhnenschutz gegen Südwest suchen und den Bug mit viel Ankerkette nach Ost oder Südost richten. — An der N o r d s e i t e und W e s t - s e i t e von Langeneß würde ich nicht am Halligrand liegen.

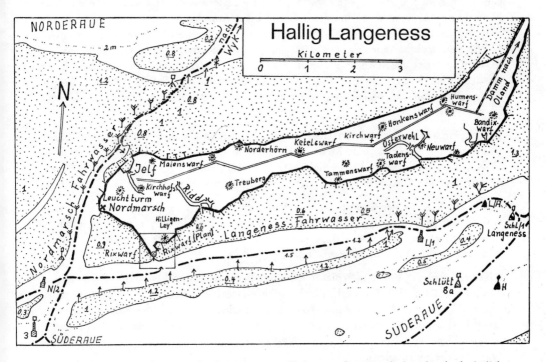

D e r H o c h w a s s e r s t a n d über Kartennull ist an der Nordseite durchschnittlich 2,6 Meter bei Spring- und 2,3 bei Nippzeit; an der Südseite 2,7 bzw. 2,5 Meter. Nach Osten zu wird er etwas höher.

L e u c h t t u r m N o r d m a r s c h steht auffällig auf der Westspitze von Langeneß am Nordmarsch-Fahrwasser. Auf der Hallig selbst liegt eine endlos erscheinene Kette von Warften, die sich in der Ferne am Horizont verlieren. (Skizze S. 280). L a n g e - n e ß - F a h r w a s s e r läuft an der Südseite der langen Hallig. Seine Südseite ist be- zeichnet (siehe Plan). Die Südseite von Langeneß ist eines der liebenswertesten Re- viere, das man sich denken kann — natürlich ruppig bei frischem West und auslaufend Wasser, doch geschützt bei Nordwest.

Sielhafen Jelf liegt an der Nordwest-Spitze von Langeneß (Plan). Ich konnte aus dem Nordmarsch-Fahrwasser heraus mit 1 Meter Tiefgang schon bei halber Tide herein. Lage und Gestalt des hinter Steinbuhnen liegenden Platzes zeigt der Plan. Überwiegend fällt Jelf trocken. Man liegt entweder an einem der kleinen Anleger (wo man freilich zuweilen von Fahrgast-Motorbooten vertrieben wird) oder mit Bug- oder Heckanker und Leine zur Böschung. — Leuchtturm Nordmarsch ist nahe. Am Südende des Prieles liegt die Kirchhofswarft. Die Einsamkeit dieses Platzes und die nur von Vogelschreien und Wattgeräuschen unterbrochene Stille finde ich einmalig schön.

A n l a u f e n : Entweder a u s d e r S ü d e r a u e durch das Nordmarschfahrwasser. Von Tonne 2 oder Tonne 3 (Plan) fahre ich nordwärts an der Prickenreihe des Nordmarsch-Fahrwassers entlang (bleiben backbord), passiere dabei Leuchtturm Nordmarsch und biege in den Hafen ein, sobald die Nordfront von Langeneß gut offen ist. Mit flachgehendem Boot komme ich oft sogar bei Niedrigwasser bis vor das Siel. — A u s d e r N o r d e r a u e (von Wyk) kann ich erst 2 bis 3 Stunden vor Hochwasser über den Wattrücken, der Jelf von der Norderaue trennt. Von Tonne 17/Förrer Ley 1 Seemeile südlich von Wyk halte ich südwestwärts genau auf Leuchtturm Nordmarsch zu. An der Wattkante treffe ich nach 1½ Meilen Stange mit Andreaskreuz und Stangen Besen abwärts (Plan S. 249, oben). Die halte ich backbord bis zur Bake mit Zylindertoppzeichen. Die und die folgenden Pricken nehme ich an Steuerbord. Nach 1 Meile stehe ich vor der Einfahrt.

Ridd ist ein Siel an der Südwestseite der Hallig. Da stand vor dem Siel auch bei Niedrigwasser noch 1 Meter Wasser. Meist macht man an der Buhne an der Ostseite fest. — Warum Langeneß soviele breite Siele hat? Es waren früher drei selbständige Halligen: Nordmarsch im Westen, Butwehl in der Mitte und Langeneß im Osten.

Osterwehl liegt an der Südostseite von Langeneß. Man liegt vor dem Siel (Plan) oder auch binnen. Schön, still, geschützt, nicht weit zum Kaufladen. A n l a u f e n aus Langeneß-Fahrwasser von Tonne L/A nordwärts. 1000 Meter weit über Watt. Manchmal stehen Pricken da. Wenn nicht, fuhr ich querbeet.

Rixwarft, Anleger und Ankerplatz: Rixwarft liegt auf dem Südwestzipfel von Langeneß (Plan S. 249, 250). Da macht die Autofähre zwischen Schlüttsiel und Amrum sechsmal am Tage fest. An den Anlegern können Yachten nicht festmachen, außer kurzzeitig und bereit, loszuwerfen, wenn das Fährschiff kommt. Es gibt aber auch einen schönen Liegeplatz, um dort trockenfallend zu ankern und einen Ankerplatz auf tiefem Wasser (siehe Spezialplan).

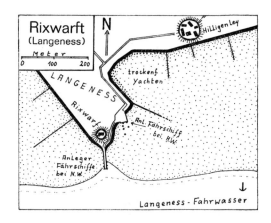

Der Ankerplatz (trockenfallend) zwischen Rixwarft und Warft Hilligenley ist gut geschützt. Eine lange Buhne an der Südseite dieses Platzes nimmt Schwell aus Südwesten weg. Ihr Außenteil wird bei mehr als ³/₄ Tide überspült. Diese Buhne muß beachtet werden, zumal sie auf der Seekarte von 1973 n i c h t eingezeichnet ist. — Für ein reviergerechtes Boot kann es eigentlich keinen schöneren Ankerplatz geben. — Auf der Warft Hilligenley 200 Meter entfernt spielt der gleichnamige Roman von Gustav Frenssen.

Tiefwasser-Ankerplatz Rixwarft ist etwa 400 Meter östlich der Warft in tiefem Wasser des Langeneß-Fahrwassers. Für tiefgehende Schiffe, die schweren Nordweststurm in diesem Teil des Halligmeeres abwettern müssen, ist das sozusagen der historische Ankerplatz.

Aus dem Logbuch der „Amrum": Während der Orkannacht des 16. Februar 1962, die Hamburg die katastrophale Sturmflut brachte, hat das 100 Tonnen große Fährschiff „Amrum" (Vorgänger der jetzigen Autofähre) hier den Stiem abgewettert. Im Logbuch der „Amrum" heißt es darüber (auszugsweise aus Heinrich-Jakobs „Land Unter"):

08.15 Uhr An Schlüttsiel. Bringen Leinen aus.
12.00 Uhr Wind West 10 bis 12.
15.00 Uhr Querleine bricht nach Nordwest.
19.00 Uhr Ab Schlüttsiel.
21.30 Uhr Gehen bei Langeneß, Hilligenley, vor Anker. Orkan. Lassen Maschine „langsam voraus" laufen. Gehen Wache. Kurz nach 22 Uhr kommen die ersten Gegenstände von der Hallig an uns vorbeigeschwommen.

Wenn bei Sturmflut Gegenstände von Halligen abtreiben, heißt dies, daß die Flut bis auf die Höhe der Warften vorgedrungen ist. Eine Milchkanne trieb an dem ankernden Schiff vorbei. Dann wurden im Gischt treibende Türen und Fenster sichtbar. Das heißt, daß die See die Öffnungen der Häuser eingeschlagen hat. Dann trieben Heudiemen vorbei. Das ist das schlimmste Zeichen, denn Heu wird an der sichersten Stelle der Warft gelagert und gut befestigt. Im Mondschein war von der ankernden „Amrum" zu sehen, wie Wellen zwischen den Häusern von Hilligenley durchliefen. Dabei war es zwei Stunden v o r Hochwasserzeit. — Doch dann hörte das Wasser auf, weiter zu steigen. — Dennoch hat die Februar-Flut 1962 den höchsten Wasserstand gebracht, der bisher je beobachtet wurde.

Hallig Hooge   (Plan S. 229, 253)

Die Hallig: „Die Hohe", und wie alle sagen, die Schönste unter den Halligen. Ich finde, in ihrer Art sind sie alle schön, das heißt, voll Charakter. Im Sommer sind tagsüber sehr viele Touristen auf Hooge. Zweifellos ist Hooge auf dem Wege, Charakterzüge einer Badeinsel anzunehmen. Doch abends ist es wieder still wie in früherer Zeit. — Hooge ist etwa 4 Kilometer lang und durchschnittlich 1,5 Kilometer breit. Sie hat 10 Warften und etwa 170 Bewohner. Nimmt man es genau, so ist Hooge keine Hallig mehr. Denn sie hat einen Sommerdeich bekommen. So wird sie im Jahr nur noch zwei- oder dreimal überflutet, nämlich wenn die Sturmflut höher als 2,20 Meter über Normal aufläuft. „Land unter" wird man hier also im Sommer kaum erleben. Die Schulkinder auf der Hallig bedauern das, denn nach „Land unter" gibt es traditionellerweise zwei schulfreie Tage, bis die Wege wieder trocken sind.

Der Königspesel ist das Prunk- und Schaustück von Hooge. Er ist auf der Hanswarft etwa in der Mitte von Hooge. Pesel heißt ja die gute Stube im Hallighaus. Hat keine Sturmflut ihre Ausstattung vernichtet, dann hat in allen Hallighäusern der Pesel die gemütlich-behäbige Ausstattung. Vor allem ziehen die holländischen Kacheln den Blick auf sich. Große Kachelflächen, bemalt mit biblischen Geschichten, mit Landschaften, doch vor allem mit Schiffen, oft Walfangschiffen bei der Arbeit. — Alles im Pesel zeugt vom Wohlstand des Goldenen Zeitalters, wo, wer immer konnte, auf Walfang oder Handelsschiffahrt ging. — Das Haus mit dem Königspesel wurde 1776 vom Kapitän Tade Hans Bandix erbaut. Königspesel heißt er, weil der Dänische König dort übernachtet hat, als er nach einer Sturmflut die Halligen besuchte.

Die Kirchwarft: Die liebe ich mehr. Sie ist nahe beim Sielhafen. Kirche, Pfarrhaus, Friedhof und der kleine, schwarze, hölzerne Glockenturm, niedrig und mit spitzer Kappe. Als ich zuletzt dort war, lebte im Schutze der Kirche noch der kleine Feigenbaum. Auf ihn ist man in Hooge stolz, denn er gilt als Beweis, für „das ozeanisch milde" Klima.

Hallig Hooge, die Kirchwarft.

Die Bienenköniginnen: Aus allen Teilen Deutschlands werden Bienenköniginnen zum Hochzeitsfluge nach Hooge gesandt! Denn Bienen vom Festland können die Wasserstrecke bis Hooge nicht überfliegen. So ist hier die Rasse der „Peschetz-Völker" ganz unter sich. Befruchtet werden die Binenköniginnen dann von ihrer Halligreise wieder zu ihrem Imker zurückgesandt.

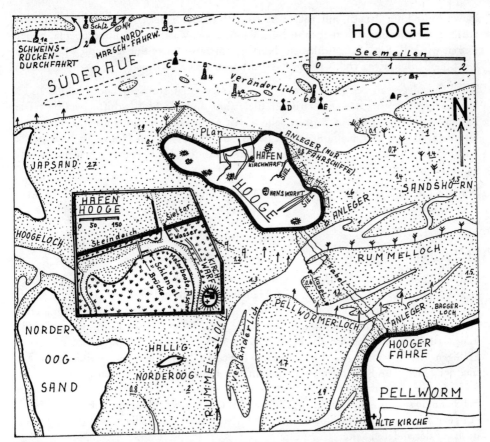

Der Hafen von Hallig Hooge liegt an der Nordseite hinter dem Steindeich. Er beherbergt mehrere große Fischerboote, einige Fahrgastmotorboote, kleine Wattenfrachter und im Sommer Yachten. Es gibt Trinkwasser und sogar einen Stromanschluß für Notreparaturen. Die Yacht-Schwimmstege sollen vergrößert werden. Der kleine Hafen im Grünen ist nett, ruhig und sicher. Er ist einer der sehr typischen Plätze im Halligmeer.

A n l a u f e n erfolgt aus der Süderaue. Man sieht gut die Öffnung im Steindeich an der Nordseite Hooges. Auf die hält man von Norden zu. Vor der Hallig liegt ein schmaler Wattstreifen. Oft ist er auch bei N.W. unter Wasser. Etwa 120 Meter vor dem Steindeich beginnt eine Buhne. Bei Hochwasser kann sie überspült sein. Auf ihrem Kopf steht Stange mit Kreuz. Dicht an der Ostseite der Buhnen führt eine Rinne auf den Steindeich zu. — In der Öffnung des Deiches sind Sieltore. Nur bei übernormal hohem Wasserstand sind die geschlossen. Zuweilen muß erst ein Brückensteg aufgeschoben werden, der über das Sieltor führt. Fast immer sind Leute auf dem Deich, die das tun. Wo nicht, jumpt einer von der Crew an Land.

D e r H a f e n s c h l a u c h teilt sich innerhalb des Deiches in zwei Arme. Der Südostarm führt auf die Kirchwarft zu. Dort liegen an der Steuerbordseite Fischer- und Motorboote an kurzen, selbstgebauten Brücken. Yachten laufen in den Westarm. Dort ist ein Schlengel. — Anlaufen kann man mit flachgehendem Boot zuweilen schon bei

N.W., sonst kurz danach, mit Kielyacht etwa ab halber Tide. Drinnen fällt es teilweise trocken. Stellenweise stehen aber auch ½ bis ¾ Meter Wasser. — Bei übernormal hohen Fluten wird die Schleuse geschlossen. Nur bei schwerer Sturmflut läuft die Hallig über den Steindeich hinweg voll. — Es gibt Trinkwasser und Kaufladen.

Der Fähranleger an der N o r d s e i t e von Hooge taugt für Sportboote höchstens zu kurzzeitigem Festmachen. Er wird für die Fähre und die Motorschiffe benötigt. Der Fähranleger liegt an tiefem Wasser. Sehr oft ist es zu unruhig, um auch nur kurzzeitig festzumachen. — Der Fähranleger an der S ü d o s t s e i t e von Hooge ist weit besser zugänglich. Oft findet man einen Liegeplatz. Mindest kann man an seiner Ostseite geschützt trockenfallen.

Weitere Liegeplätze findet man an der Ostseite Hooges. Da sind mehrere Siele. Man muß sie selber erkunden.

Hallig Oland   (Plan S. 229, 255)

Hallig Oland, dicht am Festland gelegen, hat ganz eigenen Charakter; ein Zwergenreich ist's. Da kuscheln sich etwa 15 winzige Häuser mit 50 Bewohnern auf der einen Warft um den schilfumrandeten Feething. Miniaturgärtchen werden von engen, gewundenen Stiegen durchzogen. Breit hocken Schornsteine auf schilfgedeckten Dächern, und weiße Fensterchen leuchten. Es ist ein D o r f, wenn auch ein ganz kleines, etwas, was sonst Halligen fremd ist. — Gasthaus, kleiner K a u f l a d e n, kleinstes Inselkirchlein mit niedriger Decke und knapper Stehhöhe auf der Kanzel. Altar zwischen zwei Fenstern, Schiffsmodell von der Decke. — Dann verläßt man die Warft, kreuzt die schmalen Feldbahngleise, wo zuweilen die Segellore steht, und ist sogleich auch am H a f e n. Noch ein paar Schritte weiter beginnen Watt und Meer; denn die Hallig setzt zwar Land an, doch auf der anderen Seite.

D i e S e g e l l o r e : Ein 5 Kilometer langer Damm, bei Hochwasser manchmal überflutet, verbindet Oland mit dem Festland bei Dagebüll. Dort war im Sommer die berühmte Segellore unter „Kapitän Magda" unterwegs: ein Feldbahnwagen, mit Mast und Segel (Skizze S. 44). Bei frischem Wind lief er ratternde Fahrt. Oft konnte er anliegen. Doch bei Flaute mußten die Insassen schieben. — Heute ist die Lore kümmerlich geworden und „Kapitän Magda" alt. So befördert eine kleine Dieseldraisine die Gäste — falls sie nicht von Schlüttsiel mit dem Motorboot kommen.

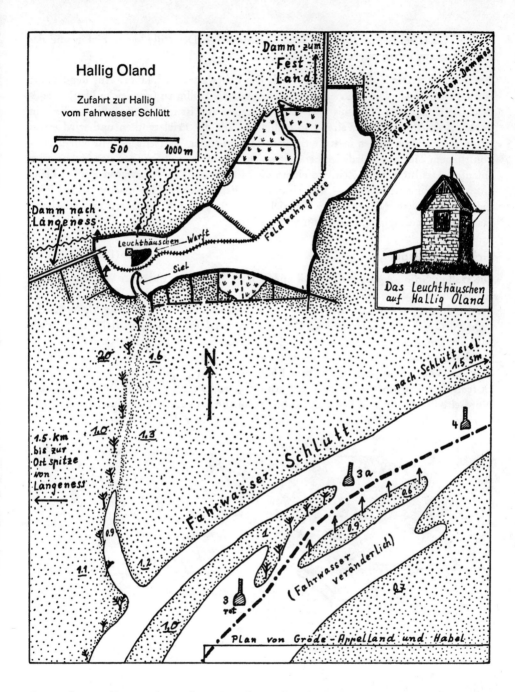

Hallig Oland

Zufahrt zur Hallig
vom Fahrwasser Schlütt

0   500   1000 m

Damm zum Fest-Land

Reste des alten Dammes

Damm nach Langeness

Leuchthäuschen Warft

Feldbahngleise

Siel

Das Leuchthäuschen auf Hallig Oland

N

2,0   1,6

1,5 km bis zur Ortspitze von Langeness

1,0   1,3

0,9   1,2   1,1   1,0

nach Schlüttsiel   1,5 sm

4

3a   0,6

0,9

(Fahrwasser veränderlich)

3 rot   0,7

Fahrwasser Schlütt

Plan von Gröde - Appelland und Habel

Der Hafen: Er liegt an der Südwestseite der Hallig, dort wo sie nur 400 Meter breit ist.
Seit die Hallig einen Sommerdeich hat, ist der bisherige Hafenpriel zu einem kleinen
Hafenbecken mit Steinböschungen und vielen kleinen Anlegestegen geworden (Skizze).
Die Ostseite hat das tiefere Wasser. Mit Yacht bis 1,4 Meter Tiefgang würde ich bei
normaler Tide kurz vor Hochwasser einlaufen. Mittlerer H o c h w a s s e r s t a n d bei

Spring ist 3,1, bei Nipp 2,9 Meter über Kartennull. — Der stille kleine Hafen und das
Miniatureiland haben mir sehr zugesagt.

Anlaufen: Die Zufahrt erfolgt durch das Fahrwasser Schlütt. Aus der Schlütt
läuft ein 1 Seemeile langer Priel nach Norden auf die Hallig zu (vergleiche Plan). Dieser
Priel hat anfangs bei N.W. bis 1 Meter Wassertiefe und ist in seinem südlichen Teil ein
brauchbarer Ankerplatz. Weiter zur Hallig zu fällt der Priel trocken und wird etwas
gewunden. Pricken stehen in ausreichender Zahl an seiner Westseite. — Mit einem Boot
von einigem Tiefgang würde ich bei steigendem Wasser 1 bis 2 Stunden vor Hochwasser
anlaufen. Das ist auch die Zeit, wo einem die Mittelgründe im Fahrwasser Schlütt keine
Umwege mehr aufnötigen. — Wer absolut die Fahrt nicht alleine machen will: Einige
Zeit vor Hochwasser fährt von Schlüttsiel ein Motorboot mit Besuchern und allerhand
Halligbedarf nach Oland. Dem kann man nachfahren.

Gröde-Appelland   (Plan S. 229, 256)

Die Hallig: Gröde-Appelland, 1,5 Kilometer lang, 1 km breit mit zwei Warften, ist eine
sehr typische Hallig. Auf der Knudswarft leben drei Familien, etwa 15 Menschen. Auf
der Kirchwarft wohnte die Lehrerin. Nur e i n e Schülerin hatte sie! Die kleine Kirche
steht dort. Sieben Kirchen sind im Lauf der letzten Jahrhunderte nacheinander aufgebaut worden, wenn die Vorgänger das Alter oder die See überwältigt hatte.
Gröde-Appelland (die Bewohner nennen es Gröde) liegt etwas niedriger als die meisten
anderen Halligen. So ist dort manchmal 30 mal im Jahr „Land unter". Doch die Hallig
ist fruchtbar. Die Schafzucht gedeiht. Auch einige Kühe trägt das Land. West-, Süd- und
Nordseite der Hallig sind heute durch Steinschüttungen gesichert. Sommerdeiche schützen das Heuland. — Früher waren es zwei Halligen. Aber daran erinnern nur noch der

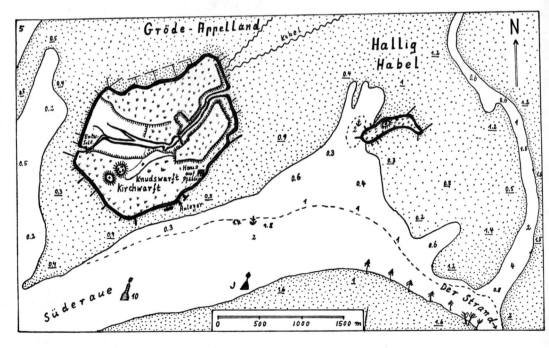

Name und der tiefliegende Priel, der von Osten nach Westen durch die kleine Hallig läuft. Er wird durch Sielschleusen entwässert.

Gröde-Appelland ist noch richtig eine kleine Welt für sich. Seit vielen 100 Jahren leben die drei Familien der Petersen, Rickertsen und Nommensen auf der Knudswarft zusammen. Auf Hallig Gröde eine zeitlang zu verweilen, kann unglaublich nett sein. Aber man muß ein Gespür mitbringen, ob man willkommen ist. Auf Langeneß, Hooge und Oland kann man sich „unverbindlicher" aufhalten, als auf dem kleinen intimen Gröde.

Liegeplätze: Ein neuer F ä h r b o o t a n l e g e r ist an der Südseite der Hallig (Plan). Er liegt auf niedrigem Watt. Ab halber Tide kann er mit 1,2-Meter-Boot erreicht werden. Er ist gegen starken Südwest leidlich, starken West gut und Nordwest vorzüglich geschützt. Doch man muß sich erkundigen, wann Fährboote erwartet werden. — Mit Boot mäßigen Tiefganges kann man oft ganz gut mit Buganker und Heckleinen an der westlichen Schmalseite des Anlegers liegen, ohne dem Fährboot im Wege zu sein.

Der H a l l i g p r i e l : Sein Eingang ist an der Ostseite der Hallig. Für flachgehende Boote ist das der ideale Liegeplatz. Mit Booten bis 1 Meter Tiefgang kann man nahe Hochwasserzeit bei steigendem Wasser herein. Mit tiefgehendem Boot kann es günstig sein, sich die Zufahrt des Prieles bei Niedrigwasser anzusehen und eventuell zu bezeichnen. Im Halligpriel liegt man geborgen wie in Abrahams Schoß. —

A n d e r e P l ä t z e : Das Entwässerungssiel an der Westseite hat eine Art von kleinem Vorhafen. Der will mit Vorsicht genossen werden, ist bei Westwind unruhig und verlangt sehr gutes Festmachen. — Ein weiterer Fähranleger soll an der Nordwestseite gebaut werden. — G e a n k e r t habe ich mit tiefgehender Yacht bei Nordwest- und Ostwind an der im Plan bezeichneten Stelle. — Und schließlich kann man auf dem hohen Watt t r o c k e n f a l l e n . — Mittleres H o c h w a s s e r läuft bei Springzeit 3,1 (bei Nipp 2,8) Meter über Kartennull auf.

Hallig Habel (Plan S. 229, 256)

500 Meter lang, 100 breit, ist Habel, die kleinste. Es gibt nur eine Warft; darauf ein Haus mit Feething und Soot. Im Sommer grasen Schafe. Das ist alles. Noch 1905 war die Hallig 5mal so groß. Noch früher hatte sie zwei Warften mit 4 Häusern. Die hat sich das Meer geholt. Wäre die kleine Hallig heute nicht rundum durch eine Steinschüttung gesichert, so gäbe es sie wohl ebensowenig mehr, wie die anderen 20 oder 30 Halligen, die untergegangen sind.

B e w o h n e r : Als die letzten Halligbauern auf dem immer kleiner werdenden Land kein Auskommen mehr fanden, haben sie die Hallig an das Land Schleswig-Holstein verkauft. Seitdem wird sie verpachtet. Ein Afrika-Forscher hat darauf gelebt. Der Gastwirt Thamsen aus Bongsiel, von dem Rittlinger so lustig plaudert, hatte sie lange Zeit. Heute hat eine Familie vom Festland die Hallig in Pacht, und sommers wohnen sie drauf. Es sind nette Leute. Doch sie sind auf dem Eiland, um Ruhe zu haben. So soll man um Erlaubnis fragen, ehe man die Hallig betritt und nur verweilen, wenn man willkommen ist. — Der Westteil ist Vogelschutzgebiet.

L i e g e p l ä t z e (Plan S. 256): Es gibt keine Brücke und kein schützendes Siel. A n - k e r n kann man je nach Wasserstand. Tiefgehende Boote werden den tiefen Pool an der Westspitze der Hallig bevorzugen. Es steht Strömung. Wirklich gut liegt man dort nur bei Ostwind oder bei Niedrigwasser. — T r o c k e n f a l l e n ist die beste Lösung für einen Besuch auf Habel. — Insgesamt wird einem aber diese so kleine Hallig, zumal sie Privatbesitz ist, weniger bieten als die anderen.

Nordstrandischmoor   (Plan S. 229, 258)

Die Hallig liegt nördlich von Insel Nordstrand, ist knapp 3 Kilometer lang, knapp einen breit, hat 4 Warften, etwa 20 Bewohner und heute einen Damm zum Festland. Die Hallig ist niedrig. Hochwasser von 1 bis 1½ Meter über Normal macht schon „Land unter". So ist das Land wenig ertragreich. Kaum Kühe, nur Schafe trägt das karge Salzwassergras. Doch gerade der Kargheit willen hat mich die Hallig beeindruckt. Sie zeigt wohl am ehesten, wie man sich das Leben der „armen Chauken" vorstellen muß. — Nicht einmal die Toten bleiben hier vom Meer unbehelligt. Da auch die Warften oft vom Wasser bedeckt werden, ist der Friedhof nicht wie sonst auf einer Warft angelegt, sondern im niedrigen Halligland. Flache Steinplatten, denen das Wasser nichts anhaben kann, sind auf den Gräbern.

Niewarft ist die größte Warft mit zwei Wohnhäusern (Skizze S. 259). Dort ist auch ein bescheidener Gasthof. Über den Damm und von Strucklahnungshörn auf Insel Nordstrand kommen gelegentlich Tagesgäste. Auf der früheren Kirchwarft ist ein Wohnhaus für die Arbeiter des Marschenbauamtes.

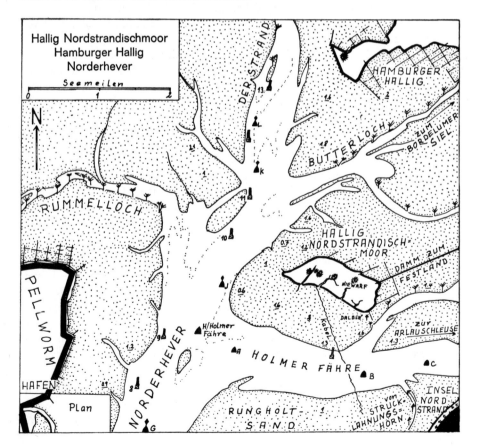

Liegemöglichkeiten: An der Südostseite der Hallig ist ein trockenfallender Anleger. An der Südseite öffnen sich vier Halligpriele. Vor denen steht meist auch bei N.W. Wasser. Außerdem kann man dicht an der Westseite ankern. a) D e r A n l e g e r dient Motorbooten, die Besucher von Pellworm oder Nordstrand bringen. Er liegt an der im Plan mit „Anlegebuhne" bezeichneten Stelle. Wenn man so festmacht, daß man die Motorboote nicht stört (die fahren sowieso bei fallendem Wasser wieder ab), wird einen dort wohl keiner vertreiben. — b) D i e H a l l i g p r i e l e : ich habe einmal vor dem gelegen, der zu Norderwarf-Alte Kirchwarf führt. Da war mir die Buhne Schutz gegen Seegang aus westlicher Richtung. Ich hatte dort bei N.W. einen Meter Wasser. — c) A n k e r n würde ich mit besonders tiefgehender Yacht. Vielleicht auch, um mir bei Niedrigwasser die Verhältnisse erst einmal anzusehen. — D i e W a s s e r t i e f e dicht an der Hallig ist größer als bei der 2 Meter hoch trockenfallenden Stelle. Mittleres S p r i n g h o c h w a s s e r steht 3,4 Meter (Nipp 3,1) über Kartennull.

Anlaufen: Entweder bei Hochwasser quer über das Watt. Sonst (oder bei Niedrigwasser) durch den betonnten Priel H o l m e r F ä h r e (Plan S. 229, 258). Dessen Ansteuerungstonne „Holmer Fähre" ist Fahrwassertonne H der Norderhever. Aus Holmer Fähre läuft man von der roten Tonne 1 oder der schwarzen B in den nach Nordosten abzweigenden Priel, den der Plan rechts unten zeigt. Der Priel hat Pricken an der Nordwestseite und läuft ganz dicht an der Hallig vorbei. Da sind Buhne und Steg. Wassertiefe bei N.W. 3 bis 4 Meter, bei H.W. 3¹/₂ Meter mehr (genug Kette stecken!).

Die Entstehung der Hallig: Da hatten ja im Mittelalter die Bewohner weit und breit die Torfschicht abgetragen und aus der Asche das teuer bezahlte Salz ausgelaugt. Doch war ein Stück Sumpfland so schwer zugänglich, daß dort der Abbau unterblieb. So behielt dieses Stück Moor auf der Großinsel Alt-Nordstrand seine Torflage. — Als dann bei der zweiten, der „allergrößten Mandränke" 1634 das Meer Alt-Nordstrand überrannte, war dies Stück Moorland etwas höher. Einige Menschen retteten sich darauf. Das umliegende Land ging verloren. Doch das von der zähen Torfschicht bedeckte „Nordstrandischmoor" hielt stand. So gibt es heute diese Hallig und so erklärt sich ihr Name. Sie ist ein gewichtiges Argument für die Wissenschaftler, die den Torfabbau als die hauptsächliche Ursache des Landverlustes ansehen. Typisch ist ja auch, daß Nordstrandischmoor die einzige Hallig ist, wo man trinkbares Wasser aus Brunnen gewinnen kann. Das Meerwasser läuft von der Torfschicht wieder ab und dringt nicht in die Tiefe, wie bei den anderen Halligen.

Hallig Südfall   (Plan S. 229, 277)

Dieses kleine Eiland liegt westlich von Insel Nordstrand. Es ist 2 Kilometer lang, 700 Meter breit und hat nur eine Warft. Als ich zuletzt da war, wurde Südfall nur im Sommer von einem Schäfer-Ehepaar bewohnt, und Schafe grasten darauf.

Früher war Hallig Südfall größer, hatte zahlreiche Bewohner und sogar einen Krug mit Schankrecht. Aber sie galt schon immer als die Ärmste der Halligen. Der Boden trug keine Rinder. Sturmfluten verkleinerten ihr Land. Selbst Seeräuber suchten sie heim. Not trieb die Bewohner fort. In einer Nacht im Oktober 1881 floh nach einer Sturmflut der letzte Bewohner von der Hallig, um nicht noch weitere Sturmfluten dort erleben zu müssen. Die Hallig blieb unbewohnt. Aber um 1950 zog doch noch einmal jemand auf dieses verlorene Eiland: die Gräfin Diana Reventlow-Criminil lebte hier. Sie starb auch auf der Hallig. Dann wurde das Eiland verkauft. Für 20 000 DM an das Land Schleswig-Holstein. — Heute ist Südfall verpachtet. Zuletzt hatte sie ein Nordstrander Bauer. Das Hallighaus ist nett wieder aufgebaut worden. Es ist Naturschutzgebiet. Tagsüber bringt im Sommer ein Motorboot Besucher aus Husum. Der Pächter erlaubt oft, zu zelten.

Eine Nacht auf Hallig Südfall: Südfall ist eine urig-einsame Hallig, wie kaum eine andere. Nirgendwo habe ich das Gefühl des Ausgesetztseins so erlebt wie hier. Ich war bei Ostwind zu spät auf's Boot zurückgekehrt. Das Wasser war schon zu weit gefallen und ich kam nicht mehr weg. So gab es eine verzauberte, spukhafte Nacht. Tausend Geräusche sind ja nachts auf dem Watt. Die Seevögel schreien. Fern brandet die See. Viele fremde, nie geahnte Laute sind ringsum, im Boden und in der Luft. Wind klagt um das Boot, während die Wolken den Mond verhängen und wieder freigeben. — Es war ja früher fruchtbares, dicht besiedeltes Land, das jetzige Watt um die Hallig. Und grad als es Mitternacht war und die Wolken den Mond gänzlich ausgelöscht hatten — da habe auch ich es gehört, das Läuten der Glocken von Rungholt, der versunkenen Stadt. Und wer von den armen Materialisten unserer Zeit derlei nicht glauben will, kann es gern bleiben lassen.

A n l a u f e n   u n d   L a n d e n : Hallig Süderoog liegt zwischen dem Heverstrom (Husum) und der Norderhever (Pellworm). Zwischen beiden verbindet das Fahrwasser Dwarsloch (Plan Seite 277). So kann man die Hallig durch das Dwarsloch anlaufen oder nahe Hochwasserzeit quer über das Watt. Mittleres Springhochwasser steht 3,2 Meter (Nipp 2,9 Meter) über Kartennull.

Ein Arm aus dem Dwarsloch mit zuletzt fast ½ Meter Wassertiefe bei N.W. führt auf die Nordwestecke der Hallig zu. Dort hatte ich einmal im Schutz der Buhne gelegen. Meist aber habe ich mich in Windlee auf dem Watt trockenfallen lassen. Das Watt um die Hallig ist nicht sehr hoch. Ist starker westlicher Wind, so findet man nahe Hochwasserzeit an der Westseite mehr Seegang als man sonst auf Watten gewohnt ist. — Ein Steg war an der Südseite. Dort machte während der Hochwasserstunden ein Motorboot aus Husum fest. Ein kleiner Halligpriel läuft in der Mitte. Doch wird man da wohl mit den Vogelschutzbestimmungen kollidieren. — Einigen unreinen Stellen im Dwarsloch wird man bei fallendem Wasser durch langsames Fahren Respekt erweisen.

Hamburger Hallig   (Plan S. 229)

Die Hamburger Hallig, nördlich von Hallig Nordstrandischmoor, ist mit dem Festland breit zusammengewachsen und zur Halbinsel geworden. Flaches, teils mooriges Land erstreckt sich zwischen einer Unzahl von Lahnungen breit gegen den Deich. Die ursprüngliche Hallig liegt an der Spitze dieser Halbinsel. Sie hat eine Warft. Das ganze Gebiet ist Naturschutzgebiet.

L a n d e n : Die Hamburger Hallig taugt wegen der vielen verschlickten Lahnungen gar nicht gut zum Anlanden. Wenn überhaupt, dann können flachgehende Boote am ehesten wohl die B u h n e anlaufen, die vor der nördlichen Halligspitze vorgebaut ist. — Auch vor der steinbewehrten Westseite trockenzufallen, würde ich erwägen. — An der Südseite der Halbinsel führt das mit Pricken bezeichnete Butterloch ins Grünland zum Bordelumer Siel.

Hallig Süderoog   (Plan S. 229, 288, 262)

D a s U m s c h l a g b i l d dieses Buches zeigt Hallig Süderoog aus der Luft gesehen, und zwar von Süden nach Norden. Doch die Farben sind der Klischieranstalt mißraten: auf g e l b e m Sand liegt die Hallig und nicht zwischen Grünkohlfeldern! — Im Hintergrund zieht quer das Rummelloch über das Bild. Das Weiße dahinter sind Norderoogsand und Japsand. Insel Amrum ahnt man im Dunst am Horizont.
Westlich der Insel Pellworm liegt diese etwa 1 Quadratkilometer große Hallig. Weit seewärts: doch ein breites Sandwatt und der große, hochwasserfreie Süderoog-Sand geben ihr Schutz. Bei Niedrigwasser fahren Pferdefuhrwerke über das schöne, feste Sandwatt von Insel Pellworm zur Hallig heraus.
Ob es das reichliche Strandgut war, das dieser Hallig hinter den für die Schiffahrt gefährlichen Sänden zu einigem Wohlstand verhalf? Das Schnitzwerk, das an einem der beiden Hallighäuser angebracht ist, stammt von einem spanischen Segelschiff, das vor 100 Jahren dort scheiterte. Nach altem Gesetz muß der Bewohner der Hallig ein Pferdefuhrwerk unterhalten, um Schiffbrüchige und auch Strandgut bergen zu können. Auf einer sehr alten Karte — ein Jahr nach dem 30jährigen Kriege gezeichnet — trägt die Hallig sogar ein Leuchtfeuer.
Süderoog ist „die Hallig der Jungens". Über 200 Jungen tummeln sich im Sommer auf der Hallig und auf dem Watt. Dazu kam es so: Seit etwa 300 Jahren wird die Hallig von der Familie Paulsen bewohnt. Der letzte der Paulsens kam nach den Erlebnissen als

Kriegsfreiwilliger im ersten Weltkrieg bei Verdun zu dem Entschluß, die Jugend der
Welt auf seiner Hallig zusammenzuführen. So sind seit 1927 die beiden großen Hallighäuser Jugendheim, solange er lebte, unter Paulsens Leitung. Es muß tatsächlich eine
eigenwillige und starke Persönlichkeit gewesen sein, jener Hermann Newton Paulsen,
dessen Werk seine schwedische Frau nach seinem Tode weiterführte. — So ist im Sommer froher Lärm auf dem Eiland, und ein fremdes Boot wird hier hundertmal mehr
Aufmerksamkeit erregen, als auf allen anderen Halligen zusammen.

Wenn man mag, wird man gern durch das große Hallighaus geführt. (Welch ein Kunst-
werk ist allein das riesige Reetdach!) Die aus Stahlbeton erbauten Fluchträume werden
einem gezeigt, die jeder denkbaren Sturmflut widerstehen sollten. Es ist eine noble
Hallig. Sogar Bäume, fast schon ein kleiner Wald, stehen bei den Häusern.

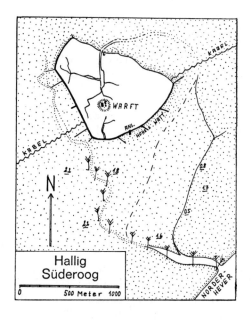

A n l a u f e n : Meist wird man ja aus der Norderhever zur Hallig fahren. Doch hindert
einen nichts, mit flachgehendem Boot nahe Hochwasserzeit über das Watt aus jeder
anderen Richtung zu kommen. S p r i n g h o c h w a s s e r läuft im Mittel 3,1 Meter
über Kartennull auf, Nipp 2,8. Sehr hoch allerdings ist das Watt nahe beim A n l e g e r
an der Südseite. So würde ich entweder an der Westseite trockenfallen (bei Nordwestwind an der Südseite). Oder ich würde mich in den reizenden H a l l i g p r i e l verholen.
Da steht auch bei Niedrigwasser meist mehr als 1 Meter Wasser. — Die Zufahrt zum
Halligpriel ist nahe Hochwasser fast 2 Meter tief. Ich habe sie mir vorher bei Niedrigwasser angesehen und mit ein paar Stangen und ein paar leeren Flaschen mit Stein und
Schnur als kleine Privatbetonnung bezeichnet. Der Plan zeigt, wie ich es vorfand.

Die Zufahrt zur Hallig durch den mit Pricken bezeichneten P r i e l a u s d e r N o r -
d e r h e v e r habe ich ganz unproblematisch und einfach gefunden. Daß an den Seiten
des Prieles hohes Watt liegt, braucht einen ja nicht zu stören. Ich hätte keine Bedenken,
auch mit Boot von 1½ Meter Tiefgang bei normaler Tide zur Hallig zu fahren, um so
mehr, als sie eine der freundlichsten ist.

Hallig Norderoog (Plan S. 229)

Die Hallig liegt in einsamsten Revier dicht östlich von Norderoog-Sand. Sie ist, 600 Meter lang, 200 breit, die zweitkleinste Hallig. Sie hat keine Warft mehr, sondern trägt auf Baumstämmen vor Sturmflut geschützt eine Wohnhütte. Dort wohnt, wenn überhaupt jemand da ist — der Vogelwart, denn Norderoog ist V o g e l s c h u t z g e b i e t. Kaum 1 Kilometer weit östlich beginnt die „Sahara", der große Norderoogsand. 4 Kilometer entfernt (bei Niedrigwasser zu Fuß) liegt Hooge. Das ist nah — und kann doch unerreichbar fern sein. Der jahrelang dort heimische Vogelwart ist auf seinem letzten Wege von Hooge nach Norderoog verschollen! Nebel war aufgekommen, während er unterwegs war.

Auf Norderoog gibt es keine Anlegemöglichkeiten. Ich bin aus dem Rummelloch mit **meinem Boot West** gefahren, als die Hallighütte West peilte. Das Watt liegt hoch um Hallig Norderoog. Und nur 2,7 (Nipp 2,5) Meter steigt mittleres Hochwasser hier über Kartennull. Zwischen Hallig und Norderoogsand fand ich bei Hochwasser nur ½ Meter Tiefe. Doch nahe der Hallig sind einige flache Priele etwas tiefer als das übrige Watt. — Die Hallig hat keine Steinschüttung rundum. Nur an der Südostseite sind ein paar Lahnungen als Schlickfänger vorgebaut.

Abschied von der Halligwelt: Was waren es für eindrucksvolle Tage auf dem kleinen Eiland! Der Vogelwart, der in der Wohnhütte auf den hohen Pfählen lebte, war krank. Die Bordapotheke und ein damals noch sehr junger Mediziner taten ihr Bestes. An der hohen Wohnhütte rüttelte starker Frühjahrswind, und sie schwankte erheblich. Drinnen zog es erbärmlich. Bei Flut war es wie auf der Kommandobrücke eines sinkenden Schiffs.

Wir hatten unser Boot in einem der flachen Priele dicht an der Hallig mit Pfosten abgestützt, damit es aufrecht stehe. Es war Brutzeit. Das Plätschern des Wassers, das Sausen des Windes übertönte der unsägliche Spektakel der abertausend brütenden Vögel. Jeder Fleck der kleinen Hallig war mit einem Nest besetzt, und die Vögel stritten kreischend wie befeindete Nachbarn in einem zu engen Mietshaus. In der letzten Nacht kippte ein starker Südwestwind das Boot auf die Seite und uns aus den Kojen. Doch das tat uns nichts. Wir waren alles junge Leute.

Am Ende dieser ersten Halligreise stand eine wüste Ausfahrt nach See durch das unbezeichnete Rummelloch, durch Grundsee und durch Brecher. Eine Ausfahrt, von der ich heute nur sagen kann, daß sie die Unternehmung eines jungen, mit der Nordseeküste noch sehr unerfahrenen Schiffers war.

So wird jedenfalls die kleine, einsame und in Wahrheit wohl eher etwas armselige Hallig Norderoog für mich vom Glanze der Erinnerung verklärt. Auch von der Erinnerung an ein etwas wehmütiges, wenn auch nur vorläufiges, Abschiednehmen von der damals das erste Mal erlebten, so einmalig fremdartigen Welt der Halligen.

C. Die Häfen am Festland

Sie werden zuletzt besprochen. Nur Husum ist eine Stadt von Namen und Rang. Dagebüll-Hafen und Schlüttsiel sind Fährhäfen. Was es da an Ortschaft gibt — wenn überhaupt — ist herzlich wenig. Alle die anderen Häfen oder Sielplätze am Festland liegen in menschenleerer Landschaft ganz einsam, meist regelrecht unbekannt. Sie sind gerade deshalb in unserer übervölkerten Welt kleine Oasen der Stille. Husum zuerst. Dann führen wir unser Schiff von Süden nach Norden am Festland entlang.

Husum   (Plan S. 229, 264)

Husum ist eine lebhafte, freundliche Stadt mit etwa 25 000 Bewohnern. Sie liegt am Flüßchen Mühlenau. Die Mündung der Mühlenau bildet den langgestreckten Hafen. Das aus Storms Gedicht bekannte Bild der „grauen Stadt am grauen Meer" trifft für die Sommermonate und für das heutige Husum gewiß nicht zu. Husum ist der wirt-

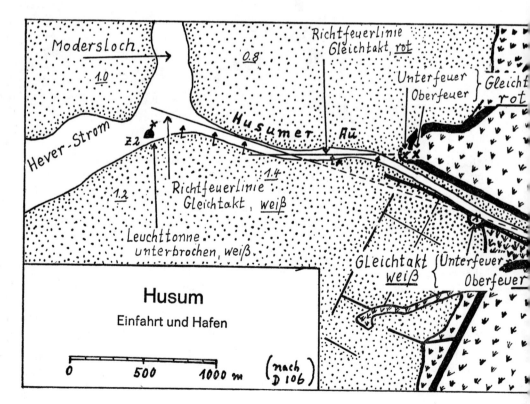

Husum
Einfahrt und Hafen

0   500   1000 m   (nach D 106)

schaftliche Mittelpunkt unseres Fahrtgebietes, das ja in doppelter Hinsicht Grenzland ist: zum Meer und zu dem nicht fernen Dänemark. So muß man wissen, daß man Einkäufe spezieller Art, E r s a t z t e i l e und kompliziertere Reparaturen letztlich doch eben nur in Husum haben kann. Husum ist aber auch der kulturelle Mittelpunkt am Halligmeer. Als solcher interessiert er uns zuerst.

D a s N i s s e n h a u s : Ludwig Nissen war ein armer Husumer Junge, der 1872 in die Vereinigten Staaten auswanderte. Dort erarbeitete er sich, als Schuhputzer und Teller-wäscher beginnend, Reichtum und Ansehen. Seiner Vaterstadt hat er das Vermögen zum Bau dieses Volks- und Bildungshauses vermacht. — Uns interessiert die bedeutende Ausstellung über das Halligmeer und seine Inseln, über Sturmfluten und Deichbau, über seine Vorgeschichte und das untergegangene Rungholt — und über den Dichter Storm. Unser Fahrtrevier sehen wir danach mit anderen Augen.

H e i m a t s t a d t S t o r m s ist Husum. Das Geburtshaus Storms ist am Markt gegen-über der Kirche, sein Grab nahe bei dem alten „Gasthaus zum Ritter St. Jürgen“. Dann das Schloß, wo Storm als Amtsrichter tätig war und wo — wer weiß es — zwischen den Aktenfaszikeln vielleicht Manuskriptblätter zum „Schimmelreiter“ oder zur „Grauen Stadt am grauen Meer“ gelegen haben. Das Cornils'sche Haus beim Schloß soll man sehen. Die Millionen Krokusse im Schloßpark werden wohl schon verblüht sein. — Leider ist Husum wohl etwas im Begriff, seine Eigenart durch moderne Häuser und Supermärkte in der alten Stadt zu verlieren. — Am weitläufigen Hafen gibt es eine große Krabbenfischerflotte. „Porren“ nennt man die Krabben hier.

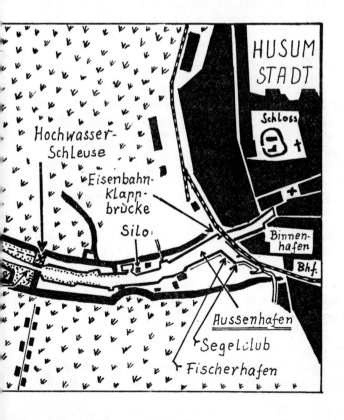

Das Fahrtrevier von Husum ist nicht besonders günstig. Im inneren Teil des Heverstromes überwiegt hohes Schlickwatt, wo Trockenfallen keine Freude macht. Dazu muß man weiter hinaus, halbwegs bis in den Bereich von Hallig Südfall. An Tagesfahrten kommen für kleinere Boote S ü d e r h a f e n auf Insel Nordstrand, T e t e n b ü l l - S p i e k e r und auch H a l l i g S ü d f a l l in Frage. Leider paßt es oft mit der Tide schlecht. So würde ich als Trailerboot-Schiffer, der sein Boot in Husum eingesetzt hat, wohl bald in das Gebiet von Pellworm vorstoßen.

Der Hafen von Husum ist ein über 1 Kilometer langer, knapp 100 Meter breiter Schlauch, der von Kajen eingefaßt wird (Plan). — D e r A u ß e n h a f e n beginnt bei der Hochwasserschutzschleuse und endet bei der Eisenbahnbrücke. Über große Strecken hinweg fällt er bis auf eine Rinne trocken. Etwa 1 bis 1/2 Meter Wasser bleiben an der Nordkaje bei dem hohen Silo zurück. An dieser Nordkaje liegen Yachten wohl am besten; entweder direkt an der Kaje oder längsseits an einem anderen Schiff. Es ist weicher Mud. Auch Kielyachten sinken leicht ein und stehen meist ohne weiteres aufrecht. —

D e r F i s c h e r h a f e n mit seiner Kaje ist voll belegt, wenn nicht tagsüber, dann ab nachmittags. — Der Y a c h t h a f e n liegt am Rödemiser Priel. Der zweigt kurz vor der Eisenbahnbrücke nach rechts ab. Er liegt auf hoch trockenfallendem Schlick, ist eng und hat ungleichmäßigen Grund. Für eine fremde Fahrtenyacht ist es kein guter Platz. — D e r I n n e n h a f e n ist hinter der Eisenbahnbrücke. Er fällt ebenfalls trocken. Ich denke nicht, daß es lohnt, dort einzulaufen. Zwei lange Töne soll man für das Öffnen der Eisenbahnbrücke geben. Doch da kaum noch ein Schiff in den Innenhafen läuft, würde ich nicht damit rechnen, daß auf die zwei Töne hin etwas geschieht. — Der T i d e n h u b ist hier groß: 3,6 Meter zur Springzeit, 2,9 bei Nippzeit. Es gibt Werft für Motorschiffe und Fischerboote, Kräne, Schlippanlagen, Trinkwasser, Sturmsignale auf der Hochwasserschleuse und alle Einkaufsmöglichkeiten.

Anlaufen: Man folgt dem betonnten H e v e r s t r o m (Seite 276) bis zur letzten Fahrwassertonne Z/2. Etwa 200 Meter östlich davon beginnen Stangen Besen abwärts an der Südseite der H u s u m e r A u (siehe Plan). Nach etwa 1500 Meter beginnt an der Nordseite der Deich. Das Fahrwasser führt weitere 1500 Meter an der Südseite des Deiches entlang. Es gibt zahlreiche Lahnungen, die durch Pricken bezeichnet sind. Es folgt die Kaje für die Fährschiffe, danach die H o c h w a s s e r s c h l e u s e. Deren Tore werden bei Wasserständen 0,5 Meter über mittlerem H.W. geschlossen. An der Durchfahrt sind rote und grüne Durchfahrtssignale. Stehen sie auf rot, soll man zwei lange Töne geben und warten.

N a c h t s wird das Einlaufen durch Richtfeuer erleichtert. Dicht nördlich der Leuchttonne Z/2 trifft man auf die Leitlinie von Ober- und Unterfeuer w e i ß (vergleiche Plan). Es leitet in die Husumer Au. Nach knapp 0,5 sm wechselt man in die Richtfeuerlinie Gleichtakt r o t. Sie endet kurz vor dem Norddeich. Von dort muß man nach Sicht weiterfahren, wobei das weiße Unterfeuer (an Steuerbord) und das weiße Oberfeuer (an der Backbordseite, auf der Hochwasserschleuse) eine Hilfe sind.

Tümmlauer Bucht und Hafen   (Plan S. 157, 229)

Am Südeingang zum Halligmeer greift eine flache trockenfallende Bucht 3 Seemeilen weit in die Halbinsel Eiderstedt hinein: die Tümmlauer Bucht. Durch die Landgewinnungsarbeiten ist von ihr nicht mehr viel übrig geblieben. Sie liegt sehr einsam und ist landschaftlich nicht ohne Reiz. Für eine tiefgehende Seefahrtsyacht ist sie nur in ihrer Fahrrinne brauchbar. Flachgehende Boote könnten an ihr Freude haben.

Anlegestelle Tümmlauer Bucht ist ein klitzekleiner, ganz idyllischer Hafen, den kein Mensch kennt, an der Südseite der Bucht. Da liegt eine Fischerflotte von immerhin 5 großen Kuttern. Es gibt einen Hafenschlauch mit 60 Meter Kaje. An der Kaje bleiben bei N.W. sogar ³/₄ bis 1 Meter Wasser stehen (der Grund ist Sand; tiefgehende Yachten Leine vom Mast zum Land). Gegenüber der Kaje sind Pfähle. Für kleine und mittelgroße Sportboote findet sich, wenn es nicht zum Daueraufenthalt ausartet, bestimmt immer Platz.

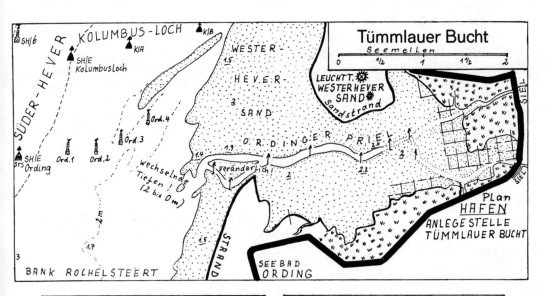

Links: Anlegestelle Tümmlauer Bucht. Das kleine weiße Haus mit rotem Dach, das erhöht auf dem kurzen Nebendeich steht, ist die Ansteuerungsmarke. — Rechts: Leuchtturm Westeversand, über die Tümmlauer Bucht hinweg vom Deich beim kleinen Hafen aus gesehen.

Z u f a h r t erfolgt in der Tümmlauer Bucht aus dem Ordinger Priel heraus. Ein kleines Haus, weiß mit rotem Dach und roten Fenstern zeigt, wo der Hafen liegt. Ein kurzer Hafenschlauch mit Pricken an Steuerbord führt in den gut geschützten Minihafen. — Am liebsten würde ich die Zufahrt bei halber bis ³/₄ Tide machen. Denn dann sind all die Lahnungen, die zwar bezeichnet sind, doch den Fremdling verwirren, noch klar über Wasser. — Rundum ist „nichts als Gegend", etwas entfernt freilich zum Ausgleich das Seebad Ording. Gegenüber vom Hafen lugt L e u c h t t u r m W e s t e r h e v e r s a n d fremdartig zwischen zwei spitzen Hausdächern über einen Deichring, der ihn schützt.

Tetenbüllspieker   (Plan S. 229, 268)

Ein kleiner Sielhafen am Heverstrom auf halbem Wege nach Husum. Neuer Deich und Schöpfwerk haben die alten Hafenanlagen verschwinden lassen. Nun gibt es an dem innen 40 Meter breiten Priel eine 60 Meter lange neue K a j e. Die liegt still in einsamen Grünland. Pfähle sind in Verlängerung der Kaje gerammt, und Eigner kleiner Sportboote knobelten 1973, wie das Belegen daran in dem neuen kleinen Hafen am besten zu machen sei. Berufsschiffe gab es nicht. Fahrtenyachten werden am besten wohl an der Kaje festmachen. — Der Hafenschlauch fällt bei N.W. trocken bis auf eine Rinne. Der Grund ist weicher Mud. Dennoch kann Leine vom Mast zum Land bei Kielboot nicht schaden. Auch bei stürmischem Wetter liegt man perfekt geschützt. — E i n l a u f e n kann man mit flachgehendem Boot kurz nach Niedrigwasser, mit 1,2 Meter Tiefgang 2 bis 3 Stunden nach N.W. Auch mit 1,5 Meter Tiefgang liefe ich noch gerne ein. — Einkaufsmöglichkeit ist in der 10 Minuten entfernten Siedlung. Der einsame Sielhafen im grünen Deichvorland ist in seiner Art voller Reiz.

A n l a u f e n aus dem Heverstrom zwischen Fahrwassertonne V und W durch knapp 1 Meile langes Außentief. Stangen, Besen abwärts, an Steuerbord. Quersetzende Strömung im Außenteil.

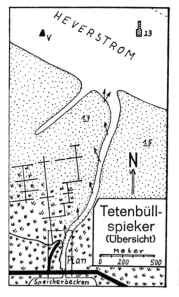

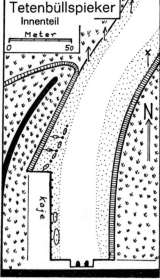

Arlauschleuse　　　　　　　　　　　　　　　　　　(Plan S. 229, 269)

In die zwei Seemeilen breite Bucht zwischen Insel Nordstrand und Hallig Nordstrandischmoor mündet der kleine F l u ß A r l a u. Die Zufahrt zu seinem Siel hat auch bei N.W. mindest ½ Meter Wasser, meist mehr. An den beiden Sielen der Arlaumündung sind heute keine Kajen mehr, sondern schräge Steinböschungen. Doch sollten mittelgroße oder kleine Yachten dort liegen können.

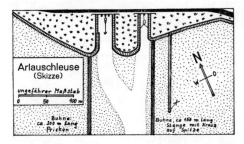

Es gibt z w e i S i e l e (Skizze). Das westliche Sieltief ist etwa 20 Meter breit. An den Seiten sind etwa 40 Meter lang schräge Steinböschungen. Darunter ist Spundwand, die bei weniger als halber Tide zutage tritt. Ich würde mein Boot vor Buganker legen und eine Leine zum Geländer des Sieles geben. Die Wassertiefe vor dem Siel ist bei Niedrigwasser über 1½ Meter. Das östliche Nachbarsiel ist ähnlich gebaut und etwa 12 Meter breit. — Es gibt 700 Meter weiter östlich noch ein weiteres Siel. Das ist klein und ohne Interesse.

Die Zufahrt erfolgt aus der N o r d e r h e v e r durch den Priel H o l m e r F ä h r e. Ausgangspunkt ist die Fahrwassertonne der Norderhever „H/Holmer Fähre". Der breite und tiefe Priel Holmer Fähre hat drei schwarze Tonnen, die in Ostrichtung führen. Danach beginnen Pricken an der Backbordseite. Kurz vor dem Deich biegen sie in Nordrichtung. Über den Deich sieht man die Dächer der Pumpwerke. Eine 200 Meter lange Buhne an der Steuerbordseite trägt Stange mit Andreaskreuz. Danach gemäß Skizze. Bei Arlauschleuse ist stilles Grünland mit nur wenigen Häusern. Einkaufen kann man im 20 Minuten entfernten Altendeich. Wasser beim Sielwärter. Flaches reiches Marschland liegt ringsum. 6 Kilometer entfernt beginnen die ersten Hügel der Geest. Auf dem Stollenberg bei dem Flecken B r e d s t e d t stand der goldene Stuhl des Lichtgottes Baldur. Sein Sohn war Forsites. Danach heißt in alten Chroniken dies Gebiet F o r s i t e s l a n d.

Bordelumer Siel　　　　　　　　　　　　　　　　　(Plan S. 229)

Acht Yachten sollen in diesem Sielplatz an der Südseite der Hamburger Hallig ihren Heimathafen haben. Man erreicht ihn aus der Norderhever. Bei Tonne 12 läuft man ostnordostwärts in das B u t t e r l o c h ein. Das hat Pricken an Backbord und endet nach 4 Meilen im Grünland vor dem Deich. Leider war ich nie drinnen.

Schlüttsiel　　　　　　　　　　　　　　　　　　　(Plan S. 229, 270)

Schlüttsiel wurde vor mehreren Jahren als großes Entwässerungssiel gebaut, nimmt aber zusehends die Eigenschaften eines regelrechten Hafens an, zumal, seit es besser ausgebaut wurde. Es ist Fährhafen nach Hooge, Langeneß und Amrum, beherbergt Fischerboote, Motorboote und ein halbes Dutzend Sportboote. Der Autoverkehr zum Fährschiff bringt etwas Leben hierher. Und wenn man einen Tag oder zwei verweilt hat und das halbe Dutzend Menschen kennenlernt, die dort zu tun haben (alles richtige nette Nordfriesen, die einen Klön und einen „Klaren" lieben), dann kann man ihn liebgewinnen.

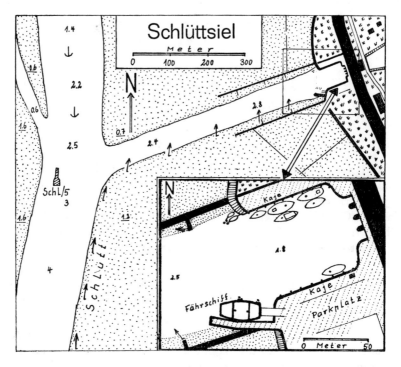

D e r H a f e n liegt an einem Arm des betonnten Fahrwassers Schlütt. Er hat zwei etwa 60 Meter lange Kajen und den Anleger für die Autofähre. Alles, was ich über Zufahrt und Anlage des Hafens erzählen könnte, zeigt viel besser der Plan. Auch bei Niedrigwasser kann man anlaufen und findet im Hafen fast 2 Meter Wasser. — Ein fremdes Sportboot macht am besten wohl längsseits an einem der Fischer- oder Motorboote fest. — Trinkwasser bei dem großen Restaurant „Fährhaus". Dort und in einer Imbißbude gibt es Eßbares. Doch zu einem richtigen Einkauf oder für Treibstoff muß man weit zu einem der nächsten Dörfer laufen. Aber die Leute sind so nett; wahrscheinlich nimmt einen einer mit dem Auto mit. — Bei starkem oder stürmischem Wind aus westlichen Richtungen ist es unruhig, zuweilen sogar zur Hochwasserzeit richtig ungemütlich, doch nach Verlängerung der Steindämme wohl nicht mehr gefährlich.

A n l a u f e n aus dem Wattenstrom S ü d e r a u e durch das betonnte und mit Pricken bezeichnete Fahrwasser S c h l ü t t. An engen Stellen und Mittelgründen in der Schlütt sind an der Nordseite Pricken, an der Südseite Stangen mit Besen abwärts gesteckt. Auch bei Niedrigwasser kann man mit 1,5 Meter Tiefgang einlaufen. Bei Tonne „Schl/5" biegt man nach Steuerbord in die Hafeneinfahrt ein (Plan). — Ein günstiger A n k e r - p l a t z ist vor dem Hafen in der Schlütt 200 bis 300 Meter nördlich der Tonne Schl/5.

Bongsiel und die Maler: Schlüttsiel gab es vor 10 Jahren noch nicht. Fährhafen war der alte, urgemütliche S i e l h a f e n B o n g s i e l. Der war mit seinen früher unter Segeln laufenden Schiffen, die Halligen und Inseln versorgten, und mit seinen alten Gaststätten ein reizvoller, typischer Hafenplatz, der die Künstler anlockte. Die haben da oft ihre Zeche mit Bildern bezahlt. Manch wirklich wertvolles Stück ist so nach Bongsiel gekommen. — Sowieso ist hier ja die Landschaft, in der N o l d e gelebt und gearbeitet hat (ein Stück weiter nördlich, in Seebüll). Die Nolde-Stiftung bewahrt Erinnerungen und viele gute Bilder dieses eigenwilligen Malers.

Dagebüll-Hafen   (Plan S. 229, 271)

Er liegt auf einer vorspringenden Deichhuk 4 Meilen östlich von Föhr. Man hat ihn zum leistungsfähigsten Anlegeplatz für die großen Autofähren nach Föhr und Amrum ausgebaut. Das hat ihn mit hunderten von Autos bevölkert, doch für Sportboote sehr unattraktiv gemacht. Wirklich gute Liegeplätze habe ich nicht ausfindig machen können. Bei starken westlichen Winden liegt man sehr unkonfortabel, bei stürmischen vielleicht sogar ein wenig gefährlich.

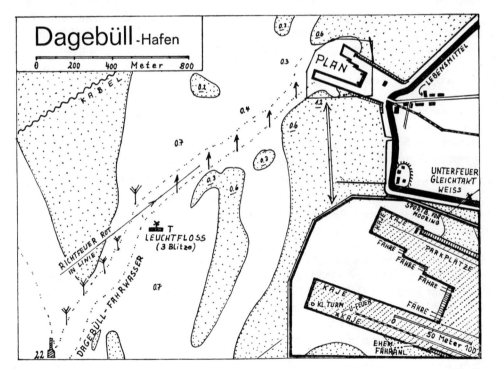

Der Hafen besteht aus zwei breiten Molen. Zwischen denen sind die Festmacheplätze der drei großen Autofähren. Das ganze Hafenareal ist Parkplatz. — An der S ü d m o l e kann man nur an der Südseite an ihrem äußeren Drittel festmachen. Bei Nordwestwind mag hier der beste Platz sein. Bei frischem Südwestwind liegt man hier häßlich, bei stürmischem gefährlich. Da muß man rechtzeitig verlegen. — Z w i s c h e n Nord- und Südmole laufen ständig Autofähren aus und ein. Denen bleibe ich fern. — An der

271

N o r d m o l e kann man nur an der Nordseite festmachen und auch nur an den vorderen 50 Metern. Das halte ich für den besten Platz. Den Bug würde ich nach Westen richten.

Einheimische Sportboote liegen etwa 30 Meter von der Nordmole entfernt vor Mooring, fallen bei Niedrigwasser ganz oder teilweise trocken und dümpeln bei Westwind zum Erbarmen. — Zum Einsetzen von T r a i l e r b o o t e n taugt Dagebüll nach dem Umbau nicht mehr gut, außer, man kann den Trailer über die holperige Steinböschung ins Wasser schieben. Kräne gibt es nicht mehr, doch läßt sich zur Not einer aus Niebüll bestellen.

Es gibt am Hafen eine winzige Ortschaft mit Hotels, Restaurant und einem fähigen Lebensmittelgeschäft. Wasser sehr umständlich von der Mole, einfacher in Kanistern aus dem Kiosk beim Parkplatz. Treibstoff von Tankstelle ein Stück hinter dem Deich. Das ursprüngliche kleine Dorf Dagebüll liegt 1 Kilometer landein. N i e b ü l l, 12 Kilometer, ist die größte Ortschaft.

Anlaufen: Aus der N o r d e r a u e (oder von Wyk) fährt man durch das D a g e b ü l l - F a h r w a s s e r. Dessen Betonnung setzt sich aus der Norderaue ohne Unterbrechung fort. Bei N.W. ist es meist mehr als 1½ Meter tief. — Passiert man dort, wo das Fahrwasser zwischen Watten verläuft, bei weniger als halber Tide eine der schweren, starken A u t o f ä h r e n, ist Vorsicht nötig. Ihnen auf's Watt auszuweichen, halte ich für gefährlich, da dort ihr Sog und folgender Schwell hohe Brandung machen kann (man glaubt es nicht, ehe man es nicht selber sah!). Ich würde d i c h t am Fährschiff passieren und dessen steile Wellen rechtwinklig schneiden.

Die Tonnenreihe endet ½ Seemile vor Dagebüll mit einem schwarzen Leuchtfloß (Plan unten links). Dort beginnt eine Baggerrinne, bei N.W. 2 Meter tief. Sie führt, Stangen Besen abwärts an Steuerbord, nordostwärts zu den Molen. — B e i N e b e l werden dort Schallsignale gegeben. Doch würde ich auf Nebelfahrt im Dagebüll-Fahrwasser dankend verzichten und dem dichten Fährschiffverkehr weit aus dem Wege gehn.

Anlaufen nachts: Dagebüll im Dunkeln anzulaufen, ist schwierig. Wegen des nahe N.W. auf den Wattkanten zu Brandung auflaufenden Fährschiff-Schwelles würde ich nur nahe Hochwasserzeit bei noch steigendem Wasser fahren. — Die Befeuerung der N o r d e r - a u e ist auf Seite 281 beschrieben. Wenn Leuchtturm O l d e n h ö r n a u f F ö h r N o r d peilt, folge ich dem Leitsektor fest weiß des Leuchtturms N o r d m a r s c h (steht achteraus). Wenn Leuchtturm Oldenhörn WSW peilt, folge ich dessen Leitsektor fest weiß (zwischen rot und grün) ONO-wärts, bis ich nach 1 Seemile voraus die Richtfeuer Gleichtakt weiß von D a g e b ü l l in Linie habe. Denen folge ich 53°, bis das Leuchtfeuer auf Hallig O l a n d nach 2 Seemilen von fest weiß in fest rot wechselt. Nun folgt 1 Seemile nicht befeuerter Strecke zwischen eng liegenden Bänken. Hier fahre ich nach Sicht der eng ausgelegten unbefeuerten Tonnen erst etwa 20°, später etwa 30°, bis ich das L e u c h t f l o ß (3 Blitze) am Beginn der Baggerreihe erreicht habe. Von dort führen mich Richtfeuer Gleichtakt rot zur Hafenmole. — Änderungen der Fahrwasserführung und Befeuerung sind hier häufig.

Südwesthörn　　　　　　　　　　　　　　　　　　　(Plan S. 229, 273)

Das ist ein kleiner Sielplatz in einer Deichhuk 4 Seemeilen nördlich von Dagebüll. Es ist übertrieben, es überhaupt Hafen zu nennen. Doch da Südwesthörn auch heute noch so wunderbar einsam im Grünen liegt, da der 4 Meter lange Anleger noch steht und da man gewiß mit seinem Boot viel ruhiger liegen wird als z. B. in Dagebüll, widme ich Südwesthörn eine Skizze. — Es ist ein typischer Sielplatz: Ein Siel im Deich und eine fast gänzlich trockenfallende Spülrinne durch das Watt bis zu Nebenarmen der Föhrer Ley (Seite 282). Auffällig sind vom Wattenmeer aus die Deichhuk und die Dächer von Bauernhöfen direkt dahinter. Buhnen beginnen etwa 500 Meter vor dem Deich. Auf

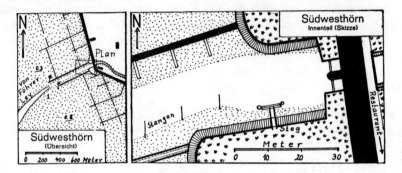

dem Kopf der Südbuhne steht eine Stange mit Andreaskreuz, auf dem Kopf der Nord-buhne eine Stange mit Ball. Im Hafenschlauch stehen Stangen an der Steuerbordseite. Dicht vor dem Siel ist ein Steg zum Festmachen. Einlaufen kann man etwa ab halber Tide. Bei Niedrigwasser fällt die Zufahrt nahezu trocken. Ein Restaurant ist direkt hinter dem Deich.

Soviel über die Häfen am Festland des Halligmeeres. Es sind 8 Stück. Sie sind — wie vorausgesagt — sehr klein, sehr einsam, sehr urtümlich und voll Charakter. Sind es auch nicht mehr die Sielhäfen der früheren Zeit, die einen auch ins Binnenland hinein-fahren ließen, so sind sie doch noch wenigstens halbwegs die echte, wirkliche Sache.
In keinem dieser Häfen habe ich während meiner Rundumreise 1973 auch nur eine einzige fremde Fahrtenyacht getroffen! Stets nur die einheimischen Yachten. — Wie geht das an? Liebt der Mensch nur volle Häfen? Oder haben wir einfach verlernt, in echten Häfen unser Boot zu hantieren? Können wir ohne Schwimmsteg und derlei Künstlichkeiten nicht mehr leben? Oder ist's wirklich nur, weil diese Plätze so unbe-kannt sind? Mich interessiert dies wirklich. Schreibt mir doch mal, ihr Leser!

D. Die Wattfahrwasser im Halligmeer

Was in der Einführung dieses Buches über das Fahren in Wattengewässern gesagt wurde, gilt auch hier.

Gezeiten: Mit Booten bis etwa 1 Meter Tiefgang (oft mehr) kann man nahe Hoch-wasserzeit fast überall quer über das Watt. Ausnahme: starker Ost- oder Südostwind „stehlen" einem die Tide. Freilich muß man die Hochwasserzeiten wissen. Die sind im Halligmeer an den verschiedenen Orten spürbar verschieden. Auch muß man wissen, welche Höhe über Kartennull der Hochwasserstand bei Nippzeit und bei Springzeit erreicht. Auch das ist in den verschiedenen Regionen des Halligmeeres recht unterschiedlich. Ich habe die mir erreichbaren Daten in der Tabelle für 29 Orte zusammengestellt. Von diesen durchschnittlichen Wasserhöhen muß man Abzüge machen, wenn Ost- oder Südostwind ist und kann Zuschläge vornehmen bei West- und zumal bei Nordwestwind (siehe Seite 31f).

Die Tidenströmung hilft einem im Halligmeer, auch mit langsamem Boot oder bei ungünstigem Wind herrlich große und rasche Fahrten zu machen: mit steigendem Wasser die Norderhever herauf, mit auslaufendem die Süderaue seewärts und mit wieder einlaufender Tide die Norderaue bis Dagebüll. Das sind 55 Meilen oder (falls man solange unterwegs wäre) 18 Stunden lang stets mitlaufende Strömung. — Wer Meere mit Tidenströmung kennen und richtig benutzen gelernt hat, findet Meere ohne Gezeiten bald schrecklich langweilig. G e z e i t e n s t r ö m u n g teile ich zusammenfassend auf Seite 284f mit.

Besondere Eigenarten der Wattenfahrwasser im Halligmeer sind, daß sie so herrlich vielfältig sind; kreuz und quer kann man nach jeder Windrichtung und Wetterlage seine

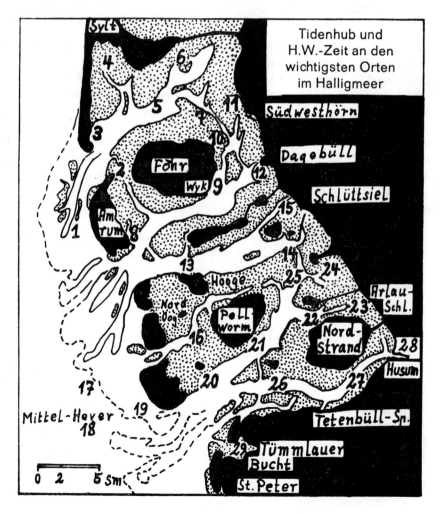

Kurse legen. Nur an wenigen Stellen muß man Wattenhochs passieren. Die Bezeichnung der Fahrwasser ist bis auf wenige ganz abseitige gut. Fährt man dicht an Halligen, Inseln oder am Festland, dann muß man hier mehr als anderswo auf vorgebaute B u h - n e n   o d e r   S t a k s achten! Nicht alle sind bezeichnet. Doch fast immer sieht man am Wasser, wo welche sind. — Die Nähe der Inseln und Halligen macht N a v i g a t i o n einfach, gibt aber doch genug zu tun, daß es auch dem Navigator Spaß macht. Häfen, Liegeplätze, Ankerplätze gibt es im Überfluß. Ich bleibe dabei, daß es das vielfältigste und abwechslungsreichste Gebiet der deutschen Nordseeküste ist. Da sehr, sehr wenig Yachten von auswärts hierherkommen, hat man es noch fast ganz für sich allein.

Seegang und Bootstypen: Ich meine, das Halligmeer ist auch ein Revier für das nicht voll seefeste Boot. Nur darf sich der Fremdling keiner Täuschung hingeben; wenn frischer Wind g e g e n die Strömung läuft, wird es in den Prielen und Wattenströmen ruppiger als man denkt. Und auf den großen Wattenströmen, den Heverströmen, der

Nr. im Plan	Hochwasserhöhe über Kartennull		Hochwasser Zeitunterschied gegen Bezugsort	Ortsbezeichnung
	Nipp	Spring		
			Helgoland = He	**Hörnumtief**
1	2,1	1,9	He +1 h 21 m	Amrum, Seeseite
2	1,9	1,7	He +1 h 23 m	Amrum, Nordspitze
3	2	1,8	He +2 h 03 m	Hörnum-Hafen, Sylt
4	2,1	1,9	He +2 h 35 m	Rantumer Bucht, Sylt
5	2,3	2,1	He +2 h 31 m	Hörnumtief, Mittelteil
6	2,3	2,1	He +2 h 40 m	Hörnumtief, Nordende
7	2,2	2,0	He +2 h 46 m	Föhrer Ley, Nordteil
				Norderaue
8	2,5	2,3	He +1 h 37 m	Amrum-Hafen (Wittdün)
9	2,7	2,4	He +2 h 22 m	Wyk-Hafen (Föhr)
10	2,8	2,6	He +2 h 44 m	Föhrer Ley, Südteil
11	2,7	2,4	He +2 h 44 m	Südwesthörn, Hafen
12	2,8	2,5	He +2 h 30 m	Dagebüll-Hafen
				Süderaue
13	2,7	2,5	He +1 h 40 m	Hooge
14	3,2	2,8	He +1 h 50 m	Fahrw. Strand, Nordteil
15	3,2	2,8	He +2 h 12 m	Schlüttsiel, Hafen
16	2,8	2,5	He +1 h 25 m	Rummelloch, westl. Pellworm
17	—	—	He +1 h 0 m	Schmaltief, Anst.-Tonne
			Husum = Hu	**Hever**
18	—	—	Hu —1 h 0 m	Anst.-Tonne Mittelhever
19	2,9	2,6	Hu —1 h 7 m	Süderoog-Sand
20	3,1	2,7	Hu —0 h 51 m	Süderoog
21	3,2	2,8	Hu —0 h 11 m	Pellworm, Ochsensand
22	3,4	2,9	Hu —0 h 7 m	Strucklahnungshörn
23	3,4	3,0	Hu +0 h 11 m	Arlauschleuse
24	3,4	3,0	Hu 0 h 0 m	Butterloch
25	3,5	3,1	Hu +0 h 2 m	Fahrw. Strand, Südteil
26	3,2	2,8	Hu —0 h 25 m	Heverstrom bei Südfall
27	3,4	2,9	Hu —0 h 2 m	Heverstrom bei I. Nordstrand
28	3,6	3,2	Hu 0 h 0 m	Husum
29	3,3	3,0	Hu —0 h 57 m	Tümmlauer Bucht

Süderaue, der Norderaue baut sich bei stürmischem Wind steiler und brechender See-gang auf, der selbst einer voll seegehenden Yacht zuviel werden kann. Doch die Varia-tionsmöglichkeit der Kurse ist ja im Halligmeer so groß, daß man durch Abänderung des Zieles wohl immer bald in ruhiges Wasser kommt. Mit kleinerem Boot soll man immer vor Augen haben, daß durch Kentern der Strömung, wenn die Situation „Strö-mung gegen Wind" entsteht, ein vorher ruhiges Gewässer schnell sehr unfreundlich wird (und umgekehrt). Ein flachgehendes Boot kann, wenn zu hart weht, auf dem Hohen des Watts wohl immer handiges Wasser finden.

Die Beschreibung der Fahrwasser erfolgt von Süden nach Norden. Der Plan auf Seite 229 gibt eine Übersicht.

Der Heverstrom und seine Verzweigungen

Heverstrom   (Plan S. 229, 288, 277)

Dieser breite Wattenstrom führt als Fortsetzung des Seegates Mittelhever ostwärts nach Husum. Er läuft südlich der Hallig Südfall und südlich der Insel Nordstrand vorbei. Man kann ihn auch bei Niedrigwasser befahren. Als L a n d m a r k e n hat man das Haus auf Hallig Südfall und auch den Leuchtturm Pellworm. Weiter einwärts auf der Insel Nordstrand den schlanken weißen Silo beim Süderhafen. Bei Husum den großen Speicher und den hohen Silo. Am Südufer sind außer dem Leuchtturm Westerhever-Sand der Sturmwarnungsmast bei Schanze und die Kirche Ülvesbüll wichtig.

D i e B e t o n n u n g setzt sich aus der Mittelhever heraus ohne Unterbrechung fort. Schwarze Tonnen mit Buchstaben, rote mit Ziffern. Der Abstand von einer Tonne zur nächsten ist etwa 1 Seemeile. Etwa alle 3 Seemeilen stehen Leuchttonnen an den Krüm-mungen des Fahrwassers. N a c h t f a h r t ist nach diesen Leuchttonnen möglich und wird einem wohl nur bei Schlechtwetter Sorgen machen. — Bei N e b e l kann man sich entweder auf einer Tiefenlinie entlangloten oder am Rande des tiefen Wassers ankern. Der Schiffsverkehr ist gering. — Die T i e f e des Fahrwassers ist meist über 10 Meter. Doch gibt es eine Art Barre nördlich der Einmündung des Kolumbusloches. Dort ist das Fahrwasser zwar auch bei N.W. um 3 Meter tief, doch sehr schmal. Die Tonnen stehen hier dicht (auch die beiden Leuchttonnen „P" und „18"). Hier muß man, außer zur Hochwasserzeit, sorgfältig innerhalb des Tonnenstriches steuern. — Flacher (etwa 1¹/₂ Meter bei N.W.) und schmaler wird der Heverstrom an seinem Ende bei Husum. Er findet seine Fortsetzung in der H u s u m e r A u. Die ist bei der Ansteuerung von Hu-sum beschrieben.

Vom Heverstrom zweigen ab: an seinem seewärtigen Ende die N o r d e r h e v e r (Seite 278) und das K o l u m b u s l o c h, bei Hallig Südfall das D w a r s l o c h (siehe unten). Nach Süden die Zufahrt zum Sielhafen T e t e n b ü l l s p i e k e r (S. 268), nach Norden die Rinne zum S ü d e r h a f e n auf Insel Nordstrand (Seite 230) und schließ-lich die H u s u m e r A u (Seite 266).

Das Kolumbusloch verbindet die Süderhever mit dem Heverstrom. Man benutzt es meistens, wenn man durch die Süderhever einläuft oder ausläuft. Es ist betonnt, doch nicht befeuert. Das Kolumbusloch führt unter Krümmungen in nordöstlicher Richtung südlich von Robbensand und Lorenzens-Plate vorbei. Es ist 500 bis 1000 Meter breit und an beiden Seiten von Sänden mit steilen Kanten begrenzt. (Auf Robbensand sind bei Niedrigwasser meistens Seehunde.) Die Wassertiefe im Mittelteil ist nahezu 10 Meter. An beiden Enden sind Barren mit 2½ bis 3 Meter Tiefe bei N.W.

Betonnt ist das Kolumbusloch mit schwarzen Spitztonnen mit Kegeltoppzeichen an der Südostseite (also nur einseitig). Die Tonnen sind mit „K" bezeichnet und dem fortlaufenden Buchstaben. Wo es von der Süderhever nach Osten abzweigt, steht die schwarze Bakentonne „SH/F Kolumbusloch". An der Einmündung in den Heverstrom die schwarze Bakentonne „R/Kolumbusloch" (Plan Seite 288).

Das Dwarsloch verbindet den Heverstrom mit der Norderhever. Es führt dicht an Hallig Südfall vorbei (Plan). Großenteils fällt es trocken. Schwarze Tonnen mit Rautentoppzeichen stehen an der Westseite des Fahrwassers. Im Heverstrom beginnt die Betonnung mit der roten Bakentonne „20/Dwarsloch". In der Norderhever ist die schwarze Bakentonne „E/Dwarsloch" Ausgangspunkt der Betonnung.

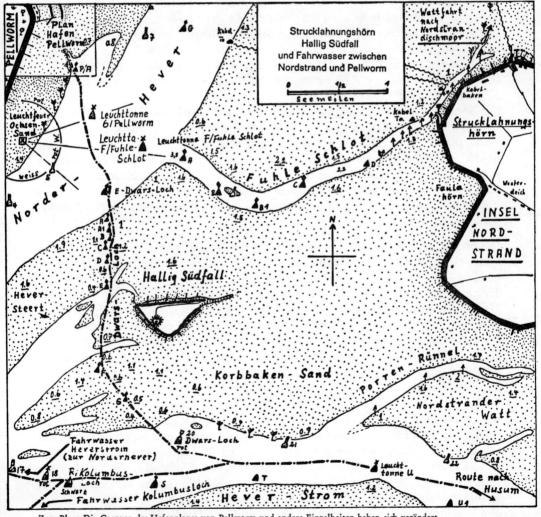

Zum Plan: Die Grenzen des Hafenplanes von Pellworm und andere Einzelheiten haben sich verändert.

Boote bis etwa 0,8 Meter Tiefgang können das Dwarsloch etwa ab halber Tide passieren. Yachten bis 1,5 Meter 1 bis 2 Stunden vor Hochwasser. Bei fallendem Wasser würde ich mit einem sehr tiefgehenden Boot ungern durch das Dwarsloch laufen. Der Grund ist stellenweise unrein. So soll man bei niedrigem Wasserstand langsame Fahrt laufen. Früher lagen einmal blaue Fischertonnen aus, die Verwechslungen möglich machten. Man benutzt Dwarsloch vor allem auf dem Wege zwischen Pellworm und Husum nahe Hochwasserzeit. Außerdem bildet es die Zufahrt zur Hallig Süderoog.

Die Norderhever und ihre Verzweigungen

Die Norderhever (Plan S. 229, 277)

Das ist ein sehr breiter, tiefer Wattenstrom, der als Fortsetzung des Seegates M i t t e l - h e v e r zwischen der Insel Pellworm und Nordstrand hindurchführt. Seine Fortsetzung über den Wattrücken heißt „D e r S t r a n d“. An der Norderhever liegen der Hafen Pellworm und auf der Insel Nordstrand Strucklahnungshörn. Von der Norderhever zweigen ab: die Zufahrt zur Hallig S ü d e r o o g (Seite 262), die Zufahrt zum Hafen P e l l w o r m (Seite 234), das D w a r s l o c h (siehe oben), der F u h l e S c h l o t (Plan S. 277), H o l m e r F ä h r e (S. 259, 269), und R u m m e l l o c h (siehe unten). Sie werden an ihrem Orte besprochen.
Die Norderhever ist etwa 2 Kilometer breit. Ihr Fahrwasser ist überall tief. Die trocken- fallenden Fahrwasserkanten sind zuweilen steil. Sie ist beidseitig betonnt und für die Nachtfahrt bis in die Nähe von Pellworm-Hafen befeuert. Die beidseitige Betonnung beginnt, wo der Heverstrom nach Osten abzweigt. Rote Spierentonnen mit Nummer sind an der Nordwestseite, manchmal mehr als 1 Seemeile voneinander entfernt. Schwarze Spitztonnen oder Bakentonnen sind an der Südostseite. Die haben oft ein Rauten-Toppzeichen und tragen Buchstaben. — N a c h t f a h r t auf der Norderhever wird auf Seite 289 beschrieben.

Der Strand wird das Fahrwasser genannt, das die Norderhever fortsetzt und mit der S ü d e r a u e verbindet. Der Strand hat auch bei Niedrigwasser mehr als 2 Meter Tiefe und ist gut bezeichnet.
Tonne 13 ist die letzte Tonne der Norderhever. Sie liegt in Höhe der Hamburger Hallig. Danach beginnen Pricken an der Westseite des Fahrwassers. Sie tragen als offene Pricken die Zweige aufwärts. Etwa auf halber Länge des Fahrwassers steht eine Pricke mit Ball. Nordwärts von ihr folgen Stangen mit Besen abwärts. Man darf sich durch den Wechsel nicht beirren lassen: Pricken wie Stangen stehen immer auf der W e s t s e i t e des Fahrwassers. — Der Strand beschreibt einen Bogen nach Westen. Südlich der Halli- gen Habel und Gröde-Appelland geht er in die breite S ü d e r a u e über.
Im Fahrwasser „Der Strand“ war's, wo wir bei windstillem, sommerlichem Pfingst- wetter jenes Abenteuer mit den Fliegen hatten. Einzelne kleine Fliegen setzten sich auf das Segel und auch auf Arme und Gesicht. Es waren freundliche kleine Fliegen und nicht an uns interessiert. Sie wollten nur irgendwo sitzen. Wir scheuchten sie weg. Doch es wurden mehr. Sie störten. Dann wurde es eine Invasion. Wir wedelten energisch. Aber sie nahmen überhand. Schließlich waren sie überall. Auf dem Gesicht, unter dem Hemd, in den Hosenbeinen, den Augenwinkeln und den Nasenlöchern. Wir atmeten sie ein, und beim Aushusten verschluckten wir uns an weiteren. Der Rudergänger schlug Alarm

denn er konnte keine Pricken mehr sehen. Dann bekam er einen Erstickungsanfall, ließ die Pinne fahren, und das Boot trieb quer. Entsetzen verbreitete sich.

Das Wichtigste war ein Rudergänger. So konzentrierten wir uns auf dessen Erhaltung. Mit dem Handfeger fegten wir einem von uns die Fliegen aus dem Gesicht. Dann wickelten wir Handtücher um Kopf, Mund und Nase mit kleinen Sehschlitzen darin. Die wedelte ein anderer fliegenfrei. Das Boot kam wieder auf Kurs. Wir anderen husteten und niesten uns halb zu Tode, zerdrückten mit jedem Griff und Tritt Tausende von kleinen Fliegen, was ekelhaft war, bis nach 20 Minuten frischerer Wind etwas Linderung brachte. Nach einer Stunde konnten wir beginnen, das Schiff von Fliegenmatsch zu reinigen. Bis das Schiffsinnere fliegenfrei war, verging ein Tag. — Jedenfalls war es eine vollkommene Niederlage gegenüber einer so geringfügigen Naturerscheinung. Wir sind lange ein bedrücktes Gefühl nicht losgeworden. Wir, der Mensch, die Krone der Schöpfung! — Die Hamburger Hallig muß sich diesen Überfall anlasten lassen.

Das Rummelloch führt aus der Norderhever heraus nordwärts um die Insel Pellworm herum. Es führt zwischen Pellworm und Hooge hindurch, läuft dann südwärts und mündet zwischen Norderoogsand und Süderoogsand ins Meer. — Die Mündung ins Meer ist unbezeichnet. Ich bin sie einmal gefahren und warne Neugierige. — Die Beschreibung erfolgt von der Norderhever aus.

Das Rummelloch westlich von Hallig Hooge ist ein typisches Wattfahrwasser. Ich konnte zwar mit meinem 1 Meter tiefgehenden Kielschwerter das Wattenhoch nördlich Pellworm schon 3 Stunden vor Hochwasser passieren. Aber die Watten, besonders an der Seite von Pellworm, sind doch so hoch, daß Boote mit mehr als 1,5 Meter Tiefgang sich auf das Rummelloch nur unter sehr günstigen Gezeitenbedingungen einlassen sollten. Das Wattenhoch liegt etwa nordwestlich der Nordspitze von Pellworm. Die Rinne läuft dort dicht an den Pricken. Die Strömung ist stark!
Zum Einlaufen ins Rummelloch habe ich die Norderhever bei der roten Fahrwassertonne 9 verlassen. Ich bin Nordkurs gelaufen, bis ich die an der Westseite und später an der Südseite der Rinne stehenden Pricken aufgefaßt hatte. Danach dicht an den Pricken entlang. Das Rummelloch führt in Richtung auf die Südspitze der Hallig Hooge.
Etwa 2 Seemeilen östlich von Hooge zweigt aus dem Rummelloch nach Nordwesten zu ein mit Pricken bezeichnetes **Wattfahrwasser** ab. Es führt über das Watt S a n d s - h ö r n und fällt trocken. — Bei H a l l i g H o o g e sieht man die Landungsbrücke an der Südostseite der Insel. Man kann auch durch das **Pellwormer Loch** zum Anleger H o o g e r F ä h r e auf Pellworm fahren. Im Pellworm-Loch stehen Pricken Besen abwärts an der Südseite. Es gibt auch einen Weg südlich an Hallig Hooge vorbei zum **Hoogeloch**. An seiner Südseite stehen Stangen mit Besen abwärts. — Alles in allem ist zwischen Hooge und Pellworm ein schönes und einsames Revier mit viel Sandwand. Doch taugt es nur für Boote ohne großen Tiefgang. Zuweilen kann es etwas trickreich sein. Mit meinem 1 Meter tiefen Boot kam ich dort gut zurecht.

Das Rummelloch südlich von Hallig Hooge: Von Hallig Hooge bis zum Ausgang zur See ist das Rummelloch schlecht bezeichnet. Einige Stangen oder Pricken mit Besen abwärts finden sich an der Westseite. Die Strömung läuft kräftig. Die Rinnen sind breiter. Mit Booten von mehr als 1,2 Meter Tiefgang würde ich hier ungern fahren. Doch mit Booten, die für Wattfahrt geeignet sind und mit etwas Erfahrung, kann diese verwunschene Ecke unglaublich schön sein. Ein wenig habe ich unter Hallig Norderoog darüber berichtet. Man muß aber wissen, daß der Meermann Ekke Neckepenn im Rummelloch sein Wesen treibt. Wenn man die richtigen alten Friesen in der richtigen Stimmung darauf zu sprechen bringt, wird man mehr über ihn erfahren. Die Ruine der Alten Kirche auf Pellworm ist hier eine nützliche Landmarke.

Pellworm, die Alte Kirche.

Die Süderaue und ihre Verzweigungen　　　　　　　(Plan S. 229, 253, 249)

Die Süderaue ist einer der sehr großen Wattenströme im Halligmeer. Sie führt zwischen Hallig Hooge und Langeneß hindurch ostwärts und endet im Fahrwasser „Der Strand". Da hat sie Verbindung zur Norderhever. — Die Süderaue ist sehr breit, steckt aber voller flacher Bänke, die überdies auch noch stark veränderlich sind. Zur Niedrigwasserzeit sollte wohl jedes Fahrzeug sich innerhalb des Tonnenstriches bewegen. Dort sind dann an den flachsten Stellen bei Niedrigwasser etwa 2 Meter Wassertiefe. Zur Hochwasserzeit ist man mit Booten bis 1,2 Meter Tiefgang von dieser Einschränkung frei. Im übrigen ist die Süderaue mit ihren zahlreichen Halligen und Inseln an ihren beiden Seiten eines der landschaftlich schönsten Gewässer, das die Nordsee zu bieten hat.

Das Fahrwasser beginnt bei der schwarzen Bakentonne „F/Süderaue". Die steht etwa 2 Seemeilen südlich von Wittdün und ist gleichzeitig Fahrwassertonne des Seegates Schmaltief. Von dort aus ist die Süderaue an beiden Seiten mit Tonnen bezeichnet. Die roten Tonnen mit Zylinder-Toppzeichen geben die Nordseite des Fahrwassers an, die schwarzen Spitztonnen die Südseite. Da das Fahrwasser stellenweise eng ist, liegen die schwarzen und roten Tonnen manchmal dicht beieinander. Die Distanz von einer Tonne zur nächsten ist meistens wesentlich kürzer als 1 Seemeile, was für kleine Boote das Fahren erleichtert. Für Nachtfahrt ist die Süderaue nicht eingerichtet.

Das Fahrwasser führt zuerst auf die Nordspitze von Hooge zu. Von dort kann man nach Hooge einlaufen. Es führt danach in Ostnordost-Richtung und dann ostwärts: an Hallig Gröde-Appelland vorbei in das Fahrwasser „Der Strand".

Die wichtigsten Abzweigungen sind die S c h w e i n s r ü c k e n - D u r c h f a h r t, die den Weg nach Wittdün verkürzt (siehe unten), das N o r d m a r s c h - F a h r w a s s e r (siehe unten), Fahrwasser S c h l ü t t (siehe unten), L a n g e n e ß - F a h r w a s s e r (Plan Seite 249) und „ D e r S t r a n d " (siehe oben).

Nordmarsch-Fahrwasser führt aus der Süderaue an der Westspitze von Langeneß vorbei zur Norderaue. Der Plan auf S. 249 und 229 zeigt seinen Verlauf. Der kleine Hafen Jelf auf Langeneß liegt am Wege. Die Fahrt aus der Norderaue bis Jelf und aus der Süderaue bis Jelf ist auf Seite 249f beschrieben. Bei mittlerem Springhochwasser sind derzeit auf dem Wattenhoch reichlich 2 Meter, bei Nipp 1,7 Meter Wasser. — Bis zur Einfahrt von Jelf habe ich etwa 50 Meter von den Pricken gehalten, bei der Fahrt über das Watt etwa 10 Meter.

Fahrwasser Schlütt ist die Fortsetzung der Süderaue nordostwärts. Es führt zum Hafen Schlüttsiel. Hallig Gröde-Appelland liegt am Wege und Hallig Oland (Plan Seite 255 und 256). — Fahrwasser Schlütt zweigt aus der Süderaue bei Tonne „8a/Schlütt" nach Nordosten ab. Rote Tonnen „Schl" liegen aus. Man steuert von Tonne zu Tonne (kreuzt man, so muß man aufmerksam loten; das Fahrwasser ist unregelmäßig begrenzt). Wo das Fahrwasser zwischen Bänken hindurchführt, stehen Pricken an Backbord, Stangen Besen abwärts steuerbord (vgl. Plan Seite 255). Schlütt hat auch bei N.W. etwa 1½ Meter Wasser. Zufahrt nach Schlüttsiel: Seite 256.

Die Norderaue und ihre Verzweigungen   (Plan S. 229)

Die Norderaue ist ein großer, tiefer und leicht zu befahrender Wattenstrom mit vielen wichtigen Häfen: Wittdün, Wyk auf Föhr, Dagebüll und der Sielhafen Südwesthörn. Die Norderaue kann auch bei Niedrigwasser von Yachten bis 2 Meter Tiefgang befahren werden. Sie ist für die Nachtfahrt befeuert. Bei auslaufendem Wasser kann bei starkem südwestlichem und westlichem Wind nennenswerter Seegang aufkommen. Gewöhnlich aber ist sie ein freundliches und liebenswertes Gewässer.

D i e B e t o n n u n g geht ohne Änderung der Bezeichnung aus der Tonnenreihe des Seegates S c h m a l t i e f hervor (Seite 290). Man läßt sie bei der Leuchttonne „G" südlich von Wittdün beginnen. Die Betonnung ist beidseitig. Die meisten schwarzen Spitztonnen tragen ein Rautentoppzeichen, die meisten roten Spierentonnen ein Zylindertoppzeichen; fast alle haben Rückstrahler für die Nachtfahrt.

A b z w e i g u n g e n sind die Zufahrt nach Amrums Hafen (Seite 238), Schweinsrückendurchfahrt (siehe unten), Amrumtief (Seite 237), Nordmarsch-Fahrwasser (oben), Zufahrt nach Wyk (Seite 241), Dagebüll-Fahrwasser (Seite 272) und schließlich Föhrer Ley (siehe unten).

N a c h t f a h r t : Die Befeuerung des Schmaltiefs: Seite 290. Hatte ich von See kommend die Leuchttonne „G" erreicht, dann lief ich 25°, bis nach 3 Seemeilen das Leuchtfeuer Nordmarsch auf Hallig Langeneß nach fest weiß und fest grün in fest rot geändert hat. Von diesem Zeitpunkt an hatte ich achteraus die Feuer von Amrum-Leuchtturm und Steenodde-Unterfeuer in Linie (Amrum 3 Blitze, Steenodde fest weiß). Das Richtfeuer führt z. Zt. 71°. Nach etwa 2 Seemeilen änderte das Quermarkenfeuer Nordmarsch von weiß in rot. Von dort ab steuerte ich 83° im Leitsektor des Oland-

Leuchtfeuers (fest weiß). Die weitere Ansteuerung von Wyk sowie die Nachtfahrt nach Dagebüll sind bei den beiden Häfen beschrieben.

Schweinsrücken-Durchfahrt verkürzt den Weg von Amrum (Wittdün) zur Süderaue. Es ist ein kurzes, recht veränderliches Fahrwasser. Knapp 1 Seemeile südöstlich der Tonne „Amrum Hafen" beginnt es mit der schwarzen Tonne „H/Schweinsrücken". Es folgen dann Tonnen mit der Bezeichnung „Sch" in ostsüdost-Richtung. „Sch/B" ist ein schwarzes Leuchtfloß. Dicht westlich davon ist die flachste Stelle, bei meinem letzten Besuch (1973) nur knapp über 1 Meter tief bei N.W., doch üblicherweise 1,5 bis 1,8 Meter. — Schweinsrücken-Durchfahrt endet in der Süderaue bei der rotschwarzen Bakentonne „2/Schweinsrücken".

Föhrer Ley bildet die Verbindung von der Norderaue zum Hörnumtief. Es läuft an, der Ostseite um Insel Föhr herum. Dabei quert es einen hohen Wattrücken, die Föhrer Schulter. Als Wassertiefe auf dem Wattenhoch wird für mittleres Hochwasser nur 1,4 Meter genannt. So würde ich, wenn nicht kräftiger Westwind gerade höheren Wasserstand macht, mit Booten von mehr als 1,2 Meter Tiefgang nicht durch die Föhrer Ley fahren. Man hat ja den Weg zwischen Föhr und Amrum durch das Amrumtief zur Wahl.

Die Zufahrt zum Wattenhoch ist von Wyk auf Föhr aus mit einigen Spierentonnen „F" bezeichnet. Die stehen an der Westseite des Fahrwassers. Die erste Tonne F/A liegt ³/₄ Seemeilen östlich von Wyk. Dort ist veränderliches Gebiet. Derzeit (1973) kann man von Wyk bei halber Tide direkt hinfahren, früher mußte man weit nach Süden ausholen. — Mit flach gehendem Boot kann man bei ausreichendem Wasserstand an Wyks Deich entlang direkt nordwärts fahren bis zum Näshorn, der Osthuk von Föhr. Vom Näshorn steuert man auf die nordost liegende Tonne zu und steht dann auch im Fahrwasser der Föhrer Ley.

Das Wattenhoch der Föhrer Ley beginnt nach nicht oder schlecht bezeichneten Windungen mit einer Prickenreihe Besen abwärts. Die steht an der Westseite der Rinne. Gelegentlich steht auch eine einzelne Pricke Besen aufwärts an der Ostseite. Die Prickenreihe führt in großen Windungen über das hohe Watt und endet am Hörnumtief. Da liegen dann schwarze Spitztonnen an der Südseite.

Das Hörnumtief

Das ist der nördlichste der großen Wattenströme im Halligmeer. Der führt in ein weites und wirklich menschenleeres Gebiet. Leider ist viel Schlickwatt dabei. An Häfen gibt es nur Hörnum und, sehr abgelegen, Rantum. Durch die Föhrer Ley kann man aber nach Südwesthörn, Dagebüll und Wyk. — Der geringere Tidenhub in diesem Gebiet will bedacht sein.

Das Hörnumtief, Fortsetzung des Seegates Vortrapptief, ist anfangs ein bei N.W. 3 Kilometer breiter, tiefer Wattenstrom. Weiter innen teilt er sich in zahlreiche Arme. Die nördlichen sind unbezeichnet und enden vor dem Hindenburgdamm. Der östliche, die O s t e r l e y , ist betonnt und geht in die F ö h r e r L e y über. — Ringsum ist flaches Land. Es gibt die L a n d m a r k e n auf Sylt: den Leuchtturm, den Funkmast, die Hochhäuser von Westerland, Häuser und Kirche von Morsum. Manchmal fährt auch ein Eisenbahnzug quer über das Watt. Dort ist der Hindenburgdamm, der Sylt mit dem Festland verbindet. Am Festland ist außer den Kirchtürmen von Horsbüll und Emmelsbüll in dieser menschenleeren Gegend wenig zu sehen.

Die Betonnung des Hörnumtiefs setzt sich ohne Änderung der Bezeichnung aus dem Vortrapptief fort. Meistens stehen schwarze Spitztonnen an der Südseite des Fahrwassers. Ihr Abstand ist unregelmäßig und teilweise bis 2 Seemeilen groß. Zwei rote Spierentonnen bezeichnen Gründe an der Nordseite des Fahrwassers. Man folgt der Reihe der schwarzen Tonnen. — Vereinzelt stehen blaue Fischertonnen, die man nicht mit Fahrwassertonnen verwechseln darf.

E. Die Zufahrten zum Halligmeer von See

Drei große, schiffbare Öffnungen hat das Halligmeer zur offenen Nordsee. Zu jeder leiten von See zwischen Bänken hindurch mehrere Fahrwasser, die Seegaten. Die gut fahrbaren davon sind betonnt. Je eines ist auch für Nachtfahrt befeuert.

Die Ansteuerung der Seegaten und die Einfahrt ist bei gutem Wetter, besonders bei guter Sichtigkeit, nicht schwierig. Doch Sände und Bänke beginnen weit seewärts vom festen Land. Und nicht immer ist die Sichtigkeit so gut, daß man Leuchttürme und andere Landmarken von See aus erkennen kann, ehe man auf flaches Wasser kommt. So m u ß man unbedingt die Ansteuerungstonne oder eine der Außentonnen des Seegates gefunden und zuverlässig identifiziert haben, ehe man in der Tonnenreihe in flaches Wasser läuft.
Die Ansteuerung der Seegaten ist immer ein sehr ernstzunehmende navigatorische Aufgabe. Für Fehler ist da kein Raum. — Nicht jeder Tag ist geeignet: Es soll keine sehr schlechte Sichtigkeit sein und möglichst kein auflandiger Starkwind. Bestimmt kein auflandiger Sturm. Und möglichst treffe ich bei günstiger Tide ein; das ist bei einlaufend Wasser.

Die Außenbänke: Sie beginnen stellenweise schon 8 Seemeilen vor den äußeren Bänken und Inseln und steigen steil auf 1 bis 3 Meter Wassertiefe auf. Doch selbst wenn nach dem Rechenstift die Wassertiefe für eine Yacht groß genug erscheint, auch bei ruhigem Meer baut sich hier oft sozusagen unerklärlich Grundsee oder Brandung auf. Bei auflandigem Starkwind oder Sturm ist auf den Außenbänken Hexenkessel. Die Strömungen laufen stark und oft in unregelmäßiger Richtung. Auch wandern die Bänke. — Die häufigste Art des Schiffsunfalles seit Wikingerzeiten ist hier, den Schiffsort verloren zu haben oder durch Sturm in die Bänke getrieben zu werden. — Genau hier liegt jene verteufelte Gefahrenzone, die die Sicherheit der hohen See von der Sicherheit der Wattenzonen trennt.

Nebel: Kommt auf See sehr schlechte Sicht oder Nebel auf, ehe ich meine Ansteuerungstonne gefunden habe, so würde ich wahrscheinlich kehrt machen und mit dem Funkpeiler Helgoland ansteuern. A n k e r n würde ich vor dieser Küste nur bei sehr sicherer Wetterlage und wenn bald mit Aufreißen des Nebels zu rechnen ist. — So wertvoll F u n k p e i l u n g e n sind, ich würde nicht damit rechnen, daß die Genauigkeit bei einer Yacht im Seegang ausreicht, bei Nebel eine Ansteuerungstonne zu finden. — D a s L o t ist nützlich; doch hier nicht, um eine Ansteuerungstonne zu finden, sondern nur, um zu warnen, wenn man sie verfehlt hat. Die Ansteuerungstonnen liegen meist auf mehr als 10 Meter Wasser, die ersten Seitentonnen auf mehr als 6 Meter. Unterschreite ich diese Tiefen, ohne die Tonnen gesehen zu haben, so bin ich an ihnen vorbeigefahren. Nur sehr wenige Situationen kann ich mir denken, wo ich dann dennoch weiter auf die Küste zuhalten würde, statt umzudrehen und den Schiffsort sicherzustellen.

Wind und Seegang: Für die Einfahrt durch Seegaten mit flachen Barren soll kein auflandiger Starkwind sein. Schon frischer Wind (mit dem zugehörigen Seegang) kann bei ungünstiger Tide bei manchen Seegaten zuviel sein. Das wird noch besprochen. — Hat man stärkeren Seegang, so soll man flache Barren bei einlaufendem Wasser passieren. Möglichst nicht, wenn das Wasser ausläuft, und dann schon gar nicht kurz vor Niedrigwasser.

Der Tidenstrom setzt a u ß e r h a l b der Seegaten bei steigendem Wasser nach Südost, bei fallendem nach Nordwest. Die größte Geschwindigkeit sind dort 1 bis 1½ Knoten. —

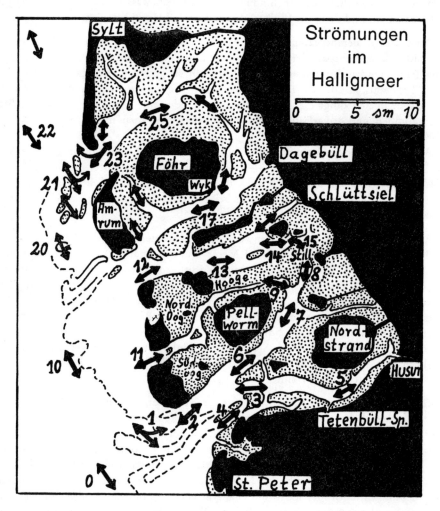

Gezeitenströmungen vor den Seegaten und im Halligmeer. Die Richtung der Strömung ist im Plan eingezeichnet. Geschwindigkeit und Zeitpunkt des Kenterns unter der betreffenden Ziffer in der Tabelle rechts. Bezugszeit sind Hochwasser bei Husum (Hu) bzw. Helgoland (He).

L a n d w ä r t s der Ansteuerungstonnen setzt die Strömung schon mehr in Richtung des Seegates und läuft schneller. Einen Überblick geben der nebenstehende Plan und die zugehörige Tabelle.

Noch ein Letztes: Was zwischen den drei großen Toren zum Halligmeer liegt, die kleinen Durchlässe zwischen den Sänden oder die unbezeichneten Rinnen, die müssen für ein Sportboot tabu sein. Dort darf man sich nicht auf Experimente einlassen. Ich habe einen dieser unbezeichneten Durchlässe, das Rummelloch, einmal mit meinem Boot passiert. Es war frischer Wind, doch kein Starkwind. Es wurde eine alptraumhaft-wüste Fahrt durch Grundseen und zwischen Brechern hindurch mit heikelster Navigation mit der Peilscheibe nach den spärlichen Landmarken, mit starker, quer setzender Strömung und mit der ständigen Sorge, daß das Boot in einem Wellental der unglaublich steilen See auf den Grund aufstoßen würde. Diese Ausfahrt aus dem Rummelloch gehört zu meinen sorgfältig bewahrten Erinnerungen an große Stunden der Seefahrt. — Doch wiederholen will ich sie nicht.

Nr. in Plan	Ort	E i n laufend Wasser			A u s laufend Wasser		
		volle Geschw. (Knoten)		Beginn der einlaufenden Strömung	volle Geschw. (Knoten)		Beginn der auslaufenden Strömung
		Spring	Nipp		Spring	Nipp	
0	Anst.-Tonne Süderhever	1,2	1		1,2	1	
1	Mittelhever	1,3	1,2	Hu —4 h 40 m	1,3	1,2	Hu +1 h 25 m
2	Mittelhever	2,2	1,8	Hu +6 h 10 m	2,8	2,4	Hu —0 h 20 m
3	Heverstrom	2,5	2,2	Hu +6 h 10 m	2,8	2,5	Hu —0 h 10 m
4	Kolumbusloch	3			3,5		
5	Heverstrom	2,5			3		
6	Norderhever	2,0	1,8	Hu +6 h 10 m	2	1,8	Hu　0 h 0 m
7	Norderhever	2,5			2,5		
8	Strand, Südteil	1			2		
9	Rummelloch, Ost	2			3		
10	Anst.-Tonne Schmaltief	1,5	1		1,5	1	
11	Rummelloch, West	3			3		
12	Süderaue, West	2,5	2,0	He —3 h 45 m	2	1,5	He +2 h 15 m
13	Süderaue, nördl. Hooge	2,3	1,8	Hu —5 h 50 m	2,3	1,8	Hu —0 h 10 m
14	Süderaue, südl. Gröde	1,3		Hu +5 h 45 m	1,3	1,2	Hu —0 h 20 m
15	Strand, Nordteil	1			2		
17	Norderaue	2,5	2,2	He —3 h 0 m	2,5	2,2	He —3 h 0 m
20	Anst.-T. Vortrapptief	1,5		He —3 h 30 m	1,5		He +2 h 40 m
21	Theeknobsrinne	2,7	2,0		2,7	2,5	
22	westl. Hörnum	1,2			1,2		
23	Sylt, Südspitze	3,5			3,0		
25	Hörnumtief	2,0	1,8	He —2 h 50 m	1,5	1,3	He +2 h 30 m

Überblick

Namen der Fahrwasser	Lage	Zufahrt nach
Süderhever Mittelhever Alte Hever	Zwischen Halbinsel Eiderstedt und Süderoog-Sand	Pellworm, Husum und den südlichen Halligen
Schmaltief Altes Schmaltief Landtief	Südlich von Amrum	Amrum, Föhr, Hooge und den nördlichen Halligen
Vortrapptief Kniep Theeknobsrinne (Hörnumloch)	Zwischen Sylt und Amrum	Hörnum auf Sylt

Die Heverströme   (Plan S. 229, 288)

Die sind das südlichste und am häufigsten benutzte Tor zur Welt der Halligen. Es ist von Süden her der kürzeste und auch der am einfachsten zu fahrende Weg. Zufahrtsrouten von Cuxhaven, von Büsum und aus der Eider wurden schon beschrieben. Hier wird nur die Strecke von den Ansteuerungstonnen bis in die Wattfahrwasser besprochen.

Hauptfahrwasser ist die betonnte und für Nachtfahrt befeuerte M i t t e l h e v e r. Sie hat bei N.W. etwa 5 Meter Wasser auf der Barre. Ein seefestes Boot sollte sich dort zur Not bei passender Tide auch bei Sturm durchbeißen können. — Die S ü d e r h e v e r wird wohl häufiger befahren, denn der Weg von der Elbe ist fast 8 Seemeilen kürzer. Süderhever hat bei N.W. 4 bis 5 Meter Wasser auf der Barre, ist betonnt, doch nicht befeuert. — A l t e H e v e r ist ein veränderlicher Abkürzungsweg für die Mittelhever, bei Tage derzeit eindeutig zu bevorzugen, betonnt, doch nicht befeuert. — Ein küstennaher S c h ö n w e t t e r w e g über Rochelsteert aus der Eider heraus wird vor allem für kleinere Boote beschrieben.

Als Landmarken sind am auffälligsten die Hotels des Seebades St. Peter-Ording. Südwärts davon steht der Leuchtturm St. Peter. Weit nordwärts davon der Leuchtturm

d)   c)   b)   a)

Die wichtigsten Landmarken für die Ansteuerung der Heverströme: a) Leuchtturm St. Peter. b) Kirche von Westerhever, von Süden gesehen. c) Leuchtturm Westerhever-Sand. d) Die Leuchtbake und Fluchtbake Süderoog-Sand. — Die Hotels zwischen St. Peter und Ording sind allerdings oft weiter zu sehen als die Leuchttürme. — Die scheinbar unlogische Anordnung von d) nach a) entspricht der Lage, in der man die Landmarken von See anlaufend zu sehen bekommt.

Westerheversand. Die Kirchen von St. Peter und Ording sind weniger auffällig. Doch die Kirche von Westerhever kann als Landmarke nützlich sein. Dann die Leucht- und Rettungsbake auf dem Süderoog-Sand (Skizzen). Bei sehr guter Sichtigkeit ist vielleicht als ferner Strich auch der Leuchtturm von Pellworm zu sehen.

Die Süderhever   (Plan S. 229)

D i e A n s t e u e r u n g s t o n n e liegt etwa 9 Seemeilen westwärts vom Leuchtturm St. Peter. Es ist eine schwarze Bakentonne mit Rautentoppzeichen und Aufschrift „Süder-Hever". Eine schwarze Spitztonne liegt zur Ortskontrolle nahebei. Etwa 1½ Seemeilen nordostwärts der Ansteuerungstonne folgen dann die F a h r w a s s e r t o n n e n : schwarze Spitztonnen sind an der Südostseite. Sie tragen die Aufschrift „SH" und den fortlaufenden Buchstaben. Rote Spierentonnen stehen an der Nordwestseite mit der Bezeichnung „SH" und laufender Nummer. Die Barre beginnt etwa ½ Seemeile hinter der Ansteuerungstonne.*)

Die Süderhever verläuft in nordöstlicher Richtung. Nach 6 Seemeilen zweigt ostwärts das betonnte Fahrwasser in die O r d i n g e r B u c h t ab mit ihrem kleinen Hafen (Seite 267). — Nach 7 Seemeilen von der Ansteuerungstonne endet derzeit die betonnte Süderhever. Bei der schwarzen Fahrwassertonne „SH/F Kolumbusloch" schließt sich das Fahrwasser K o l u m b u s l o c h an (Seite 276). Das Kolumbusloch fährt man, wenn Husum das Ziel ist. Ich würde das Kolumbusloch aber auch auf dem Wege nach Pellworm befahren (und später einen Umweg in Kauf nehmen), um bei auflandigem, stürmischen Wind rascher in ruhigeres Wasser zu kommen.

Ist Pellworm das Ziel, dann muß ich über die Bank I n n e n q u a g e hinweg aus der Süderhever in die Mittelhever wechseln. Die Innenquage hat veränderliche Tiefen von 0,8 bis 3 Meter bei N.W. Nahe Hochwasserzeit muß man sich über die Wassertiefe auf der Innenquage wohl keine Sorgen machen. Nahe Niedrigwasserzeit kreuzte man bisher bei der Fahrwassertonne SH 6 (Stundenglastoppzeichen). Nach 1 Seemeile Fahrt NNW traf man dann die schwarze Tonnenreihe der Mittelhever. — Angesichts der veränderlichen Tiefen auf der Bank Innenquage war ich immer ganz froh, wenn ich sie hinter mir hatte.

Die Fortsetzungen der Süderhever sind bei den Wattfahrwassern Kolumbusloch (Seite 276) Heverstrom (Seite 276) und Norderhever (Seite 278) beschrieben.

Die Mittelhever   (Plan S. 157, 229, 288)

A n s t e u e r u n g s t o n n e ist die schwarze Leucht- und Heultonne „Mittelhever". Die liegt weit auf See, nämlich 12 Seemeilen westlich vom Leuchtturm Westerheversand. Rote Fahrwassertonnen beginnen 2½ Seemeilen ostwärts von ihr. Es sind zuerst Spierentonnen mit Nummern an der Nordseite des Fahrwassers. Erst 4½ Seemeilen ostwärts der Ansteuerungstonne beginnen mit der Leuchttonne A schwarze Tonnen. Von Tonne A an schlägt das Fahrwasser „einen Haken". Es führt derzeit zuerst 2 Seemeilen in Südost-Richtung auf den Leuchtturm St. Peter zu. Fahrwassertonnen sind an beiden Seiten. Bei der roten Leuchttonne 6 biegt das Fahrwasser dann nach Nordost auf Pellworm-Leuchtturm zu. Hier läuft der Strom oft quer. Man passiert Süderoog-Sand mit

---

*) Mit Änderung der Zahl und Lage der Seezeichen und der Befeuerung muß ständig gerechnet werden. Im Zweifelsfalle darf man sich nicht auf die Beschreibung verlassen, sondern muß nach Sicht der Seezeichen fahren, die nach dem vorn beschriebenen System der Betonnung ausgelegt sind.

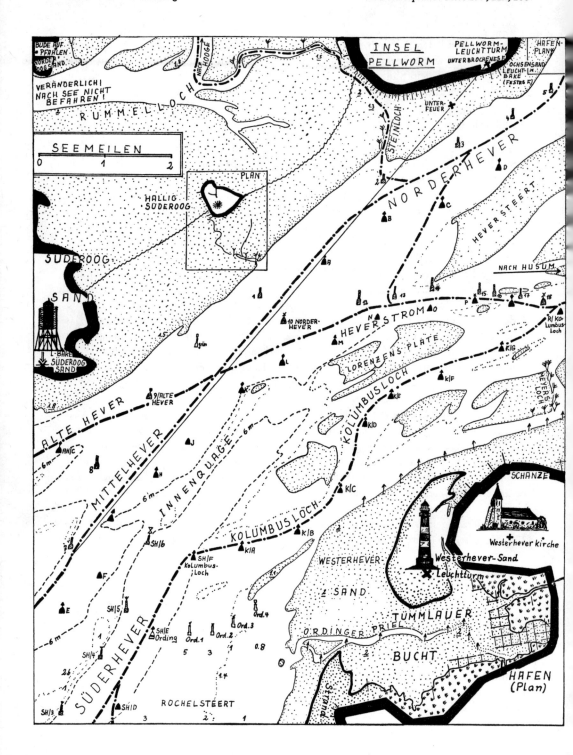

der Rettungsbake und bekommt Hallig Süderoog backbord voraus in Sicht. Hier endet dann die Mittelhever bei der rot-schwarzen Fahrwasserteilungstonne „10/Norderhever". Sie teilt sich in den Wattenstrom N o r d e r h e v e r (nordostwärts nach Pellworm-Hafen, Seite 278) und in den H e v e r s t r o m (ostwärts nach Husum, Seite 276f). Bei Tage würde ich, statt dem „Haken" des Fahrwassers Mittelhever zu folgen, die kürzere Fahrt durch die A l t e H e v e r eindeutig bevorzugen. Die Aufzweigung erfolgt bei der roten Tonne 1. Von dort führt die Alte Hever geradenwegs nach ONO.

Einlaufen bei Nacht: Hat man etwas Übung im Fahren nach Leuchtfeuern und ist die Sichtigkeit leidlich, so daß man die Leuchtfeuer genügend weit sieht, so ist das Einlaufen im Dunkeln nicht schwerer als bei Tage: Man muß das Feuer Westerhever-Sand auffassen. Es hat einen schmalen Sektor fest weiß, der dicht nordwärts von der Ansteuerungstonne liegt. Steht man südwärts vom Leitsektor, zeigt Westerhever-Sand 5 Blitze, steht man zu weit nördlich, sind es 4 Blitze. Im Leitsektor fest weiß läuft man ostwärts. Dabei wechselt das unterbrochene Feuer von Süderoogsand-Bake von weiß in rot, wenn man 4 Seemeilen landein von der Ansteuerungstonne steht. Dort passiert man an Leuchttonne A (unterbrochenes Licht) und dreht mit südöstlichem Kurs in den Leitsektor unterbrochen weiß des Leuchtturmes St. Peter.
Nach etwa 2 Seemeilen ändert das Feuer auf Süderoogsand-Bake von rot in grün. Außerdem passiert man die Leuchttonne 6 (Gruppe von 2 Unterbrechungen). Hier dreht man nach Nordost in die Richtfeuerlinie von Pellworm Leuchtturm und Unterfeuer ein. Beides sind unterbrochene Feuer. Es ist möglich, daß vom niedrigen Deck eines Sportbootes das Unterfeuer noch nicht gleich in Sicht ist. In der Richtfeuerlinie kann man bis dicht unter Pellworm laufen (Fortsetzung der Beschreibung auf Seite 232). Man kann aber auch bei Leuchttonne 10 in den Heverstrom einfahren (Nachtfahrt dort Seite 276, 266).

Alte Hever   (Plan S. 229, 288)

Das ist ein veränderlicher Nordarm der Mittelhever. Er ist betonnt, doch nicht befeuert. Auf der Barre sind z. Z. bei N.W. 4 bis 5 Meter Wasser. Die Bank an der Nordseite der Alten Hever ist steilwandig und fordert Respekt. Da der Weg durch die Alte Hever kürzer ist und einfacher zu fahren, würde ich ihn bei Tageslicht vor dem Umweg durch die Mittelhever bevorzugen.

A n s t e u e r u n g s t o n n e ist die rote Bakentonne „Alte Hever" mit Stundenglas-Toppzeichen. Sie lag zuletzt 1³⁄₄ Seemeilen NO von der Fahrwassertonne 1 der Mittelhever. Danach folgten in Ostrichtung schwarze Fahrwassertonnen mit der Aufschrift „AH" und Rautentoppzeichen. Das Fahrwasser vereinigt sich südöstlich der Süderoogsand-Bake bei der Fahrwassertonne 9 wieder mit der Mittelhever.

Die Einfahrt südlich von Amrum

Zwei Seegaten sind betonnt: das Schmaltief und das Landtief. S c h m a l t i e f ist das Hauptfahrwasser und befeuert. Sein Nebenarm A l t e s S c h m a l t i e f ist für Sportboote von großem Interesse. L a n d t i e f ist gut betonnt, doch unbefeuert. Meist benutzen es Boote, die von Helgoland kommen. Die Durchfahrt K n i e p nach Norden zu wird später gemeinsam mit dem Vortrapptief besprochen.

Das Schmaltief (Plan S. 229)

Dieses ist eine etwa 15 Seemeilen lange Zufahrt, neben der seewärts wie landwärts Bänke liegen. D i e B a r r e macht mit 5½ Meter Wassertiefe selten Schwierigkeiten. Aber das Auffinden der Ansteuerungstonne, von der aus man nur bei klarstem Wetter einige sehr ferne Landmarken zu Gesicht bekommt, setzt saubere Navigation voraus. D i e A n s t e u e r u n g s t o n n e liegt 8 Seemeilen westlich der Leuchtbake Süderoog-sand. Es ist eine Leuchttonne (Gleichtakt) mit senkrechter schwarzroter Streifung und der Aufschrift „Schmaltief". Eine Ortstonne gleicher Farbe liegt nahebei. Von dieser Ansteuerungstonne aus führt das Fahrwasser zuerst 5½ Seemeilen in Nordost-Richtung. Die Fahrwassertonnen liegen hier fast 2 Seemeilen voneinander entfernt.

Nach 5½ Seemeilen trifft man auf die rote Fahrwassertonne und Leuchttonne „Alt-Schmaltief" (2 Blitze). Hier tritt von Süden her das für Sportboote wichtige Fahr-wasser „Altes Schmaltief" dazu. Von jetzt ab führt das Fahrwasser nahezu nordwärts, und zwar etwa 9 Seemeilen weit. Es ist an beiden Seiten betonnt. Die Abstände der Tonnen sind 1 Seemeile oder weniger. Oft wird das Fahrwasser durch Bänke auf weni-ger als ½ Seemeilen Breite eingeengt. Es führt auf die Südspitze von Amrum bei Witt-dün zu und geht in die N o r d e r a u e über, ohne daß die Art der Betonnung sich ändert (Norderaue Seite 281, Wittdün Seite 238). Etwa 2 Seemeilen vor Wittdün zweigt bei der Fahrwassertonne „F/Süderaue" der Wattenstrom S ü d e r a u e nach Osten in die Halligwelt ab (Seite 280).

Altes Schmaltief (Plan S. 229)

Das ist ein sehr nützliches Nebenfahrwasser, welches den Außenteil des Schmaltiefs geradenwegs nach Süden hin fortsetzt. Auf der Barre sind 3 bis 4 Meter Wassertiefe. Es ist betonnt. Bei Tage und wenn nicht gerade grobes Wetter ist, ziehe ich es auf dem Wege von oder nach Süden der Haupteinfahrt des Schmaltiefs vor.

Seine Ansteuerungstonne liegt 4 Seemeilen westlich von Süderoogsand-Leuchtbake. Es ist eine rote Bakentonne mit Stundenglas-Toppzeichen und der Aufschrift „Alt-Schmal-tief". Die Fahrwassertonnen liegen in Nordrichtung von ihr und haben die Bezeich-nung „AS". Bei der Tonne „3/Alt-Schmaltief" erfolgt die Vereinigung mit dem Haupt-fahrwasser. — (Die Ansteuerungstonne „Alte Hever" liegt nur 2 Seemeilen südöstlich der Ansteuerungstonne „Alt-Schmaltief". Der Weg Alte Hever — Altes Schmaltief ist also die kürzeste Verbindung „außen herum" für jemand, der zur Wattfahrt mal keine Lust hat.)

Einlaufen ins Schmaltief bei Nacht: Ich mag es nicht gern. Denn im seewärtigen Teil muß man nur nach zwei Leuchttonnen bei quer setzendem Strome fahren. Und im Nordteil sind einige Bänke haarscharf an den Rand des sowieso schon sehr schmalen Leitsektors gewandert. So habe ich mir zur Regel gemacht, in das Schmaltief abends nur dann einzulaufen, wenn ich bei Tageslicht mindest bis zur Tonne „3/Alt-Schmal-tief" komme. Wenn nicht, laufe ich die Mittelhever oder Vortrapptief an. An sich war die F a h r t a n w e i s u n g einfach: Von der Ansteuerungstonne „Schmaltief" (Gleich-taktfeuer, 8 sek.) rw. 50°, korrigiert um Stromversetzung, 5½ Seemeilen weit bis zur Leuchttonne „3/Alt-Schmaltief" (2 Blitze). Dort traf ich auf den Leitsektor fest weiß von Schmaltief-Leuchtfeuer auf Amrum. Er leitete 7°. Weicht man vom Leitsektor nach Osten ab, wird das Feuer grün, nach Westen rot. Der Leitsektor ist sehr schmal. — Hatte

ich 1¹/₂ Seemeilen vor Wittdün die Leuchttonne G passiert (Blitze), habe ich um 10°
nach Osten aus dem Leitsektor herausgehalten, bis ich, frei von der Insel, die roten
Leitfeuer von Wittdün-Hafen in Linie hatte. — Warum ich die Beschreibung in Ver-
gangenheitsform gebe? Weil Bänke in die Leitfeuerlinie einwandern. Wenn ein freundlicher Meeresgott sie nicht anhält, wird die Befeuerung verändert werden müssen,
ehe das Buch gedruckt ist.

Landtief   (Plan S. 229)

Landtief ist kürzer und wohl auch leichter zu befahren. Oft sieht man die Häuser und
den Leuchtturm auf Amrum. Die Barre, 2 Seemeilen vor Amrum, hat 3 bis 4 Meter
Wassertiefe bei N.W. — A n s t e u e r u n g s t o n n e ist die rote Bakentonne „Landtief" mit Zylindertoppzeichen und kleiner Ortstonne nahebei etwa 7 Seemeilen südwestlich von Amrums Leuchtturm. 3¹/₂ Seemeilen nordostwärts folgt die erste Fahrwassertonne, die Spierentonne 1. Danach beidseitige Betonnung, Tonnen mit „L" markiert, die schwarzen zusätzlich mit Rautentoppzeichen. — Bei der rotschwarzen Bakentonne „L/4-Kniep" tritt von Nordwesten das Fahrwasser „Kniep" hinzu. Landtief
biegt nun nach Osten und führt, gut betonnt, dicht um die Südspitze Amrums in die
N o r d e r a u e und nach W i t t d ü n. — Bei Nordwestwind und einlaufend Wasser
muß man zwischen „L 1" und „L 4" achten, nicht auf die Steuerbord liegenden Bänke
„Westerbrandung" versetzt zu werden.

N a c h t s ist Landtief nicht befeuert. Doch mag sich ein Erfahrener bei handigem
Wetter nach Peilungen der zahlreichen Leuchtfeuer durch saubere terrestrische Navigation wohl hineinfädeln.

Die Einfahrten zwischen Amrum und Sylt

Den Hafen Hörnum auf Sylt von Süden anzulaufen, ist bei gutem Wetter eitel Freude,
bei schlechter Sichtigkeit und rauhem Meer keine. Für die Fahrt von Hörnum zum
Nordteil von Sylt gilt das gleiche:
Das Hauptfahrwasser ist das V o r t r a p p t i e f. Seine Barre liegt weit, weit im Süden,
etwa dort, wo die Südspitze der Insel Amrum ist. Dann führt das Fahrwasser etwa 8
Seemeilen lang zwischen trockenfallenden Sänden hindurch nach Norden, ehe man
hinter die Südspitze von Sylt nach Hörnum und damit in die Wattfahrwasser gelangt.
— Schiffe, die von Hörnum nach Norden wollen, fahren meist durch die T h e e -
k n o b s r i n n e. Flachgehende Boote können bei ruhigem Meer nahe Hochwasserzeit
wohl auch durch das flache und unbezeichnete H ö r n u m l o c h nach Norden heraus.

Das Vortrapptief   (Plan S. 229)

Es ist das Hauptfahrwasser, betonnt und befeuert. Auf der Barre sind derzeit etwa 4¹/₂
Meter Wassertiefe bei N.W. Bei Starkwind würde ich nicht bei ungünstiger Tide über
die Barre laufen. Bei auflandigem, stürmischem Wind auch bei günstiger Tide nicht.

A n s t e u e r u n g s t o n n e ist die schwarze Leuchttonne „W-Vortrapptief". Sie liegt
7 Seemeilen südwestlich vom Leuchtturm Norddorf auf Amrum. Etwa 1 Seemeile nordostwärts der Ansteuerungstonne beginnt die fortlaufende Fahrwasserbetonnung. Sie

führt zunächst etwa 4 Seemeilen weit in nordöstlicher Richtung auf den Leuchtturm Norddorf auf Amrum zu. Auch Leuchtturm Amrum und die Kirche von Nebel sind nützliche Landmarken (Skizze). Am Ende dieser Nordost-Strecke liegt die schwarze Bakentonne „D-Kniep". Hier mündet von Südosten her das Fahrwasser Kniep ein (siehe unten).

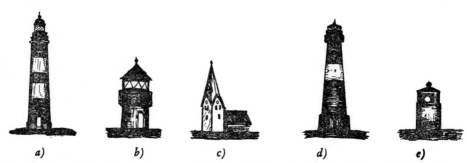

Landmarken auf den Inseln Amrum und Sylt: a) Amrum-Leuchtturm. b) Norddorf-Leuchtturm auf Amrum. c) Kirche von Nebel auf Amrum. d) Sylt, Leuchtturm Hörnum-Odde. e) Unterfeuer Hörnum-Odde.

Von hier aus läuft das Fahrwasser in Nordrichtung, 1 bis ½ Seemeile breit, zwischen trockenfallenden Sänden hindurch. Die Kanten der angrenzenden Sände sind meist steil. Mehr als ein Schiffswrack liegt dort im Sand. Die Strömung setzt, wenn die Sände überflutet sind, q u e r zum Fahrwasser. Das beidseitig betonnte Fahrwasser führt etwa 5 Seemeilen weit nahezu nordwärts. Etwa 2 Seemeilen vor der Südspitze von Sylt, biegt es auf NNO-Richtung ins H ö r n u m t i e f und zum H a f e n H ö r n u m . Die Leuchttürme an der Südspitze von Sylt machen hier die Orientierung leicht.

Nachts habe ich das Anlaufen von Hörnum als leicht empfunden: Nördlich der Ansteuerungstonne „W-Vortrapptief" (Blitze) trifft man zwischen fest grün und rot den weißen Leitsektor von Leuchtturm Norddorf. Man folgt dem Leitsektor nordostwärts, bis man nach 4 Seemeilen südlich der Leuchttonne 4 (Gruppe von 2 Blinken) auf die Richtfeuerlinie von Hörnum trifft. Die führt derzeit 14°. Das Oberfeuer hat Gruppen von 2 und 4 Blitzen, das Unterfeuer fest weiß. Man muß sehr darauf achten, die Richtfeuerlinie nicht nach Westen zu überschreiten, da dort Sände sehr dicht an der Richtfeuerlinie sind. Man passiert das Feuer Norddorf auf Amrum. Es ist zuerst rot, wird, wenn man es querab hat, für lange Zeit weiß. Sobald es dann aber, fast achteraus stehend, wieder rot wird, muß man den Kurs auf 35° legen (Stromversetzung berücksichtigen). Voraus ist fest weiß von Hörnum-Odde. — Nach 2 Seemeilen gelangt man aus dem roten Sektor von Norddorf-Feuer in den neuen Leitsektor fest weiß. Der führt nordwärts bis vor die befeuerte Hafeneinfahrt von Hörnum.

Die Durchfahrt Kniep   (Plan S. 229)

Sie verbindet den Südteil des Vortrapptief mit dem Landtief, ist betonnt, doch nicht befeuert. Fahrwasser Kniep beginnt im Nordteil mit der Fahrwasserteilungstonne „D/Kniep". Es führt von dort südostwärts, schwarze Spitztonnen „KN" an der Seeseite, und endet nach 3½ Seemeilen bei der rotschwarzroten Bakentonne „L4-Kniep" des Landtief. Kniep führt über flaches Wasser, das bei N. W. oft kaum 3 Meter tief ist. Bei grobem Wetter fahre ich hier nur bei mehr als halber Tide, bei sehr grobem gar nicht.

Von Hörnum nach Norden   (Plan S. 229, 295)

Zwei Fahrwasser stehen zur Wahl: T h e e k n o b s r i n n e , betonnt, auch bei N.W.
tief genug, doch ein Umweg nach Süden. Und H ö r n u m l o c h , unbezeichnet, sehr
flach, ein reines Gutwetterfahrwasser, nur fahrbar nahe Hochwasserzeit von Booten
nicht viel über 1 Meter Tiefgang.

Theeknobsrinne   (Plan S. 229, 295)

Dies ist ein betonntes, doch unbefeuertes Nebenfahrwasser, das im Bogen von Norden
her in das Vortrapptief einmündet. Alle Gelehrten sind sich einig, daß die Theeknobsrinne bei gutem Wetter nicht schwer zu fahren, doch bei starkem Nordwest- oder Südwestwind scheußlich ist. Wenn gar das Wasser noch ausläuft, riskiert man dann Kopf
und Kragen, zumindest aber den Mast. — Die Theeknobsrinne läuft zwischen Sänden
hindurch, auf denen Brandung steht. Bei kräftigem Seegang ist auch in der Rinne
Grundsee oder Brandung. Der Strom läuft hart und überwiegend quer zum Fahrwasser.
Nach Stürmen kann man sich auf die Lage der Tonnen nicht voll verlassen. Auf der
Barre sind bei N.W. etwa 4¹/₂ Meter Wasser.
Kommt man von See, so muß man zuerst die schwarze A n s t e u e r u n g s t o n n e
„Theeknobsrinne" auffassen. Sie hat Rautentoppzeichen und eine spitze Ortstonne
nahebei. Sie liegt dicht nördlich der Barre etwa 3 Seemeilen westlich der Leuchttürme
von Sylt. Es folgen schwarze Spitztonnen (einlaufend an Steuerbord) und rote Spieren-
tonnen. Sie führen erst südwärts, dann ostwärts. Bei der rot-schwarzen Bakentonne
„Theeknobsrinne" ist man im Vortrapptief angekommen.

Hörnumloch   (Plan S. 229, 295)

Das führt aus dem Hörnumtief ganz dicht um die Südspitze Sylt's herum nach Nord-
westen auf See. Es ist nicht bezeichnet und hat bei N.W. stellenweise nur 0 bis ¹/₂ Meter
Wassertiefe. Dennoch wird es bei ruhigem Wetter nahe Hochwasserzeit viel befahren,
denn nach Norden zu und vor die Seefront von Sylt spart es viel Weg.
Will man sich als Ortsfremder auf das Hörnumloch einlassen, dann jedenfalls nur bei
ruhigem Meer und bei mehr als ²/₃ Tide. Ich bin von See von Nordwesten her auf die
Südspitze von Sylt zugelaufen. Dabei habe ich darauf geachtet, daß Sylts Südspitze und
Amrums Nordspitze etwas offen peilen. Südwestlich von Hörnum-Odde Leuchtfeuer
beginnen die flachen Sände, die teilweise auch trockenfallen. Wo es auch bei ruhigem
Meer brandet, ist jedenfalls flacher Grund. Bei der roten Spierentonne 9 bin ich dann
im Vortrapptief wieder auf tiefes Wasser gelangt.

Rückblick

Soviel hier über die Einfahrten von der offenen Nordsee in das Wattengebiet des Halligmeeres. — Nun laßt euch aber doch nicht Bange machen, ihr Schiffer, vor diesen
Einfahrten! Bin ich am Ende gar selber dran Schuld, daß ich bei meiner letzten Reise
so wenig fremde Yachten im Halligmeer fand?
Die Einfahrten sind nicht schwierig, wenn man sie mit Vorbedacht fährt. Und wenn
man die — sagen wir mal — 4 Tage im Monat mit schlechtem Wetter vermeidet. Sie
sind nicht schwerer zu fahren als die Seegaten der Ostfriesischen Inseln, wo sich nachgerade mehrere tausend Boote im Sommer ein Stelldichein geben.

Doch vielleicht ist es auch gut, daß das Halligrevier noch so einsam geblieben ist. Wird uns älteren Nordseefahrern doch oft das Herz schwer, wenn wir sehen, wie rasch Massentourismus, auch der Massentourismus des Wassers, ein zauberhaft originales Revier zu Einheitsrummel verfälschen kann.

Möge das Halligrevier so bleiben wie es ist! Und sollte es wirklich einmal von Nachmittags-Bootsfahrern überflutet werden, dann, Freunde, weichen wir aus an die Nordseite Sylts.

Galiot (links) und Galeasse waren typische Frachtsegler in den dänischen, aber auch in den deutschen Gewässern. Die Takelung ist im wesentlichen die Gleiche. Die Heckform ist verschieden.

VII. Nordwärts von Sylt bis Dänemark

Ist ja doch mit Sylt das Wattenrevier nicht zu Ende. Freilich, der Hindenburgdamm trennt es. Hier muß man um Sylt außen herum. Dies ist eine Reise, zu

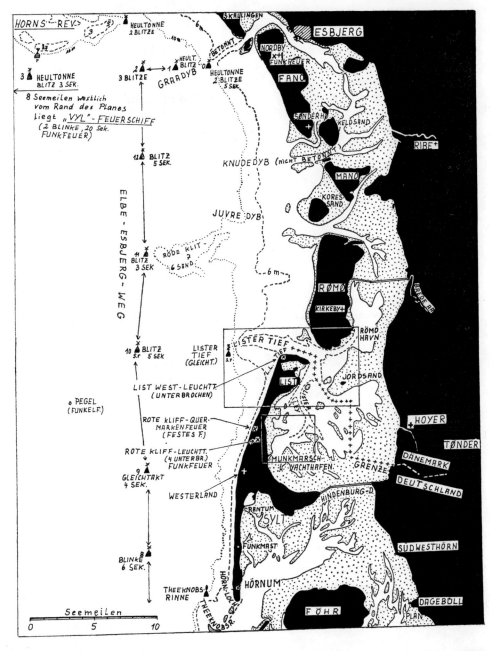

der ich nicht voll seefeste Boote nicht ermutigen will. Vergessen wir nicht, daß wir uns aus dem Gebiet der Deutschen Bucht nun sehr spürbar nach Norden herausbewegt haben. Fehlt doch nicht viel, daß wir auf der gleichen nördlichen Höhe wie Edinburg stehen.

Doch mit seegehendem Boot — und zumal, wenn es dazu auch noch wattgängig ist, sind wir nordwärts von Sylt in einem sehr schönen, gänzlich einsamen, von Menschenhand kaum berührten — freilich auch kaum „gepflegten" Revier. Seezeichen werden in dänischen Gewässern rar, denn die Fischer kennen ihre Rinnen auch ohne dies. Die Natur will ernster genommen werden. So kommen wir in eine neue Welt voll neuen Reizes.

Übersicht: Bei Esbjerg, dem Handels- und Fischerhafen, ist Wattenrevier endgültig zu Ende. Es hängt ja — hörten wir — von der Gezeitenhöhe ab. Und die reicht dort nicht mehr aus, Durchbrüche durch die Dünen zu bilden. — Fünf Inseln liegen auf dem Weg — von Sänden einmal abgesehen. Außer Sylt sind sie dänisch. Fünf Häfen gibt es — und mehrere unbekannte Liegeplätze dazu. Doch hier, in dieser zweiten Auflage des Buches beschreibe ich nur die südlichen davon: List, Munkmarsch, Höjer und Römö Havn. Muß doch einiges auch noch für später bleiben.

Distanzen von Hörnum durch Theeknobsrinne und Lister Landtief bis

Hafen List	30 sm
Römö Havn	33 sm
Munkmarsch	37 sm
Esbjerg	55 sm

Die Reise um Sylt

Die Fahrt führt über ohne Einschränkung offenes Seegebiet. Und dennoch ist vieles leichter als auf den bisherigen Strecken. Vor allem: tiefes Wasser reicht bis dicht an Sylt; die Tiefenlinien laufen gerade und sind zur Abstandbestimmung vorzüglich brauchbar. Und Sylt hat hohe Küste mit guten Landmarken. Navigationssorgen sollte ein Schiffer hier kaum haben.

Ähnlich wie bei Helgoland wird man großen, langen und im wesentlichen gutartigen Hochsee-Seegang treffen, jedenfalls solange man nicht auf zu flachem Wasser fährt. Er ist weit und schwingend, wenn die Strömung m i t dem Seegang läuft, und wird steiler, wenn die Strömung ihm entgegen setzt.

Die Tidenströmung ist 1 bis 2 Seemeilen vor Sylt nicht stark. Sie setzt südwärts und nordwärts. Die südsetzende Strömung hat als Maximum 0,6 Knoten 6 Stunden vor HW. Helgoland. Sie kentert 2 Stunden vor H.W. Helgoland und läuft dann Nord mit maximal 0,7 Knoten bis 4 Stunden nach H.W. Helgoland.

Distanz zur Küste: Die 6 Meter-Linie läuft durchschnittlich 600 Meter vor der Inselfront (abgesehen von Süd- und Nordspitze). Die 6-Meter-Linie würde ich nach Land hin nicht überschreiten, denn da steigen steil und unerwartet Bänke auf, die oft nur 1 Meter unter Niedrigwasser liegen. Klar, daß dort auch bei ruhigem Meer Brandung steht. — ½ bis 2 Seemeilen Distanz wären mir bei handigem Wetter gerade recht.

Landmarken: Auf List's Südspitze der kleine Leuchtturm Hörnum Odde, doch vor allem der große Leuchtturm Weiße Düne (Skizze, Seite 292). 3 Seemeilen nördlich ein 200 Meter hoher Funkmast, nachts mit roten Lichtern. Dünen folgen der Küste. Weit

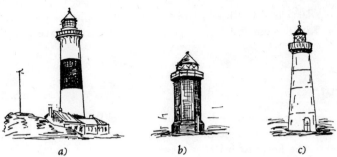

Landmarken auf Sylt: a) Rote Kliff-Leuchtturm b) Rote Kliff-Quermarkenfeuer c) Leuchtturm List-West.

sind die hohen Hotels von W e s t e r l a n d zu sehen. Eine Ölbohrinsel steht da, wird aber kein Dauergast sein. — Nördlich von Westerland wird das Ufer 2 Seemeilen lang 40 bis 50 Meter hoch und steil: d a s R o t e K l i f f, vormittags dunkel, nachmittags rotgelb erscheinend, an Helgoland erinnernd. Dahinter steht der Rote Kliff-Leuchtturm (Skizze), rund, weiß mit schwarzem Band. Eine Seemeile nördlich und dichter am Ufer der rote Turm von Rote Kliff-Quermarkenfeuer. Danach 6 Seemeilen lang uncharakteristische Dünenküste.

A n d e r N o r d s p i t z e S y l t s ist bei diesigem Wetter der „Sandberg", eine 35 Meter hohe Düne beim Ort List, oft gut auszumachen, Leuchtturm List-West, weiß, rund und wichtig, steht an der Nordwestspitze Sylts. Ostwärts von ihm Leuchtturm List-Ost, auch weiß und rund.

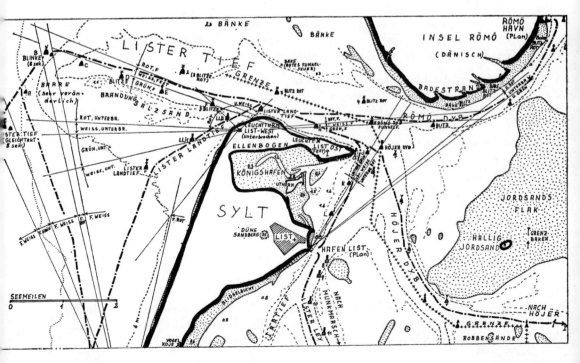

Von Römö, der dänischen Insel, sind außer mäßig hohen Dünen meist nur der Kirchturm von Kirkeby und ein viereckiger Turm südwestlich davon als Landmarken nützlich.

Das Lister Tief   (Plan S. 295 und 297)

Das ist das Seegat zwischen Sylt und der dänischen Insel Römö (dänisch Rømø geschrieben). Lister Tief ist ein über 1 Seemeile breites, tiefes, leicht anzusteuerndes, gut bezeichnetes Seegat. Die Barre ist bei N.W. etwa 5 Meter tief. So ist es neben der Süderpiep der wichtigste Fluchthafen für kleinere Schiffe, wenn es auflandig stürmt. — Seine unangenehme Eigenschaft: läuft bei auflandigem Starkwind die Tide heraus, so gibt es sehr hohlen, häßlichen Seegang.

Lister Tief hat zwei Einlässe: das Hauptfahrwasser L i s t e r   T i e f, befeuert, Barre 5 Meter, Eintritt etwa 4 Seemeilen weit auf See. Ferner das L i s t e r   L a n d t i e f, das sich von Süden her dicht unter der Inselspitze langmogelt, 2 Meter tiefe Barre hat, nur indirekt befeuert ist, bei Schlechtwetter unpassierbar, doch bei handigem Wetter und passender Tide sehr wegsparend ist. — Doch muß man sich klar entscheiden, Lister Tief oder Lister Landtief zu fahren; denn dazwischen liegen Bänke, wie S a l z s a n d, die ungesund sind.

Lister Tief Hauptfahrwasser hat seine Ansteuerungstonne 4 Seemeilen westlich vom Leuchtturm List-West. Es folgt Seitenbetonnung in etwa 1 Meile Abstand an der Südseite, in unregelmäßigem Abstand an der Nordseite (Plan). Man passiert Leuchtturm List-West, danach Leuchtturm List Ost. Eine Meile später biegt man bei Tonne J hart nach Süden. Nun steht man hinter der Insel und läuft an der Bucht Königshafen vorbei an den Tonnen K und L entlang nach List-Hafen oder, hat man Lust, weiter nach Munkmarsch. T i d e n s t r ö m u n g will im Lister Tief sehr beachtet sein. Sie kann einlaufend 3, auslaufend 2½ Knoten erreichen. Einlaufende Strömung beginnt 3 Stunden vor, auslaufende 3 Stunden nach H.W. Helgoland.

Nachts ist das Einlaufen nach der Befeuerung perfekt möglich. Nur darf man sich keine Fehler leisten, sonst gibt es Kleinholz. Rote Kliff-Leuchtturm ist grobe Orientierungsmarke (4 Unterbrechungen alle 15 Sekunden). Vom Rote Kliff-Quermarkenfeuer leitet mich der Sektor fest weiß zwischen grün und rot (Plan) an Lister Tief-Ansteuerungstonne vorbei bis Leuchttonne B (Blinke). Dort drehe ich in den Sektor fest weiß von Leuchtturm List Ost. Bei Leuchttonne F habe ich den verlassen und bin 1½ Meilen präzis Ost, danach 120° gelaufen, bis ich den Sektor fest weiß des nun achteraus stehenden Leuchtturmes List West erfaßt hatte. In dem etwa ostwärts. Dicht unter der Tonne „Römö Dyb" erfasse ich den südwest führenden Sektor unterbrochen weiß vom Hafenleuchtturm List Land und drehe in den ein. Kurz vor dem Hafen muß ich ihn verlassen und nach den Hafenfeuern einlaufen.

Lister Landtief hat seine Ansteuerungstonne 2 Seemeilen südwest von Leuchtturm List West. Doch genügt es, die erste rote Tonne LL/1 anzulaufen. Zwischen Inselrand und den beiden roten Tonnen LL/1 und LL/2 hindurch gelangt man über etwa 2 Meter tiefes Wasser ins Lister Tief. Ein gute Abkürzung bei handigem Wetter und einlaufend Wasser. Doch bei 5 auflandigen Windstärken würde ich mir mindest halbe Tide und einlaufend Wasser wünschen. Bei mehr Wind würde ich dort nicht fahren.

Um nachts ins Lister Landtief einzulaufen, wünsche ich mir ruhiges Wetter und etwas Mondlicht. Ich bin im Nord-führenden Sektor fest weiß (rot an beiden Seiten) von Rote Kliff Quermarkenfeuer bis in den Sektor unterbrochen weiß von List West gelaufen. In dem ostwärts aufs Land zu. Dann nach Sicht des Landes (Vorsicht, nachts kann man keine Entfernungen schätzen!) Nordost bis ins Hauptfahrwasser hinein.

Wattengebiet und Hafen

Weitläufig ist das Wattenrevier und sehr, sehr einsam. Nur wenige Rinnen sind bezeichnet. Und an den Ufern ist andere Landschaft; „irgendwie dänisch" meinte mein Freund. Das sagt alles und gar nichts. Der geringere Tidenhub ist es wohl, der zusammen mit den manchmal etwas bergigen Ufern den neuartigen Eindruck schafft.

Das Wattenrevier ist teils dänisch, teils deutsch. Richtbaken sagen es einem genau, vorausgesetzt, daß sie bei dunstigem Wetter erkennbar sind. Die dänischen Tonnen sehen etwas anders aus, tragen als Toppzeichen einen Besen mit den Borsten nach oben, wenn es rote Backbordtonnen sind, und nach unten, wenn schwarze Steuerbordtonnen. Im Prinzip ist's wie bei uns. Leuchttonnen leuchten manchmal schwächer.

Wasserstand bei Hochwasser: Der Tidenhub ist geringer als wir ihn bisher kannten. Ich gebe die mittleren Wasserstände bei Springhochwasser und Nipphochwasser (in Klammern) bezogen auf deutsches Kartennull. Das dänische Kartennull ist höher festgelegt. Fährt man in dänischen Watten, so läßt sie die Seekarte als etwa 30 Zentimeter höher erscheinen. Jederman fällt darauf herein und meint, daß man da kaum fahren könne.

List	1,7	(1,5)
Munkmarsch	1,9	(1,7)
Hojer (Schleuse)	2,3	(2,1)
Römö, (Südseite)	1,8	(1,6)
Fanö (Nordby)	1,4	(1,2)
Esbjerg	1,4	(1,1)

List ist ein kleiner Hafen auf Sylt. Er hat tiefes Wasser und ist still und beschaulich. Man fühlt sich dort wohl. Doch er mißt nur 60 mal 100 Meter und hat eine große Fischerflotte unterzubringen. Die liegt an der Südseite, oft 6 oder mehr große Schiffe nebeneinander. Die Westkaje gehört größtenteils Fischern und Ausflugschiffen (ist aber auch für Sportboote günstig). Doch meist werden Yachten an die neue Nordkaje gelegt. Der kleine Hafenbetrieb läßt schon ein wenig von dem spüren, was fremde Länder so schwer definierbar von Deutschland unterscheidet.

Bei Ostwind ist Schwell, bei stürmischem Südost kann es sein, daß man von der Nordkaje verlegen muß, doch ist dies ja ein seltener und kurzlebiger Wind. Yachten werden vom Hafenmeister nett betreut und — so oder so — doch stets irgendwie untergebracht. Trinkwasser, Toilette, Seewetterbericht und Windwarnungen bei seinem Haus. — Beim Einlaufen will in der schmalen Hafeneinfahrt Neerstrom beachtet werden. — Das Fährschiff zum dänischen Römö legt südwärts ganz unabhängig vom Hafenbetrieb an. — Ortschaft List sind Villen und kleine Einzelhäuser ohne rechten Ortskern. Am Hafen sind Eßbuden mit allerlei Imbissen, vor allem von Fisch. Ein Bus mit surrealistischem Fahrpreis fährt etwa stündlich nach Westerland.

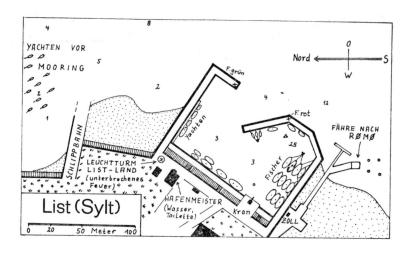

Der Königshafen ist eine 1 Seemeile breite Bucht in Sylt nördlich von List (Plan S. 297). Er ist gegen alle Wellen und Winde geschützt. Ostwärts liegt in der Mündung der Bucht die Sandinsel Uthörn. Königshafen fällt trocken bis auf einen Priel. Es sollte nicht zu schwierig sein, nahe Niedrigwasser in diese Rinne einzulaufen und sich seinen Ankerplatz hinter Uthörn oder am Nordrand bei der Halbinsel Ellenbogen zu suchen (Ellenbogen an Land ist Vogelschutzgebiet). Es gibt also noch einsame Plätze in Deutschland für solche, die sie wirklich suchen. — Königshafen ist historische Region. Mai 1644, 30jähriger Krieg, war hier eine ausgewachsene Seeschlacht zwischen der dänischen und der holländisch-schwedischen Flotte. An 1000 Tote sind am Ufer begraben, ein König inbegriffen — daher der Name.

Hallig Jordsand (dänisch) liegt östlich von List auf hohem Watt und kann nur von Boot mit mäßigem Tiefgang erreicht werden (Plan S. 297).

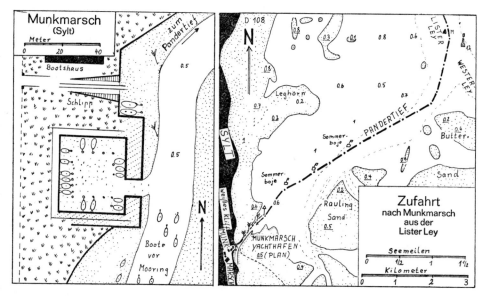

Yachthafen Munkmarsch mit rund 50 Yachten und Booten ist aus eigener Initiative des Sylter Seglerclubs entstanden. Er liegt etwa zwischen Westerland und dem Friesendorf Keitum am Pandertief. Es gibt ein knapp 40 mal 30 Meter großes Hafenbecken. Sehr viele Boote liegen auch in dem Priel, der vor dem Hafen vorbeiführt, vor Mooring. Der Hafen fällt trocken; in dem Priel mögen bei N.W. ¼ bis ½ Meter Wasser stehenbleiben. — Es gibt in Munkmarsch ein Restaurant, Schlipp, Bootshaus und gastfreundliche Clubmitglieder. Die nächsten regelrechten Ortschaften sind Keitum und Westerland, je 4 Kilometer. So eilig mein Besuch in Munkmarsch war, der landschaftlich überaus schöne Weg am Ufer entlang zum Dorf Keitum steht mir lebhaft vor Augen. Da fand ich ein Stück des schönen Sylt, wie es nahe bei Asphaltstraßen wohl nicht mehr besteht.

Z u f a h r t erfolgt von List durch die betonnte Lister Ley (Pläne S. 297 und 300). Von Tonne M fährt man in das Pandertief (Hafenplan). Dort hat der Club im Sommer an der Nordseite ein paar private Bojen ausgelegt. Etwa 600 Meter vom Land beginnen Prikken an der Steuerbordseite. — Mit einer Yacht von Tiefgang würde ich meine erste Zufahrt bei steigendem Wasser in List etwa bei halber Tide beginnen.

Hoyer oder Höjer ist ein kleiner dänischer Fischerhafen am Festland bei der Schleuse des Flüßchens Viedau. Kaum je fährt eine deutsche Yacht hin. Doch überall in der Welt fand ich, daß genau das die Häfen sind, wo man das Wesen eines fremden Landes am besten erspürt. — Lebensmittel und Postamt sind am Hafen. Die kleine Stadt Hoyer liegt 1 Kilometer entfernt. Im Hafen bei N.W. 1½ bis 0 Meter Wasser. Anlaufen mit 1,4 Meter Tiefgang ab halber Tide.

Z u f a h r t erfolgt durch das Höjer Dyb (Plan S. 297). Höjer Dyb führt tief und gut betonnt südwärts um Hallig Jordsand herum und läuft dann ostwärts. Etwa 3 sm vor dem Festland wird es flacher. Pricken stehen backbord, Stangen mit Ball steuerbord. Das Fahrwasser geht in den schmalen Höjer Kanal über. Der hat etwa 1 Meter Wasser bei N.W. Bis zum Leitdamm stehen Pricken an backbord, danach steuerbord. Im Grünland läuft der Kanal bis vor die Schleuse, wo die Liegeplätze sind.

Römö, die größte der fünf dänischen Nordseeinseln, hat bis 1920 zu Deutschland gehört. Groß und leer ist die Insel. Heideland, das seewärts Dünen hat und dann in breiten Strand ausläuft. Nur 1000 Bewohner. Die Dänen nennen es „die größte Wüste Dänemarks". Das hindert Römö nicht, im Sommer voll Touristen zu sein.
Auch Römö hatte eine Walfischfang-Blütezeit, besitzt Grabsteine der Kommandöre, eigentümlich gebaute Bauernhäuser und — kurios genug — in der Kirche in Kirkeby über jeden Kirchenstuhl einen schmiedeeisernen Haken, woran der Hut aufzuhängen ist. — Ein Damm verbindet Römö (leider) mit dem Festland. Ein guter Hafen, leicht anzulaufen, lockt den Wasserfahrer.

Römö Havn ist ein belebter Fischerhafen. Er ist durch das tiefe, betonnte und nachts befeuerte Römö Dyb bei jeder Tide leicht anzulaufen (Plan Seite 297); von See direkt, wie auch von List. Die Strömung im Römö-Dyb läuft bis 2 Knoten. — Der Hafenplan zeigt die Anlage. Molenfeuer und Nebelsignale. Der Hafen ist bei N.W. in allen Becken mehr als 3 Meter tief. Meist macht man an der „Kommandeursbrücke" fest. Tidenhub 1,8 Meter.

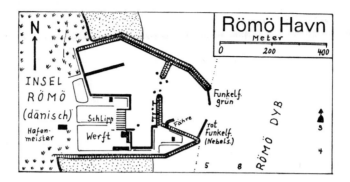

Im Hafen sind Kajen, Brücken, viele Fischerboote, Lebensmittel, Trinkwasser, Werft mit Schlipp und bedächtige, freundliche Dänen, die einer fremden Yacht traditionell so hilfreich sind, wie man es im eigenen Land auch wünschen würde. — Gastflagge soll man setzen. — Läuft man aus Römö Havn wieder aus: die Tidenströmung kentert erst eine Stunde n a c h H.W.

A n l a u f e n : Vom Lister Tief von der Tonne „5/Römö Dyb" ostwärts in das tiefe Römö Dyb hinein (Plan Seite 297). Schwarze Tonnen, Besen abwärts, an Steuerbord; der Inselstrand mit einigen Leuchtbaken an der Wattkante backbord. Das ist so einfach, daß die Bordfrau hier ihren Schiffer unter Deck schicken kann, auf daß ihm beim Passieren der FKK-Strände kein Schaden geschehe. Will sie ganz sicher gehen, lese sie in der Odyssee im Kapitel über die Sirenen nach.

Kurz vor der Hafeneinfahrt ist die schlimme Zone passiert, und der Schiffer mag die Pinne wieder übernehmen. Das tut auch Not, denn die quersetzende Strömung und das breite Fährschiff fordern in der 50 Meter breiten Einfahrt erfahrene Hand.
Im Hafen findet man freundliches und Seefahrern von Herzen zugetanes Dänemark, an das man gerne zurückdenkt und von dem man viel zuhause erzählen wird. Meist wissen wir ja so wenig, daß es in der Welt ganz anders zugeht, als wir in unserm Deutschland das glauben.

Abschied vom Halligmeer

Damit ist nun unsere Reise h i e r zu ihrem Ende gekommen. Es heißt Abschied nehmen von dieser so einsamen, so herben und doch dem Wasserfahrer auch so freundlich gesonnenen Landschaft. So ist etwas Wehmut dabei beim Blick zurück auf Rote Kliff und auf die letzte Hallig, deren Warft nun unter dem Horizont verschwindet.
Doch die Nordseeküste ist reich und groß. Auch andere Reviere locken. So tun wir einen großen Sprung zurück, dorthin, wo die meisten ihre Fahrt beginnen. Für unsere nächste Reise werfen wir unsere Leinen in Cuxhaven los, um an der Nordseeküste w e s t w ä r t s zu segeln: zur Weser, zu den Ostfriesischen Inseln, zur Ems und vor allem zu den Niederlanden (Teil II, Elbe bis Ijsselmeer).

VIII. Sachregister

Bitte beachten Sie die folgende Seite:

Bücher für die Küstenfahrt

Segeln mit kleinen Kreuzern
Ein Buch für Neulinge im Küstensegeln von TIM SEX.
2. Auflage, 260 Seiten mit 16 Fotos und 64 Zeichnungen, Ganzleinen DM 24,—. ISBN 3-7688-0111-X

Seemannschaft
Handbuch für den Yachtsport, herausgegeben vom
DEUTSCHEN HOCHSEE-SPORTVERBAND HANSA
e. V. 15. Auflage, 672 Seiten, 368 Zeichnungen und
Fotos, 26 farbige Tafeln und 2 Übungskarten, Bala-
cron DM 38,—. ISBN 3-7688-0081-4

Segeln in Küstengewässern
Die Kunst des Fahrtensegelns, dargestellt von ERIC
C. HISCOCK. 4. Auflage, 592 Seiten mit 160 Zeichnungen im Text und 255 Fotos auf Tafeln, Ganzleinen DM 38,—. ISBN 3-7688-0052-0

Richtig ankern
Alles, was es über Anker und die Praxis des Ankerns zu wissen gibt, aufgezeichnet von JOACHIM
SCHULT. 216 Seiten mit 185 Zeichnungen, kartoniert DM 15,80. ISBN 3-87412-041-4

Sicherheit auf See
Wichtige Fragen für Boot und Besatzung, behandelt
von ULRICH MOHR, 2. Auflage, 160 Seiten mit 9
Fotos und 32 Zeichnungen, kartoniert DM 12,80.
ISBN 3-87412-020-1

Die perfekte Bordfrau
Ein Wegweiser für weibliche Mitseglerinnen, das
Segeln schön zu finden, von JOYCE SLEIGHT-
HOLME. 224 Seiten mit 60 Fotos und 44 zeichne-
rischen Darstellungen mit über 100 Einzelzeich-
nungen, Ganzleinen DM 24,—. ISBN 3-7688-0153-5

Navigatorische Ratschläge für Yachtskipper
Nützliche Hinweise für die Arbeit des Amateur-
Navigators, die von der Ausrüstung des Bootes bis
zur navigatorischen Strategie reichen, von MARY
BLEWITT. 148 Seiten mit 59 Zeichnungen und 7
Tabellen, kartoniert DM 13,80. ISBN 3-87412-032-5

Medizin an Bord
Ein Ratgeber für ernste Fälle von Dr. KLAUS
BANDTLOW. 2. Auflage, 100 Seiten mit 40 Zeich-
nungen, kartoniert DM 10,80. ISBN 3-87412-025-2

Lichterführung und Signale
Eine nützliche Zusammenstellung zum Lernen und
Nachschlagen von HEINZ OVERSCHMIDT. 2. Auflage, 160 Seiten mit 200 überwiegend farbigen Zeichnungen, kartoniert DM 14,80. ISBN 3-87412-034-1

Navigation leicht gemacht
Einführung in die Küstennavigation von WALTER
STEIN. 13. Auflage, 204 Seiten mit 25 Fotos und 112
Zeichnungen, kart. DM 14,80. ISBN 3-87412-006-6

Überhol deine Navigation
Übungsaufgaben zum Thema Küstensegeln von G.
LUCHMANN. 2. Auflage, 104 Seiten mit 30 z. T.
farbigen Zeichnungen und Fotos, kartoniert
DM 10,80. ISBN 3-87412-024-4

Wolken und Wetter
Wetterbeurteilung mit Hilfe der Wolken. Eine Anlei-
tung von ALAN WATTS. 3. Auflage, 64 Seiten mit
24 farbigen Wolkentafeln und 3 Zeichnungen, gebunden DM 10,80. ISBN 3-7688-0087-3

8 x Wassersport
Ein Wörterbuch für 8 Sprachen, darunter auch Dänisch, von BARBARA WEBB. 2. Auflage, 160 Seiten
mit 36 Zeichnungen, kartoniert DM 10,80.
ISBN 3-87412-013-9

Viele andere Bücher beschäftigen sich neben diesen
noch mit dem Segeln und auch mit dem Motorboot-
fahren. Verlangen Sie unser ausführliches Verzeich-
nis über Ihre Buchhandlung oder direkt vom Verlag
(48 Bielefeld, Postfach 4809).

**Verlag Delius, Klasing + Co
Bielefeld**